浙江省哲学社会科学规划课题研究成果
浙江科技学院出版基金资助项目

先行与特色：

浙江经验对中国特色社会主义理论体系的贡献

刘宗让 著

ZHEJIANG UNIVERSITY PRESS
浙江大学出版社

目　录

第一章

绪　论

第一节　研究背景和意义

通过30多年的改革开放，浙江成功地走过了发达国家几十年乃至上百年的发展历程，创造了越来越引起全国乃至世界关注的“浙江现象”、“浙江模式”。浙江是中国改革开放30多年历史的一个缩影，浙江是中国特色社会主义的一个重要标本，浙江是一幅中国特色社会主义的生动画卷。

改革开放初期，浙江在全国并没有什么明显优势，倒是有不少相对劣势，如浙江陆域面积小，资源严重短缺；由于地处沿海长期处于战备状态，浙江工业基础薄弱；改革开放以后，浙江和全国绝大部分省市区一样，基本没有享受到类似中央给予广东、福建、上海等省市的先行先试权限和特殊优惠政策，等等。数据表明，浙江改革开放起步时基本上是以农业为主导的经济结构，工业化程度明显低于同期全国平均水平。与广东、上海等省市不同，浙江市场化改革主要地不是来自于自上而下的特许权限和特殊政策的作用结果，而是源于区域内地方政府与分散而又活跃的民间力量的自我发动和创新，从而使浙江较早地冲破了传统计划经济体制的藩篱，为培育和发展社会主义市场经济体制做出了贡献。与江苏大中城市密集、公有制经济基础较好和广东毗邻港澳地区、外来投资众多等条件相比较，浙江更多地依靠发扬“自强不息、坚韧不拔、勇于创新、讲求实效”的“浙江精神”，依靠广大人民群众的自主性建设社会主义，充分尊重人民群众的首创精神，率先建立能够调动广大人民群众积极性的体制机制，走创业富民、创新强省之路，使浙江成为中国经济增长最快、发展活力最强的省份之一。30多年来，浙江经济总量从全国第12位跃居第4位，人均GDP长期领跑全国各省区，2010年已超过7000美元；浙江产品竞争力强，市场占有率高，拥有“中国驰名商标”和“中国名牌产品”数量分别居全国第一、第二位；浙江资源利用率较高，环境保护较好，全省万元GDP综合能耗和水耗均仅为全国平均水平的一半左右，多年在中国环境监测总站编制的《全国生态环境状况评价报告》中名列前茅；浙江城乡居民人均收入已分别连续9年和25年保持全国各省区第一位，而且收入差距相对较小；浙江县域经济十分发达，城乡差距、地区差距相对较小，在全国百强县中占有30多席，连续多年位居全国之首；浙江社会发展水平综合评价指数和农村全面小康社会实现程度均居全国第四位，各省区第一位；浙江在全国第一个基本普及了15年教育，全部免收城乡义务教育阶段学杂费，率先建立覆盖城乡的最低生活保障、农村“五保”和城镇“三无”对象集中供养、被征地农民基本生活保障、困难群众价格上涨补助、政策性农村住房保险等项制度；浙江也是群众最有安全感的省份之一，在中国十大最具幸福感的城市中浙江的杭州、宁波、台州分别居第一、三、五位。

通常人们将浙江经济社会这种良好快速发展的现象称为“浙江现象”。1999年6月，国务院总理在浙江说："浙江改革开放以来走了一条很有特色的道路。国有企业比重不太大，但控制力比较强，多种所有制经济共同发展，老百姓生活水平显著提高，基础设施得到改善，经济保持了繁荣。在当前面临经济困难的情况下，浙江的情况是好的。浙江的经验值得总结"[①]。"浙江现象"随后进一步引起全国广泛关注，全国各地来浙江调查、考察、研究的政府官员和专家学者络绎不绝。人们普遍认为，浙江经济社会的全面崛起，是中国从计划经济走向社会主义市场经济的一个成功范例，是中国特色社会主义成功实践的范例。浙江在短短30余年时间里，基本完成了农村工业化、经济市场化、村落城镇化等巨大历史变迁。高尚全认为，浙江的今天就是全国的明天[②]。从某种意义上说，浙江是中国改革开放的一个典型，浙江的发展成就集中体现出改革开放对于经济社会发展的推动和改变；浙江是中国改革开放的一个缩影，浙江的发展历程生动展示了改革开放的时代轨迹与精神内涵；浙江是中国改革开放的一个样本，浙江的发展变化深刻昭示着中国改革开放的未来走向。改革开放30多年来中国特色社会主义在浙江的成功实践，既有浓郁的地方特色，也有普遍的示范、借鉴和启发意义。

浙江"先行性"和"特色性"实践经验对于丰富和创造性地发展中国特色社会主义理论体系提供了鲜活素材。中国特色社会主义理论体系每一步丰富和发展，都是从实际出发，总结人民群众实践经验，并从理论高度加以概括和升华的。什么叫"理论"？毛泽东认为就是"对革命实践的一切问题，或重大问题，加以考察，使之上升到理论"[③]。"真正的理论世界上只有一种，就是从客观实际抽出来又在客观实际中得到了证明的理论，没有任何别的东西可以称得起我们所讲的理论"[④]。邓小平同志曾指出："现在建设有中国特色的社会主义，经验一天比一天丰富，经验很多，从各省市的报刊材料看，都有自己的特色，这样好嘛，就是要有创造性"[⑤]。从浙江情况来看，浙江在其发展过程中一再突破有碍于经济社会发展的观念和体制，在实践中创造了不少"先行性"和"特色性"的成功经验，这是对中国特色社会主义理论体系的重要贡献。例如，20世纪80年代在探索社会主义市场经济体制问题上，浙江就提供了大量鲜活经验；90年代以来，在形成以公有制为主体、多种所有制共同发展的社会主义初级阶段基本经济制度方面，在促进经济社会政治文化等均衡协调发展方面，浙江又提供了许多实践经验。浙江处于改革开放的前沿，在全国发展大局中占有重要地位，浙江的工作得到党中央的充分肯定，中央对浙江历来寄予厚望。邓小平同志曾深情地说："我很关注浙江的发展。浙江的发展势头是不错的。要珍惜这个好的发展机遇，保持好的发展势头"[⑥]。江泽民同志说，浙江经济建设和其他各项事业都取得了显著成绩，发展是快的。希望你们认真总结过去，努力开创未来，力争率先基本实现社会主义现代化[⑦]。胡锦涛总书记对浙江提出了"努力在全面建设小康社会、加快推进社会主义现代化的进程中继续走在前列"的要求[⑧]。

① 袁亚平：《浙江经济正看好》，《人民日报》1999年7月29日，第1版。

② 高尚全：《希望浙江的今天成为全国的明天》，《今日浙江》2007年第2期，第24页。

③ 《毛泽东选集》第3卷，人民出版社1991年版，第813页。

④ 《毛泽东选集》第3卷，人民出版社1991年版，第817页。

⑤ 《邓小平文选》第3卷，人民出版社，1993年版，第372页。

⑥ 冷溶，汪作玲：《邓小平年谱（1975—1997）（下册）》中央文献出版社2007年版，第776页。

⑦ 《江泽民参加浙江北京代表团全体会议时指出抓住机遇只争朝夕知难而进开拓进取坚定不移地实现我国社会主义现代化》，《人民日报》2000年3月15日，第1版。

⑧ 《"走在前列、群众满意、务求实效"——访浙江省委书记习近平》，《光明日报》2006年5月5日，第2版。

同时认为，浙江经济社会发展的基础较好，有条件在实施科学发展观方面积累经验，为全党理论创新做出贡献。事实也是如此，建设中国特色社会主义在理论上是一个伟大地创新，在实践上是一场深刻地革命。浙江改革开放的每一个重大步骤，都是创造性地执行党中央的路线方针政策的结果，中国特色社会主义理论体系从浙江"先行性"和"特色性"成功经验中汲取了丰富的养料，这正是浙江经验对中国特色社会主义理论体系的贡献。

因此，以马克思主义中国化的最新成果为指导研究浙江现象、总结浙江经验，通过解读浙江经验这个"麻雀"，真实地再现、准确地概括、深刻地剖析 30 多年来浙江波澜壮阔的改革开放历史，揭示其本质和规律，阐明它对中国特色社会主义理论体系的意义，推进马克思主义中国化最新成果—中国特色社会主义理论体系研究。通过浙江"先行性"和"特色性"成功经验对中国特色社会主义理论体系贡献的研究，使我们对浙江成功经验有更为深刻地体认，对中国特色社会主义理论体系精髓有精准地把握，对中国特色社会主义理论体系的基本内容有全面而正确地理解，从而保持和增强马克思主义生命力，不断推动马克思主义当代化、本土化、具体化，坚定不移地沿着中国特色社会主义道路前进。此外，加强对马克思主义中国化最新成果的研究，是中共中央关于实施马克思主义理论研究和建设工程的首要任务。从浙江个案的视角出发，运用科学思维方法，结合大量的鲜活材料，梳理浙江"先行性"和"特色性"成功经验对中国特色社会主义理论体系的贡献，是马克思主义的本质、活的灵魂—具体情况具体分析的生动体现，这些研究对于加强马克思主义学科建设，提高马克思主义中国化研究的学术水平具有重要理论和现实意义。

第二节　研究现状概述

"浙江模式"和浙江经验一直引起国外学者的关注，如美国斯隆管理学院学者黄亚生在英国《金融时报》撰文说，在浙江，更多的人拥有并经营着成功的小企业。正确认识中国传奇的时候到了，而理解浙江的兴起，正是了解中国发展真谛的最佳途径①。"浙江模式"是一种自下而上、创业型、市场导向型的发展模式②。新加坡国立大学东亚研究所高级研究员郑永年称"'浙江模式'对中国未来的发展应当说具有方向性的意义"③。瑞士洛桑国际管理学院全球竞争力研究中心主任斯特凡·加雷利认为，中国经济的某些方面在发展速度比日本快，创业精神比日本好，尤其在浙江省④。然而总起来说，国外对浙江经验更多地停留于感性直观地描述层面，鲜见理性而深刻的实证分析之作。

国内对浙江经验的研究是从探究"浙江模式"开始的。"浙江模式"研究始于 20 世纪八九十年代，最早使用"模式"这个词语的是费孝通先生。费老在 1983 年所写的《小城镇·再探索》一文中，首次提出了"苏南模式"这一提法，之后众多学者和专家纷纷效仿这一提法对广东、福建、浙江和江苏的经济发展进行概括。最早对"浙江模式"进行系统性研究的是刘吉瑞研究员。他对 1978 年至 1996 年间浙江工业和企业体制、农业体制、贸易和市场、投资和

---

① 黄亚生：《浙江，中国经济发展的影子》，《企业世界》2007 年第 2 期，第 28 页。

② 黄亚生：《向内看浙江模式》，《创业家》2010 年第 1 期，第 120 页。

③ 郑永年：《"浙江模式"值得深思》，转引自《农村.农业.农民(B版)》2006 年第 7 期，第 35 页。

④ 参见中国经济网 http://www.ce.cn/new_hgjj/hgplun/more/200505/20/t20050520_3881252.shtml

金融市场、劳动就业和社会保障、政府对经济管理六方面的市场化程度进行了定性和定量的分析研究后，认为“小企业大市场”是“浙江模式”的精髓所在，“内生性、微观性和诱导性”是“浙江模式”的三大特点[①]。最早在文献中运用“浙江模式”一词的是金祥荣教授[②]。1997年，方民生研究员从市场化过程和市场结构的特征出发，把“浙江模式”概括为“结构多元的、贸易主导型的、诱致性创新为主动力的市场化模式”[③]。

一般认为，“浙江模式”是发源于以市场为主导、民营经济为主体和地方政府无为而治的“温州模式”。“浙江模式，严格说来是温州模式，因为它发轫于温州地区。但是由于它已经不再局限于温州这个行政区内，而是扩展到台州、宁波、绍兴、金华和杭州部分地区，是目前浙江最具活力的经济模式，所以称为浙江模式也未尝不可。”[④]在“温州模式”的基础上，浙江又创造了“义乌模式”和“台州模式”。陆立军教授最早发现并提出了“义乌模式”，认为义乌“通过实施兴商建市的总体发展战略，同时注重以商促工、以商强农、科教兴商，极大地促进了农村经济的工业化、城镇化、现代化发展，初步形成了颇具特色的农村经济发展”[⑤]。1998年，史晋川教授首次提出并研究了“台州现象”，认为“台州现象的本质是民间游资加政府增进的制度创新与经济发展”，“台州市地方政府在台州企业产权组织结构和产业集聚等方面扮演了重要角色—积极的角色”。“台州现象”的内涵是民营主导加政府推动的发展模式[⑥]。2008年12月7日，中国社会科学院首次提出了“台州模式”的概念，认为“台州模式”是台州从本地实际出发，探索出了通过内生型工业化道路实现经济社会发展，通过社会主义民主政治建设保障和实现人民权利，通过社会主义市场经济与社会主义民主政治协同发展实现现代化的发展模式。台州政府在战略选择、规划、服务、管理等诸方面更加积极主动，政府作用更加突出；台州更强调民营经济的自主发展，更强调市场与政府的均衡。台州模式将经济体制改革与政治体制改革更好地结合起来，统筹社会与经济发展[⑦]。2007年陆立军教授提出了以“科学发展、和谐发展、创业富民、创新强省”为核心内涵的“新浙江模式”概念，他认为新浙江模式的内涵主要包括以下几点：发展战略上，始终贯彻一条“创业富民，创新强省”的红线；在经济体制上，坚持多种所有制经济共同发展；在运行机制上，注重发挥市场在资源配置中的基础性作用；在发展思路上，比较注重统筹各方、协调发展[⑧]。

从“温州模式”到“义乌模式”、“台州模式”再到“新浙江模式”，“浙江模式”的内涵进一步得到丰富和提升。由此可见，“浙江模式”的基本特征有以下几点：一是在发展主体上，“浙江模式”以民间群众力量为发展主体，通过“内源性民间力量推动经济发展”，通过自主创业、自主竞争和自由交易，发展壮大这种“民本经济”或者说是“草根经济”。二是在发展动力上，“浙江模式”以民间诱致型制度创新引发的活力和效率作为发展动力，形成了民间投资、民间

---

① 刘吉瑞：《“小企业，大市场”——对浙江经济体制运行特征的描述（上）》，《浙江学刊》1996年第6期，第19—24页。

② 金祥荣：准需求诱致型的制度变迁方式，《浙江社会科学》1999年第3期，第29—31页。

③ 方民生：浙江市场化模式的基础与背景分析，《浙江学刊》1997年第2期，第23—28页。

④ 罗卫东、许彬：区域经济发展的“浙江模式”：一个总结，《中共浙江省委党校学报》2006年第1期，第74—81页。

⑤ 陆立军：“中国小商品城”的崛起与农村市场经济发展的“义乌模式”，《经济社会体制比较》1999年第1期，第71—79页。

⑥ 转引自韩芳：《“浙江模式”研究述评》，《当代经济》2009年第6期，第88—90页。

⑦ 《中国社科院首次提出“台州模式”》，中国台州网 http://www.taizhou.com.cn；2008—12—8。

⑧ 陆立军：略论“浙江模式”及其转型与提升，《商业经济与管理》2007年第9期，第3—9页。

运营和民间分享的"民有、民营、民享"自我循环的经济体系。三是在发展路径上,以农村为突破口,从农村这个计划经济体制约束最薄弱的区域开始。罗卫东教授等认为从区域发展类型看,浙江模式发展的主要线路是"从农村向城市推进,从东部沿海向中西部辐射"。四是发展机制上,"浙江模式"始终以市场这只"无形的手"为导向。五是在发展形式上,以个私民营企业为主体,以劳动密集型产业为主导产业,以块状经济为区域产业组织迅速推进经济发展。六是在发展潜力上,"浙江模式"具有可扩展性和普适性。以民营经济为代表的"浙江模式"具有很强的自组织性和自适应性,具有很强的生命力和发展潜力。总之,"浙江模式"一般用来作为对浙江区域经济发展方式和方法的概括。

在对"浙江模式"研究的基础上,学者们对浙江经验进行梳理。如方民生教授将浙江经验概括为:"思维创新、重构市场主体、加速要素流动、区域特色经济、民众与政府形成合力"的内源自力型模式[①];史晋川教授将浙江经验概括为:充分尊重和发挥民众"敢为天下先"的创新精神和坚韧不拔的创业精神,将经济体制改革和区域经济发展有机地融为一体,利用制度创新所形成的改革先发优势,推动区域经济发展和社会进步[②]。实际上,国内关于浙江经验研究,还包括对浙江各地区域经济社会发展中富有特色的做法和经验的总结,如自20世纪80年代中期以来关于"温州模式"的研究一直延续至今;20世纪90年代初以来关于"义乌模式"的研究成果不断涌现;近年来"杭州和谐创业模式"的研究;浙江省第十二次党代会提出的"创业富民、创新强省"战略。中国社会科学院刘迎秋等运用科学发展观与和谐社会建设理论,从经济、社会、政府管理、文化、党建等多重视角深入探讨了浙江经验以及对全国的借鉴意义。他们将浙江经验概括为:一是只有尊重规律,因势利导,科学调控,才能促进经济持续健康快速发展;二是只有从解决群众最关心最直接的利益问题入手,力抓"平安"建设和"法治"建设,才能有效促进社会和谐与稳定;三是只有着力弘扬与时俱进的现代人文精神(浙江精神),促进文化与经济的大融合,才能进一步增强一个省和一个地区的综合竞争软实力;四是只有正确处理政府管理与市场运行和社会发展的关系,才能成功构建法治政府、服务政府和效能政府;五是只有不断加强党的先进性建设,提高党的执政能力,才能为经济、政治、文化、社会等各项事业的科学发展提供坚强有力地组织保证[③]。

总之,学界对"浙江经验"这一范畴的丰富内涵尚未取得共识。笔者认为,由于浙江在丰富和深化实事求是这一中国特色社会主义理论体系精髓方面,在深化改革扩大开放的理论和实践方面,在中国特色社会主义经济建设、政治建设、文化建设、社会建设等各个方面,在中国特色社会主义事业领导核心和依靠力量的理论和实践方面,都创造了许多"先行性"与"特色性"的做法和经验,从整体价值形态上表现出"先行"与"特色"的特征,对中国特色社会主义理论体系做出了贡献。因此,笔者是在比"浙江模式"更广泛的意义上界定"浙江经验"这一范畴的,其内涵是指浙江各地区域改革发展中"先行性"与"特色性"的做法和经验总结。

关于马克思主义中国化最新成果的研究方面。近年来,特别是十七大以来,国内关于马克思主义中国化最新成果的研究取得了很大进展。一是成果丰厚,发表、出版了很多论著,

---

① 转引自陆立军:《弘扬浙江经验创新发展模式》,《浙江经济》2007年第12期,第13—17页。

② 史晋川:《制度变迁与经济发展:"浙江模式"研究》,《浙江社会科学》2005年第5期,17—22页。

③ 刘迎秋等主编:《浙江经验与中国发展——科学发展观与和谐社会建设在浙江》(总报告卷),社会科学文献出版社2007年版,第15—31页。

掀起了研究高潮。据对中国知网的检索,从2002年以来,题名中含有“马克思主义中国化最新成果”字样的文章就有163篇;据读秀中文学术搜索结果,近年来出版的标题中含有“马克思主义中国化”字样的著作有346种,标题中含有“中国马克思主义”字样的著作有110种,标题中含有“中国化的马克思主义”字样的著作有43种。二是对“马克思主义中国化最新成果”的内涵取得了共识。十七大之前学术界有3种代表性的观点:第一种观点认为我国新时期即改革开放以来党的理论创新成果,即邓小平理论、“三个代表”重要思想以及科学发展观等构成了“马克思主义中国化最新成果”的具体内容。第二种观点认为“马克思主义中国化最新成果”指十六大以来党的理论创新成果,譬如科学发展观、和谐社会建设理念以及党的先进性建设理论等。第三种观点认为马克思主义中国化最新成果就是科学发展观。十七大以来,学术界和党的领导集体已取得共识,将上述第一种观点确立为“马克思主义中国化最新成果”的基本内容。党的十七大报告指出:“中国特色社会主义理论体系,就是包括邓小平理论、‘三个代表’重要思想以及科学发展观等重大战略思想在内的科学理论体系。这个理论体系,坚持和发展了马克思列宁主义、毛泽东思想,凝结了几代中国共产党人带领人民不懈探索实践的智慧和心血,是马克思主义中国化最新成果,是党最可宝贵的政治和精神财富,是全国各族人民团结奋斗的共同思想基础”①。在这里,不仅首次提出“中国特色社会主义理论体系”的重大命题,完整阐述了这一理论体系的科学内涵,而且准确地揭示了这一理论体系作为马克思主义中国化最新成果的历史地位。这是对新时期我们党理论创新成果的最精辟概括,是党的十七大在理论上的一个重大贡献。三是出现了从各个领域、各个层面探讨“马克思主义中国化最新成果”的研究论著,如《马克思主义中国化与中国特色社会主义理论体系的最新概括》(石仲泉,2007)、《马克思主义中国化的当代走向和最新成果》(包心鉴,2007)、《马克思主义中国化最新成果的精神实质》(辛鸣,2007)等。

与此同时,也出现了运用马克思主义中国化最新成果解读浙江经验和把浙江经验提升到马克思主义中国化最新成果高度的研究论著,如《“浙江现象”与中国特色社会主义》(蓝蔚青,2007)、《弘扬浙江经验创新发展模式》(陆立军,2007)、《浙江改革开放三十年思想解放和理论创新的经验》(蓝蔚青,2008)等。然而,有关浙江经验对马克思主义中国化最新成果贡献的专题研究论著仍属鲜见,有关这方面的探讨大多散落在“浙江经验”主题研究中,过于零散和缺乏系统性,这就需要研究者在梳理已有的零散成果基础上进行新的逻辑建构。

第三节 研究思路和整体结构

本课题按照动态研究和静态研究相结合的思路展开,从浙江30多年改革开放历史进程出发,动态地考察、追踪浙江经验的历史脉络,在理论和实践动态活动中揭示和探索浙江经验对中国特色社会主义理论体系的贡献;同时,中国特色社会主义理论体系和实践成果也是以具体地形态存在着的,这就为我们相对静态地研究每一阶段、每一成果提供了可能,使得我们可以以静态视角深化浙江经验对中国特色社会主义理论体系贡献的研究。

本课题在研究中重视三个方面:一是力求把浙江经验所呈现出的内在的、必然的、稳定

① 胡锦涛:《高举中国特色社会主义伟大旗帜为夺取全面建设小康社会新胜利而奋斗——在中国共产党第十七次全国代表大会上的报告》,《中国共产党第十七次全国代表大会文件汇编》,人民出版社2007年版,第10页。

的联系和本质特征作为重点进行研究，而不追求对浙江经验进行详尽的描述；二是力求从系统、有机体的思想观念出发，联系马克思主义赖以存在的、深厚的中国国情和浙江现实背景，把中国特色社会主义理论体系作为一个活的有机体进行研究，而不是脱离这些理论体系产生、存在的国情背景和浙江现实土壤进行研究；三是把研究的实践意义作为归宿。研究浙江经验对中国特色社会主义理论体系的贡献，是为了掌握、利用马克思主义中国化规律，提高中国特色社会主义实践的科学性和实效性，为马克思主义在中国的成功实践和理论创新做出努力，而不只是学究式的考据或是仅停留于简单的现象解释层面。

本研究的整体结构及主要观点如下。

一、绪论

简述本选题的研究背景和意义、研究现状、研究思路和研究方法。

二、浙江经验丰富和深化了中国特色社会主义理论体系的精髓

解放思想、实事求是是中国特色社会主义的历史起点和逻辑起点，也是浙江经验对中国特色社会主义理论体系贡献研究的起点。浙江改革开放的过程，就是不断地解放思想、实事求是的过程。浙江解放思想既与全国具有本质上的相似之处，又形成了自己的独有特质，在其不同阶段、以其不同的重点，在正本清源、排除干扰、拓宽视野、增强动力等方面起到了极其重要作用，也对全国产生了深远影响。在全国解放思想的大背景下，浙江解放思想进程独特、特色鲜明、影响深远，坚持并丰富和深化了实事求是这一中国特色社会主义理论体系的精髓。浙江"先行性"和"特色性"成功经验启示我们，解放思想必须重在实际行动；必须把改革发展作为解放思想的根本目的；必须尊重人民群众的首创精神；必须坚持中央精神与地方实际相结合，从实际出发制定和实施政策；必须体现求真务实的要求；必须实现"自下而上"和"自上而下"解放思想的结合；必须坚持与时俱进；必须做到"敢为人先"。

三、浙江经验对中国社会主义改革开放的贡献

改革开放是党在新的历史条件下带领中国人民进行的一场新的伟大革命，是发展中国特色社会主义的关键抉择。改革开放以来，浙江在经济、政治、文化、社会等各个方面都取得了巨大进步和辉煌成绩。与全国其他区域相比，浙江改革开放的先行性和特色性更为突出。比如，浙江较早形成以公有制为主体、多种所有制经济共同发展的格局；率先推进市场化改革；率先推进农村工业化；率先推进市场建设；率先推进内外开放联动；率先推进城乡统筹发展；率先推进生态文明建设，等等。浙江改革开放"先行性"和"特色性"成功经验启示我们，必须坚定不移地贯彻执行党在社会主义初级阶段的基本路线；必须正确处理改革、发展、稳定的关系；必须把尊重人民首创精神同加强和改善党的领导结合起来；必须始终坚持社会主义市场经济体制改革的大方向；必须坚持从实际出发，充分发挥浙江独特的比较优势；必须把提高效率与促进社会公平结合起来；必须坚持全面协调可持续发展，努力建设社会主义和谐社会；必须积极冲破传统体制不断进行政策创新。

四、浙江经验对中国特色社会主义政治建设的贡献

改革开放以来，适应经济基础深刻变化和人民民主意识的不断增强，浙江高举人民民主

旗帜，积极稳妥地推进政治体制改革，走出了一条既符合中央精神又切合浙江实际的社会主义政治发展道路，在推进基层民主政治建设、法治浙江建设、政府改革创新等方面为全国改革发展做出了积极探索，对中国特色社会主义政治建设做出了贡献，从而使浙江不仅在经济社会建设方面走在全国前列，而且在社会主义民主政治建设方面也走在全国前列。浙江探索中国特色社会主义政治建设的"先行性"和"特色性"成功经验启示我们，必须围绕经济建设这个中心工作，形成经济、政治、文化和社会建设"四位一体"的总体布局；必须充分发挥地方党委总揽全局、协调各方的领导核心作用，完善党委、人大、政府、政协构成的协调高效的领导体制和工作体制；必须把人民群众实践作为推动民主政治建设的动力源泉；必须坚持和落实党的领导、人民当家做主和依法治国相统一的基本方略；必须抓住制度建设这个重要环节，实现社会主义民主政治的制度化、规范化和程序化，推进社会主义政治制度自我完善和发展；必须在坚持社会主义基本政治制度的前提下，与时俱进，因地制宜地进行政治体制机制改革和创新。

五、浙江经验对中国特色社会主义经济建设的贡献

浙江在完善社会主义初级阶段基本经济制度方面，坚持公有制经济的主体地位，率先实现国有企业改革和发展的任务，率先推进乡镇集体企业转制，发展壮大集体经济，探索公有制的多种实现形式；放手发展个体私营经济，不断促进个体私营经济大发展大提高；大力发展混合所有制经济；形成多种所有制经济相互促进、共同发展的局面。在建立社会主义市场经济体制方面，较早确立以公有制为主体、多种所有制经济共同发展的格局；较早形成统一开放、竞争有序的市场体系；较早形成城乡经济社会协调发展局面；较早形成宽领域、全方位的开放格局；较早形成多层次、广覆盖的社会保障体系；较早在社会管理、公共服务方面实现政府职能转变。在农村改革发展方面，浙江探索出了一条具有中国特色、浙江特点的以农民为主体的市场化、工业化、城镇化和农业农村现代化道路，这条道路的最大特点是坚持以人为本、以民为大、以农为重，把占人口绝大多数的农民视为发展和建设的最重要主体力量，当作推动改革发展最大的动力源，最重要的人力资本。在民营经济发展方面，改革开放 30 多年，浙江民营经济一直走在全国前列。民营经济是浙江创业富民、创新强省的基础所在、优势所在、活力所在、源泉所在。在统筹城乡建设新农村方面，浙江从实际出发、形成具有鲜明浙江特色的改革和发展举措，逐步形成了工业反哺农业、城市带动农村的统筹城乡的建设机制，走出了一条一二三产业综合发展、城乡互动共促、全面推进社会主义新农村建设的新路子。浙江农村改革发展走在全国的前列，取得了举世瞩目的成就，为浙江经济社会发展走在全国前列作出了重要的贡献，也为全国统筹城乡建设新农村提供了丰富经验与有益启示。

六、浙江经验对中国特色社会主义社会建设的贡献

浙江从实际出发，坚持"以人为本"的科学理念，认真贯彻中央提出的浙江要在树立和落实科学发展观、构建社会主义和谐社会和加强党的先进性建设方面走在前列的重要指示，深入实施"八八战略"，全面建设"平安浙江"、"法治浙江"、加快建设文化大省，按照"发展固和谐、民主促和谐、文化育和谐、公正求和谐、管理谋和谐、稳定保和谐"的总体思路，推动社会建设与经济建设、政治建设、文化建设协调发展，努力使浙江省在构建社会主义和谐社会方面走在前列。浙江构建社会主义和谐社会的"先行性"和"特色性"成功经验表明，在推进构

建社会主义和谐社会的进程中坚持以人为本的科学理念，必须以人的全面发展为出发点，以更好地贯彻为人民服务的根本宗旨为落脚点，以弘扬体现社会主义核心价值体系为支撑点，以正确处理人民内部矛盾为关键点，努力形成促进和谐人人有责，和谐社会人人共享的生动局面。

七、浙江经验对中国特色社会主义文化建设的贡献

浙江高度重视中国特色社会主义文化建设的战略地位，较早地进入了文化建设的复苏期，较早地提出“科教兴省”、建设“文化大省”战略目标，率先进行文化体制改革综合试点；带头推动社会主义文化大发展大繁荣，形成独具特色的文化产业发展局面；浙江积极稳妥地推进文化体制改革，建立新型宏观管理体制，转变政府职能，改革文化行政管理体制；浙江积极培育和发展文化市场；浙江不断弘扬与时俱进的“浙江精神”。浙江推进中国特色社会主义文化建设的“先行性”和“特色性”成功经验启示我们，必须牢牢把握社会主义文化建设的指导思想，坚持马克思主义在意识形态领域的指导地位，坚持用科学发展观统领文化大省建设的各项工作；必须牢牢把握社会主义文化建设的本质特征，努力建设具有中国特色、中国气派、中国风格和浙江特点的先进文化；必须牢牢把握社会主义文化建设的根本方向，坚持为人民服务、为社会主义服务，努力实现好、维护好、发展好人民群众的文化利益；必须始终一贯地坚持“百花齐放，百家争鸣”的方针；必须牢牢把握社会主义文化建设的重要任务，弘扬和培育以爱国主义为核心的民族精神和以改革创新为核心的时代精神，丰富和发展以创业创新为核心的与时俱进的浙江精神；必须牢牢把握社会主义文化建设的基本要求，坚持贴近生活、贴近实际、贴近群众，坚持社会效益与经济效益相统一，坚持一手抓繁荣、一手抓管理，切实增强新形势下文化工作的针对性、实效性和主动性；必须牢牢把握社会主义文化建设的内在动力，进一步解放和发展文化生产力，不断增强浙江文化的竞争力、吸引力和感召力；必须牢牢把握社会主义文化建设的最终目标，坚持以人为本、促进人的全面发展和社会全面进步，努力培育有理想、有道德、有文化、有纪律的新型公民；必须高度重视发展文化产业这个推动文化大发展大繁荣的重要途径。

八、浙江经验对中国特色社会主义事业依靠力量理论的贡献

浙江充分尊重人民群众的首创精神，唤醒人民群众的主体自觉，尊重人民群众发展生产力的自主权，充分尊重各种生产要素拥有者的配置选择，正确处理尊重人民群众历史主人地位与发挥执政党和政府作用的关系，坚决贯彻群众路线的一系列方针政策。浙江“先行性”和“特色性”成功经验坚持并丰富和发展了马克思主义群众观，体现了马克思主义群众观的时代特点、中国特色和浙江特征，是对中国特色社会主义事业依靠力量理论的重要贡献。

九、浙江经验对中国特色社会主义事业领导核心理论的贡献

改革开放以来，浙江在中国特色社会主义事业领导核心理论和实践中创造出了许多在全国有影响的好做法、好经验，在基层党建、党的制度建设、非公有制企业党建和反腐倡廉建设等方面，形成了既反映全国性特点、又具有浙江自身特色的党建工作成功经验和做法，为中国特色社会主义事业领导核心理论做出了贡献。在基层党建工作方面，浙江不断拓展工作思路，创新工作方法，构建工作载体，落实工作举措，着力在优化党组织设置、强化党员教

育管理、规范党组织活动、夯实党建工作基础等方面下功夫，形成区域化统筹的基层党建工作格局，从而不断实现基层党组织全覆盖，增强基层党组织影响力和渗透力。在推进党的制度建设方面，浙江"先行性"和"特色性"成功经验为我们提供了一些重要启示，如，必须坚持和完善党的领导制度，推动党委总揽全局、协调各方的领导方式制度化；必须建立和完善民主集中制的具体制度；必须加强党内民主制度建设，不断推进执政科学化、民主化；必须探索基层党建新路径，建立健全制度落实的保障和监督机制，及时把改革成果和实践经验上升为制度规范；必须加强对权力运行的制约和监督，不断完善反腐倡廉各项制度，构建反腐败制度体系；必须严格执行制度，树立制度权威，并逐步使之内化为全体党员的自觉行动。在非公有制企业党建工作方面，浙江经验为我们提供了一些重要启示，如必须大力推进党建覆盖网建设，探索扩大党在非公有制企业覆盖面的有效方法；不断壮大非公有制企业党员队伍，探索提高企业党员素质的有效途径；大胆创新党组织和党员活动载体，探索党组织和党员发挥作用的途径和形式；积极推进党组织规范化建设，形成非公有制企业党建工作的运行机制；大力开展党建带工团建设，形成党建带群团、群团促党建的良好态势。在反腐倡廉建设方面，浙江认真贯彻落实党中央、国务院和中央纪委的部署和要求，坚持走创新之路，努力在思想方法、思想观念、工作方式、工作方法、人员素质、工作作风等方面与时俱进，扎实推进反腐倡廉工作，反腐败斗争正逐步从侧重遏制，走上标本兼治、加大治本力度、向纵深推进的轨道。

第四节　研究方法

研究浙江经验对马克思主义中国化最新成果的贡献必须做到全面、深刻、系统，这就需要广泛选取各种科学、有益、可行的方法，并使这些方法建立有机联系，互相补充、互相佐证，形成方法体系，以便研究工作科学、有序、有效进行，更加接近其真实面目，得出正确的、科学的、经得起实践和历史检验的结论。为此，本课题运用的研究方法：一是用辩证唯物主义和历史唯物主义所提供的世界观、方法论去发现、总结，而不能臆造、杜撰或是忽略、无视基本事实；二是历史与逻辑相统一的方法。浙江经验对马克思主义中国化最新成果的贡献是在浙江改革开放实践中表现出来的，而不是人们主观上从外部强加的，逻辑上的结论完全来自其历史过程。因此，逻辑与历史相统一的方法是本研究最基本的方法。三是运用比较与归纳、具体与抽象、个别与一般相结合的方法；四是理论联系实际的方法，以理论概括为主，坚持史论结合，论从史出，以论带史。

第二章
浙江经验丰富和深化了中国特色社会主义理论体系的精髓

解放思想是发展中国特色社会主义的一大法宝，实事求是是中国特色社会主义理论体系的精髓，解放思想、实事求是是中国特色社会主义理论体系的历史起点和逻辑起点。浙江改革开放正是从解放思想、实事求是开始的，浙江改革开放的过程，就是不断地解放思想、实事求是的过程。无论是党的十一届三中全会前后关于真理标准问题的讨论，党的十二届三中全会前后关于社会主义商品经济理论的学习，党的十三大以后关于社会主义初级阶段理论的学习，1992年后对邓小平同志"南方谈话"和建设有中国特色社会主义理论的学习，党的十六大以来关于"三个代表"和科学发展观理论的学习，党的十七大以来关于中国特色社会主义道路和理论学习等等，还是在农村家庭联产承包责任制、发展商品经济、发展乡镇企业、发展个私经济、城市改革开放、搞活国有企业、引进外资、创办中外合资企业等问题上，浙江也曾有过困惑和疑虑，由于坚持了解放思想、实事求是，从而逐步澄清了是非，使广大干部群众转变了观念，统一了思想认识，促进了改革开放。在全国解放思想的大背景下，浙江解放思想实事求是的进程独特、特色鲜明、影响深远，彰显了"先行性"与"特色性"，坚持并丰富和深化了实事求是这一中国特色社会主义理论体系的精髓。

第一节　解放思想、实事求是是浙江经验对中国特色社会主义理论体系贡献研究的起点

何谓解放思想？1979年3月，邓小平在党的理论工作务虚会上说："解放思想，就是要运用马列主义、毛泽东思想的基本原理，研究新情况，解决新问题"[①]。一年后，邓小平再次重申："我们讲解放思想，是指在马克思主义指导下打破习惯势力和主观偏见的束缚，研究新情况，解决新问题"[②]。他强调："解放思想决不能够偏离四项基本原则的轨道，不能损害安定团结、生动活泼的政治局面。全党对这个问题要有一个统一的认识"[③]。后来，他进一步明确表述："解放思想，就是使思想和实际相符合，使主观和客观相符合，就是实事求是"[④]。"解放思想就是毛泽东提倡的实事求是，一切从实际出发"[⑤]。"真正的解放思想，也就是实事求是"[⑥]。江泽民、胡锦涛同志在新的形势下又对解放思想的科学涵义作了新的补充和概

① 《邓小平文选》第2卷，人民出版社1991年版，第179页。

② 《邓小平文选》第2卷，人民出版社1991年版，第279页。

③ 《邓小平文选》第2卷，人民出版社1991年版，第279页。

④ 《邓小平文选》第2卷，人民出版社1991年版，第364页。

⑤ 《邓小平思想年谱》，中央文献出版社1998年版，第240页。

⑥ 《邓小平思想年谱》，中央文献出版社1998年版，第272页。

括。江泽民指出："创新就要不断解放思想、实事求是、与时俱进"[①]。胡锦涛指出："解放思想、实事求是、与时俱进，是马克思主义活的灵魂，是我们适应新形势、认识新事物、完成新任务的根本思想武器"[②]。"改革创新，就是要坚持解放思想，锐意创新，开拓进取，毫不动摇地坚持改革方向，加快重要领域和关键环节改革步伐，着力构建充满活力、富有效率、更加开放、有利于科学发展的体制机制，充分激发全社会的创造活力"[③]。从上述邓小平、江泽民、胡锦涛关于解放思想的经典论述中可以看出：解放思想具有以下内在规定。第一，解放思想的政治原则，就是要坚持四项基本原则，不能损害安定团结、生动活泼的政治局面。任何借解放思想之名否定这一根本，或无视我国的现实，制造思想混乱，影响稳定局面之举，均违背解放思想的主旨，都不是真正的解放思想。第二，解放思想的方法论要求，就是要坚持马克思主义指导，运用马列主义、毛泽东思想基本原理作为我们观察问题、分析问题的根本方法。解放思想一定要以马克思主义的科学世界观和方法论为指导，从客观存在和变化着的实际出发，研究新情况，揭示新规律，形成新理论，指导新实践，解决新问题。第三，解放思想的任务，就是打破习惯势力和主观偏见的束缚。习惯势力是导致思想僵化的客观因素，主观偏见是导致思想僵化的主观因素。解放思想就是要自觉地把思想认识从那些不合时宜的观念、做法和体制的束缚中解放出来，从对马克思主义的错误的和教条式的理解中解放出来，从主观主义和形而上学的桎梏中解放出来。第四，解放思想的最终目的，就是使思想和实际相符合，使主观和客观相符合，其根本标志就是对问题的真正解决。"解放思想必须真正解决问题"[④]。第五、解放思想的本质就是实事求是，按照客观事物发展规律办事。一方面，解放思想是实现实事求是的先导、首要前提和内在要求。另一个方面，解放思想又必须依靠实事求是来为它作出本质上的规定。比如，实事求是从本质上规定解放思想的根本出发点：一切从实际出发，而不是从本本和固有模式、经验出发，更不是从主观臆断出发；实事求是从本质上规定解放思想的根本落脚点：做到主观符合客观，理论符合实际，达到正确认识世界和改造世界、真正解决问题的目的；实事求是从本质上规定解放思想的根本衡量标准：实践是检验认识正确与否的唯一标准；实事求是从本质上规定解放思想的正确道路：尊重实践、尊重群众，做到认识和实践相结合、领导和群众相结合。因此，按照实事求是的要求和标准去解放思想，就要求我们切实做到一切从实际出发，理论联系实际，实事求是，在实践中检验真理和发展真理。可见，解放思想的主旨就是不断地探寻和求索事物的本质和规律，不断地修正已有的认识和理论，使之与事物的新本质和新规律相符合，更好地实现合目的性和合规律性的有机统一。

何谓"实事求是"？实事求是一词最早出现在《汉书·河间献王传》中，讲的是西汉景帝第三子河间献王刘德"修学好古，实事求是"，本是指一种严谨的治学态度和方法。1941年，毛泽东在《改造我们的学习》中将"实事求是"重新解释为："'实事'就是客观存在的一切事物，'是'就是客观事物的内部联系，即规律性，'求'，就是我们要从国内外、省内外、县内外、区内外的实际情况出发，从其中引出固有的而不是臆造的规律性，即找出周围事物的内部联

① 《江泽民文选》第3卷，人民出版社2006年版，第537—538页。

② 胡锦涛：《在学习〈江泽民文选〉报告会上的讲话》，《光明日报》2006年8月16日1版。

③ 胡锦涛：《在全国政协新年茶话会上的讲话》，《光明日报》2008年1月2日1版。

④ 《邓小平文选》第2卷，人民出版社1991年版，第279页。

系，作为我们行动的向导”①。实事求是是中国特色社会主义理论体系的精髓。所谓理论精髓②，是指能使某一理论体系得以形成与发展并贯穿其始终的、同时又体现在这一理论体系各个基本观点中的最本质的东西。把握了理论精髓，就把握住了理论体系中各个理论观点之间的有机联系及其思想的统一性，就把握了理论体系中带有根本性的东西。事实上，理论精髓不仅在理论体系中占据着重要地位，而且在理论体系的形成和发展过程中也发挥着重要的作用。理论精髓是理论体系得以形成的重要前提和理论基础。一种理论体系之所以被称之为体系，不仅是因为其有一个需要着力研究和解决的中心问题以及围绕此问题而展开的一系列相互联系的基本理论与观点，还因为其有一个统一的世界观和方法论贯穿于其中。正是坚持了一定的世界观和方法论，总结人们在社会实践中的经验与教训，不断深化对事物发展规律的认识，理论成果才逐渐系统化而发展成为成熟的理论体系。这个贯穿始终的世界观和方法论就是这个理论的精髓。

实事求是是中国特色社会主义理论体系的精髓，因为：第一，从实事求是的内涵看，其高度概括性和相对稳定性使其具有中国特色社会主义理论体系精髓的特质。实事求是贯穿着以下世界观和方法论：一是物质第一性、意识第二性的唯物论。“实事”是指客观存在的一切事物，这本身就坚持了物质第一性原则；“求”是人类的实践活动，无疑具有客观实在性；“是”是指客观事物的规律，也是一种不以人们主观意志为转移的客观存在。因而，实事求是首先是一种唯物论。二是世界是普遍联系和永恒发展的辩证法。承认“实事”的存在，就是承认了事物的普遍联系和永恒发展；承认“是”的存在，即承认事物内部联系和发展的规律，这其中当然包含了具体问题具体分析等辩证法。三是实践决定认识、认识反作用于实践的唯物论认识论。“实事”是客观存在的事物，“是”是事物内部的规律性，“求”即人类通过实践活动将“实事”与“是”联系起来。探求事物内部规律是为了认识事物改造世界，检验认识正确与否的唯一标准是实践，“求”就是使人们的认识不断接近真理的过程，这本身就是马克思主义的认识论。实事求是用中国式语言概括了马克思主义的唯物论、辩证法、认识论，具有高度的概括性和相对稳定性，使实事求是本身具有中国特色社会主义理论体系精髓的特质。第二，“解放思想”、“与时俱进”、“求真务实”等都是对实事求是的进一步阐释。从中国特色社会主义理论体系的形成轨迹看，邓小平理论、“三个代表”重要思想和科学发展观所要求的“解放思想”、“与时俱进”、“求真务实”等，都是根据中国社会主义初级阶段基本国情和不同时期具体历史背景提出来的。20 世纪 70 年代末，通过“真理标准大讨论”否定了“两个凡是”，在中国共产党的历史上，邓小平在重新恢复实事求是思想路线的同时又为这一思想路线增添了新的内容——解放思想。其后，在解放思想、实事求是思想路线的指引下，全党和全国人民一切从实际出发，开创了中国特色社会主义的发展道路。十三届四中全会以后，为了有效应对世情国情党情变化，江泽民提出马克思主义具有与时俱进的理论品质，是对实事求是内在要求的进一步阐发。十六大以来，以胡锦涛为总书记的党中央继续坚持解放思想、实事求是、与时俱进的思想路线，提出要大力弘扬求真务实精神、大兴求真务实之风。由以上可以看出，实事求是这一中国特色社会主义理论体系精髓的内涵是不断丰富和完善的，它

---

① 《毛泽东选集》第 3 卷，人民出版社 1991 年，第 801 页。

② 《辞海》称：“髓，骨中凝脂，比喻精华”。“精华，指事物最精粹部分。”精髓之于理论，犹如灵魂之于躯体，理论有了精髓，就有了灵魂，有了活力；失去了精髓，也就失去了理论本身。

与党的实事求是思想路线的不断丰富和完善过程大体上是同步的。第三，从整个马克思主义发展史来看，实事求是是马列主义、毛泽东思想的精髓，也必然是中国特色社会主义理论体系的精髓。邓小平多次肯定实事求是在马克思主义发展史上的地位。他说："毛泽东思想的基本点就是实事求是，就是把马列主义的普遍原理同中国革命的具体实践相结合。毛泽东同志在延安为中央党校题了'实事求是'四个大字，毛泽东思想的精髓就是这四个字"①，"'实事求是'是马克思主义的精髓"②。"实事求是，是无产阶级世界观的基础，是马克思主义的思想基础③"。邓小平将实事求是概括为毛泽东思想的精髓、马克思主义的精髓，是对实事求是高度概括性的肯定。党的十七大报告指出，中国特色社会主义理论体系"是马克思主义中国化最新成果"，"在当代中国，坚持中国特色社会主义理论体系，就是真正坚持马克思主义"④。中国特色社会主义理论体系既然是按照实事求是的思想路线在中国革命和建设的实践中总结出的原理，是马克思主义在当代中国的发展，是当代中国的马克思主义，其精髓也必然是实事求是。纵观 30 多年的改革开放进程，实事求是这一中国特色社会主义理论体系精髓无疑扮演着极其重要的角色。在实事求是的指引下，中国共产党继续把马克思主义的基本原理同我国现实国情和时代特征结合起来，形成了中国特色社会主义理论体系。而解放思想是先导，不解放思想，不把人们的思想从那些不合时宜的观念、做法和体制的束缚中解放出来，从对马克思主义的错误的教条式的理解中解放出来，从主观主义和形而上学的桎梏中解放出来，就无法做到实事求是，也就无法实现与时俱进。"只有思想解放了，我们才能正确地以马列主义、毛泽东思想为指导，解决过去遗留的问题，解决新出现的一系列问题，正确地改革同生产力迅速发展不相适应的生产关系和上层建筑"⑤。因此，解放思想是根本，是坚持实事求是、保持与时俱进的前提和基础。

解放思想、实事求是是中国特色社会主义理论体系的历史起点和逻辑起点。中国特色社会主义理论体系的奠基、萌芽、确立、丰富，是特定历史和逻辑的必然结果。中国特色社会主义理论体系的历史逻辑，就是中国特色社会主义的总体历史进程。中国特色社会主义理论体系的理论逻辑，就是其特有的概念、范畴及其基本理论观点在这一理论体系中的先后叙述顺序及其内在联系。理论逻辑是指"理性中的系列即范畴的逻辑顺序"⑥。理论逻辑作为一种自觉的意识形态，不能简单地复制现实的历史。因为现实的历史"常常是跳跃式地和曲折地前进的，如果必须处处跟随着它，那就势必不仅会注意许多无关紧要的材料而且也会常常打断思想进程"⑦。马克思主义认识论认为，理论形成的历史起点和逻辑起点是相一致的，"逻辑的方式是唯一适用的方式。但是，实际上这种方式无非是历史的方式，不过是摆脱了历史的形式以及起扰乱作用的偶然性而已。历史从哪里开始，思想进程也应当从哪里开始，而思想进程的进一步发展不过是历史过程在抽象的，理论上前后一贯的形式上的反

① 《邓小平文选》第 2 卷，人民出版社 1994 年，第 126 页。

② 《邓小平文选》第 3 卷，人民出版社 1993 年，第 382 页。

③ 《邓小平文选》第 2 卷，人民出版社 1994 年，第 143 页。

④ 胡锦涛：《高举中国特色社会主义伟大旗帜为夺取全面建设小康社会新胜利而奋斗》，人民出版社 2007 年版。

⑤ 《邓小平文选》第 2 卷，人民出版社 1994 年版，第 141 页。

⑥ 《马克思恩格斯选集》第 2 卷，人民出版社 1995 年版，第 146 页。

⑦ 《邓小平文选》第 3 卷，人民出版社 1993 年版，第 43 页。

映”①。历史逻辑决定理论逻辑，理论逻辑派生于历史逻辑；在逻辑顺序上，先有历史逻辑，然后再有理论逻辑。理论逻辑作为历史逻辑的理论形式，二者必然统一于社会实践的历史进程。历史逻辑和理论逻辑相统一的内在机制是社会实践。历史逻辑的展开是一个自然地历史过程，作为被其决定和派生的理论逻辑则不然，相反是一个主动的转化和建构过程，完成这一转化的内在机制则是社会实践。中国特色社会主义理论体系之所以能够产生和丰富发展，之所以能够完成由实践到理论的转化和升华，就是因为以邓小平、江泽民、胡锦涛为核心的中央领导集体坚持解放思想、实事求是的思想路线，具有的彻底地批判精神和革命精神。他们能够坚持彻底的唯物主义，认清时代发展规律，找准我国建设和改革的根本问题所在，并把解放思想、实事求是彻底贯彻到我国建设和改革的根本问题上，并及时总结人民群众创造的成功经验，然后加以系统化、理论化，形成具有普遍指导意义的理论。而理论又能够根据历史的逻辑预见未来发展，并有效地指导实践。因此，在历史发展过程中，理论逻辑时常先于历史逻辑，并充当社会变革的先导。从历史起点看，没有党的解放思想、实事求是思想路线的确立，就没有政治路线和组织路线的转变，没有历史是非的清理，没有工作中心的转移，就没有改革开放历史新时期，也就没有中国特色社会主义理论体系。从逻辑起点看，党的解放思想、实事求是的思想路线是政治路线、组织路线的理论基础。思想路线正确与否，直接决定着政治路线、组织路线的贯彻执行。不解决思想路线问题，正确的政治路线和组织路线就制定不出来，制定了也贯彻不下去。解放思想、实事求是思想路线的确立，为中国特色社会主义理论体系的形成和发展奠定了哲学基础。改革开放 30 多年的发展使我国政治建设、文化建设、社会建设也取得举世瞩目的成就。事实雄辩地证明，改革开放符合党心民心，顺应时代潮流，而改革开放的成功推进又离不开解放思想、实事求是。因此，解放思想、实事求是是中国特色社会主义理论体系的历史起点和逻辑起点②，同样也是浙江经验对中国特色社会主义理论体系贡献研究的起点。

第二节 改革开放以来浙江解放思想实事求是的历史演进

改革开放历史是中国特色社会主义理论诞生与发展的历史，也是一部坚持解放思想实事求是思想路线的发展史。改革开放以来，我们党在实践上的每一个重大发展，理论上的每一个重大突破，工作上的每一个重大进步，都是以解放思想实事求是为先导的。“真理标准”讨论引发的思想解放，实际上是由中国“走什么道路”问题引起的，在冲破了“两个凡是”，确立了解放思想实事求是的思想路线后，中国走上了建设有中国特色社会主义道路。“姓社姓资”讨论引起的思想解放，是由中国“改革向何处去”问题引起的，在认识到计划与市场都是调节经济的手段后，中国才明确了建立社会主义市场经济体制的改革方向。“姓公姓私”讨论引起的思想解放，是由“中国发展的依靠力量和动力在哪里”问题引起的，在认识到非公有制是社会主义初级阶段经济的组成部分后，中国出现了以公有制为主体、多种所有制经济共

---

① 《马克思恩格斯选集》第 2 卷，人民出版社 1995 年版，第 43 页。

② 参见冯海波《中国特色社会主义理论体系的历史逻辑与理论逻辑》，《内蒙古社会科学》2010 年第 5 期，第 5—10 页。

同发展的格局①。浙江的思想解放是在全党全国冲破两个"凡是"、深入开展"真理标准"大讨论背景下开启的，是在全党突破姓"资"姓"社"、姓"公"姓"私"和传统发展模式束缚的过程中持续推进的。浙江解放思想既与全国具有本质上的相似之处，又有其"先行性"与"特色性"，其进程独特，在不同阶段以其不同的重点，在正本清源、排除干扰、拓宽视野、增强动力等方面起到了极其重要的作用，也对全国思想解放产生了深远地影响。

一、冲破了"两个凡是"禁锢，重新确立实事求是的思想路线

真理标准问题讨论主要是针对"两个凡是"的僵化观点，恢复和重新确立马克思主义的思想路线，划清了辩证唯物主义和主观唯心主义的界线。浙江坚决贯彻党的十一届三中全会精神，以真理标准问题讨论为契机，统一党员干部群众的思想，把工作重点转移到经济建设上来。

一是"拨乱反正"，重新回到马克思主义的思想路线上来。1978 年 1 月，浙江省委召开理论工作会议，强调理论战线要拨乱反正，解放思想，为改革提供必要的条件。6 月 10 日，《浙江日报》转载了《光明日报》发表和新华社转发的特约评论员文章《实践是检验真理的唯一标准》，全省理论界围绕真理标准、解放思想等问题开展了热烈讨论。10 月 5 日，浙江省委书记铁瑛在全省"理论与实践问题"讨论会上作了《实践是检验真理的唯一标准》的报告，在全省拉开了真理标准大讨论的序幕。通过学习讨论，浙江全面纠正了"文化大革命"及以前"左"的错误，在思想上政治上组织上全面地恢复和确立了马克思主义的正确路线。

二是不失时机地把工作重点转移到经济建设上来。1979 年 1 月，浙江省委传达贯彻党的十一届三中全会精神，并结合浙江实际，讨论了如何把工作重心转移到社会主义现代化建设上来。5 月，浙江根据中央提出的对整个国民经济实行"调整、改革、整顿、提高"的方针，集中讨论了调整国民经济问题，要求全省各级党组织和广大党员、干部、群众大力开展增产节约运动，把国民经济纳入持久地、按比例高速发展的轨道。9 至 10 月，浙江举办经济理论读书班，深入地总结浙江经济工作的经验教训，着重讨论了"社会主义的根本任务是发展生产力"、"违背客观规律犯'唯意志论'方面的教训"、"社会主义制度不是越公越好"、"社会主义生产目的是满足人民物质和文化生活的需要"、"发展商品生产和商品交换是繁荣社会主义经济的关键"、"积极推进经济管理体制改革"等重大理论和现实问题，为工作重点转移到经济建设上来奠定了思想基础。

三是尊重人民群众的首创精神，给改革和改革者创造一个宽松的环境。1979 年，长兴县狄家村在浙江率先实行联产承包。1980 年 7 月，浙江省建立首家中外合资企业。1980 年 8 月，温州市率先在全国发放了第一份个体工商执照。1982 年 9 月，义乌县正式开放小商品市场。这期间，浙江改革探索一个接着一个，不断冲击着传统体制的藩篱，拷问着人们的思想观念。浙江坚持不争论，允许试、允许看，积极保护改革和改革者。比如，针对步鑫生在海盐县衬衫总厂实行奖金制度，打破"大锅饭"、"铁饭碗"改革的争论，浙江专门派出调查组进行调查，充分肯定了海盐衬衫总厂改革的经验，在全省发动了一场怎样对待改革和改革者的讨论。当温州农村家庭工业蓬勃兴起，"温州模式"备受争议时，浙江正确引导，在充分调查研究的基础上，将温州经济发展的特点总结为 4 句话："以家庭经营为基础，以专业市场为依

① 蒋伏心：《继续解放思想：原则、标准、动力与内容》，《北京青年工作研究》2008 年第 5 期，第 33—35 页。

托，以购销员为骨干，小商品、大市场”。1986 年 7 月 4 日，中央领导同志批示，充分肯定了温州的探索。浙江改革开放之所以能走在全国前列，正是由于浙江按照邓小平同志所讲的，要以“人民答应不答应、高兴不高兴、满意不满意”作为制定各项政策的依据，一切以人民的意志为转移，为改革开放创造了一个良好的社会环境。浙江这一时期解放思想的鲜明特点是，坚持用实践标准来分析改革开放的现实问题，诸多疑惑不解一扫而光，抛掉了沉重地思想包袱，冲破了思想牢笼。浙江在改革开放实践中，大胆试、大胆闯、大胆干，不唯书、不唯上、只唯实，闯出了一条符合浙江实际的发展之路。

二、突破姓“资”姓“社”、姓“公”姓“私”思想束缚，加快发展社会生产力

什么是计划经济、什么是商品经济？什么是社会主义、什么是资本主义？在改革开放初期，这些问题一直困扰着人们的思想、束缚着人们的行动。不搞清这些问题，改革开放就难以推进，生产力发展就迈不开步子。

1979 年，中共浙江省委就指出，“我们要深入批判林彪、‘四人帮’的谬论，理直气壮地抓商品生产”[①]，多种经营大部分是商品生产，通过商品交换，既可以满足社会日益增长的需要，又可以换回等价物资，满足公社生产上和社员生活上日益增长的需要。此后，浙江相继发布一系列文件，提出多种经营既可以集体搞，也可以个体搞，推动了浙江农村商品经济的快速发展。

1984 年底，中共浙江省委大声疾呼“搞活经济必先搞活思想”。长期以来，我们把商品经济与资本主义混为一谈，因而把计划经济同商品经济对立起来。其实，商品经济不是资本主义特有的[②]。必须破除把计划经济同商品经济对立起来的传统观念，大力发展农村多种经营和商品生产，自觉依靠和运用价值规律。1985 年，中共浙江省委指出，发展大规模商品经济，要有宏图大略和开拓精神，敢于拼搏，敢于在竞争中取胜；发展大规模商品经济，要有强烈的市场观念，市场是商品生产的出发点和归宿，要去熟悉市场，了解市场，掌握市场活动的规律；发展大规模商品经济，必然是高度社会化的，不应当有地域界限，要学会在大范围内实现生产要素的组合和流通[③]。1985 年，浙江进一步决定，原来实行统购派购的 50 种农产品将先后放开，不再向农民下达派购任务。粮食、棉花、食用油料取消统购，改为合同定购，蚕茧、络麻实行协商定价，合同定购。糖蔗、茶叶取消派购，价格放开，议购议销，多渠道经营。生猪、水产品、城市蔬菜，取消派购，逐步放开，自由上市，按质论价，议购议销。木材、毛竹取消派购以后，开放交易市场，提倡产销直接见面，允许多渠道经营[④]。

1982 年，浙江农村专业户拉开了个体私营经济发展的序幕。然而有人习惯性地在专业户与小农经济、甚至资本主义之间画上等号。中共浙江省委指出，专业户是专业化商品生产的雏形，是农村走专业化、社会化的过渡形式，很可能会引起生产关系的又一次重大调整，它的意义不亚于包产到户的全面实施[⑤]。要满腔热情地扶持专业户和重点户，要从陈旧的观念中解放出来，把发展商品生产的希望寄托在专业化生产上，在支持专业户、重点户方面多

---

① 铁瑛：《大力发展多种经营》，《红旗》1979 年第 2 期，第 19 页。

② 王芳：《搞活经济必先搞活思想》，《浙江日报》1984 年 12 月 10 日 1 版头条。

③ 王芳：《进一步改革农村经济管理体制，让农民按照市场需求进行生产》，《浙江日报》1985 年 2 月 2 日。

④ 王芳：《进一步改革农村经济管理体制，让农民按照市场需求进行生产》，《浙江日报》1985 年 2 月 2 日。

⑤ 中共浙江省委政策研究室调查组：《为专业户的兴起开辟更加广阔的道路》，《浙江日报》1982 年 10 月 17 日。

下点工夫[①]。浙江的个体私营经济，就是在这一阶段迈开艰难而快速发展的步子。1984 年，中共浙江省委指出，在坚持社会主义制度的前提下，只要有利于发展生产力，有利于民富国强的一切好办法，都可以采取拿来主义[②]。

早在 1979 年 8 月 9 日，《浙江日报》以一版头条的大字标题，发表了时任浙江省委第一书记铁瑛关于发展城镇街道企事业问题的谈话。铁瑛批驳了"个体经营是资本主义"的说法。他认为，这里有林彪、"四人帮"极左路线的干扰，也有认识上、政策上和管理体制上的问题，盲目地一次又一次地在所有制方面搞"升级"、"过渡"，出现了"公有化程度越高越好，核算单位规模越大越好"的错误认识。现在"允许必要的个体经营"，方向是对头的，也是群众需要的[③]。随后，浙江省革委会《关于发展城镇街道集体所有制企事业的规定（试行草案）》提出，"对城镇街道集体所有制企事业的发展，要积极支持，不应乱加限制"，还提出，街道企事业"也可以由几个人自愿联合起来办，有些适合于个体经营的项目，在社会主义经济领导下允许个体经营"[④]。这是改革开放以后，浙江乃至全国关于推进所有制结构改革的重大举措。

1980 年 8 月 5 日，《浙江日报》报道了中共临海县双港区委正副书记带头投资办厂，带动群众投资入股解决资金困难的事例，引发了一场产生广泛影响的讨论，也开创了台州股份合作办企业的先声。后来有人说，这是全国第一家股份合作企业[⑤]。1983 年黄岩县正式发布了《关于合股企业的若干政策规定》，这是全国县级地方党委政府关于股份合作企业的第一个政策文件，首次使这类企业具有合法的经济地位。浙江省政府也于 1989 年出台了全国第一份针对股份合作企业的省级指导性文件—《关于积极引导和完善劳动联合举办的合作经营企业的通知》[⑥]。1984 年上半年，浙江抓住步鑫生改革治厂这个典型案例，在全省掀起了一个支持和提倡改革创新精神的宣传高潮。针对有人认为步鑫生治厂办法是"资本主义的那一套经营管理办法"、步鑫生采取的有些做法同某些政策条文有抵触等观点，中共浙江省委认为，这不是对一个厂、一个人的看法问题，而是关系到怎样对待改革、怎样看待改革者的问题[⑦]。浙江省委指出，要把经济搞上去，就要勇于改革。要改革，首先要有改革的思想，改革的勇气。我们的态度应当是，正确的就支持，出现缺点错误就满腔热情地帮助，而不能采取堵、压、砍的错误做法。浙江省的工业企业，90%是中小企业，就是要像步鑫生那样大胆搞改革。对步鑫生这个人，要作为创业者来肯定，这几年，我们在农村中大胆支持"两户"，起用那些跑过"三关六码头"的人，对发展商品经济起了很大作用[⑧]。从 1983 年开始，温州和台州一带的个体私营企业出于小资本联合投资创业的愿望，开始设立以有限责任公司性质为主的股份制企业。1985 年前后，一些企业开始以资本为纽带来强化各自的联系，还有一些企业试图通过股份化方式来筹集资金。

---

① 中共浙江省委政策研究室调查组：《为专业户的兴起开辟更加广阔的道路》，《浙江日报》1982 年 10 月 17 日。

② 王芳：《搞活经济必先搞活思想》，《浙江日报》1984 年 12 月 10 日 1 版头条。

③ 《发展城镇街道集体所有制企事业是一项伟大的社会主义事业—铁瑛同志向新闻记者发表谈话》，《浙江日报》1979 年 8 月 9 日。

④ 《省革委会颁发关于发展城镇街道集体所有制企事业的规定（试行草案）》，《浙江日报》1979 年 8 月 12 日。

⑤ 中共浙江省宣传部编：《浙江省改革开放三十年典型事例》，浙江大学出版社 2008 年版，第 6 页。

⑥ 《浙江农民的又一创举——股份合作闯出新天地》，《浙江日报》l998 年 9 月 20 日。

⑦ 《省委支持和提倡步鑫生的改革创新精神》，《浙江日报》1984 年 2 月 27 日头版头条。

⑧ 《省委支持和提倡步鑫生的改革创新精神》，《浙江日报》1984 年 2 月 27 日头版头条。

关于温州模式的争论，是浙江突破姓"资"姓"社"、姓"公"姓"私"思想束缚的一个焦点。在改革开放初期一段时间内，温州被视为"资本主义复辟的典型"[①]而受到打压，柳市"八大王"在1982年"打击严重犯罪活动"时的遭遇[②]可见一斑。1983年12月，《人民日报》以整版篇幅，发表了王小强和白南生对于温州的调查报告《农村商品生产发展的新动向》指出，温州农村的一些做法，为农村商品生产的发展提供了"新情况和新鲜经验"。1984年春，在经过深入调查研究和司法部门复查之后，终于在当时召开的全市乡镇书记以上干部会议上，温州市委宣布给"八大王"平反，强调要大胆支持商品经济发展。1984年1月23日，《世界经济导报》发表《温州农村发展商品生产的一个窗口》的报道；1985年5月12日，《解放日报》在一版头条以大字标题，发表《温州三十三万人从事家庭工业》的报道，并首次在媒体上提出了"温州模式"概念。1986年至1987年，在国内形成了一个研究和讨论温州模式的高潮。1986年，中共浙江省委书记王芳指出，温州农村商品经济发展的新路子，总的说来，是符合社会主义方向的，它对于振兴农村经济，促使广大农民尽快地富裕起来，已经产生了显著作用[③]。这就充分肯定了温州人民的积极实践，使温州模式得以引领全国。

然而，这一时期解放思想之路并非坦途。1989年春夏之交的那场风波之后，浙江和全国一样，以姓"资"姓"社"、姓"公"姓"私"争论为焦点的解放思想进程，出现了短暂的反复。1991年底，《浙江社会科学》发表的一篇长篇论文指出："认为经济工作不必问姓'社'姓'资'，这是不正确的，至少是片面的。""对于改革开放中任何一项重大措施出台，问一问姓'社'还是姓'资'是完全必要的"，文章强调"坚持经济建设这个中心，也要用无产阶级的政治观点、阶级观点来处理有关的重大问题"[④]，这样就把姓"资"姓"社"问题上升到了是否"导致和平演变"的高度。1991年2月，浙江发布的《关于加强城乡个体工商户和私营企业管理的通知》指出，在经济比较发达、集体企业比重较大地区，"坚持在发展集体经济前提下，继续适度发展个体、私营经济"。这显然是从"以公有制为主体，多种经济成分共同发展"[⑤]提法上退了回去，"共同发展"变成了"适度发展"，这份文件的基调是对个体私营经济的管理和约束，而不是支持和激励。1991年9月，有人指出要从反和平演变的高度来看待公有制的主体地位，花大力气巩固和发展公有制经济，把1987年浙江就已经提出的全民、集体、个体经济"一起上"，变成了先全民集体，然后才是"适当发展"个体私营。正是在这样的背景下，

---

① 《温州家庭工商业迅猛发展》，《浙江日报》1986年7月9日。

② "螺丝大王"刘大源：潜逃9个月后回家；"五金大王"胡金林：逮捕后出逃，再被捕，坐牢4个月；"目录大王"叶建华：运动时当场被捕，关押1年；"线圈大王"郑祥青：关押半年；"矿灯大王"程步青：逃离数天后被抓，坐牢10个月；"合同大王"李方平：被抓4个月后回家；"机电大王"郑元忠：潜逃在外两年，回家后被收押，186天后无罪释放；"旧货大王"王迈仟：关押。

③ 转引自眭孝志、周进、郑朴主编，全国政协文史和学习委员会、浙江省政协文史资料委员会、温州市政协编：《温州民营经济的兴起与发展》，中国文史出版社2008版，第3—7页。

④ 雷云：《社会科学理论工作者要积极投入反和平演变的斗争》，《浙江社会科学》1991年第6期，第2—7页。

⑤ 薛驹：《在中国共产党浙江省第八次代表大会上的工作报告》(1988年12月22日)，载《浙江经济年鉴1989》，浙江人民出版社1990年版。薛驹指出："以公有制为主体，多种经济成分共同发展，把各个方面的积极性和整个社会的生产潜能都调动起来。"

1991年，湖州发生了扼制家庭织机的“杀机”事件①。好在这种反复的时间并不长久，随着1992年2月邓小平南方谈话的发表，浙江以至于全国终于突破了姓“资”姓“社”、姓“公”姓“私”思想束缚，把解放思想进程推进到一个新的阶段。1997年底，以党的十五大和浙江大力推进个体私营等非公有制经济发展为标志，浙江这场突破姓“资”姓“社”、姓“公”姓“私”思想束缚为焦点的解放思想进程才真正完结。

三、突破传统发展模式束缚，走出一条符合浙江实际的发展路子

随着浙江经济规模快速扩大，无论是资源还是市场都出现了供给和需求不足的问题。对于尚缺少技术创新能力的浙江而言，最佳的选择就是以国内市场为依托，积极开拓国际市场，由内向经济为主，转为内向和外向经济并重推进，从而进一步保持和拓展浙江经济发展的良好态势。1985年浙江关于实施外向型经济发展战略的讨论，以及随后所产生的深远影响，对于浙江突破传统发展模式起到了关键地推动作用。1990年，浙江提出了对外开放的总体设想，强调在治理整顿、深化改革的同时，进一步发展外向型经济。1991年，浙江加大改革力度，依靠科技进步，注意质量效益，搞好结构调整。在认真总结十多年来农村改革和发展基本经验基础上，浙江明确了90年代深化农村改革和农村经济社会发展的目标任务。邓小平发表南方谈话后，浙江抓住时机，进一步加大改革开放力度，出台了《关于进一步加快改革开放和经济发展的若干意见》，拉开了“强县扩权”改革的序幕。随后，浙江发布《关于学习贯彻〈中共中央关于建立社会主义市场经济体制若干问题的决议〉的意见》和《浙江省县(市)级党政机构改革实施意见》，要求各级各部门按照建立社会主义市场经济体制的要求，转变职能，理顺关系，精兵简政，提高效率，努力建立起适应社会主义市场经济需要、功能齐全、结构合理、运转协调的行政管理体制。这一系列重大举措，将浙江的改革开放不断引向深入。这一时期浙江改革开放的特点是：从关注农村、企业等微观经济主体的搞活开放，逐步转到更加关注宏观管理、体制改革上来，思想禁锢进一步被冲破，改革开放向深度广度发展。

十六大以来，以胡锦涛为总书记的党中央提出了科学发展观等重大战略思想，这是继续解放思想、坚持改革开放、发展中国特色社会主义必须遵循的指导方针和战略思想。浙江把用科学发展观武装全省广大党员干部群众作为一项战略任务，坚持“学在深处、谋在新处、干在实处”，始终坚持用发展着的马克思主义指导新的实践，以科学发展观统领经济社会发展全局，努力改变那些不符合不适应改革开放和科学发展的认识、观念和做法，围绕加快浙江全面建设小康社会、提前基本实现现代化的目标，创新工作思路，做出了一系列决策部署。一是构筑全面落实科学发展观的总体布局。2003年7月，在总结浙江多年来发展经验基础

---

① 1991年，湖州市郊区的环渚、八里店、织里等乡镇的家庭纺织业日益兴起，少数职工晚上在家里开布机，白天在集体企业上班时打瞌睡，极个别的甚至偷集体企业的棉纱等。家庭织机数量达到了4000台，是集体织机的8倍。这事引起了有关部门的高度重视，要求控制家庭织机规模，保证集体企业发展。面对着一台织机能带来1万多元的收入，农民与政府产生了尖锐矛盾。到下半年，“杀机”事件逐渐结束，家庭织机数量大幅减少。

上提出了“八八战略”[①]，做出了《进一步完善社会主义市场经济体制的决定》，坚持又好又快发展，既保持经济平稳较快增长，防止大起大落，更坚持好中求快，大力推进“腾笼换鸟”，实现“凤凰涅槃”，推进经济结构调整和发展方式转变。2004年5月，浙江做出了全面建设“平安浙江”、促进社会和谐稳定的决策部署，强调要加强社会管理和建设，协调各方利益关系，加强社会综合治理，确保社会公共安全。2005年4月，浙江做出了加快建设文化大省的决策部署，强调大力推进以社会主义核心价值体系为根本的和谐文化建设，倡导社会主义荣辱观，弘扬以创业创新为核心的浙江精神，实施文化建设“八项工程”，加快建设教育、科技、卫生、体育“四个强省”。2006年4月，浙江做出了建设“法治浙江”部署，强调坚持发展社会主义民主政治，建设社会主义法治国家。2004年10月，浙江提出切实加强党的执政能力建设的意见，作出“巩固八个基础、增强八项本领”的具体部署。此外，出台了《浙江省应对加入世界贸易组织行动计划》、《关于加快实施“走出去”战略的意见》、《关于大力实施人才强省战略的决定》、《关于进一步扩大开放的若干意见》等政策。开展了“信用浙江”、“绿色浙江”、“数字浙江”建设工作，这一系列决策部署进一步完善了经济、政治、文化和社会建设“四位一体”总体布局，全面推进科学发展观在浙江的实践。二是坚持以人为本，高度关注民生问题，促进社会和谐稳定。浙江是全国较早关注民生问题和社会建设的省份。早在2001年，浙江省就出台了《关于进一步促进农业增效农民增收的若干政策意见》、《关于加快欠发达地区经济社会发展的若干意见》、《关于当前城镇职工基本养老保险若干问题的通知》、《浙江省最低生活保障办法》、《关于加快基础教育改革与发展的决定》等政策措施，在短时间里就集中出台了这么多关注民生和社会建设的政策举措，在全国是不多见的。十六大以后，浙江更加注重让改革开放的成果惠及广大群众，坚持以人为本，每年都把为民办实事作为一项重要工作纳入议事日程，围绕扩大就业、社会保障、教育卫生、环境保护、基础设施、社会稳定等十个方面，扎实推进工作。2004年10月，浙江出台了《关于建立健全为民办实事长效机制的若干意见》，进一步明确为民办实事的指导思想、重点领域和工作机制，把制度建设贯穿于为民办实事的各个环节。三是提出了“创业富民创新强省”总战略，确保浙江经济社会发展继续走在前列。2007年6月，浙江省第十二次党代会作出《关于认真贯彻党的十七大精神扎实推进创业富民创新强省的决定》，强调坚持把支持人民群众干事业、干成事业作为根本之举，大力推进全民创业和全面创新；坚持把解放思想、改革开放作为动力源泉，进一步解放和发展社会生产力；坚持把转变经济发展方式作为主攻方向，促进经济又好又快发展；坚持把实现好维护好发展好人民群众的根本利益作为出发点和落脚点，加快构建社会主义和谐社会；坚持把人力资源建设作为关键环节，开创人才辈出、人尽其才新局面；坚持把建设先进文化作

---

① 2003年7月，中共浙江省委举行第十一届四次全体(扩大)会议，在总结浙江经济多年来的发展经验基础上，全面系统地总结了浙江省发展的八个优势，提出了面向未来发展的八项举措——“八八战略”，即进一步发挥八个方面的优势、推进八个方面的举措。“八八战略”具体为：一、进一步发挥浙江的体制机制优势，大力推动以公有制为主体的多种所有制经济共同发展，不断完善社会主义市场经济体制。二、进一步发挥浙江的区位优势，主动接轨上海、积极参与长江三角洲地区交流与合作，不断提高对内对外开放水平。三、进一步发挥浙江的块状特色产业优势，加快先进制造业基地建设，走新型工业化道路。四、进一步发挥浙江的城乡协调发展优势，统筹城乡经济社会发展，加快推进城乡一体化。五、进一步发挥浙江的生态优势，创建生态省，打造“绿色浙江”。六、进一步发挥浙江的山海资源优势，大力发展海洋经济，推动欠发达地区跨越式发展，努力使海洋经济和欠发达地区的发展成为我省经济新的增长点。七、进一步发挥浙江的环境优势，积极推进基础设施建设，切实加强法治建设、信用建设和机关效能建设。八、进一步发挥浙江的人文优势，积极推进科教兴省、人才强省，加快建设文化大省。

为重要支撑，推动文化大发展大繁荣；坚持把加强党的领导作为坚强保证，以改革创新精神全面推进党的建设新的伟大工程。《决定》提出的坚定不移地走创业富民、创新强省之路，是对浙江发展经验的科学总结，是在新的起点上开拓浙江未来的发展理念，是推进中国特色社会主义在浙江新实践的总战略，为浙江今后又好又快发展提出了目标，指明了方向。从这一时期的实践来看，浙江更加注重经济发展方式的转变，促进经济社会全面协调可持续发展；更加注重经济与社会统筹发展，社会建设和民生问题被放在了突出位置；更加注重政治体制和行政管理体制的改革，进一步完善社会主义市场经济体制。

总之，浙江改革开放的历史，是在中国特色社会主义理论体系指引下，广大干部群众冲破条条框框和各种观念的束缚，积极探索经济社会发展的新路子、新办法，大胆改革、创新创业的实践奋斗史和思想解放史。浙江的实践有力证明，解放思想实事求是是不断推进改革发展的有力武器。

第三节　浙江经验对中国特色社会主义理论体系精髓的丰富和深化

浙江解放思想实事求是的“先行性”与“特色性”经验对中国特色社会主义理论体系精髓的丰富和深化主要体现在以下方面。

一、解放思想必须重在实际行动

中国改革开放以来的解放思想进程，是从思想理论突破起步的。然而，浙江参与真理标准大讨论并非如人们想象的那样及时[①]。但是，就在全国轰轰烈烈地开展真理标准大讨论的时候，温州和台州的个体私营经济已经起步，浙江已经大力发展乡镇企业，并已经出现了对单一公有制和计划经济体制禁锢进行全面突破的迹象。大致从 20 世纪 80 年代前后，浙江农村大力发展多种经营，积极发展个体经营；在城市也于 1979 年提出允许个体经营的政策导向。与此同时，温州、台州一带的个体私营经济已经有了一定的规模。十分明显，这些都是对于传统计划经济体制以及单一公有制所有制结构的重大突破。浙江以民间为主体的创业创新，不断冲破传统观念和计划经济体制的束缚，是浙江改革发展的主要推动力量。在浙江一些地区，特别是在温州、台州一带，大多数企业直接由居民个人创办起步，以个体私营经济形式发展壮大。在浙江另外一些地区，主要是杭嘉湖和宁绍地区，乡镇集体企业较早得到快速发展，到 20 世纪 90 年代初期，在内在体制困境与外在个体私营经济竞争性压力的共同作用下开始改制转型。到 1998 年，在浙江工业总产值中，城乡个体已占 45.1%，再加上其他非公有制工业，以非公有制为主体的工业所有制结构已经形成，如果再考虑到浙江商业这时也已经以个体私营为主，那么整个浙江经济的产出事实上已形成了非公有制经济占压倒性优势的格局。在浙江，民间创业创新推动了生产力水平的快速提高，造就了有利于解放思想的社会基础；浙江各级党委和政府在解放思想方面，从顺势而为到科学有为，从跟着百姓走到引领经济社会，加快基础设施建设，积极提供社会教育、卫生等社会公共产品，造就了

---

① 《浙江日报》于 6 月 10 日全文转载《光明日报》特约评论员文章，相对于 5 月 11 日至 5 月 13 日的 3 天内，全国就有 16 家省市级报纸转载有关讨论的文章的事实看，浙江似乎不能说是及时的。参见浙江改革开放史课题组编：《浙江改革开放史(1978.12—2003.12)》，中共党史出版社 2007 年版，第 9 页。

创业创新的良好环境，极大地促进了生产力的发展。

浙江经验启示我们，解放思想既是一个重大地理论问题，更是一个重要地实践课题。首先，解放思想重在实际行动，就要做好理论与实践的联结，保证思想与行动的协调。如果解放思想只停留在脑子里想想、口头上说说，只停留于开会讨论和发发文件，这种“解放思想”，其实是空谈式的解放思想，甚至是“叶公好龙”式的解放思想，完全背离了解放思想、实事求是的真谛。解放思想，当然先要解决“思想”问题，即要“务虚”。只有放下思想包袱，打开思想枷锁，冲破思想牢笼，才能挣脱陈旧观念和僵化思想的羁绊，不会为所谓的“上级指示”和“红头文件”所束缚。因此，解放思想要解决的根本问题还是实践问题，即要回归于“务实”。要把解放思想的成果最终体现在实践中，落实在行动上。在坚持一切从实际出发、实事求是的原则下，不但要敢想，还要敢说，更要敢做。要冒着被怀疑、受指责、甚至可能完全失败的风险，勇于创新，敢于开拓，善于破解难题，大胆标新立异，敢吃第一口螃蟹，勇于充当改革的急先锋。其次，解放思想重在行动，就是必须研究新情况，解决新问题。与30多年前相比，中国经济社会发展的水平、条件、环境、目标都发生了重大地变化。新形势带来了新要求，同时也产生了一系列新问题：如何在宏观调控的严峻形势面前，坚持战略，积极引导企业共度时艰，应对挑战；如何从解决群众最关心、最直接、最现实的利益问题着手，在加快经济发展的同时，切实加快民生事业发展，促进社会和谐；如何在大量运用资源的条件下，保持环境优良和可持续发展等等。归结起来就是，如何有效地破解发展的难题，如何实现发展方式的有效转变，如何实现快速发展、科学发展、和谐发展。上述诸问题，用以往的习惯思维、常规方式难以很好地解决，这就需要不断解放思想，实实在在地找到新方法新路径，从而实现新的突破。再次，解放思想重在行动，就是要深入实际，作风更加扎实。任何解放思想的过程，都是在深入剖析和研究“实事”后求得“是”的过程，即针对实践、针对改革与发展中遇到的新情况新问题，实事求是，以切合实际的办法、对策、举措来加以创造性地解决的过程。这就要求我们必须坚决杜绝脱离实际，不深入基层，虚飘浮夸的工作作风；坚决杜绝唯书唯上唯文件规章的思想方式和工作方法。要着眼于不断提高自身把握实际、解决现实矛盾与问题的能力。否则我们把解放思想的口号喊得再响，调子唱得再高，一遇到现实工作的棘手问题还是会捉襟见肘，缺少办法。因此，解放思想既是一个坚持什么思想路线的问题，也是一个坚持什么工作作风的问题。要在纷繁复杂的现实工作中放得下作派，沉得下身子，以更加扎实和深入的作风，实实在在地针对一个个困难、一个个项目、一个个目标去解决问题，尤其要在解决经济发展和民生问题上敢于“硬碰硬”、敢于刺刀见红。再次，解放思想重在实际行动，就是要有埋头苦干的奉献精神。埋头苦干是一种美德。高谈阔论很容易被别人听到，埋头苦干很难被别人发现；一时的发愤图强很容易做到，一生的孜孜以求很难做到。广大党员干部都要有一点奉献精神，要经得起诱惑，耐得住寂寞，不分心、不分神、不浮躁，一心扑在工作上，有时间多想想工作，有时间多思考问题，少说多做、埋头苦干。要甘于平凡，平心静气，多做一些默默无闻的事，多做一些微不足道的事，多做一些雪中送炭的事，多做一些为民解忧的事。

二、必须把改革发展作为解放思想的根本目的

解放思想到底是为了什么？说到底，解放思想的根本意义就在于通过破除教条主义、经验主义桎梏，使主客观相一致，恢复党的实事求是的优良传统，直面前进中的困难甚至困境，

以改革的勇气，从根本上达到解放和发展生产力的目标。浙江解放思想就是紧扣改革发展这一根本目的而展开的。

只有大胆突破姓“资”姓“社”、姓“公”姓“私”和传统发展模式束缚，才能极大地解放社会生产力。姓“资”姓“社”、姓“公”姓“私”的最大思想束缚，就是谁是生产力发展的主体问题。在此问题上，历史唯物主义的基本观点是“人民，只有人民，才是创造历史的真正动力”。然而，在传统思想观念中，社会主义社会的“人民”，只能具体生产和生活在国有或集体等公有制经济组织里，只有这两种经济组织形式里的“人民”才是生产力发展的主体。虽然国有和集体经济组织普遍存在着效率低下的困扰，但是，社会主义社会的“人民”生产和生活在个体或私有经济组织里在当时人们看来是难以想象不可理解的。因此，改革开放初期，浙江解放思想所要解决的最重要一个问题，就是是否允许和支持城乡居民发展个体私营经济问题，这个问题一解决，其他问题就迎刃而解了。改革开放以来，浙江就是出于增强经济活力和经济效益、优化资源配置等发展生产力目的，冲破姓“资”姓“社”、姓“公”姓“私”思想束缚，快速发展个体私营等多种经济成分。浙江解放思想进程中的许多问题，如农民是不是具有种植养殖自主权，生产队或农民能不能经商，乡镇企业能不能加工经营当地农副产品，步鑫生实施的管理方式是不是符合社会主义，专业市场发展走向何方，如何看待奖金制度等等，这些都使姓“资”姓“社”、姓“公”姓“私”问题与生产力发展的主体问题很紧密地联系在了一起。这样就使得解放思想不仅是个思想观念和意识形态问题，而且还是必须正确处理的具体物质利益关系问题，从而在一定程度上加大了解放思想难度。而传统发展模式的最大束缚，就其形式来看，主要就是一种先入为主式的主观思维定势。这种思维定势的成因，既有传统计划经济体制束缚和经验局限，又有不懂得创造性地执行中央方针政策，不能够正确认识浙江实际，不知道科学地推进区域发展等方面。因此，只有创造性地执行中央方针政策，不断正确地认识浙江实际，才能持续不断地创新发展思路，适时地调整发展战略，加快推进生产力发展。也正是从这个意义上说，解放思想是一个长期任务。浙江在改革开放初期，先是从极左路线回归实事求是的正确思想路线，然后才是不断突破传统发展模式束缚，适时地调整优化发展战略，形成了适合浙江实际的发展模式。解放思想冲破了原有的种种陈规陋习，顺理成章地形成了全新的体制机制；生产力发展寓解放思想之中加快推进，自然而然地强化了新的制度安排的生产力基础；同时城乡居民收入在生产发展中快速提高，内在地造就了解放思想的经济社会政治文化环境基础。十分明显，生产关系变革与生产力发展同步，而把两者有机联系起来的一个重要环节就是解放思想。解放思想促进了生产力发展，生产力发展推动了生产关系变革，而生产关系变革必然需要进一步解放思想，从而形成了解放思想对于生产力发展和生产关系积极促进和互为相长的过程。

三、必须尊重人民群众的首创精神

首创，就是最先创造，它属于创新的性质；而创新则是在继承基础上的发展和思想认识上的升华，实质是人们所从事的创造性实践活动。“首创精神”，指人们努力创新和从事创造性活动的思想和行为表现，它反映着人们的精神状态和面貌。说到底，它是人的本质力量外化的主要表现形式，是人的主观能动性的充分展示，是创立和推行一项活动计划的精神动力。人民群众是社会发展的主体，是创造历史的动力。人民群众所具有的首创精神，主要指人民群众积极性、主动性和创造性的高度融合与升华，是一种饱满的精神状态和敢冒风险、

不断创新的胆识和勇气。这里讲的“积极性”体现出人民群众对某一新生事物的价值判断，“主动性”反映出他们对某种新生事物的价值追求，“创造性”则是他们自身的本质力量自然外化和充分展示。

改革开放以来，浙江解放思想的一个鲜明特色，就是坚持以人为本，相信群众，依靠群众，尊重人民群众的主人翁地位，理解和支持人民群众追求美好生活的愿望，尊重群众的自愿选择和首创精神，做到坚持尊重社会发展规律与尊重人民群众历史主体地位的一致性，坚持为崇高理想奋斗与为最广大人民谋利益的一致性，坚持完成党的各项工作与实现人民群众利益的一致性。浙江通过解放思想，把激发人民群众的创业创新活力摆在首位，以经济民主带动政治民主，率先建立能够调动人民群众积极性的体制机制，支持和鼓励人民群众自主创业、自强不息、自我积累、自愿联合，营造了鼓励人民群众干事业、支持人民群众干成事业的社会氛围，从而形成了全民创业的精神状态和行为方式，人民群众普遍具有自主地位和自立、自主、自强意识，把创业创新活动当成实现自己生活理想和自我价值的手段。这样的社会氛围极大地增强了整个社会的创造活力，使全社会力量高度活跃，人民群众的创造性实践层出不穷，人民群众的主动性、积极性、创造性得到充分发挥，劳动、知识、技术、管理和资本的活力竞相迸发，创造社会财富的源泉充分涌流。

改革开放以来，浙江从实际出发，顺应人民群众的要求，大胆冲破传统体制，建设富有活力的新体制机制。改革初期，旧体制旧观念造成的阻力很大，改革的目标模式尚未确定，在一些重大理论和政策问题上还存在着不同认识，许多问题一时还说不清楚。因此，浙江各级党委和政府对人民群众的创造和探索往往采取宽容与默认的态度。“老百姓愿意干的不阻挡，老百姓不愿干的不强迫”，这种态度一度曾被看做是“无为而治”，但放在当时的背景下，这恰恰就是允许、保护、支持，它能避免因为认识不足而扼杀新生事物。浙江各级党委政府尊重人民群众的首创精神，允许试、允许看、鼓励闯，先放开后引导，先搞活后规范，先发展后提高，不求全责备，不因噎废食，让新生事物在实践中逐步完善，通过发展解决发展中出现的问题，通过改革解决改革中出现的问题。

以温州为例，温州市领导对群众首创精神十分珍惜，对新生事物允许试验，成功以后推广。从 1984 年 4 月开始，苍南县龙港镇农民在镇委的领导和支持下，在鳌江河口五个小渔村和一片滩涂上，首先公开有偿出让土地使用权，把土地出让金改为征收公共设施费，实行“谁建设、谁投资、谁受益”的政策，全镇以每间地基为 42 平方米，按等级分别征收从 200 元到 5000 元的公共设施费，为龙港聚集建设资金。这种做法在当时引起很大争论。温州市领导尊重群众首创精神，一方面允许试行；一方面向上级领导汇报，争取支持，终于建成了中国第一个农民城，被国家 11 个部委确定为全国小城镇改革试点镇。还是在温州，1986 年 7 月，时任永嘉县委委员和上塘镇委书记的叶康松，提出辞官为民，到农村办家庭果园。一个领导干部下海办个体、当时没有先例。永嘉县委内部也有不同看法，就请示市委领导，市委领导研究后认为能官能民应当允许。于是永嘉县委批准他下海。经过多年努力，叶康松从一家农业公司发展到集团公司，从国内发展到美国，成为中国农民首家在美注册的私营企业。1986 年 11 月，由温州市民杨家兴牵头、八人合伙办了鹿城城市信用社．在金融界引起争论。温州市领导认为发展民间金融机构是金融改革的重要内容，积极加以引导和规范。到 1995 年，全市批准建立城市信用机构 129 家，农村信用合作机构 6.45 万家，占全市金融系统存贷余额达 15%左右。1979 年，苍南县钱库镇李家车村农民联络 40 个股东，每股出资

150 元办起了针织厂。温州市领导认为，这是温州农村以家庭为主的生产经营方式开始向多种多样联合、股份合作方式转化，有利于农村工业化的探索，就抓住这个新生事物，在调查研究的基础上，制订了全国第一个《关于农村股份合作企业若干问题的暂行规定》，积极引导，加以规范，使全市股份合作制企业蓬勃发展，健康成长，对发展生产、扩大就业，促进企业上规模，上档次，上水平，提高生产能力，繁荣农村经济发挥了重要作用。随着个体经济的发展壮大，1987 年温州出现了私营企业 350 户，雇工 4377 人，注册资金 3289 万元。这时，温州发展私人经济是搞资本主义的批评之声随之而起。温州市领导顶住压力，组织力量深入调查研究，于 1987 年 10 月制订了《温州市私人企业管理办法》加以引导规范，成为全国最早制订有关私营企业政策规定的试验区。至 2007 年，全市民营经济生产总值达 1741.14 亿元，占全市生产总值的 80.7%，民营经济出口额 70.16 亿美元、占全市出口额的 69.1%，民营企业上缴税收 249.98 亿元，占全市税收的 86.3%，民营企业从业人员 343.1 万人，占全市总就业人员的 66.3%。

在尊重群众的首创精神方面，温州只是浙江的一个缩影。在浙江，曾一度不被人们所充分理解的乡镇企业，是广大农民自己在实践中创造出来的；被人们誉为“神州第一市”的义乌小商品市场，是当地领导尊重“货郎担”的创造而逐步发展起来的；“自行筹建、自行建设、自行管理、自行还贷”的发展交通的“四自”新经验，“农民城市农民建”的农村城镇化路子，“富村兼并穷村”的扶贫方式，以及走出浙江、异地经商办厂，创办“浙江街”、“浙江村”等，同样都是广大干部群众在党的领导下积极探索、大胆创造的结果。

在解放思想中尊重和发挥人民的首创精神，其实质就是坚持人民创造群众历史这一马克思主义科学原理，真诚代表中国最广大人民的根本利益，紧紧依靠人民，最广泛地调动人民群众的积极性、主动性、创造性，不断推动实践创新和理论创新，使社会主义和马克思主义在中国大地上焕发出勃勃生机。尊重群众的首创精神是浙江解放思想的一大特点，也是浙江经验对中国特色社会主义理论体系的重大贡献。

四、解放思想必须抓住“人的解放与发展”这个关键

解放思想与“人的解放与发展”，实施者是人，出发点是人，最终目的是人，都以人为本。最大限度地实现人的因素的解放，是解放思想中生产力要素解放的根本。社会主义的任务，不仅要使生产力中的人成为推动生产力发展的主体，而且成为在生产关系乃至整个社会关系中都成为具有创造力的主体，把人的积极性、主动性和创造性解放出来，使现实的人成为生产力发展和社会发展的主体。只有这样，才能真正持久地推动生产力的发展和社会的进步。

那么，怎样才能通过解放思想来解放与发展人呢？浙江经验启示我们，解放思想必须抓住“人的解放与发展”这个关键，首先，解放思想应当以人的解放与发展作为价值取向。解放思想的出发点和最终目标应当合乎人的基本发展方向，合乎人性，促进人的全面发展。而在现实生活中，由于违背以人的发展为标准制定的政策而给人民带来灾难的例子屡见不鲜。如一些单位、一些部门单纯为了发展经济，不顾生态环境，不计发展代价，从而导致了资源浪费、环境污染、生态破坏，严重影响了人民群众的生活质量。这些做法偏离了以人的发展作为解放思想、制定政策的价值依据，而仅仅以经济的发展作为其制定政策的价值取向。其次，解放思想应当充分尊重人的基本权益。人的基本权益包括知情权、参与权、表达权、监督

权，因此，在政策制定过程中要发动群众广泛参与，让人民献言献策，充分表达见解和要求，按照人民的意愿和民主程序制定出人民满意、人民认可的政策。再次，解放思想应当把人的活力、创造力、各种潜能和聪明才智焕发出来，推动经济社会的发展。解放思想，就是要通过人的思想解放，使人敢想敢干敢闯，摒弃和破除一切束缚人、束缚人才的旧体制、旧机制和不合时宜的做法，最大限度地把人的主动性、积极性、创造性调动和发挥出来，要给肯干事的人以机会、给能干事的人以舞台、给干成事的人以激励。

浙江经验启示我们，解放思想必须抓住"人的解放"这个关键，除了要不断推进和深化经济体制改革，而且要配套推进民主政治建设和政治体制改革、先进文化建设和文化体制改革、和谐社会建设和社会治理体制改革，在全面改革中整体推进中国特色社会主义经济、政治、文化、社会建设。首先，要深化政治体制改革，人的因素的解放与经济体制有关，与政治体制也有关，与民主政治的发展有关；其次，要发展教育、科学、文化事业，人的因素的解放与人的素质的开发和提高，即与教育、科学、文化事业的发展有关；再次，要加强社会建设，形成利益协调机制，人的因素的解放还与处理好人与人之间的关系，包括解决好城乡之间、地区之间、经济社会之间的发展不平衡问题有关，即与社会和谐有关。这里，把民主政治、先进文化、和谐社会建设和发展，都同社会生产力的解放和发展，特别是人的解放和发展联系起来，是因为只有这样来考虑问题、指导改革、部署工作，才能以经济建设为中心把经济、政治、文化、社会建设有机地统一起来，才会不迷失改革的方向从而确保改革的成功。我们过去说过，离开生产力的发展抽象地谈论生产关系和上层建筑的变革，是历史唯心主义的"空想"。同样，离开生产力的发展抽象地谈论民主政治、先进文化、和谐社会等等，也要当心陷入这样的"空想"。所以，只有把社会生产力中"人的因素"与"物的因素"有机地统一起来，把中国特色社会主义事业发展中"以人为本"的原则与"以经济建设为中心"的原则有机地统一起来，才能更好地解放和发展社会生产力，才能在历史唯物主义的基础上全面推进中国特色社会主义事业的发展。这也是提出以人为本、全面协调可持续发展的科学发展观的一个深刻背景。

五、必须坚持中央精神与地方实际相结合，从实际出发制定和实施政策

把中央精神与地方实际结合起来是浙江制定和实施政策的根本。浙江始终坚定不移地贯彻落实中央的大政方针，紧密联系实际创造性地制定和实施政策，积极探索富有时代特征、中国特色、浙江特点的发展道路。改革开放初期，浙江以"大胆试、大胆闯，放开搞活、放手发展"为政策基调，全面启动从农村到城市等各领域改革，全面推进从沿海到内陆的对外开放，较早形成了体制机制上的先发性优势。1992年以后，浙江以"勇于探索、敢于作为，深化市场取向改革"为政策基调，加快重要领域和关键环节改革步伐，进一步巩固和发展了体制机制优势。十六大以后，浙江以"干在实处、走在前列，全面落实科学发展观"为政策基调，作出了实施"八八战略"、建设"平安浙江"、建设文化大省、建设"法治浙江"等重大决策部署，全面推进经济、政治、文化、社会建设以及生态文明建设和党的建设。十七大以来，浙江提出坚定不移地走创业富民、创新强省之路，实施"全面小康六大行动计划"，加快全面建设惠及全省人民的小康社会。实践证明，浙江出台每一个重大政策，政策中每一项重大举措，都坚持以中央的大政方针为指导，着眼于党的路线方针政策的贯彻落实，着眼于解决浙江的实际问题，着眼于创造性地开展工作。这样，才能既坚持原则性，又把握灵活性，使各项政策举措

真正符合中央要求，真正符合浙江实际，把中国特色社会主义在浙江的具体实践不断推向前进。

民营企业的崛起，市场取向的改革全面推进，多种经济成分的共存，股份合作企业的发展，构成了浙江改革开放和经济发展的基本轨迹和鲜明特点，有力地推动了全省工业化、市场化和城镇化，促进了浙江的发展。在探索符合自身特点的发展道路过程中，浙江许多地方都有自己的创造性，从而使全省经济发展呈现出多样化和相互借鉴融合的生动局面。一些学者把特色鲜明的浙江各地做法概括为"五小五大"：即"小企业、大集群"，"小商品、大市场"，"小资源、大经营"，"小资本、大经济"，"小摊户、大网络"[①]。比如，在工业化过程中，各地根据产业发展的历史传统、资源禀赋、人力资本和市场需求，遵循产业集聚理论，适应市场需求变化，培育出一大批将支柱产业、专业市场和城镇建设有机结合、相互促进的区域特色经济和小企业群落，义乌的日用小商品、绍兴的纺纱面料、海宁的皮革制品、永康的小五金、嵊州的领带、诸暨的袜业、温州的打火机等。这种一乡一品、一县一业、各具特色的"块状经济"，具有极强的扩散效应，它在挖掘人人创业的潜能、细化专业分工、共享外部经济、树立区域品牌、推动地区经济发展方面有着十分重要的作用。从近几年国家统计局公布的全国各县（市、区）社会经济综合发展指数排序结果看，浙江连续多年跻身全国"百强县"的县（市、区）数量达到30多个，高居全国首位。

浙江坚持市场取向改革不动摇，把以改革促发展作为政策制定实施的主线。30多年来，浙江毫不动摇地坚持市场化改革方向，充分发挥政策在改革发展中的先导性作用。浙江率先推进企业产权制度改革，通过股份制、股份合作制、兼并重组、引进外资等多种形式，较早地完成了国有企业、城镇集体企业和乡镇企业转制，同时积极提升个体私营经济发展水平，大力发展混合所有制经济，形成了多种所有制经济共同发展、相互促进的良好局面；浙江率先实行投融资体制改革，探索形式多样的融资模式，积极引导民间资金参与基础设施建设；浙江率先实施城乡体制改革，联动推进新型城市化和新农村建设，统筹城乡发展，加快城乡一体化进程；浙江率先开展行政审批制度改革，大幅削减审批审核项目，成为全国审批事项最少的省份之一；浙江率先推进强县扩权，坚持和完善省管县财政体制，先后5次扩大经济强县（市）经济社会管理权限，赋予县域较大的发展自主权，有力地推动了县域经济发展。

浙江经验启示我们，必须始终坚持从实际出发，善于把中央精神和本地实际紧密结合起来，根据本地资源状况、经济基础和产业传统，因地制宜、因势利导地推动区域经济社会发展，努力开辟具有时代特征、区域特色的发展之路；必须积极探索和遵循经济社会发展的客观规律，牢固树立正确的政绩观，正确处理继承与创新的关系，对在实践中形成的符合区域经济发展规律的战略部署，要坚持不懈、以一贯之，一年接着一年、一届接着一届地抓下去，努力形成有自身特色的发展优势；必须树立强烈的创新意识，求真务实，与时俱进，创造性地开展工作，根据客观实际的发展变化，及时提出适合实践要求的政策和措施，不断推进观念、体制、科技、文化等一系列创新，努力使工作始终体现时代性、把握规律性、富于创造性；必须充分尊重群众的首创精神，大力弘扬与时俱进的浙江精神，始终保持奋发有为、昂扬向上的精神状态，切实引导好、保护好、发挥好各方面的积极性、主动性和创造性，努力营造让一切劳动、知识、技术、管理和资本的活力竞相迸发，让一切创造社会财富的源泉充分涌流的发展

---

① 王杰：《浙江模式的有益启示》，《浙江经济》2008年第24期，第22—25页。

环境；必须按照“干在实处、走在前列”的要求，紧紧抓住发展机遇，充分发挥发展优势，积极挖掘发展潜力，努力在全面建设小康社会、加快推进社会主义现代化进程中继续走在前列。

六、解放思想必须体现求真务实的要求

浙江人历来不尚空谈，不好争论，注重实干，具有不图虚名、但求实效的文化传统。这种埋头苦干的实干精神使他们赢得了许多宝贵的时机。实干的目的是为了追求实效。能否带来实实在在的利益，能否切实地改善自己的生活，是浙江人在改革开放的探索实践中一切行为取舍的最终依据。这一行为取向、使得他们在改革进程中的所作所为，同邓小平同志所倡导的“三个有利于”标准形成了高度契合；浙江人重视学习别人的先进经验，但并不盲从；对于自己选择的业已经实践证明符合本地实际，能带来实效的发展路子，则无论别人怎样说长道短，他们都会顶住压力，毫不动摇地坚持走自己的路。

由于浙江的民营经济和市场取向的改革起步早、发展快、比重大，“姓社姓资”的质疑曾长期对浙江的干部群众形成压力。浙江各级党委政府在改革开放进程中毫不动摇地坚持实践标准。对于改革中的探索不搞抽象空洞的争论，不用本本来判断是非，不用教条来束缚手脚，一切看实践的效果，看是否有利于发展生产力，是否符合广大人民群众的利益。当经过审时度势，观察分析，看清了利弊，把握了走向，确定这种做法符合“三个有利于”标准时，就予以大力提倡和推广，并通过总结把经验提升为理论和政策。不符合的就叫停，不完善的则予以指导帮助。对于干部群众中的不同认识，坚持不争论、不张扬、不压制、不扼杀，冷静观察，不轻易作结论，用事实来教育人，用实践结果来统一思想。对于各地的不同做法，也坚持从实际出发，因地制宜，因势利导，讲求实效，不搞一刀切。注重实践，讲求实效的性格，使浙江人在工业化道路的探索、选择过程中，避免了盲从他人的一窝蜂现象，形成了符合各地实际的多种发展模式，如浙东北的杭宁绍模式，浙东南的温台模式，浙中的义乌模式等等。对于自己创造的新生事物，只要符合“三个有利于”标准，浙江人从不拘泥于形式，可以“先生孩子后起名”。只要能带来效益，国有企业不妨大胆借鉴私营企业的某些管理经验；反过来，私营企业同样也可以积极移植国有企业某些成功做法。

1978年的真理标准问题的讨论，对于冲破“两个凡是”的“左”的错误，拨乱反正，使中国走上改革开放道路具有划时代的意义，但浙江人民没有把解放思想仅仅停留在“讨论”之中，而是把解放了的思想及时应用到实践中去，使之在实践中产生巨大的作用，推动浙江经济、社会发展和人民生活的改善。在实践是检验真理唯一标准的光照下，“资本主义尾巴”、“投机倒把”、“谈市色变”等观念渐渐在实践中逝去，联产承包责任制、乡镇工业、企业的自主权等改革措施不断冲破思想禁锢，从而大大地解放和发展了浙江的生产力，使人民生活明显改善。邓小平南方谈话后，浙江人民并没有仅仅沉浸于欣慰之中，而是把邓小平谈话精神与现实的实践结合起来，努力促进实践的进一步发展。一方面，浙江及时纠正在市场经济先行时期思想和实践的失误，如对“温州模式”的正名，对温州“八大王”案的平反，对“股份合作制”的肯定等等，激发人们的实践动力和活力。另一方面，又采取各项措施，对照实际解放思想，促进浙江社会主义市场经济体制的较早建立，如义乌小商品市场从此向国际化大市场的道路迈进。总之，从浙江情况看，解放思想绝不是空谈的，而每每都是实实在在对实践起到有力的推进作用。

七、解放思想必须把“自下而上”和“自上而下”结合起来

浙江改革开放史，就是千百万浙江人艰苦创业、奋勇拼搏的历程。当国内其他地方许多人还在留恋于“吃大锅饭”的时候，不少浙江人已经从零开始，白手起家，或者以较小的资产起步，走上了“跑遍千山万水、说尽千方百计、想尽千言万语、吃尽千辛万苦”的创业道路。自尊、自立、自强，摆脱对政府的“等、靠、要”心理，甘于从别人不愿做的微利行业做起，形成了千家万户的创业行动，使浙江成为一个创业者的社会。到 2010 年，浙江有法人单位和产业活动单位约 77 万个，个体户约 300 万个。此外，还有在省外经商和创办企业人员约 500 万人。如果按全省户籍人口 4659 万人计算，平均每 8.2 个人中就有 1 人兴办企业或个体经营，这一比例是全国最高的。根据 2004 年全国第一次经济普查资料，户籍人口与第二、三产业法人单位、产业活动单位和全部个体户数量之比，全国平均为 28.2∶1，广东为 25.6∶1，江苏为 24.7∶1，山东为 26.1∶1，上海为 23.5∶1，浙江则高达 14.6∶1。创业富民的“浙江模式”被人们称之为“老百姓经济”，它的特点是“民办、民营、民有、民享。它是自发的，又是稳定的可持续发展的经济秩序[①]。”2008 年，浙江非公有制经济创造的增加值占 GDP 的 73.5%，税收占 60%左右；改革开放 30 多年，浙江 90%的新增就业来自非公有制经济。这在全国各省市区中都是绝无仅有的。

浙江改革开放以来的解放思想并不是自发地进行的，而是在中国特色社会主义理论的指引下，通过有计划、有组织、有针对性的各种形式的理论教育和一次次主题鲜明的解放思想大讨论，使中国特色社会主义理论日益深入人心，为改革和发展扫除了思想障碍，提供了理论支持。在改革开放初期，通过真理标准问题大讨论和学习贯彻党的十一届三中全会精神、《关于建国以来党的若干历史问题的决议》，打破了“两个凡是”的精神枷锁，系统清除“左”的指导思想影响，以实践标准和生产力标准破除经济工作中的“唯成分论”，肯定市场机制的积极作用，支持群众发展非公有制经济，探索公有制的多种实现形式，发展农村二三产业和小城镇，发挥利益机制作用，扩大生产者的自主权，极大地调动了人的积极性，使浙江经济社会发展迸发出强大活力。20 世纪 80 年代中期，在社会主义商品经济理论和社会主义初级阶段理论指导下，浙江更加自觉地发挥市场机制的作用，理直气壮地发展多种所有制经济，全面开展以城市为中心的经济体制改革。在邓小平南方谈话和党的十四大以后，浙江以“三个有利于”为标准，在社会主义市场经济理论的指导下，突破把公有制企业明晰产权看成私有化的误区，探索公有制企业产权制度改革，突破把“铁饭碗”等同于主人翁地位的误区，实行国有企业劳动制度改革，突破把私营经济看成异己力量的顾虑，放手发展非公有制经济，突破技术、信息、房地产等生产要素不创造物质财富的旧观念，积极发展要素市场，突破基础设施、文教事业和公用事业只能由国家包办的传统观念，积极吸引民间投资进入这些领域，这些都有力地推动了社会主义市场经济体制的全面确立。在党的十五大精神指引下，浙江深化对社会主义初级阶段基本经济制度和公有制经济地位、结构、实现形式的认识，进一步树立现代理念，破除小生产意识，推动经济发展从量的扩张向质的提高转变，深化国有企业改革，提高民营经济发展水平，大力发展效益农业，加快城市化进程，推动高等教育大发展，实现经济文化相互促进。进入新世纪以后，在“三个代表”重要思想和科学发展观等重大

---

① 杜润生：《解读温州经济模式》，《浙江经济》2000 年第 9 期，第 13—15 页。

战略思想的指导下，浙江破除各种阻碍科学发展的思想障碍，引导广大干部群众牢固确立以人为本、统筹兼顾、实现全面协调可持续发展、促进社会和谐的思想，切实构筑起全面落实科学发展观的总体布局，实施"创业富民、创新强省"总战略，在全面建设小康社会、加快推进社会主义现代化进程中继续走在全国前列。浙江坚持在解放思想中统一思想，在深刻认识中央决策的科学依据和精神实质，不断提高贯彻落实的自觉性和坚定性的前提下，一切从浙江实际出发，创造性地贯彻落实中央的战略思想、方针政策和决策部署，逐步形成一整套切合浙江实际、可操作的具体措施办法，保证浙江始终沿着中国特色社会主义道路前进，并且不断为丰富发展中国特色社会主义理论作出贡献。

进入21世纪以来，浙江先后总结了"中国特色社会主义在浙江的实践"、"十六大以来'三个代表'重要思想在浙江的实践"、"科学发展观在浙江的实践"和义乌市全面建设小康社会的典型经验，把浙江经验上升为理论，进一步形成共识，引导全省广大干部群众更加自觉地用中国特色社会主义理论指导实践。由于思想有先导和引领的功能，因此领导干部的思想解放状况如何对本地区解放思想活动和现实实践活动更具有影响力。在改革开放的每一时期，领导干部的思想先行十分重要。改革开放之初，受旧的观念、旧的思想束缚禁锢最深的是干部，尤其是领导干部，随着干部思想的日益解放，浙江群众的实践创造也一批一批涌现出来。从浙江解放思想的历史中可以看到，凡是党员干部思想解放较为深刻的地区，群众的创业氛围就很活跃，经济发展也相对较快，路子也较宽，人民群众的生活改善幅度也较大。由此可见，所谓"自上而下"和"自下而上"的统一过程也就是浙江广大干部深入学习中国特色社会主义理论和各时期党的路线、方针、政策，并把它们传导给广大群众，通过群众实践又把中央精神与实践的内容因地制宜、因人制宜地结合起来，使解放了的思想持续变为群众的自觉活动的过程。

八、解放思想必须坚持与时俱进

解放思想不是一劳永逸的。通过解放思想，原有的认识问题解决了，又会产生新的问题。原来正确的认识，也有可能不适应新的形势，成为继续前进的思想障碍。因此，坚持解放思想，必须做到与时俱进。

党的十五大以来，随着社会主义市场经济体制框架的基本建立，浙江在有关的重大理论问题上认识基本统一，市场在资源配置中的基础作用大大增强，政府职能有了明显转变，管理水平逐步提高，经济的持续快速增长使财政实力和政府调控能力迅速增强。同时，经济发展和社会发展之间、城乡之间、地区之间、行业之间发展不平衡问题日趋突出，经济结构和利益结构需要调整，宏观调控和公共服务亟待加强。面对全面建设小康社会的新形势新任务和新矛盾新问题，浙江省委省政府从因势利导、顺势而为上升为积极有为、主动推进，从"支持群众干"上升为"带领群众干"。在进一步提高要素配置市场化程度的同时，高瞻远瞩，加强科学规划和调节监管，提高政府的公共管理和公共服务能力，弥补市场失灵，积极推动社会建设和社会发展，进一步把握经济社会发展主动权。党的十六大以来，胡锦涛总书记对浙江提出了"努力在全面建设小康社会、加快推进社会主义现代化的进程中继续走在全国前列"的要求，为浙江发展指明了方向。浙江省委站在时代和全局的高度，清醒地看待取得的成就和面临的挑战，正视矛盾和问题，积极吸纳兄弟省区市的长处，顺应当代世界科技和经济发展的潮流，不断向更高的目标迈进。为贯彻落实党中央提出的一系列重大战略思想，浙江省委相继作出深入实施“八八战略”、全面建设“平安浙江”、加快建设文化大省、积极建设“法治浙江”、加强党的执政能力和先进性建设等一系列决策部署，完善了经济、政治、文化和社会建设“四位一体”，全面推进科学发展观在浙江实践的总体布局，把四大建设作为一个有机联系的整体，使之相互渗透、相互支撑、相互促进，每个阶段突出一个重点，从不同角度来推动全局，有效地促进了科学发展与和谐发展，开创了浙江改革开放和现代化建设的新局面。党的十七大后，浙江省委第十二届二次全会把“创业富民、创新强省”作为贯彻落实党的十七大精神的总抓手和今后一个时期推动浙江发展的总战略，提出要按照科学发展观的要求，大力培育创业创新主体，积极弘扬创业创新文化，不断健全创业创新机制，加快完善创业创新政策，着力优化创业创新环境，加快建设全民创业型社会，努力打造全面创新型省份，全面推进个人、企业和其他各类组织的创业再创业，全面推进理论创新、制度创新、科技创新、文化创新、社会管理创新、党建工作创新和其他各方面的创新，加快建设富强民主文明和谐的新浙江。实施创业富民、创新强省战略的关键取决于解放思想的广度和深度。这就要求与时俱进，准确把握时代发展的大势，着眼不断发展变化的客观实际，正确认识自己，克服小富即安、固步自封思想，不拘泥于过去阶段的成功经验，研究新问题，总结新经验，探索新路子，着力转变不适应、不符合科学发展观的思想观念，解决影响和制约科学发展的突出问题，坚决改变一切束缚创业创新的做法和规定，革除一切影响创业创新的体制弊端，以思想的进一步解放推进各项事业的大发展。

九、解放思想必须做到“敢为人先”

在中国市场化改革进程中，浙江尽管在局部方面可能存在某些不足，但就整体而言始终走在全国前列。改革初期，浙江利用国有经济比重较低（1978 年，非国有经济增加值占 GDP 的 61.4%，其中工业增加值中非国有经济比重占 36.2%，分别比全国平均水平高出约 5 和 16 个百分点）、指令性计划范围窄、传统体制生根程度弱、人们市场经济意识强的特点，积极发展市场因素，引入竞争机制，率先从多方面突破计划经济体制的束缚，成为当时商品货币关系最活跃的省份。1984 年，浙江工业总产值中，非国有工业比重已经达到 56.0%，1987 年，这一比重进一步上升到 66.8%，比全国非国有工业比重（40.3%）高出 26.5 个百分点。就是说，在全国国有经济仍占统治地位的时候，浙江非国有工业已是三分天下有其二。进入 90 年代之后，当许多地方还在为姓“资”姓“社”而争论、为双重体制摩擦冲突而苦恼的时候，浙江又在全国率先进行了全省范围大规模的产权制度改革，大力发展私营个体经济，较早建立了产权明晰的微观企业制度。到 1995 年，浙江私营工业总产值占到全国的 23.8%，个体工业总产值占全国的 17.8%。90 年代后期以来，当全国各地竞相学习和效仿“浙江模式”的时候，浙江又先行了。无论是产权多元化的混合所有制的发展，家族私营企业的转型，专业市场从硬件完善到功能拓展和业态提升的进步，还是政府职能转变和管理创新，以及社会保障制度建设的率先推行，所有这些市场体制的演进和完善，浙江仍然保持着体制机制的“落差”优势。

浙江率先推进市场取向的改革，着力解决经济社会发展中的深层次矛盾和体制性问题，

统筹推进经济、社会、农村、政府四大领域的改革，有27个方面的改革走在全国前列[①]。与广东、上海等地相比，浙江市场化改革先行并非外部推力使然，而主要依靠的是分散而又活跃的民间力量的自我发动和创新。"义利并重"、"工商皆本"、"以利和义"的文化传统，建国以前相对发达的民族工业和星罗棋布的集镇贸易，遍布世界各地的浙商侨民和国内走南闯北的谋生经历，都使得浙江人具有市场经济的文化底蕴、知识传承和接受能力。改革开放之后，随着政策的松动和转变，基于发展致富的内在动力，大大激发了浙江人民创新体制的潜力和积极性。于是，产权明晰的私营企业、分工精细的家庭制作、特色鲜明的股份合作制经济、高度专业化的商品市场、集资兴建的"第一座农民城"、辐射全球的义乌小商品基地，这些构成今天浙江引以为豪的素材，在中国体制改革中创造了无数个全国第一。浙江市场化水平持续稳居全国首位[②]。正是千百万浙江人在体制改革中点点滴滴的创造、心领神会地适应，使得浙江模式非常类似于市场经济发达国家早期的模式，具有极为明显的内生性和原发性特征，在产权制度和市场制度的建立方面具有极强的自组织性质，不仅具有极强的生命力，而且呈现出一种有机演化的秩序性。

浙江人思想解放，敢于冲破各种陈旧框框的束缚，大胆尝试一切有利于生产力发展，有利于改善生活水平的创新试验。他们具有钱江大潮般勇往直前的无畏气概，具有第一个吃螃蟹的冒险精神，具有争喝头口水的超前意识。他们敢走天下路，敢为天下先。一批批连普通话都不会讲、双脚沾满泥巴的农民就这样义无反顾地走四方，闯天下。如今，全省每年有500多万人在全国各地经商务工，有100多万人在海外创业发展，"浙江村"、"温州街"遍布大江南北，形成了哪里有市场哪里就有浙江人，哪里有浙江人哪里就有市场的可喜局面。人多地少的生存压力，自强不息的信念，以及改变现实生存处境的强烈意愿，使浙江人民较多地抛弃了安土重迁、听天由命等小生产观念和行为方式，在市场化的改革进程中果断改变和放弃了传统的生产方式，努力学习一切有利于提高生产率和经济效益的经营方式、生产方式。他们少有守着坛坛罐罐，瞻前顾后，畏缩不前的心理定势，有的是不怕失败，勇往直前的勇气。凭着这样一种敢为人先的开拓创新勇气，浙江人民在中国改革开放这一创造性的伟大实验中，如鱼得水，使自己的创造性的聪明才智得到了充分发挥。他们大胆尝试，大胆开

---

① 据浙江省发展和改革委员会综合体改处介绍，浙江省经济领域改革在全国领先的有7项，包括率先出台鼓励支持非公经济发展的政策意见；全国民营企业500强中浙江企业数居全国首位；国有企业产权多元化改革率先基本完成；企业规范化股份制改革全国领先；率先推进商品市场建设和改革；率先在全省全面实施工业用地招拍挂出让；率先探索排污权总量控制和交易制度改革；科技体制改革进程领先。社会领域改革在全国领先的有11项，分别是率先构建覆盖城乡大社保体系；率先建立企业全覆盖的养老保险制度；率先推进城镇居民医疗保障制度改革；率先建立事业单位养老保险统筹制度；率先建立城乡全覆盖的最低生活保障制度；率先建立被征地农民社会保障制度；率先建立农村"五保"和城镇"三无"人员集中供养制度；率先建立城乡义务教育免收学杂费制度；率先推进公平教育体制改革；率先推进文化体制改革；率先建立省级和杭州市药品联合集中采购制度。农村领域改革在全国领先的有4项：率先出台农民专业合作社条例；创建政策性农业保险制度；创建政策性农村住房保险制度；率先实施以省为单位的城乡统筹水平综合评价制度。此外，政府领域改革在全国领先的有5项，即率先推进行政审批制度改革；率先开展扩大县级政府管理权限改革试点；率先建立了化解乡镇债务的激励约束机制；率先建立财政支出绩效评价制度；率先建立门类齐全、运作规范的突发公共事件应急预案体系。参见《市场导报》2008年3月11日2版。

② 证券时报网(www.stcn.com)2011年8月23日讯：证券时报记者从省发改委、省经济体制改革工作领导小组办公室获悉，《浙江"十一五"改革报告》8月23日正式出炉。报告结果显示，从量化评价看，"十一五"期间，浙江市场化改革位居全国前列。浙江市场化水平持续稳居全国首位，且得分从2005年9.29分提高到2009年9.69分。改革为浙江经济社会又好又快发展提供了强劲动力和坚实保障。详细出处参考：http://kuaixun.stcn.com/content/2011-08/23/content_3291467.

拓，创造了许许多多可以载入中国改革史册的全国第一。如全国第一批发放的个体工商执照，第一座农民城，第一批闻名全国的农村专业市场，第一个私营企业的地方性法规，第一批股份合作制企业及其规范性的行政法规等。敢为人先的创新试验，使浙江的改革发展充满了创造性活力，同时也使浙江人在发展社会主义市场经济过程中抓住了一个个稍纵即逝的机遇，获得了体制创新的丰硕回报。

第三章
浙江经验对中国社会主义改革开放的贡献

改革开放是党在新的历史条件下带领中国人民进行的一场新的伟大革命，是发展中国特色社会主义的关键抉择。改革开放以来，浙江在经济、政治、文化、社会等各个方面都取得了巨大进步和辉煌成绩。与全国其他区域相比，浙江改革开放的“先行性”和“特色性”更为突出。浙江较早形成以公有制为主体、多种所有制经济共同发展的格局；率先推进市场化改革；率先推进农村工业化；率先推进市场建设；率先推进内外开放联动；率先推进城乡统筹发展；率先推进生态文明建设，等等。浙江改革开放经验启示我们，必须坚定不移地贯彻执行党在社会主义初级阶段的基本路线和基本纲领；必须正确处理改革、发展、稳定的关系；必须把尊重人民群众首创精神同加强和改善党的领导结合起来；必须始终坚持社会主义市场经济体制改革的大方向；必须坚持从实际出发，充分发挥区域独特的比较优势；必须把提高效率与促进社会公平结合起来；必须坚持全面协调可持续发展，努力建设社会主义和谐社会；必须积极冲破传统体制不断进行政策创新。

第一节　浙江改革开放的历史进程

一、改革启动和探索阶段(1979—1991)

1. 农村改革率先启动(1979—1984)

1978年底，党的十一届三中全会做出了把全党工作重点转移到社会主义现代化建设上来的战略决策。全会指出，为把农业搞上去，必须首先在农村实行改革，推行联产计酬责任制[①]。同年12月，安徽凤阳县小岗村18位农民自发实行一包到底的责任制。1979年1月，《人民日报》先后刊载四川广汉县、贵阳开阳县、云南元谋县、安徽省和广东省普遍实行农业生产责任制情况的报道[②]。全国其他地区陆续实行了各种形式的农业生产责任制。实行农业生产责任制从生产方式入手，将劳动与报酬、要素投入与利益获取直接联系起来，有效地调动了农民的生产积极性，有力地冲破了农村集体经济出工不出力、出工不出活的体制弊端。1982年初，全国农村已有90%以上的生产队建立了不同形式的农业生产责任制，包括小段包工定额计酬，专业承包联产计酬，联产到劳，包产到户、到组，包干到户、到组，等等。中央“一号文件”认为，这些都是社会主义集体经济的生产责任制，反映了亿万农民要求按照中国农村实际状况来发展社会主义农业的强烈愿望。不论采取什么形式，只要群众不要求改变，就不要变动。各级党的领导应向干部和群众说明，我国农业必须坚持社会主义集体化

---

① 《三中全会以来重要文献汇编》，人民出版社1982年版，第1—9页。

② 参见《人民日报》1979年1月1日、1月8日、1月14日、1月20日、1月21日相关报道。

的道路，土地等基本生产资料公有制是长期不变的，集体经济要建立生产责任制也是长期不变的[①]。从是年始，中央连续发出五个"一号文件"。如果说1982年的中央"一号文件"主要是正式承认包产到户为代表的农业生产责任制的合法性，那么，1983年主要是提出改革人民公社体制，要求放活农村工商业；1984年主要是提出疏通流通渠道，发展商品生产，要求土地承包期一般延长到十五年以上；1985年主要是提出改革农产品统购派购制度，调整产业结构，对乡镇企业实行信贷、税收优惠；1986年主要是提出深入进行农村经济改革，摆正农业在国民经济中的地位，增加农业投入，调整工农城乡关系。这五个"一号文件"的出台，因其涉及农村经济从所有制形式、结构到利益实现，从生产方式、流通到产业结构的全面性、完整性，尤其以导入市场手段的激进性，极大地解放了农村劳动力，促进了农业发展，改善了农民生活，从而突破传统农村经济体制，也带动了经济领域全面的体制改革。

浙江早在1956年就有永嘉县燎原合作社实行"包产到户"的经验，并在当地一些农村推广，这是全国农村最早发生，并在一个较大范围内实行，取得明显成效、产生巨大影响的一次改革实践[②]。1979年秋天，浙江省长兴县等地开始自发实行"包产到户"、"包干到户"。1981年9月，浙江省委转发《关于目前农村生产责任制情况和意见的报告》，开始有组织地推动。1982年底，浙江省大田生产实行"双包"责任制的生产队已占90%以上。联产承包责任制的实行，极大地激发了广大农民生产的积极性，带来了农业全面丰收和农业生产率提高，农业生产创下了历史最高纪录；使许多农民第一次有了积蓄，既为工业产品提供了广阔市场，又可以集腋成裘，将农民储蓄转化为小企业的创办资金；农民有了择业自由，给那些富有创新精神者一显身手的机会。于是，浙江的商品市场得到发展，乡镇企业异军突起。温州、义乌、黄岩等地都出现了全国首批工业小商品市场。

2. 城市改革探索前行(1984—1991)

即以城市改革为主战场，以搞活企业为中心环节进行改革的阶段。1984年，实现农村经济体制重大变革的家庭联产承包责任制已然确立，新体制的制度收益已见明显效果，农民生产积极性极为高涨，农村生产力极大解放，粮食与农作物产量极大提高，由此而形成对城市经济体制改革的直接呼唤，因此而诞生的《中共中央关于经济体制改革的决定》这一伟大的历史文献，明确提出"社会主义经济是公有制基础上有计划的商品经济"，坚持了社会主义以公有制为基本经济制度的本质特征，将计划作为调节手段，商品作为经济形态的表现。对此邓小平说，"这次经济体制改革的文件好，就是解释了什么是社会主义，有些是我们老祖宗没有说过的话，有些新话。""我看讲清楚了。过去我们不可能写出这样的文件，没有前几年的实践不可能写出这样的文件，也很不容易通过，会被看作'异端'。我们用自己的实践回答了新情况下出现的一些新问题。""我说我的印象是写出了一个政治经济学的初稿，是马克思主义基本原理和中国社会主义实践相结合的政治经济学，我是这么个评价"[③]。1984年国务院颁布《关于进一步扩大国营工业企业自主权的暂行规定》，即著名的扩权十条[④]。自此后，国有企业的自主权，从生产自主到销售流通环节的价格自主得到最大程度扩大。这是经济

① 《三中全会以来重要文献汇编》，人民出版社1982年版，第1397—1408页。

② 万晓玲、夏燕：《1956：温州单干者开启全国最早的包产到户试验》，《市场导报》2009年8月21日，06—07版。

③ 《邓小平文选》第3卷，人民出版社1993年版，第83—91页。

④ 陈俊生：《中国改革政策大典》，红旗出版社1993年版，第313页。

体制改革在工业领域的重大突破，也为日后国有企业发展奠定了制度基础。这个阶段，浙江取得改革开放令人瞩目的成就有：一是国有企业改革取得进展。在扩大企业自主权方面，指令性计划比重大幅下降，企业自销产品比重大幅上升；在实行利润留成、利改税等让利措施方面，全省国有企业的利润留成率上升，国有企业开始向以盈利为目的转变；在实行厂长（经理）负责制方面，全省所有预算内国有工业企业都实行了厂长负责制，使得企业负责人对企业利益的关切超过了服从上级意志；在推行承包经营责任制方面，全省大部分预算内国有工业企业实行了经营承包，其中工效挂钩的占实行承包企业总数的九成；在企业内部用人制度和分配制度方面，1983 年，步鑫生在海盐衬衫总厂率先实行打破"铁饭碗"和"大锅饭"这一举措，一时成为闻名全国的改革事例。二是以城乡集体经济为主的非国有经济迅猛发展，在整个国民经济中所占比重大幅度上升。1991 年与 1978 年相比，非国有经济在工业总产值中所占比重由 34.87％上升到 70.55％，在社会商品零售额中所占比重由 34％上升到 68.21％，并且涌现了以鲁冠球等为代表的一大批农民企业家。三是市场体系培育和发展也取得了初步成效。随着乡镇企业和个体私营经济的发展，为满足原料采购和产品销售的要求，在过去农村集市的基础上，浙江许多地方兴办了闻名全国的专业商品市场，如在 80 年代中期，温州就有永嘉桥头纽扣、乐清柳市低压电器、苍南宜山腈纶再生纺织品等"十大专业市场"，义乌小商品市场、绍兴轻纺市场在当时也已经初具规模。这一阶段，浙江商品市场由 2241 个增至 3802 个，年成交额由 26.9 亿元增至 204.6 亿元，增长了 10.7 倍。

二、改革的全面推进阶段（1992—2002）

1992 年初邓小平南方谈话和同年 10 月中共十四大提出经济体制改革的目标是建立社会主义市场经济体制。由此，浙江改革开放进入全面推进阶段。这个阶段，浙江改革开放取得的令人瞩目成就有：一是所有制结构调整取得重大进展，其突出表现是非公有制经济蓬勃发展。从非公有制经济作为社会主义公有制经济的有益补充，到非公有制经济是社会主义市场经济的重要组成部分，从根本上消除了对个私经济的政治歧视。与此同时，浙江出台了一系列政策，如 1993 年《关于促进个体私营经济健康发展的通知》，1994 年《关于深化乡镇企业改革的若干意见》，1998 年《关于大力发展个体私营等非公有制经济的通知》，都积极支持非公有制经济发展。在良好的政策环境下，受温州发展个私经济和台州发展股份合作制经济的启发，浙江全省掀起了兴办个私经济热潮，为数众多的乡镇集体企业也纷纷改制为私营企业。全省私营企业总产值、销售额和个体工商户总产值、销售额等 4 项指标多年名列全国第一。"个私经济看浙江"，浙江成为全国各地鼓励和发展非公有制经济竞相效仿的典型。二是国有企业改革进入攻坚阶段并取得重大突破。1992—1993 年，浙江开展了国有企业股份制改革试点，同时进行企业兼并、组建企业集团等尝试，探索国有企业转换经营机制和公有制的实现形式；从 1994 年开始，浙江进行建立现代企业制度试点，并依托城市进行配套改革，为突破企业改革的重点和难点问题创造条件；从 1997 年开始，浙江推进国有企业战略性改组，坚持"抓大放小"，一方面培育实力雄厚、竞争力强的大型企业和企业集团，在技术改造贴息、股票上市等方面给予支持；另一方面对于量大面广的国有中小企业，采取了改组、联合、兼并、股份合作制、租赁、承包经营和出售等多种形式逐步放开搞活。三是市场体系建设取得了进一步发展。以专业市场为主的商品市场开始从量的扩张转向质的提高，从货物交易、地毯式经营，向改善交易环境、商品展示展览、开拓营销渠道、构建营销网络、发展连锁配送、建立现代物流等拓展，大大增强了专业市场的集聚和辐射功能。2000年与1991年相比，全省商品交易市场由3802个增加到4348个，成交额则由205亿元增加到4023亿元，增长了18.7倍。浙江技术市场初具规模，劳动力市场形成全省性的网络，积极推动企业上市和筹划地方资本市场发展等都有明显进展。与此同时，计划定价的范围继续缩小，除垄断性行业价格和行政性收费项目外，几乎所有的竞争性领域价格都基本放开。四是各项配套改革稳步推进。农村改革方面，土地经营使用权转包、转让使农业规模经营有所发展。90年代后期，浙江在全国率先进行粮食购销市场化改革，开始大力发展效益农业。农村集体经济组织改革和农业服务体系建设也取得了很大进展；城镇改革方面，开展了小城镇综合改革试点，进行小城镇户籍制度、政府机构设置和投融资体制改革；政府改革方面，浙江在认真贯彻落实国家关于财税、金融、外贸、投资和国有企业五项改革措施的基础上，90年代中后期就在全国率先开展了审批制度改革，减少审批项目和环节，缩短审批时间，提高办事效率；社会保障方面，开始建立城镇职工养老和医疗保险实行社会统筹与个人账户相结合的制度。

三、完善社会主义市场经济体制阶段(2002至今)

1. 大力发展产权多元化的混合所有制经济

浙江形成了多种私营企业产权多元化模式：一是分阶段引入国际战略投资者改造家族企业，如西子奥的斯集团、温州夏梦集团；二是引入其他民营投资者逐步稀释家族股份，如正泰集团；三是家族企业整体或部分改制上市，如浙江玻璃集团、海宁天通电子公司等；四是多家私营企业联合重组，如温州家具集团、温州强强集团、温州财团等；五是设立独立子公司，实行较为彻底的所有权和经营权分离；六是引入职业经理，鼓励职业经理、其他管理人员和技术人员参股；等等。所有这些都有效地改造了私营（家族）企业的产权结构和治理结构。到2003年，全省私营企业有63%已转制为有限责任公司。在国有经济战略性调整过程中，浙江也以投资多元化为主要内容，采取引进社会资本、技术和人才，推行国有企业经营者期股（权）制和要素参与收益分配，以及相互控股、参股等措施，国有企业产权多元化取得明显成效。从外商经济来看，浙江大规模引进外资很大程度上采取了“国企嫁接”、“以民引资”、外资并购等形式，也是一种产权多元化的混合所有制经济形态。

2. 现代市场体系逐步健全

浙江不断推动传统商品交易市场创新，电子商务、连锁经营、物流配送等现代流通业态加快发展，义乌小商品市场成为全世界小商品集散基地就是其中的一个典型。加快推动资本市场成长，到2008年8月，浙江上市公司数量已达到166个，累计募集资金1227亿元。浙江基本建立了国有产权交易平台，技术、劳动力等其他要素市场初具规模，积极推进要素资源市场化配置改革，全面实行经营性土地使用权招标、拍卖、挂牌出让制度。对水、电、成品油、公有林等政府控制或掌握的公共资源，建立能够反映资源稀缺程度和市场供求关系的价格形成机制，全面实施城镇污水处理收费和垃圾处理收费制度，探索开展排污权、节能降耗指标交易和林权、矿权等市场化配置改革试点。

3. 政府管理体制改革又有新突破

随着《中华人民共和国行政许可法》的实施，行政审批制度改革向纵深推进。浙江省进一步开展了行政审批事项的清理工作，继续削减、调整和下放行政审批项目，实行行政审批中心集中办公，推行“告知承诺制”、“即办制”和审批责任追究制度，同时还在16个县市开展

行政机关内部审批职能整合与集中改革试点。浙江投资体制改革取得实质性进展，对企业不使用政府性资金投资建设的重大项目和限制类项目实行核准制，对不使用政府性资金和政府核准目录内的企业投资项目实行简易许可程序的备案制，企业投资项目备案信息管理系统覆盖全省。

4. 社会保障体系基本框架初步形成

浙江做实养老保险个人账户，扩大五大保险的覆盖面。到 2008 年 6 月末，全省城镇职工参加养老、失业、基本医疗、工伤、生育的参保人数分别达到 1301、653、990、1125 和 624 万人。浙江在全国率先实行城乡最低生活保障制度，基本实现动态管理下的应保尽保，低保收入随着经济发展和价格上涨逐年有所增加。农民工参加社会保障专项扩面工作和被征地农民社会保障制度走在全国前列。浙江从 2003 年开始在全省建立以大病统筹为主的农村新型合作医疗制度。农村“五保”和城镇“三无”对象集中供养制度全面推进，集中供养率在短短的几年内上升到 2007 年的 94.3%和 98.8%。贫困家庭教育、医疗、住房、司法、文化等专项救助制度和社会帮扶、慈善救济等工作也得到明显加强。

5. 围绕完善市场体制，浙江改革的广度和深度都有新的拓展

一是加快建立统筹城乡发展的体制机制。开展嘉兴、义乌统筹城乡综合配套改革试点，在统筹城乡就业、就学、规划、基础设施、公共服务、户籍管理等方面迈出了步子，农村综合改革全面推进，乡镇机构设置更加精简高效。二是深化教育、医疗卫生、科技、文化体制改革，缓解“上学难、上学贵”，“看病难、看病贵”问题，促进科技创新和产业化，满足群众文化需求。推进城乡住房保障体系建设，缓解城镇“住房难”和解决农村居民危房改造问题。三是改革公共财政体制。提高公共财政对教育、科技、医疗卫生、就业和社会保障、环境保护、公共服务、公共安全等事关改善民生和社会和谐的支出比重，规范部门预算、转移支付、国库集中支付、政府采购、收支两条线等制度，开展财政绩效评价。四是推进中介机构改革，充分发挥行业协会的服务、自律、代表和协调职能。1600 多家生产经营类和中介服务类单位已完成改制，1346 家行业协会完成“三脱钩”任务。五是加强信用建设，建立了包括近 30 万家企业和 4677 万个人的信用征集、查询制度，为率先建立健全社会信用体系奠定了基础。

第二节　浙江改革开放的“先行性”与“特色性”经验

一、率先加快发展非公有制经济

改革开放 30 多年来，浙江是全国非公有制经济发展最活跃、最典型的省份之一。目前，无论是产出，还是就业和投资，浙江非公有制经济比重都在全国各省市区中名列前茅。“当人们在回顾总结改革开放 30 多年浙江由一个经济小省变为经济大省的历程时，都把放手发展非公有制经济，较早形成以公有制为主体，多种所有制经济相互竞争共同发展作为首要的一条经验”①。以发达的民营经济为主的非公有制经济是浙江发展的引擎。非公有制经济巨大发展直接和间接地推动浙江所有制改革乃至整个经济体制的改革。浙江民营经济发展早已经不是新闻，但值得特别注意的是民营经济一直支撑着浙江可持续发展。20 世纪 80

① 浙江省统计局课题组：《非公有制经济：浙江发展的重要推动力量》，《浙江统计》2002 年第 2 期，第 25—27 页。

年代，浙江民营经济在恶劣的外在环境下艰苦地生存下来了，在邓小平 1992 年南方谈话以后，民营经济才具有合法性，随后浙江民营经济加快了发展步伐。进入新世纪后，浙江更把推动民营经济发展作为发展战略的重要组成部分，为民营经济发展提供有利的政策环境。民营经济所释放出来的巨大能量已经构成了浙江经济发展的主动力，非公有制经济的繁荣发展已成为浙江靓丽的名片。浙江经验启示我们，要不断地提升对非公有制经济地位的认识，大力改进有利于其发展的各方面要素与环境，不断完善社会主义市场经济体制，推动国民经济快速发展。"十七大报告指出，要坚持和完善公有制为主体、多种所有制经济共同发展的基本经济制度，毫不动摇地巩固和发展公有制经济，坚持平等保护物权，形成各种所有制经济平等竞争、相互促进新格局。这是指导我国今后优化所有制结构的重要方针"[①]。这是我国非公有制经济发展的新坐标，也为所有制改革指明了新的发展方向。

二、率先推进市场化改革

30 多年来，浙江毫不动摇地坚持市场化改革方向，率先推进企业产权制度改革，通过股份制、股份合作制、兼并重组、引进外资等多种形式，较早地完成了国有企业、城镇集体企业和乡镇企业转制；浙江大力发展个私经济，积极进行股份合作制改造，大力推进国有集体企业改革，努力探索公有制的实现形式；浙江积极提升个体私营经济发展水平，大力发展混合所有制经济。浙江国有经济的控制力、影响力和竞争力不断增强，民营经济赢得了发展先机，个私经济总产值、销售总额、社会消费品零售总额和出口创汇额等 4 项最能反映民营经济实力的指标，已连续 10 多年居全国第一，形成了多种所有制经济相得益彰、共同发展的良好局面。浙江率先实行投融资体制改革，探索形式多样的融资模式，积极引导民间资金参与基础设施建设；浙江率先实施城乡体制改革，联动推进新型城市化和新农村建设，统筹城乡发展，加快城乡一体化进程；浙江率先开展行政审批制度改革，大幅削减审批审核项目，成为全国审批事项最少的省份之一；浙江率先推进强县扩权，坚持和完善省管县财政体制，先后 5 次扩大经济强县(市)经济社会管理权限，赋予县域较大的发展自主权，有力地推动了县域经济发展。实践证明，市场化改革是浙江经济社会发展的活力源泉。

中国改革开放的基本特点是从计划经济走向市场经济。然而，改革开放以来，中国各区域市场化改革则由于情况千差万别而形成了不同类型，大致可以分为以下四种：第一种类型，侧重以农村集体经济发展为主，快速推进市场化进程，具有代表性的是江苏省。第二种类型，侧重在乡镇集体工业发展的同时，较快发展个体私营经济，快速推进市场化进展，浙江是最具代表性的省份。第三种类型，侧重以大量引进外资、大力发展"三资企业"和"港澳台"资企业，快速推进市场化，具有代表性的是广东省。第四种类型，侧重以国有企业改革为主，推进市场化。具有代表性的是上海和东北地区。如果按照市场化绩效标准进一步分析，就会发现有两种类型市场化具有良好表现，一种是侧重以非公有制经济发展推动改革进程，另一种是侧重以大量引进外资推动改革进程。这两种类型具有代表性省份是江苏、浙江和广东。江苏在一定程度上得益于早期农村集体工业的发展，然而在今天来看，这一因素已成为多数省份可求而不可得的变量，而且传统集体工业产权不明晰的困扰，有时更甚于国有企

① 新华社：http://www.gov.cn/jrzg/2007—12/08/content_828651.htm，《十七大报告解读：形成各所有制经济平等竞争格局》。

业。广东因其独特的区位条件，得以大量引进外资，然而不可能指望内地多数省份都像广东那样，侧重以引进外资来推进市场化变迁。上海作为典型的大都市经济，在建立现代市场经济方面具有很强的示范性，但其转换过程对于多数省份来说不具有参考价值[①]。浙江市场化非常类似于发达国家早期市场经济发展模式，具有极为明显的内生性和原发性特征，在产权制度和市场制度的建立方面具有极强的自组织性质，不仅动力强劲，而且呈现出一种有机演化的秩序性[②]。的确如此，在民营企业和国有企业的关系方面，在政府和企业的关系方面，在企业和雇员的关系方面，在经济增长和社会发展的关系方面，浙江在实践中都创造了"先行性"与"特色性"经验。这些经验表明，改革的关键并不是要不要走市场经济道路，而是在走市场经济道路的同时处理好所有这些方面的关系。与江苏、广东、上海等区域的市场化模式比较，浙江模式具有极强的自组织性和自适应性，因而具有很强的扩展性，具有较为广泛的典型意义和较高的借鉴价值[③]。

三、率先推进农村工业化

浙江积极把握国内市场短缺的机遇，大力发展乡镇企业，积极培育块状经济，做大做强县域经济，从小商品入手，从家庭工业起步，经商与生产并举，尽力打造"小商品、大市场"，"小企业、大协作"，"小区域、大产业"的发展格局，形成了具有较强竞争力的区域经济发展优势。2008 年，浙江全省有年产值超 5 亿元的各类特色产业区块 462 个，其中 100 亿至 300 亿元的 59 个，超 300 亿元的特色产业区块 14 个。这些区块以制造业为主体，产业集群实现产值超过 2.52 万亿元，约占全部工业产值的 53.4%；全省 11 个地级市有 9 个进入全国综合实力百强城市，全国百强县中浙江占 30 席，总数居全国第一；全国千强镇中浙江占 268 个，总数居全国第二。

改革开放以来，浙江工业化大致沿着农村改革—农村工业化和发展劳动密集型产业—拓展外向型经济—全面提升和优化工业结构的发展次序逐步推进的。从农村改革起步，依靠民间力量和充分发挥广大农民的积极性和创造力，发展劳动密集型产业，是基于当时浙江自身实际的必然选择。这不仅迅速吸纳了大量农村剩余劳动力和城市待业人员，而且为工业化进一步发展打下了基础。在工业总量达到相当规模、加工工业取得相对优势之后，浙江又及时将发展的立足点由"内向"转向"外向"，并对原有的产业结构和产品结构进行调整，推动产业结构的升级换代。20 世纪 90 年代中后期，随着市场格局的变化，浙江明确提出了把电子、医药、化工、机械培育为主导产业，调整和改造纺织、建材、丝绸等传统行业，加快浙江产业结构升级。进入新世纪以后，随着国际国内环境的变化，浙江做出了改造和控制"高投入、高消耗、高排放"行业，加快发展高新技术产业和装备制造业的战略抉择，推动产业结构高级化。从浙江工业化发展次序变化中得到的启示是，一条比较成功的工业化道路，所追求的目标可以不变，但各阶段发展的重点和运用的策略却需要随主客观条件的变化而调整。从区域工业发展模式看，浙江各地区的工业发展模式虽各具特点，但工业化道路大体可归为

---

① 卓勇良：《区域市场化途径比较及浙江模式的典型意义》，《商业经济与管理》2004 年第 4 期，第 30—34 页。

② 罗卫东，许彬：《区域经济发展的浙江模式：一个总结》，《中共浙江省委党校学报》2006 年第 1 期，第 72—79 页。

③ 新华网：《马克思主义中国化语境："浙江模式"的新解读——访浙江省特级专家、经济学家陆立军教授》，参见 http://www.zj.xinhuanet.com/website/2008－04/05/content_12884285.htm。

两大类型，即以浙东北主要依靠乡镇集体企业发展工业的苏南模式，以及浙西南一些地区主要依靠个体私营企业发展工业的温州模式。就浙东北和浙西南内部而言，各市地由于工业化起步条件、进程和具体做法的差别，又都带有地方特色而各不相同。总的来说，浙江各地区工业化模式的选择基本做到因地制宜且富有一定的创造性，因而取得了良好的成效。同时，浙江各地区工业化模式在发展完善过程中出现了相互借鉴、相互影响、相互融合的趋势。90 年代后，浙东北一些地区个体私营企业发展速度明显加快，而浙西南的温台地区，则发生了个体私营企业大量改造为股份合作制企业的变革。此后，不管是浙东北还是浙西南，都基本形成产权清晰、权责明确、政企分开、管理科学的现代企业制度。浙江率先推进农村工业化给我们的另一个启示是，工业化并不是一元的、单线的模式，而表现为内在成长和外向传播的发展过程[①]。对于一个地区来说，重要的不在于哪一种模式的好与坏，而在于这种模式是否适用于本地区的实际。而且，既然模式是人创造的，模式也是可以改造的。因此，要破除要么生搬硬套要么闭门造车非此即彼、在模式优劣问题上争论不休、采用某种模式就一成不变等思维定式，在对各种工业化模式进行比较研究、总结其经验教训的基础上，选择既符合工业化一般规律，又适合本地区具体情况、博采众长而又具地域特色的工业化之路。

四、率先推进市场建设

浙江突破传统计划经济体制对商品流通和原材料供给的约束，大力兴办商品市场，建设了一批规模大、档次高、辐射力强的综合性市场，产生了“建设一个市场、带动一批产业、活跃一方经济、富裕一方百姓”的发展效应。至 2008 年年底，全省共有商品交易市场 4087 个，市场成交总额 9793 亿元，超百亿元的市场 15 个，市场成交总额连续 18 年居全国第一[②]。浙江省十大商品市场是义乌中国小商品城、绍兴中国轻纺城、永康中国科技五金城、海宁中国皮革城、中国茧丝绸交易市场、余姚中国塑料城、路桥中国日用品商城、中国舟山国际水产城、中国颐高数码连锁集团、杭州浙江汽配城。作为全国闻名遐迩的“市场大省”，星罗棋布于浙江全省范围内的各类商品市场，为推动浙江省地方经济和产业发展做出了巨大贡献，为探索中国现代商品流通体系的建立和创新批发模式做出了有益的尝试。

浙江商品市场在多年发展中形成了三大特点：第一、主题鲜明。浙江商品市场之所以能够成气候，与其拥有鲜明的主题分不开。如义乌主题是“小商品”、绍兴是“纺织面料”、永康是“五金”，海宁是“皮革制品”、余姚是“塑料制品”、嵊州是“领带”、舟山是“水产品”等等，而各个市场主题则是当地优势要素或历史传承的结晶。第二、错位经营。尽管同处一个省份，地缘上比较接近，通过数十年市场的自然调节和经营者的巧妙运营，各个商品市场围绕着自身的经营主题做大做强做广做深，形成了主题错位的良性竞争格局，避免了近距离相邻区域的“贴身肉搏”，同时又扩展了自身的市场空间。第三、市场宽广。浙江省许多商品市场在全国均处领先地位，这些商品市场不光规模巨大、功能齐全，而且管理、营销都在逐步规范，每年的成交额越来越多，市场的影响力和辐射力都跨越了地域，波及整个中国甚至全世界。

浙江商品市场显然给地方经济和社会发展带来了显著效应。第一，形成商品集散中心。

---

① 浙江省统计局：《改革开放 30 年浙江工业化发展历程回顾》，参见中国经济网数据中心地方经济库 http://database.ce.cn/district/fxbg/zx/200812/25/t20081225_17782755_4.shtml。

② 《浙江省工业转型升级系列报告会(装备制造业专题)自主创新转型升级》，浙江日报 2009 年 4 月 21 日，第 8 版。

一个大规模的商品市场往往犹如一个巨大的引力场，将同类商品的经销商、代理商、生产商、加工商、批发商都吸引过来，从而形成该类商品最广泛的积聚，使得四面八方的买家都来此选购，形成买卖兴隆的盛况。如海宁皮革城素有“中国皮都”之称，积聚了毛支（裘皮）服装、皮手套、皮箱包、皮鞋、皮沙发套等所有皮革制品，是全国皮革制品的集散中心。第二，形成产业链，满足“一站式”采购需求。浙江商品市场往往具有显著的行业特性，即在一定行业范围内的产品上下游配套产业链条完整。例如绍兴的轻纺市场，其交易品种包括原料、纺织、印染、制衣、机械等相互衔接的完整体系，其好处是这种专业化市场在为企业提供充分展示空间的同时，也给采购商带来了极大方便，采购商能在短时间内享受到“一站式”采购。第三，带动加工业。商品市场周边往往附带产生同类产品的加工生产企业以满足源源不断的市场交易需求。义乌小商品市场诞生初期只是个销售市场，产品主要从广东、福建等沿海地带搬运过来。经过这么多年发展，义乌周边已经形成了相当规模的配套加工能力，销售商品40%以上已在当地加工。第四，广泛带动其他产业人流的集聚。除了带动商贸洽谈、会展商务办公、物流配送之外，还能带动银行、保险、会计、咨询、律师、商检、货代、海关等商务活动，同时也带动餐饮、宾馆、酒店、交通、购物、旅游以及房地产开发、城市建设等等。第五、推进国际贸易。一个上规模大型商品市场往往成为国内外贸易的中转站和枢纽点。外贸出口是拉动经济发展的“三驾马车”之一，原来我国出口主要通过广交会等展会形式，现在许多商品市场等于开设了常年展厅和交易场所，来自世界各国的客商集聚于此做生意，商品市场成为推进国际贸易的有效通道。尤其是中国制造产品的影响力已遍及全球，以及下一轮平衡贸易将扩大进口商品，市场所具有的国际商品流通渠道的作用将越来越凸显。第六，带来可观的经济效益。商品市场繁忙的交易和川流不息的人流给地方政府带来了可观的经济效益。第七，推动地方经济和社会事业综合发展。商品批发市场在推动城市化进程、促进就业、形成价格和信息中心引导企业生产、实现市场资源合理配置、丰富市场供应、提高人民收入和繁荣人民生活以及协调区域发展等方面都功不可没，其综合效能大大推动地方经济和社会事业的发展。

通过对中国最大的商品市场——义乌小商品市场典型案例的解剖，可以详尽而具体地了解浙江建设商品市场的主要经验及其启示。义乌是建在市场上的城市。1982 年义乌率先开放小商品市场，进而提出“兴商建市”发展战略。30 多年来，义乌市场先后五易其址、九次扩建，目前已形成以中国小商品城为核心，10 多个专业市场，遍布城区的专业街为支撑，运输、产权、劳动力等要素市场相配套的市场体系。市场经营面积达 400 余万平方米，经营商位 6.2 万个。义乌市场已成为全球最大的日用消费品流通中心、展示中心和中国重要的商品出口基地，先后被国家质检总局、国家工商总局授予全国唯一的“重质量、守信用”和“守合同、重信用”市场称号，并被列为“全国市场信用分类监管示范市场”。“小商品海洋、购物者天堂”正成为义乌市场的代名词。2010 年，实现市场总成交额达 621.16 亿元，市场成交额连续 20 年居全国各大专业市场榜首。

义乌地处山区，交通不便，自然资源禀赋先天不足，没有国家特殊的扶持政策，却崛起全球最大的小商品市场。探根溯源，这里有其独特的地域人文因素，也有值得其他市场学习的多种因素。第一，义乌人素有经商传统。义乌人自古重商业、善经营，早在宋代就有肩挑货郎担手摇拨浪鼓、走村串巷鸡毛换糖的历史。清朝时期形成了初具规模的“敲糖帮”，积淀了深厚的商业文化，使义乌人血脉深处蕴藏着经商基因。据调查中国小商品城内的经营者有

66%～74%是义乌人。第二,起步早的先发优势。改革开放初,由部分以前从事鸡毛换糖的农民自发形成了小商品市场。当时的义乌领导从实际出发,大胆提出了“四个允许”,即允许农民经商,允许从事长途贩运,允许开放城乡市场,允许多渠道竞争,果断作出开放小商品市场的决策。正是对市场机制领先一步的彻悟和独特商业文化的汇流,才最终形成了“华夏第一市”的先发优势。第三、市场配置资源与政府宏观引导相结合。市场经济的法则就是市场在资源配置中起基础性作用,政府不应过多干预。多年来,在义乌市场起主导的,是市场规律这只“看不见的手”,政府只进行宏观调控,负责制定游戏规则,维护市场秩序,弥补市场缺陷。每当义乌市场发展到关键阶段时,政府都适时对市场发展战略进行了调整,引导市场向更高层次发展。市场发展初期,政府即提出了“兴商建市”的发展战略,引导资源向商贸业集聚,倾全市之力促进了义乌市场的迅猛崛起。90年代中期,全国掀起办市场热潮,义乌市场的先发优势有所削弱,针对义乌本地工业基础薄弱的实际,市委、市政府在兴商建市战略的基础上,进一步提出了贸工联动的发展战略。经过多年的培育,逐步形成了服装、针织、文具、饰品、彩印、拉链、工艺品、玩具等优势产业,构筑起“小商品、大产业、小企业、大集群”的工业产业发展格局,有力地支撑了市场的发展和繁荣。近年来,义乌市场外贸呈井喷式发展,义乌的国际化程度日益提高,义乌市委、市政府敏锐地抓住这一历史机遇,确立了建设国际性商贸名城的发展战略,着力打造国际小商品贸易中心、国际小商品创造中心、国际小商品会展中心、区域物流高地、区域金融高地,这为义乌市场的发展进一步指明了正确方向。第四,企业良好运作。义乌小商品城集团公司创建之后,先后开发经营了草园、宾王市场。特别是2001年以来,以“国际化、信息化、现代化、品牌化”为导向,大力开展市场基础设施建设,创新市场功能,先后投入40多亿元,建成国际商贸城一二期市场,提升小商品市场为现代化国际化贸易平台。第五,建成了一套规范效率的管理体系。公司除了设置日常职能机构各司其职、有序运营之外,还专门根据业务发展需要成立旅游管理部推进旅游经济,引导旅游购物;成立指数管理部负责“中国小商品指数”编制、评析、开发管理等工作;成立信息企划部开展市场研究和信息调研以及大型活动的企划等工作;成立商学院开展员工和经营户培训,为市场经营户提供增值服务。第六,多元发展、综合配套。在义乌小商品市场越来越兴旺的基础上,按照“提升市场主业、带动相关发展、实行多元开拓”的发展战略,义乌市大力推进会展博览、房地产、宾馆酒店、国际贸易、现代物流、电子商务、中介服务、购物旅游、文化体育等业务,并结合城市改造和市政建设,形成市场资源共享与联动发展的城市整体架构和综合赢利模式,取得了良好的经济效益和社会效益。第七,健全市场服务体系。义乌国际商贸城全面建立ISO9000国际质量管理体系,工商、税务、商检、金融等职能部门派驻市场,提供全面和周到的服务,保证市场安全和良好的经营秩序。“诚实守信、守法经营”已成为共识。依托一流的环境、规范的管理、优质的服务、齐全的配套,义乌市场被评为浙江省首个五星级文明市场称号。第八,商品众多质优价廉、向品牌化发展。市场内现已拥有知名品牌总代理、总经销达6000多家。市场商品应有尽有,“不怕买不到、就怕想不到”。第九,大力推进国际化。据统计,与中国建立贸易关系的国家和地区有220个,其中212个与义乌有贸易往来。来自100多个国家和地区的8000余名外商常驻义乌从事商品采购,境外公司在义乌设立商务机构达939家,外商在义乌金融机构开设账户9000多个。外交部、联合国难民署以及20多家国际连锁超市在义乌市场设立了采购信息中心或办事处。义乌已成为国际性小商品流通中心和外商重要采购基地。第十,以会展促进市场。1995年举办了“首届小商

品博览会”，之后每年举办一届，至2002年发展成为“中国义乌国际小商品博览会”（义博会）。2007年义博会实现成交额109亿元，外贸成交额9.8亿美元，成为国内继广交会、华交会之后的第三大进出口商品交易会。现在全市有专业展览公司28家，每年承办各类展会80余个。除商品会展外，还举办各种文化艺术节。第十一，地方产业成为市场经营的基础。义乌发展初期只能算是区域性的销地市场，但后来市场促进了本地加工，同时市场影响力的增大又吸引了周边的产品。浙江是制造业大省，大量中小型的商品制造企业需要专业市场为其提供销售渠道，这就为义乌市场的成功奠定了基础，中国小商品城商品产地超过72%的来自于浙江本省。第十二，义乌市场正在提升能级。义乌市场的组织形态已从农村传统意义上的集贸市场发展成为现代化、商场化、国际化的新型专业市场；市场功能由单一的商品交易向商品展示、信息汇集、价格形成、产品创新等方向拓展，市场交易方式由传统的现金、现货、现场交易为主，向洽谈订单、电子商务、物流配送等现代交易方式转变。依托大市场，会展、物流、购物旅游成为义乌新的经济增长点。

五、率先推进内外开放联动

浙江充分发挥产品价廉物美的比较优势，积极推进外贸出口多元化，努力拓展国际市场空间；坚持“引进来”和“走出去”相结合，积极扩大利用外资，鼓励企业“走出去”发展创业；坚持“立足浙江发展浙江”、“跳出浙江发展浙江”，积极参与中西部开发和振兴东北老工业基地建设，加强对口支援和对口帮扶，推进长三角地区交流与合作，形成了全方位、宽领域、多层次的内外开放格局。目前，浙江已与全球230多个国家和地区建立了贸易关系，世界500强企业已有84家落户浙江，共设立224家外商投资企业。全省经政府部门核准的境外企业和机构累计3466家，“走出去”的境内主体数和建立的境外机构数量均居全国首位[①]。

浙江对外开放发展特征与浙江区域经济和区位优势有着密切联系。浙江区域经济发展具有若干方面的优势：民营经济先发优势及经营性人才优势，块状经济及产业集群优势，民营资本充裕优势，民营资本与国际资本互动融合优势，深水港口优势等。由于浙江区域经济基础与中国其他地区有明显差异，改革开放的初始条件也与广东、江苏和福建等省份有所不同，浙江逐渐形成了与广东、江苏不同的开放型经济发展模式。广东的开放型经济发展主要是依托接近港澳的区位优势，依靠区域开放的先发优势，通过大规模利用外商投资和国际要素，发展“三来一补”的加工贸易来推动工业化和区域经济国际化。广东的开放型经济发展走的是加工贸易—工业化—市场化—国际化的道路，是主要依靠区域外部的资本、技术和资源推动区域经济国际化的外源式发展模式，形成了以加工贸易为主的对外经济贸易格局。江苏的开放经济是从以乡镇工业为主体的苏南模式的基础上发展起来的。江苏的开放型经济发展主要是通过实施外资、外贸、外经“三外齐上，以外养内”的战略，特别是充分利用外商投资来推动原来以乡镇工业为主体的经济体制改革，给以乡镇工业为主体的苏南模式注入了新的经济活力。江苏的开放型经济发展走的是区域工业化—市场化—国际化的道路。浙江的开放型经济发展模式特点是在浙江内源型民营经济发展和对外经济贸易体制改革互动的基础上，形成了产权明晰和充满活力的对外经济贸易发展体制和机制，依托小商品、大市

---

① 中共浙江省委宣传部：《改革开放是推动浙江发展的强大动力——从浙江的实践看“六个为什么”之六》，《浙江日报》2009年8月14日，第1版。

场、块状经济和深水港口的比较优势,内外贸互动发展、内外资互动融合、区域民营经济与开放型经济互动创新发展的格局。浙江开放型经济发展走的是以市场化带动区域工业化,再以工业化促进区域经济国际化的发展道路。浙江对外开放发展具有四个基本特征:

第一,浙江民营经济与开放型经济互动发展,民营企业成为开放型经济发展的主要推动力量,多种所有制企业共同开拓国际市场。浙江开放型经济是通过区域开放、对外贸易经营体制改革和对外经济贸易主体多元化来推动的,通过管理体制和运行机制创新来加快发展的,在内源型民营经济与开放型经济互动过程中壮大的。浙江民营经济本身即具先发优势。20 世纪 80 年代初期,个体、私营企业就开始在温州、台州蓬勃发展。80 年代末,浙江乡镇集体企业又开始向民营企业转制,形成了产权明晰和充满活力的民营经济发展新机制。浙江民营经济逐渐成为区域经济发展的重要动力,成为浙江省工业化进程的主要支撑,民营经济的发展和发达是浙江经济最明显的比较优势。浙江从资源小省成为全国经济增长最快的经济大省,在很大程度上得益于民营经济的发展。浙江对外开放的快速发展在很大程度上也得益于民营经济。1978 年以来,渐进式改革开放为浙江民营企业成长及其国际化提供了广阔空间和发展环境,浙江民营经济内生的对市场空间和企业发展不断扩张的动力与浙江地方政府对外开放的战略导向形成互动。浙江通过对外贸易体制的边际性改革,在高度集中垄断的国有外贸经营旧体制框架尚未完全打破之时,率先创新外贸发展模式,在国有外贸体制中引入民营经济的因素。民营企业自营出口与国有对外经济贸易并行运作,通过对外经济贸易主体多元化、市场多元化、出口商品多元化,使原先弱小的民营企业不断提高国际竞争力,成为浙江对外开放的主体,民营经济成为浙江拓展国际国内发展新空间的主要推动者。一批完成了原始积累、有一定规模的民营企业市场前景很好,一批具有市场竞争力的民企巨人已屹立在中国大地,一批具有国际竞争力的浙江民营企业正在走向世界。目前,浙江国有企业、民营企业、外资企业三轮驱动,民营企业已成为浙江国际经贸发展的重要微观主体。

第二,浙江块状经济与开放型经济不断深化发展,使区域经济和对外贸易持续快速发展。改革开放初期,浙江民营经济从家庭工业和专业市场相结合的基础上起步,生产中低档消费品,开拓国内中低档消费品市场,形成了一大批市场和产业互为依托的一县一业、一镇一品的特色行业和产品,发展成一系列较大规模的专业化生产基地和专业化市场,建立了国内发达的市场网络。通过开拓国内市场,以市场化带动浙江区域工业化发展,在区域工业化和国内市场发展基础上,随着中国外贸经营权的改革和放开,浙江一些专业化市场逐渐向国际转移,一些专业化市场变成国际性小商品市场。在一大批市场和产业互为依托的块状经济基础上,浙江中低档消费品国际竞争力不断增强,出口商品已进入全球主要市场。目前,浙江已经与世界上 216 个国家和地区建立了直接的经济贸易关系,与 34 个国家的省、州、市、县缔结了 60 对友好城市关系和 62 对友好交流关系,浙江产品已经遍布全球绝大多数国家和地区。近年来,浙江进一步加大了对中东、非洲、拉美、东欧等新兴市场的开拓力度,出口市场多元化成效逐步显现。对中东、非洲、拉美、俄罗斯等新兴市场的出口进一步加大。浙江块状经济和市场大省在国内形成的综合优势不断向国际延伸,到境外设立专业市场对浙江区域经济发展中的商品国际化、市场国际化和生产国际化做出了积极贡献。浙江在加快中小企业开拓国际市场、建立和发展国际营销体系方面的优势对逐步创立浙江企业国际品牌产生了积极作用。浙江内源型民营经济与开放型经济互动发展,使浙江经济和对外贸易持续快速增长。浙江对外贸易的快速增长，已成为拉动浙江国民经济增长的主要动力之一，对推进浙江省的工业化和经济国际化做出重大贡献。

第三，浙江具有民营资本充裕的优势，民营企业对外直接投资初见成效。浙江在对外贸易持续快速发展的基础上，进一步扩大开放，加快实施“走出去”战略，主动参与国际分工，在充分发挥浙江民营企业对外贸易比较优势的同时，积极利用浙江民营资本充裕的优势和民营经济对外直接投资的比较优势，推进浙江剩余生产能力的国际流动与配置.从全球范围引进浙江经济发展所需的稀缺生产要素。据目前不完全统计，浙江人在省外经营发展的有500万左右，若加上在境外的100多万，约有600万浙江人在国内和世界五大洲创造财富。目前浙江人在外设立的市场主体近80万家，注册资本金2350亿元，对外投资总额近6000亿元，到2003年年底，在外浙商的销售额超过1万亿元，几乎等同于浙江2004年创造的经济总量[①]。浙江省充分发挥民营资本充裕的优势，鼓励有条件的民营企业发展对外直接投资，从1982年开始，对外直接投资项目数和投资额逐年平稳增长。经过多年发展，浙江省一批具有资金、技术、人才优势及国际营销网络的实力型企业已基本具备发展对外直接投资的条件。2001年以来，浙江对外直接投资进入快速发展阶段，浙江境外贸易型企业发展成绩显著，民营企业跨国生产投资已初见成效，为企业从全球配置生产要素、开拓全球市场、实现企业国际化发展提供了示范作用。

第四，内外资互动融合，以民引外，吸引外资比较优势不断增强。浙江具有丰富的民营资本，民营资本根植于块状经济，民营资本与国外资本融合，以民引外、内外资融合是浙江吸引国际直接投资的优势。改革开放初期，浙江吸引外商投资工作起步晚，民营资本与国外资本互动融合还没有形成，吸引外商投资发展比较慢。在“九五”、“十五”时期，浙江在招商引资中强调发挥民营经济吸引外商投资的优势和发挥开发区集聚外资的作用，实施以民引外、内外资互动融合的方针，吸引外商投资的速度逐渐加快。从1997年到2002年，浙江省合同利用外资的排名从全国第十位上升到第五位，实际利用外资从第九位上升到第七位。近年来浙江省吸引外商投资的后发优势逐步体现，浙江协议利用外资总额从1998年的18.3亿美元，增长到2010年191.8亿美元。

六、率先推进城乡统筹发展

浙江统筹城乡发展有三个特点：一是起步早。早在2002年，浙江就做出了实施“八八战略”的重大决策，把统筹城乡发展作为重要战略举措之一，这在全国是最早的。中央提出统筹城乡发展战略后，浙江又在2004年制定了《浙江省统筹城乡发展推进城乡一体化纲要》，明确了全省统筹城乡发展的目标、六大任务和七项举措，这也是全国最早的。二是基础好。改革开放以来，浙江坚持市场取向改革，大力发展乡镇企业、民营经济，推动农村劳动力、土地、资金等生产要素市场化，取得了先发优势，使浙江成为全国经济发达省份。发达的经济为突破城乡二元体制，缩小城乡地区差距，推进城乡基本公共服务均等化，加快实现城乡经济社会发展一体化新格局创造了良好条件。三是体制活。浙江实行省直管县的财政管理体制，十分有利于统筹城乡发展。全省财政的80%在市、县，也避免了所谓的“市刮县”现象，使县级政府有动力、有能力、有财力发挥统筹城乡发展的战略平台作用。浙江统筹城乡发展

① 徐王婴，龚艳，马克强：《浙商(省外)投资环境分析评估报告》，《浙商》2005年第6期，第39—40页。

的主要经验在于：

第一，积极推进城乡规划一体化。早在1999年，浙江省就编制了全省城镇体系规划，这是全省城乡统筹和城乡一体化发展的雏形。2003年开始，浙江各地明确提出城乡一体化发展。嘉兴、绍兴、义乌、余姚、萧山、温岭等市县率先制定了统筹城乡发展规划。绍兴、慈溪、温岭市还被列为全国城乡一体化规划工作试点城市。新世纪以来，浙江积极调整行政区划以适应城乡一体化发展需要。如2000年，撤销了丽水地区和县级丽水市，设立地级丽水市和莲都区；撤销金华县，设立金华市金东区与婺城区，解决"一城多府"问题。2001年，撤销萧山市、余杭市设立萧山区、余杭区；撤销衢县设立衢州市衢江区；对绍兴、永嘉、瑞安、瓯海和龙湾区、衢江和柯城区的部分乡镇行政村进行调整归并。2002年，撤销鄞县设立宁波市鄞州区。2003年，设立湖州市吴兴区和南浔区。至此，全省市县行政区划调整工作基本完成。在规划管理体制上，为了加强对全省规划协调和管理，省、市、县都建立了规划综合协调机构。2005年，建立了由省长主持的省级规划协调会议制度，加强城乡规划的统一协调和管理，改变以往规划中城乡分割、部门分割的状况，对规划立项、编制、衔接、论证、审批、发布等实行全程管理。在城乡一体的规划体系上，在编制省主体功能区规划的基础上，编制了杭州湾、温台沿海、金衢丽三大产业带发展规划和浙北、沿海、浙中三大城市群发展规划，同时修编了土地利用、基础设施、社会事业、生态环境等一系列专项规划。全省11个市、58个县(市)，都于2008年年底完成了城乡一体的区域总体规划的编制。同时，全省90个县(市、区)都已完成了村庄布局规划①。

第二，加快建立城乡产业统筹发展机制。浙江坚持把工业化、城镇化作为统筹城乡发展的引擎，加快产业集聚，增强城镇带动辐射功能，实现转移农民、减少农民、致富农民。一是以城镇化促进二、三产业发展。加快杭甬温三大中心城市发展，支持嘉兴、绍兴、金华等区域中心城市做大做强，鼓励中小城市和小城镇发展。积极推进乡镇行政区划调整，拓展大中小城市和小城镇发展空间，为二、三产业发展和人口集聚创造了条件。二是提高产业集聚度。加快杭州湾、温台沿海、金衢丽等三大产业带发展，形成各具特色的产业集聚区。特别是加大对开发区、工业园区的培育，提高产业的集中度。三是提升特色块状经济。全省有产值1亿元以上的特色产业区块有500多个，总产值6000多亿，占全省工业总量的50%多。设立乡镇工业功能区，鼓励农村工业集中化发展，全省有400多个乡镇工业功能区，建立技术研发创新共性平台107个。四是推进农业规模经营，全省农业承包地流转面积800余万亩，流转率达到31%。大力培育农业龙头企业，发展农村合作经济组织，目前全省各类农民专业合作经济组织达到1.6万个，农产品行业协会500多家，提高了农业的组织化水平②。

第三、改革城乡管理体制机制，促进城乡统筹发展。一是积极开展户籍管理制度改革。1997年，浙江在全国率先推出购房落户政策。2000年，浙江又在全国率先取消了进城控制指标和"农转非"计划指标，率先建立全省相对统一的户籍改革政策体系。至2003年，全省小城镇户籍管理制度改革全面铺开，户口迁移限制基本取消，大中城市的户口迁移政策明显放宽。宁波在全市范围内率先进行了城乡户籍管理制度一体化改革。义乌、奉化等县级市积极推行"本地人口城市化、外来人口本地化"政策，鼓励城区落户发展。温岭实行了以固定

① 参见《浙江统筹城乡发展之路》，《人民日报海外版》，2010年5月1日，第05版。

② 参见《浙江统筹城乡发展之路》，《人民日报海外版》，2010年5月1日，第05版。

住所和稳定收入等主要生活基础为依据的落户标准政策。二是积极开展就业制度、住房制度、社会保障制度、土地制度等创新和改革，促进人口向城镇集聚。2006 年，浙江提出统筹城乡就业的六大目标任务，即建立城乡统一的劳动力资源管理制度、就业制度和就业促进政策、劳动力市场、就业服务体系、职业技能培训体系、用工管理制度，加快完善各项社会保障制度，妥善解决城乡劳动者的社会保障问题。三是不断创新土地流转制度。义乌为鼓励农村劳动力向城镇转移，向二、三产业转移，把农民进城办厂经商与建立土地流转机制紧密结合起来，在明确所有权、稳定承包权的前提下，鼓励农民把承包地使用权交给集体资产经营公司经营，同时承认和保留农民的收益权，允许继续参与收益分配，解除农民后顾之忧，清除城市化道路上的障碍。东阳横店镇在城镇建设用地问题上，没有采用一次性支付土地征用费的办法，而是探索出由集团公司出面成立土地租赁基金会，由基金会与各村签订长期租赁合同、分期付款的办法。

第四、积极增加农村的投入。浙江加大财政对"三农"和欠发达地区的投入。2009 年，各级财政投入"三农"资金 762 亿元，增长 21.7%。省财政对欠发达地区和海岛县转移支付 252 亿元，增长 14.5%。财政投入主要用来组织实施 10 大工程，即"千村示范、万村整治工程"、"乡村康庄工程"、"万里清水河道工程"、"千库保安工程"、"千万农民饮水工程"、"欠发达地区下山脱贫致富工程"、"百亿帮扶致富"、"欠发达乡镇奔小康"、"百亿生态环境建设工程"、"东海明珠工程"等，加大农村基础设施建设和环境整治力度，不断改善农村生产生活条件。全面完成了 1 千个示范村和 1.7 万个整治村的建设任务。近五年累计解决了农村 1367 万人的饮用水安全问题。等级公路通村率和通村公路硬化率分别运到 99.2% 和 98.1%。全省广播、电视人口覆盖率分别达到 98.9% 和 99.1%，行政村有线电视联网率达到 98%[①]。

第五、积极建立统筹城乡的就业制度。一是开展就业城乡一体化试点。大力促进农民转移就业，推进农民创新创业。取消农村劳动力进城就业的种种限制，在 35 个县开展了就业政策、失业登记、劳动力市场、就业服务和劳动用工管理等"五统一"农民就业试点，推进就业城乡一体化。二是强化农民的就业素质和技能培训。组织实施"千万农村劳动力素质培训"工程，2009 年农村劳动力转移就业技能培训 130 万人，新增转移就业 44.6 万多人。

第六，积极构建覆盖城乡的社会保障制度。建立城乡一体的最低生活保障制度，浙江城乡有 68.74 万名低保对象享受最低生活保障，其中农村 59.35 万人。建立被征地农民养老保障制度，全省有 310 万被征地农民参加保障，已有 118 万名按月领取基本生活保障金。

建立城乡居(农)民养老保障制度，全省 590 万城乡老年居民享受每月不低于 60 元的基础养老金。建立农村新型合作医疗制度，全省共有 3035 万人参加农村新型合作医疗，人均筹资 140 元，参保率为 92%。建立城乡孤寡老人集中供养制度，集中供养率达到 95%。建立贫困学生资助制度，对"低保"家庭子女实行从小学到高中的免费教育。

第七，积极实施扩权强县改革。20 世纪 90 年代以来，浙江在 1992 年、1997 年、2002 年和 2006 年进行了四次强县扩权改革。在总结强县扩权改革经验的基础上，2008 年浙江做出了全面实施扩权强县改革的决策，下放义乌市经济社会管理权限 618 项，下放其他县(市、包括萧山区、余杭区)经济社会管理权限 443 项，已于 2009 年 5 月全部落实到位。这些增强

① 参见《浙江统筹城乡发展之路》，《人民日报海外版》，2010 年 5 月 1 日，第 05 版。

了县级政府对经济社会发展的统筹协调、自主决策和公共服务能力，进一步提升县域经济发展水平；推进扩权强县改革向下延伸，积极开展强镇扩权改革，赋予中心镇部分县级经济社会管理权限，加强公共服务和社会管理能力；使中心镇成为农村产业、人口集聚的平台，统筹城乡发展的战略节点①。

第八，积极开展综合配套改革试点。浙江将嘉兴、义乌两市作为全省统筹城乡综合配套改革试点区。通过试点，嘉兴、义乌率先实现产业发展城乡联动、基础设施城乡配套、公共服务城乡均衡、社会保障城乡覆盖、行政管理城乡一体，将嘉兴、义乌两市建设成为带动作用强、统筹水平高、体制机制活的城乡发展一体化的先行区，为全省提供借鉴。嘉兴市全面推进以土地使用制度改革为核心，包括就业、社会保障、户籍制度、新居民管理、涉农体制、村镇建设、金融体系、公共服务、规划统筹等"十改联动"改革，以"宅基地换城镇住房、承包地换收入保障"为突破口全面推进统筹城乡发展的试点，已在嘉兴市各县全面推进，试点引起了各方面的高度关注。义乌市开展以"两转一保"即转变生产方式、转变生活方式，推进社会保障一体化为改革内容的试点。重点推进工业用地分阶段出让和农村生产生活用房相分离、土地承包经营权流转换社会保障等改革。全市承包地流转率达到51%。此外，浙江在小额贷款公司、农村住宅抵押贷款、村级集体经济组织、农村社区管理体制、农村风险防范机制等方面进行了改革探索②。

第九，积极建立统筹城乡发展水平综合评价制度。根据浙江省委、省政府《统筹城乡发展、推进城乡一体化纲要》，设计了《浙江省城乡统筹发展水平综合评价指标体系及方法》，按照统筹城乡经济发展、社会事业和基础设施、人民生活和社会保障、生态环境等四大领域20项指标，对全省11个市和一级财政体制的60个县（市、区）三个层次进行全面综合评价。2007年底，在全国首次印发了《浙江省2006年城乡统筹发展水平综合评价报告》，比较客观全面地反映了全省各地城乡统筹发展的进程及存在的问题，为各地加快推进统筹城乡发展提供了决策依据，这在全国尚属首创③。

七、率先实施城市化战略

1998年12月22日，张德江在中共浙江省委第十次党代会工作报告中提出把城市化作为新时期浙江一个重要发展战略，浙江也成为中国内地第一个明确提出实施城市化战略的省份④。对于浙江来说，明确提出加快推进城市化，是经济社会发展战略的重大突破，是浙江现代化进程中一个具有里程碑意义的重大进展。1999年10月，《浙江省城镇体系规划》获国务院批准，成为全国第一个经国务院批准实施的省域城镇体系规划。同年，《浙江省城市化发展纲要》发布。2000年，浙江《关于加快推进浙江城市化若干政策的通知》出台了5项有关政策：一是深化户籍管理制度改革，促进人口向城镇集聚，要逐步实行按居住地登记

---

① 参见《浙江统筹城乡发展之路》，《人民日报海外版》，2010年5月1日，第05版。

② 参见《浙江统筹城乡发展之路》，《人民日报海外版》，2010年5月1日，第05版。

③ 参见《浙江统筹城乡发展之路》，《人民日报海外版》，2010年5月1日，第05版。

④ 就全国而言，一直到2000年10月，也就是近两年后，在《中共中央关于制定国民经济和社会发展第十个五年计划的建议》（2000年10月11日中国共产党第十五届中央委员会第五次全体会议通过）中，提出"逐步推进城镇化"；到2002年11月，提出"加快城镇化进程"，参见《全面建设小康社会，开创中国特色社会主义事业新局面——在中国共产党第十六次全国代表大会上的报告》，《十六大以来重要文献选编》（上），中央文献出版社2005年版，第29页。

户口政策，农民在小城镇建成区有合法固定的住所、稳定职业和生活来源的，均可申请转为城镇居民户口；二是改善城镇投资环境，引导产业向城镇集聚；三是优化土地资源利用，形成城镇建设集约用地机制；四是建立多元化投融资机制，拓宽城镇建设筹资渠道；五是适时调整行政区划，完善城镇行政管理体制。浙江各地充分解放思想，积极从当地实际出发，创造出了多种建设城市、经营城市和推进城市化的模式，从根本上加快了浙江的城市化进程。主要有：

一是以市场带动为特征的城市化发展"义乌模式"。义乌的城市化，是由义乌市的中国小商品城推动和产业集聚引起经济发展的"义乌模式"①开始的。义乌市的中国小商品城市场发展引起周围产业集聚，产业集聚先从横向经济联系突破，再向纵向经济联系延伸，进而推动城市在空间上由内而外地圈层式扩张，"以商兴市、以商促工、以商强农、以商富民、以商建城"②，形成城市化发展的"义乌模式"。城市化与产业集聚发展紧密相连，两者互促互进，形成良性循环。首先是老城区集聚效应带动市场与商贸业集聚，然后商业在域区集聚，带动同心圆中心城市形成，再则是中心城市引起产业向外辐射与再集聚，中心镇出现并使得城区进一步膨胀扩大。20 世纪 90 年代后期，义乌市的城市化发展经历了一个爆炸性发展时期，城区人口以年均 5 万人速度增长，全市城市化水平以平均每年 5 个百分点速度递增，至 2001 年底，义乌的城市化水平已经达到 55.2%，高出全省平均水平 3.2 个百分点。随着城区辐射力增强和交通基础设施完善等，义乌模式进入了一个全新发展阶段，呈现出周边乡镇迅速向城区靠拢、城区沿交通干线快速延伸、城区更松散型的扩展等城市发展特征。目前，以义乌等为主的浙中城市群，正在浙江中部快速崛起。

二是以依托产业园区为特征的城市化发展"温岭模式"。温岭模式是通过产业集聚推动城市化发展的典型。温岭市通过兴建摩托车、汽配、机电、鞋服皮塑、水产食品等特色工业园区，促进产业集聚。由于产业园区大多分布在市区或中心镇边缘，形成依托园区发展和建设新城区的"温岭模式"。建设特色工业园区不仅是推动产业结构调整、实现产业集聚的一种重要载体，也是优化空间布局、推动城市化建设的一种重要方式。通过个人、企业、政府三者共同推动和创办专业化市场、特色工业园区和住宅建设实现了城市地域的有效扩张。

三是以县城单极扩张为特征的城市化发展"嘉善模式"。嘉善县城市化发展模式，与其他地方的不同之处在于主要通过外资企业集聚带动的单极式扩张城市地域范围。浙江省改革与发展研究所调研组研究表明，依靠五金机械加工业、木材加工业和家具制造业等外资企业的引入与带动，通过内外资企业相互竞争和不断融合形成纵向产业链集聚发展，形成了区域经济发展与城市化发展一种比较独特的模式，即"嘉善模式"③。由于当时外商投资主要集中在魏塘镇及其周围的嘉善县经济技术开发区域，因此与这种外资引入带动发展产业集聚相适应，与嘉善的历史、自然资源状况、区位条件相适应，形成了以魏塘镇为中心的单极式城市扩张。至 2006 年年底，魏塘镇乡镇行政区域面积达到 122 平方公里、人口 14.2 万人，远远超过 20 世纪 90 年代初与其差不多大小的其他乡镇。

四是以政府与民间互动为特征的城市化发展"台州模式"。台州模式是政府与民间互动

---

① 陆立军、白小虎：《从"鸡毛换糖"到企业集群一再论"义务模式"》，《财贸经济》2000 年第 11 期，第 64—70 页。

② 徐剑锋：《城市化：义乌模式及其启示》，《浙江社会科学》2002 年第 6 期，第 38—42 页。

③ 浙江省改革与发展研究所课题组：《嘉善：引进外资与产业集聚》，《经贸实践》2003 年第 1 期，第 34—36 页。

推进的典型。台州城市化以民营经济为动力、自下而上逐级推进为主要特征，政府与民间积极互动，从而形成了城市化发展的“台州模式”[①]。1994 年，台州被批准撤地建市，市政府迁往椒江，由此政府开始加快推动城市化进程。在政府主导下，台州新城区建设过程中积极利用民营资金，促进要素重组、产业集聚与城市化，较好地推进了台州城区发展。在这一过程中，台州政府积极编制了中心城市规划方案，构架组团式的城市空间形态，促进产业要素集聚和城市功能区建设互动，逐步形成和完善“中心城区—中心镇——般镇”的三级城镇体系建设，使得城镇体系建设与城市组团发展模式结合，有效地带动了城市化建设。

五是以多层次拓展与打造品质之城为特征的城市化发展“杭州模式”。2001 年 3 月，萧山、余杭撤市设区，解决了杭州城市空间狭小这一长期困扰杭州发展的难题。2002 年 4 月，杭州《关于构筑大都市、推进城市化的实施意见》进一步明确杭州大都市的发展，以市区行政区划调整为契机，通过实施“城市东扩、旅游西进，沿江开发、跨江发展”战略，优化生产要素配置，重构城市空间形态，形成以市区为核心、县城为依托、中心镇为基础，资源共享、功能互补、协调发展的市域网络化城市。2007 年 2 月，杭州市第十次党代会第一次会议提出，全力打造共建共享的“生活品质之城”，为杭州这座城市建立了以人为本加快发展的新目标。

八、率先推进生态文明建设

生态文明，是人类遵循人、自然、社会和谐发展这一客观规律而取得的物质与精神成果的总和，是以人与自然、人与人、人与社会和谐共生、良性循环、全面发展、持续繁荣为基本宗旨的更为高级的文明形态。对生态文明建设的重要意义，是人们在经济社会发展的长期实践中逐渐认识、逐步深化的。从改革开放以来浙江发展实践看，浙江较早认识到了生态建设的重要性，较早树立起生态发展的理念并进行了积极探索，鲜明地提出了生态建设的目标要求，有力地采取了推进生态建设的种种举措。浙江长期不懈的实践追求，取得了较好的实效[②]。一是较早树立起生态发展的理念。改革开放以后，伴随着以农村工业化为主导的经济建设热潮的掀起，浙江工业污染问题开始凸显。浙江省委省政府敏锐地认识到了问题的严重性和生态建设的重要性，引导全省上下树立关心生态、重视生态的发展理念。20 世纪 80 年代初，浙江明确提出“环境污染、生态破坏，对当前和长远都是一个严重的祸害”。80 年代中期，浙江又提出“发展经济不能以牺牲环境为代价”。90 年代中后期，浙江提出建设“浙江秀美山川”，要求“加强生态环境建设，发展生态经济。”进入本世纪以来，浙江再次发出“既要金山银山，更要绿水青山”的强音，提出建设“绿色浙江”的发展理念，强调“生态兴则文明兴，生态衰则文明衰”的发展思路。在浙江省委省政府的大力推动与影响下，环境保护与生态文明意识，已在浙江大地深深扎根。二是较早确立了生态发展的战略。浙江一直重视从发展战略决策的高度推进生态文明建设。浙江省“八五”规划纲要中，明确提出了淘汰消耗高、性能差、污染严重的落后产品，把加强资源的综合利用作为技术改造的重点。浙江省“九五”规划纲要中，明确提出坚持经济建设、城乡建设和环境建设“同步规划、同步实施、同步发展”的三同步方针，要求有效遏制自然生态恶化和环境污染。2002 年 6 月，浙江省第十一次

① 史晋川、钱滔：《政府在区域经济发展中的作用——从市场增进论视角对浙江台州的历史考察》，《经济社会体制比较》2004 年第 2 期，第 27—33 页。

② 参见方元龙：《努力探索有浙江特色的生态文明建设之路》，《政策瞭望》2010 年 6 期，第 31—33 页。

党代会提出建设“绿色浙江”的发展战略。同年12月，省委十一届二次全会又做出了建设生态省的战略决策，制定了生态省建设纲要，明确了生态省建设的奋斗目标、重点任务和政策举措。2003年《浙江省生态省建设规划纲要》提出建设以循环经济为核心的生态经济体系。三是积极采取有效举措推进生态建设。针对经济发展的不同阶段、不同特点与不同要求，浙江注重采取有效举措推进生态建设。在20世纪80—90年代，浙江采取强硬措施推进技术更新改造，淘汰消耗高、性能差、污染重的落后产品，关停一批污染严重的生产企业。到2002年末全省限期治理了8264个污染源，依法关停污染严重企业2567家，全省2.2万个工业污染源治理达标率为99.8%。同时，在全省全面推行环境保护目标责任制和城市环境综合整治定量考核制度，从制度安排上为推进生态省建设提供有力保障。2008年下半年虽然受国际金融危机的严重冲击，浙江依然旗帜鲜明地提出环境保护的“硬杠杠”不能宽，节能减排的“紧箍咒”不能松。对选址不符合生态环境功能区划、不符合产业政策等要求的项目实施禁批制度，从源头上控制环境污染和生态破坏。

在长期锲而不舍的生态建设中，浙江人民的努力取得了良好成效。目前全省的森林覆盖率、空气、水质等多项环境指标位居全国前列，经济社会步入可持续发展良性循环轨道，抵御市场风险能力大大增强。更重要地是初步形成了若干有浙江特点的生态建设路径。一是抓住浙江山地众多的特点，率先从绿化美化浙江突破。针对浙江国土70%是山地，一些地方植被破坏与水土流失严重，抵御自然灾害能力下降的实际，早在20世纪80年代，浙江就提出了“五年消灭荒山、十年绿化浙江”的要求，组织动员全省上下大规模开展人工造林、封山育林的绿化美化浙江活动。至1994年，全省实现了消灭荒山目标。从1989年至2009年的20年中，浙江森林覆盖率由42.6%上升到57.4%(按国家统一口径，不计灌木林)，全省有43个市县区获得国家级生态示范区的命名，累计创建国家级环境优美乡镇138个，省级生态乡镇648个，建成省级以上森林公园103个，其中国家级森林公园35个，跃居全国前列。二是针对浙江资源能源短缺的现状，率先培育发展节能环保经济。浙江工业经济发展的资源能源主要依赖于省外、且工业用能占了全部能源消耗75%。对此，浙江一直强调要坚持在节能降耗中加快经济发展。截止2009年底，浙江单位GDP能耗比2005年降低17.3%，相当于少排放二氧化碳7540万吨。浙江万元工业增加值综合能耗为1.11吨标准煤，远低于全国2.05吨的平均水平。同时，浙江一直高度重视生态环保产业发展。自1997年以来，浙江环保产业营业收入年均增长22%，比全国同期高出8个百分点，目前全省环保产业拥有单位1500多家，环保产业收入总额位居全国第二。三是针对浙江经济发展空间狭小的现状，率先推进集约集群发展。浙江人多地少、基本农田保护率高、可供建设用地资源十分有限。在推进工业化城市化进程中，浙江十分重视集聚集约发展，注意引导块状产业园区化集群化发展；通过共同构筑技术创新平台，促进产业集群技术进步、产品升级、产业创新与产业融合；通过共同建设基础设施，加强污染治理和环境保护。目前，浙江超过10亿元产值的312个块状产业中，已有一批通过集中整治实现了结构调整与产业转型升级。如长兴县的蓄电池产业，经过集中调整，产品升级为附加值较高的高档产品，企业数量减少2/3，产值达到103亿元，占据了全国同类产品的半壁江山。四是针对生态建设长期性特点，率先推进治标与治本结合。针对不同阶段、不同地区的一些突出矛盾，浙江采取出重手进行突击整治的同时，较早地抓住了生态建设的突出环节，采取多项综合配套改革措施，注重生态建设的整体协调推进。2004年起，浙江开展了一场历时3年的针对全省8大水系、11个重点区域的"811"环境污染系统整治行动,取得了丰硕的成果。通过全省上下坚持不懈的努力,浙江环境质量得以持续改善,生态环境质量指数进入全国先进行列①。

此外,浙江在率先形成以公有制经济为主体多种所有制经济共同发展新格局、率先推进科技体制改革、率先推进文化体制改革、发展独具特色的社会主义政治文明、加强党的建设等方面都创造了"先行性"与"特色性"经验。

第三节　浙江改革开放"先行性"与"特色性"经验的启示

一、必须坚定不移地贯彻执行党在社会主义初级阶段的基本路线

坚定不移地贯彻执行党在社会主义初级阶段的基本路线,自觉做到"一个中心,两个基本点"的有机统一,是浙江改革开放经验的重要启示。

改革开放前,浙江经济社会发展缓慢,人民生活改善甚微。1950—1978 年,浙江人均 GDP 年均增长 4.3%(其中 1967—1976 年 GDP 年均增长率只有 1.9%)。而十一届三中全会所实现的最根本的路线转变,就是从以阶级斗争为纲,转变到以经济建设为中心,把发展生产力作为社会主义的首要任务。1979—2007 年,浙江人均 GDP 年均增长 12.1%,比 1950—1978 年年均增长率高出 7.8 个百分点。改革开放前 29 年人均 GDP 增长 2.4 倍,而改革开放后 29 年则增长了 26.4 倍。同样是在浙江这片土地上,改革开放前后如此鲜明的差异表明,坚持以经济建设为中心不动摇,坚持发展是硬道理,对于中国包括浙江的命运是何等的至关重要。

浙江经验启示我们,只有坚持以经济建设为中心不动摇,坚持发展是硬道理,才能从根本上解决发展过程中出现的问题。对于人口多、底子薄、生产力和市场化不发达的浙江来说,在发展经济道路上难免面临众多严峻挑战,遇到各种复杂难题。而对于这些挑战和问题,只有坚持以经济建设为中心不动摇,坚持发展是硬道理,才能从根本上解决,除此别无选择。例如,就业压力始终贯穿于浙江改革开放以来的全过程。1950—1978 年,全省共出生人口 2395 万人,相当于 1949 年末人口数的 115%。到 2007 年,全省人口达到 5060 万人,比 1949 年增长 1.4 倍。此外,改革之后还遇到了农村剩余劳动力转移、国有企业减员增效、外省流入人员增加、资本有机构成提高等一系列难题。面对如此严峻的就业形势,不加快发展无异于死路一条。由于 30 多年经济迅速发展,创造了众多的就业机会,才大大缓解了总量性、结构性、机制性、周期性等多重因素叠加所带来的就业压力,而且为解决外省就业问题作出了贡献。又如,收入差距扩大是改革之后出现的新问题。浙江全省城乡居民的基尼系数,分别由 1981 年的 0.14 和 0.19,上升到 2007 年的 0.33 和 0.35。由于城乡居民之间收入差距也在扩大,估计目前全省居民总体基尼系数在 0.4 以上。缩小居民收入差距问题,尽管有多种手段和措施,但归根结底要靠发展经济才能实现。国际经验也表明,在国民收入的大饼增大以前,通过收入再分配固然能缓和社会矛盾,但这只是救急的绷带而不是彻底解决问题的良药。只有当一个国家或地区经济发展水平和劳动生产率较高、政府得以支配较多的剩余产品用于转移支付,基尼系数才会出现下降的趋势。因此,大力发展经济是提高全体居民

① 参见方元龙:《努力探索有浙江特色的生态文明建设之路》,《政策瞭望》2010 年 6 期,第 31—33 页。

收入、缓和乃至缩小收入差距的主要途径。

浙江经验启示我们，只有坚持以经济建设为中心不动摇，坚持发展是硬道理，才能抓住机遇，加快发展。一个国家和地区的发展，一般会经历若干个形势有利、环境适宜、条件具备的阶段，这实际上就是一种机遇期。抓住机遇，发挥优势，奋发图强，就能够乘势而上，加快发展；反之，机遇来临而不觉，面对机遇而不为，就会延缓发展，造成落后。浙江经济之所以发展这么快，就是抓住机遇的结果。例如，在改革初期，浙江抓住当时一般日用工业品短缺，市场需求十分旺盛，而人们对产品质量和档次要求不是太高的机遇，利用浙江小企业多、地方企业多、轻工企业多，易于各种生产要素重组的优势，利用浙江邻近上海，易于接受其人才、技术、信息、管理、设备扩散和转移的条件，大力发展劳动密集型产业，在全国脱颖而出，获得了“先发性利益”。80 年代中后期以后，浙江抓住了世界上发达国家制造业转移的机遇，利用浙江在纺织、服装、皮革、轻工等方面有一定加工基础和劳动力成本低的比较优势，大力发展外向型经济，挤占一些国家和地区的轻纺产品市场，使浙江能够利用国际国内两个市场、两种资源，拓展了自己的发展空间。90 年代中期之后，浙江抓住国际国内产业分工重新调整的机遇，利用大批民营企业处于规模扩张的成长期和专业化工业园区建设时机，浙江对原有产业结构、地区结构和产品结构进行重大调整和全面升级换代，特别是通过大规模的技术改造，使一些传统制造业的装备水平居全国甚至世界先进行列，从而提高市场占有率和竞争力。

浙江经验启示我们，只有坚持以经济建设为中心不动摇，才能为进一步解决其他矛盾创造条件。当前，随着改革开放的不断深入，一方面，经过数十年努力，我国的经济发展成就空前，经济实力大增；另一方面，在发展过程中又遇到了许多深层次的问题和矛盾，既有长期存在以至不断积累加剧起来的，又有在新的发展阶段上产生出来的。近年来围绕还要不要坚持“以经济建设为中心”，社会上出现了不少争议。有的认为，把经济建设确立为中心任务，就忽视了其他方面的重要任务，如政治建设、文化建设、社会建设等等；有的认为以经济建设为中心是“物本”思想，忽视了以人为本和民生建设的重要性，今后国家发展中心应转向社会建设，这样才能经济社会和谐发展；还有的认为正是经济建设为中心导致了片面追求经济增长和 GDP 增幅，从而产生严重地恶果。这些认识都是片面的。“以经济建设为中心”，是我党确定的关于国家发展方向的重大战略，是社会主义初级阶段我党基本路线的重要内容。邓小平同志一再告诫全党：以经济建设为中心的基本路线要坚持一百年，动摇不得。胡锦涛总书记在纪念建党 90 周年大会上的讲话中指出：“以经济建设为中心是兴国之要，是我们党、我们国家兴旺发达、长治久安的根本要求”。首先，这是由中国的基本国情、社会主要矛盾和国际地位的现状决定的。多年来，尽管我国的经济发展成就显著，中国仍处于并将长期处于社会主义初级阶段的基本国情没有变，人民日益增长的物质文化需要同落后的社会生产之间的矛盾这一社会主要矛盾没有变。我国是世界上最大的发展中国家的国际地位没有变。其次，这是由我国现代化目标与任务决定的。中国的现代化正处于关键时期，在经历了诸多曲折，付出了沉重代价以后，以经济建设为中心的发展路线才得以确立，我国终于开辟出一条全新的、正确的现代化道路。第三，坚持以经济建设为中心也是由社会主义的本质要求决定的。社会主义的本质要求是解放生产力、发展生产力。发展仍然是我们党执政兴国的第一要务，是解决中国所有问题的关键和基础，经济建设这个中心也因此动摇不得。我们必须始终通过牢牢抓好经济建设这个中心来实现生产力不断解放和发展。也只有经济发展了，主要矛盾得到有效解决了，才能为进一步解决其他矛盾创造条件。

浙江经验启示我们，一定要正确把握“一个中心”与“两个基本点”之间的关系。首先，坚持四项基本原则和坚持改革开放，必须以经济建设为中心。以经济建设为中心，就是要保证党和国家的工作重点始终放在社会主义现代化建设上，大力发展社会生产力，增强社会主义国家的综合国力，不断提高人民的生活水平。只有坚持以经济建设为中心，“两个基本点”才有坚实的基础和正确的方向。要是不以经济建设为中心，没有经济的迅速发展，社会主义就有丧失物质基础的危险，四项基本原则就会被动摇。同样，如果不是以经济建设为中心，改革开放就没有目的。其次，坚持以经济建设为中心，必须坚持四项基本原则和改革开放。因为“两个基本点”都是为了更好地解放和发展生产力，保证和促进社会主义现代化事业的成功。以经济建设为中心，必须坚持四项基本原则。四项基本原则正确地回答和解决了经济建设的方向和国家繁荣富强的一系列根本问题，是实现社会主义现代化的根本保证。以经济建设为中心，必须坚持改革开放。只有坚持改革开放，才能实现以经济建设为中心的目的。

浙江经验启示我们，一定要正确把握“两个基本点”之间的关系。坚持四项基本原则与坚持改革开放，这两个基本点是相互依存的。既要坚持立国之本，又要走好强国之路。第一，改革开放不能离开四项基本原则。邓小平反复强调，我们的改革开放，是在坚持四项基本原则的前提下的改革开放。这是由我国的根本经济制度和政治制度所决定的。只有坚持四项基本原则，才能使改革开放沿着社会主义方向顺利地进行，促进生产力的发展，取得预期的效果。第二，四项基本原则也离不开改革开放。四项基本原则的内容不是主观的、僵化的、凝滞的教条，而是具有实践的、改革的、开放的属性。四项基本原则需要在改革开放的实践中不断丰富完善和发展。在新的历史条件下，真正坚持四项基本原则，必须在改革开放的实践中不断赋予四项基本原则以新的内容新的活力。总之，在党的基本路线中，“两个基本点”是统一的、一致的。它们统一于建设和发展中国特色社会主义的实践，服务于经济建设这个中心。两个基本点相辅相成，互相结合，缺一不可，密不可分。

二、必须正确处理改革、发展、稳定的关系

改革是一场深刻地经济社会变革，是方生未死之间的新旧潮流的冲突激荡，是经济社会关系和利益格局的重大调整。因此，必须始终正确把握和处理好改革、发展、稳定的关系。就改革与发展的关系来说，发展是硬道理，解决中国所有问题的关键要靠自己的发展。也只有通过经济的较快发展，才能为改革的顺利推进创造一定的条件。改革开放 30 多年来，许多时候，浙江经济发展速度较快，不存在使有些地方政府和老百姓经常焦虑的失业、停产等相当严重地困难，人们思考更多的是怎样通过加快改革使发展更好一些。而市场化改革的先行推进，为浙江人提供了施展才能的舞台，成为经济快速发展的重要源泉。浙江正确处理改革与发展关系的另一个重要启示是，经济发展“欲速而不达”。必须摒弃急于求成、急功近利的倾向，创造相对宽松的经济环境，以便重大改革措施能够从容出台和实施。另一方面，在经济发展比较顺利、各方面日子比较好过的情况下，不能放松甚至忘记了改革。诚如吴敬琏先生所说的，“改革仍需过大关”[①]。只有经济发展和经济改革转入互相支持、互相促进的

① 宁南：《吴敬琏：改革仍需过大关》，《商务周刊》2008 年第 5 期，第 29—34 页。

良性循环，才能缔造经济的长期繁荣。

就改革与稳定的关系来看，经济体制改革涉及千家万户，关系到广大人民群众的切身利益。因此，在改革中努力保持社会稳定至关重要。就浙江改革 30 多年的经验看，至少有以下几点：一是要把改革的力度与社会可承受的程度协调统一起来。比如价格改革的推进，充分考虑了群众的经济承受力和心理承受力，在提高农副产品价格的同时，为了不影响城镇居民生活水平，适当给城镇职工以价格补贴。正是由于重视群众的切身利益并采取适当措施予以保障，才使价格改革得以顺利推进。二是改革必须坚持从实际出发，先易后难，由浅入深，循序渐进，避免发生大的社会震荡。浙江无论是推行农业生产联产承包责任制，还是发展多种所有制经济，都遇到了人们认识不一致、各地推进速度不同、触及一些人包括地方政府利益等问题，但由于采取由浅入深、循序渐进的策略，比如，从发展乡镇集体经济，到发展股份合作经济，再到发展私营个体经济和混合所有制经济，通过改革取得的实际效果，争取更多群众的理解、支持和参与，因而社会也较稳定。三是统筹协调，让全体人民共享改革与发展的成果。市场经济是一个利益多元化的共同体。经济改革涉及这个共同体中各个利益群体的利益。在改革的过程中，不应当用一个社会群体的利益剥夺和压制另一个社会群体的利益，而应当让各种合法的利益诉求都能得到充分的表达，特别是弱势群体的利益能够得到一定的尊重和保护，这才是通向各个利益群体互补共赢和社会和谐的坦途。近几年来，在科学发展观的指导下，浙江在兼顾好各个方面的利益、加强对弱势群体的扶助、促进整个社会和谐等方面做了大量工作，取得了初步效果，维护了社会稳定。

三、必须把尊重人民群众首创精神同加强和改善党的领导结合起来

马克思主义认为，人民群众不仅是社会物质财富和精神财富的创造者，而且是社会变革的决定力量，人民群众是社会实践的主体、历史的主人，是推动社会发展的根本动力。正如列宁曾指出的“生机勃勃的创造性的社会主义是由人民群众自己创立的”①，社会主义革命和建设是千百万群众参加的实践活动。邓小平同志也指出：“马克思主义向来认为，归根结底地说来，历史是人民群众创造的”②。人民群众的创造力是无穷无尽的。社会主义革命和建设的伟大历史任务，都要依靠人民群众的智慧和力量来完成。在全国人民中，共产党员始终只占少数。我们党提出的各项重大任务，没有一项不是依靠广大人民的艰苦努力才能完成的。党只有密切联系群众，依靠群众，才能生存，才能发展，也才能有所作为。因此，我党一向重视人民群众在实践中的决定性作用，而不夸大或高估领导干部的作用。事业是多数人做的，少数人的作用是有限的。应该充分承认干部的领导作用，但起决定性作用的还是群众。所谓领导作用，就是组织和依靠群众办事的作用，没有什么离开群众的领导作用。从全国来看，现代化建设的许多好办法来自人民群众的首创。邓小平同志十分重视和尊重人民群众的首创精神。他多次指出，联产承包、乡镇企业都是农民的创造。改革开放中许许多多的东西，都是群众在实践中提出来的。一个人，几个人，干不出这么大的事情，是群众的智慧，集体的智慧。我的功劳是把这些新事物概括起来，加以提倡③。中国改革开放 30 多年

---

① 《列宁全集》第 26 卷，人民出版社 1985 年版，第 269 页

② 《邓小平文选》第 1 卷，人民出版社 1994 年版，第 217 页。

③ 冷溶，汪作玲：《邓小平年谱下（1981—1997）》，中央文献出版社 2007 年版，第 1350 页。

的历史充分证明了这样一个真理：改革作为一项前无古人的伟大事业，没有现成的模式可照搬照抄，也不能靠事先设计好再自上而下贯彻，必须真心实意地依靠广大人民群众的实践和创造。浙江改革开放30多年的历史进程，实际上是在党的领导和十一届三中全会路线指引下的广大浙江人民伟大实践的过程。浙江省委省政府在改革开放实践中尊重人民群众首创精神，采取“保护、扶持、规范、引导、提升”等措施，稳步推进各项改革①。

1. 保护

浙江人民在改革开放实践中大胆探索，敢闯敢冒，率先进行市场取向改革、发展商品经济、乡镇企业异军突起、创办专业市场、发展个私经济、推行股份合作制等，这一系列开全国先河的创举，都是基层干部群众在实践中创造出来的。浙江对人民群众实践探索的热情、干劲始终抱着保护态度，以充分调动和发挥基层干部群众的积极性。如起步早和比较发达的乡镇企业是浙江经济的一大特点和优势。但在浙江兴办乡镇企业之初，却遇到不少议论：有人认为它不择手段与国有企业抢原料、抢人才、争地盘，是在挖社会主义国有经济的墙脚；有人认为这是败坏了社会风气，是不正之风的风源；有人认为乡镇企业技术落后，原料、能源浪费，不少项目还污染环境等等。但浙江认识到乡镇企业发展过程中虽存在一些问题甚至风险，但却有无比的生命力和优越性。因为乡镇企业是农民集资或贷款办起来的，没有国家投资，因而也不受国家计划的限制，没有条条框框的束缚；乡镇企业按市场需求组织生产，一开始就参与市场活动，在市场中求生存、求发展；乡镇企业最大的功绩是接纳了农村大量的剩余劳动力，大幅度提高了农民收入，扩展了国内市场的容量。因此，浙江悉心保护并热情支持农民兴办乡镇企业。随着乡镇企业异军突起，城乡商品生产和商品流通日益活跃，富有浙江经济发展特色的专业市场逐步形成和发展起来。到80年代中期，已形成“小商品，大市场”的发展格局。再如，浙江积极保护群众创办专业市场的愿望和积极性。从1986年9月下发《关于发展山区商品生产若干经济政策规定的通知》起，到1991年10月《浙江省商品交易市场管理条例》，浙江颁布了一系列旨在健康发展专业市场的文件。可以说，浙江专业市场的兴起和繁荣体现了市场行为和政府行为的有机结合，既是浙江人民群众积极发展商品流通的创造，又是浙江精心爱护、培育和建设的结果。再如，浙江个私经济发展比较早、比较快，所占比重比较大，成为促进经济快速发展的一支重要生力军，这也与浙江对个体私营经济实行保护、鼓励、引导、管理的方针政策是分不开的。1981年7月浙江发出《关于发展农村多种经营若干问题的通知》起，一系列文件充分表达了浙江对放手发展个体私营经济的重视。此外，浙江还积极支持各地进行股份合作制和股份制的探索。早在80年代中期，温州就出现了股份合作制企业，成为全国最早发展股份合作制经济的地区。1987年11月，温州《关于农村股份合作企业若干问题的暂行规定》，是国内有关股份合作制企业最早的地方性文件。1988年10月，浙江省召开全省股份制试点工作会议，有21家大中型企业被列为试点重点，有力地推动了全省股份制探索。1992年5月，浙江成立股份制试点工作协调小组，开始有组织、有规范地进行股份制试点。

由此可见，浙江对改革开放中出现的一系列新生事物，诸如兴办乡镇企业、开拓专业市场、发展个体私营经济、推行股份合作制等，始终坚持保护的态度，致力于为改革开放创造一个稳定宽松的政策环境，充分保护、调动浙江人民发展社会生产力的积极性。尽管在改革之

---

① 万斌：《浙江改革开放20年的理性思考》，浙江人民出版社2001年版，第25—31页。

初甚至在改革已经开展多年后，仍会有许多不明确或一时看不准的问题，但浙江坚持应当允许试，允许看，在实践中逐步统一认识。实践检验是正确的就坚持，不足的就完善，错误的就及时纠正。应该说，这是对待改革开放中出现的新生事物的正确态度。

2. 扶持

改革开放以来，在乡镇企业发展的不同阶段，浙江省委、省政府都有针对性地作出了积极扶持、鼓励发展的决策。早在1979年1月的浙江省委六届二次全会扩大会议和1980年3月全省农业工作会议上，浙江就做出了大力发展社队企业，尽快使农民富起来的决策。80年代中后期，浙江省委、省政府着力于推动乡镇企业大发展。从1984年8月省政府印发《关于加快发展乡镇企业的若干规定》起，到1997年召开全省乡镇企业工作会议，出台《关于进一步促进乡镇企业改革、发展和提高的若干政策意见》，10多年里共下发了近10个关于发展乡镇企业的文件，为乡镇企业的兴旺发达创造了一个良好的政策环境。为了扶持乡镇企业的发展，浙江相继采取了一系列重要措施，如在税收上实行优惠，允许乡镇企业的产品价格有一定的浮动幅度，在银行贷款、支农资金上给予照顾等，并积极采取四个轮子一起转（乡办、村办、联办、户办一起上）的方针。尤其是进入90年代以后，浙江的乡镇企业进入由大发展到大提高的二次创业时期，浙江省委、省政府更是关心扶持乡镇企业的发展，使浙江的乡镇企业如雨后春笋般在全省各地发展起来。使乡镇企业从无到有，从小到大，从大到特，从不完善到较完善，在市场经济浪潮中顽强地拼搏与成长。1984年全省乡镇企业已吸收了农村36.6%的劳动力，在全省工业年产值中已是三分天下有其一，为改善和提高农民生活水平，改变农村落后面貌作出了突出贡献。

在发展个私经济方面，浙江省委、省政府也十分重视，积极扶持，适时提出在不同地区、不同产业不简单“死扣”公有制经济比例，采取了一系列鼓励支持和引导管理的政策措施，使个私经济成为浙江省一个重要的新的经济增长点和社会主义市场经济的一个重要组成部分。特别是温州等地经济格局的形成和发展，对浙江所有制结构的调整和完善，对促进经济欠发达地区的经济社会较快地发展，产生了积极的影响。

3. 规范

任何事物都是一分为二的，改革中出现的新生事物一开始也不可能是完美无缺的，而是不可避免地存在这样或那样的问题。因此，尊重人民群众的首创精神，必须认真研究处理改革探索中出现的新情况、新问题，在坚持改革不动摇的同时，面对问题不护短，及时规范和管理。

浙江乡镇企业的迅猛发展，已成为农村商品经济繁荣的一个显著标志。但是，在计划经济向商品经济转变过程中发展起来的乡镇企业，本身也存在一些带有普遍性的问题。一是企业规模小、设备老化、产品技术含量低，经济效益不够理想；二是随着乡镇企业“遍地开花”，市场竞争日益激烈，尤其在国家采取紧缩的宏观经济调控政策以后，完全依靠市场进行生产经营的乡镇企业就在原辅材料的采购上面临相当的难度，并暴露出自我积累能力比较薄弱、市场应变能力比较差等问题；三是受传统计划经济运作模式的影响，乡镇企业机制开始退化，突出表现为政企不分、产权界限不清、随意调动企业资产、搞乱摊派等不尊重乡镇企业的自主权问题，在企业内部出现重吃“大锅饭”、搞平均主义的现象，影响了职工的生产积极性；四是人才紧缺，职工的文化、技术素质普遍较低，严重地制约了乡镇企业在更高层次、更广阔市场里的进一步发展。针对乡镇企业中存在的普遍性问题，浙江结合实际情况采取规范和管理措施，把完善承包经营责任制作为增强乡镇企业活力的重要环节抓紧抓实；鼓励乡镇企业打破区域和所有制界限，积极开展与强、优企业的横向联合，促使乡镇企业上规模、上档次；鼓励乡镇企业以科技进步和科学管理作为提高经济效益的根本手段，通过技术改革、加快产品结构和产业结构的调整，增强企业的市场开拓能力；鼓励乡镇企业通过加强对职工的文化、技术培训为企业增强发展后劲；鼓励乡镇企业积极推行联产计酬的分配形式，以激发职工的生产积极性。这一系列对乡镇企业规范和管理措施取得了良好的效果。

浙江在大力发展个私经济进程中也出现过不少问题。个体经济在发展中出现的问题，主要是偷税漏税、违法经营、假冒伪劣、抬高物价、坑害群众等，有的还破坏资源，污染环境。私营经济在发展中出现的主要问题是管理混乱、技术落后、产品档次低质量差、过度剥削和雇工合法权益得不到保障、违法经营和偷税漏税、挂假牌子和假公真私，等等。针对个私经济发展中的这些问题，浙江坚持教育为本，着力提高个私经济业主的整体素质。多年来，浙江省各级个协、私协充分发挥“自我教育、自我服务、自我管理”职能，坚持以人为本方针，从提高会员政治素质和职业道德水平入手，提高个私经济队伍的整体素质。同时，全省各级工商行政管理机关始终坚持两手抓，一手抓发展，一手抓管理，发展与管理并重，充分运用法律、经济、行政等手段，加强对个体工商户、私营企业经营行为的规范管理。

4. 引导

浙江尊重人民群众在实践中的首创精神，不仅表现在对改革中出现的新生事物的保护、扶持、规范方面，而且表现在引导上。浙江既全面依靠和调动群众的积极性创造性，又教育和引导他们前进。依靠的同时还要加以引导，引导是为了更好地依靠。尊重、相信和依靠群众，不是群众说怎么办就怎么办，不能当群众的“尾巴”。群众中有先进、中间和后进之分，对群众的意见要具体分析，要放到全局上来衡量，引导群众顾大局、识大体，启发和提高群众的觉悟，使他们不断充实和升华精神境界。

在发展乡镇企业问题上，浙江认真贯彻“积极扶持、合理规划、正确引导、加强管理”的总方针。通过正确引导，促进乡镇企业“三创”即创优、创新、创汇，“四上”即上水平、上质量、上管理、上等级。1998 年，乡镇企业在浙江工业总产值中“五分天下有其四”，主要经济指标居全国第一位。

在发展个私经济问题上，浙江充分认识到，只要生产力落后，生产发展不平衡，存在大量劳动力需要就业，个私经济就有存在发展的土壤和空间。因此，浙江在改革开放过程中，把发展个私经济作为活力较强的增长点来抓，始终坚持长期稳定的发展政策。目前，在全省工业总产值中，个私经济已是“三分天下有其一”。

在发展专业市场问题上，浙江努力发挥其市场优势，引导专业市场上规模、上水平，通过办好市场，搞活流通，带动当地经济发展和人民生活水平的提高。1990 年代以来，浙江市场向多门类、外向型、股份制发展，市场组织者和经营者向多元化发展，市场规模和设施向大型化、现代化方向发展。一手抓生产、一手抓流通，培育和建设市场已成为一种政府行为。浙江各地把市场建设与发展乡镇企业、私营企业、家庭工业、建设工业小区、发展优质高产高效农业、加快农村城镇化结合起来，坚持走市场引导生产、生产促进流通、贸工农一体化的发展道路，依靠本地资源，围绕市场需求，形成了以市场为中心的加工工业和第三产业群，构造了“一方一品”、“一村一品”的浙江特色。

5. 提升

浙江创造性地把人民群众丰富的实践经验加以总结完善和概括，上升到理性和政策的高度并用以指导群众实践。如早在1980年代中后期，一些经济发达地区出现了土地使用权流转和粮田适度规模经营的情况，浙江领导多次调查研究，进行指导和总结，然后在条件成熟地区逐步加以推广。这样的事例在浙江改革开放30多年中有许许多多。事实上，在发展个私经济、发展股份合作制、培育商品市场和要素市场、创建龙港农民城、义乌用土地有偿使用办法筹集城市建设资金、校办企业娃哈哈食品厂兼并国有企业杭州罐头食品厂、凤凰股票异地上市、金华推行的政务公开制度，以及在国内率先对社会主义市场经济条件下的精神文明建设问题进行理论研究和战略规划等等，都是浙江从人民群众实践中提升和总结出的、走在全国前面的新鲜经验。

四、必须始终坚持社会主义市场经济体制的改革方向

中国坚持改革开放，成功实现从高度集中的计划经济体制到充满活力的社会主义市场经济体制、从封闭半封闭到全方位开放的转折，无疑是20世纪世界最重要的历史事件之一。改革开放前，我们建立了高度集中的计划经济体制，把市场当做万恶之源，对市场力量进行围追堵截，欲除之而后快，以为这样可以换取一个幸福、富强的社会，但结果是国民经济到了崩溃的边缘。倒是引入了市场机制之后，物质产品空前丰富，创造出了来自竞争的繁荣和富足。总体而言，在中国市场化改革进程中，浙江始终走在全国前列。改革初期，浙江利用国有经济比重较低(1978年，非国有经济增加值占GDP的61.4%，其中工业增加值中非国有经济比重占36.2%，分别比全国平均水平高出约5和16个百分点)、指令性计划范围窄、计划体制影响弱、市场经济意识强的特点，积极发展市场因素，引入竞争机制，率先从多方面突破计划经济体制的束缚，成为当时商品货币关系最活跃的省份。1984年，浙江工业总产值中，非国有工业比重已经达到56.0%，1987年，这一比重进一步上升到66.8%，比全国非国有工业比重高出26.5个百分点。就是说，在全国国有经济仍占统治地位的时候，浙江非国有工业已是三分天下有其二。进入1990年代之后，当许多地方还在为姓"资"姓"社"而争论、为双重体制摩擦冲突而苦恼的时候，浙江又在全国率先进行了大规模的产权制度改革，大力发展个私经济，较早建立了产权明晰的微观企业制度。1995年，浙江私营工业总产值占到全国的23.8%，个体工业总产值占全国的17.8%。1990年代后期以来，当全国各地竞相学习和效仿"浙江模式"的时候，浙江又先行了。无论是产权多元化的混合所有制经济发展、家族企业的转型、专业市场从硬件完善到功能拓展和业态提升，还是政府职能的转变和管理创新，以及社会保障制度建设的率先推行，所有这些市场体制的演进和完善，浙江仍然保持着体制机制的"落差"优势。据有关机构测算，2000—2005年，浙江市场化水平连续6年均居全国各省市区的第1位。

浙江市场化改革先行，主要依靠分散而又活跃的民间力量的自我发动和创新，并非如广东、上海等地来自上级"授权"或外部推力作用的结果，当然更不是少数精英人物"策划"的结果。"义利并重"、"工商皆本"、"以利和义"的工商文化传统，历史上相对发达的民族工业和星罗棋布的集镇贸易，遍布世界各地的浙商侨民和国内走南闯北的谋生经历，都使得浙江人具有市场经济的文化底蕴、知识传承和接受能力。改革开放之后，随着政策的松动和转变，发展致富的内在要求转化成浙江人民体制创新的巨大动力。于是，产权明晰的私营企业、分

工精细的家庭制作、特色鲜明的股份合作制经济、高度专业化的商品市场、集资兴建的“第一座农民城”、辐射全球的义乌小商品基地，这些构成今天浙江引以为豪的素材，在中国体制改革中创造了无数全国第一。正是千百万浙江人在体制改革中点点滴滴的创造、心领神会地适应，使得浙江模式非常类似于市场经济发达国家早期的模式，具有极为明显的内生性和原发性特征，在产权制度和市场制度的建立方面具有极强的自组织性质，不仅具有极强的生命力，而且呈现出一种有机演化的秩序性。

五、必须坚持从实际出发，充分发挥地方独特的比较优势

改革开放以来，浙江从实际出发，创造性地贯彻落实党中央的战略思想、方针政策和决策部署，因地制宜，扬长避短，充分发挥地域独特的比较优势，走出了一条既符合工业化、现代化一般规律，又适合浙江地方特色的经济发展之路。

改革开放初期，浙江在国家投资和国有企业都很少的情况下，在邻近大中城市的地区，依靠各种协作关系大力发展集体企业；在工业基础薄弱、交通不便的地区则支持农民发展个私经济并引导他们走联合之路。浙江提出要大胆破除经济工作中的“唯成分论”，“多轮驱动，多路并进”，实现乡（镇）村办集体企业、联户企业和农民家庭工业共同发展。浙江从计划体制外搞农村工业化的实际需要出发，首先抓流通领域改革和发展，以市场化支撑工业化，推动城镇化，并在此基础上发展块状特色经济，形成了“小商品、大市场，小企业、大集群，小城镇、大发展”的充满生机活力、具有强大竞争力的浙江模式。浙江从省域面积小、大城市少的实际出发，坚持省管县的财政体制，扩大县级政府的管理权，大力发展县域经济，同时，各市县在发展战略和改革开放的具体做法上，既相互学习借鉴，又坚持因地制宜、各具特色，呈现出百花齐放、争奇斗艳的局面。

浙江坚持一切从实际出发，突出地体现在对一些改革中曾经引起争议的问题的处理上。在建立社会主义市场经济体制的改革目标模式和非公有制经济是我国社会主义市场经济的重要组成部分的地位确定之前，全国在一些重大理论和政策问题上还存在着不同认识，旧体制旧观念造成的阻力很大。在这样的情况下，浙江采取“老百姓愿意干的不阻挡，老百姓不愿干的不强迫”的包容态度，不争论、不压制、不扼杀，冷静观察，不轻易做结论。这样做正是尊重广大人民群众的自愿选择和首创精神，减少盲目的引导，使生产力的决定作用和经济发展的自身规律充分显示出来。它为前无古人的探索创造了宽松的环境，用事实来教育人，靠实践来统一思想，避免了因为认识不足而扼杀新生事物。许多探索结果使人民群众迅速脱贫致富，地方经济迅速发展，政府财力迅速增加。这种多赢局面形成强烈的示范效应和扩散效应，浙江又审时度势予以肯定鼓励、大力提倡和推广，并通过总结加以提升，使之成为政策和地方性法规。如果实践结果不符合“三个有利于”标准，就及时叫停。即使探索中出现问题，也不一棍子打死，而是具体分析，区别对待，该打击的打击，该保护的保护，“不把孩子和脏水一起泼掉”。浙江普遍坚持先放开后引导，先搞活后规范，先发展后提高，不求全责备，不因噎废食，让新生事物在实践中逐步完善，通过发展解决发展中出现的问题，通过改革解决改革中出现的问题。浙江把它总结为“允许试、允许闯、甚至允许犯错误，不争论、不攀比、不张扬、不气馁、不动摇，坚定、清醒、有作为”的领导方法和工作方针，鼓励各地因地制宜，发展各具优势的特色经济。这正是对邓小平倡导的“摸着石头过河”的探索方法的自觉运用。

从改革发端的初始条件看，浙江工业基础薄弱、国家投资少、财政上缴多、人多地少，农

村剩余劳动力转移任务特别繁重。从这些基本省情出发，浙江抓住农村改革全面展开的有利时机，发挥浙江人聪明勤劳、善于捕捉市场机会，小企业多、易于生产要素组合，浙东北农村集体经济有一定基础，浙中南部外出务工经商人员较多，便于进行原始积累等优势，从农村工业化起步，迅速拓展省内外市场，在全国脱颖而出。到 1988 年，农村工业在浙江工业总产值的比重由 1978 年的 16.0%上升到 45.8%，轻工业占工业总产值的比重也由 60.6%进一步上升到 62.5%。发展劳动密集型产业，也是当时浙江的自然选择。发展资本密集型或技术密集型产业，固然能够提高浙江经济发展的起点，但它不能迅速吸收大量存在的农村剩余劳动力和城镇待业青年，而且浙江也缺乏发展这些产业需要的资金和技术。更主要的还在于，这种技术、产业选择与浙江比较优势将产生矛盾。所以，浙江选择劳动密集型产业无疑是明智的，它为下阶段经济的进一步发展打下了基础。在经济总量达到相当规模、轻型加工业比较优势基本确立、国内市场竞争逐渐加剧之后，适逢国际产业转移和中央提出“国际大循环”战略，浙江作为原料供应和产品市场“两头在外”的省份，发展立足点究竟放在“内向”还是“外向”，这不只是单纯的对外经济发展战略的转变，而且关系到浙江经济在全国和国际上的竞争力问题。而随着外向型经济和开放型经济的发展，以及经济发展阶段和国际形势的变化，必然要求对原有的产业结构、产品结构和技术结构进行重大调整和全面升级，即从附加值低的劳动密集型加工业逐渐向附加值高的加工业转变，从单纯的侧重加工环节向延伸产业链、重视研发设计和产品营销转变，从主要依靠工业带动向依靠第一、二、三产业协同带动转变。这些都是目前浙江经济转型升级所面临的重大课题。

在探索符合自身特点的发展道路过程中，浙江许多地方都有自己的创造性，从而使全省经济发展呈现出多样化和相互借鉴的生动局面。一些学者把特色鲜明的浙江各地做法概括为“五小五大”：即“小企业、大集群”，“小商品、大市场”，“小资源、大经营”，“小资本、大经济”，“小摊户、大网络”[①]。比如，在工业化过程中，各地根据产业发展的历史传统、资源禀赋、人力资本和市场需求，遵循产业集聚理论，适应市场需求变化，培育出一大批将支柱产业、专业市场和城镇建设有机结合、相互促进的区域特色经济和小企业群落。义乌的日用小商品、绍兴的纺纱面料、海宁的皮革制品、永康的小五金、嵊州的领带、诸暨的袜业、温州的打火机等。这种一乡一品、一县一业、各具特色的“块状经济”，具有极强的扩散效应，它在挖掘人人想创业的潜能、细化专业分工、共享外部经济、树立区域品牌、推动地区经济发展方面有着十分重要的作用。

六、必须把提高效率与促进社会公平结合起来

改革开放前的近 30 年里，由于实行平均主义的“大锅饭”，使得人浮于事、偷懒盛行、效率低下，最终难以摆脱共同贫困的局面。尽管到 1970 年代末浙江城乡居民的基尼系数分别只有 0.13 和 0.18 左右，但直到 1978 年，城镇居民人均可支配收入和农村居民人均纯收入分别仅为 332 和 165 元，大多数人的温饱问题尚未解决。这一事实证明，以效率求平等，则平等存；以平等求平等，则效率和平等俱亡。而 30 多年改革开放的过程，就是引入市场竞争的过程，追求和提高效率，是市场竞争的必然选择。当在效率和平等存在矛盾并需要做出抉择时，我们遵循了“效率优先，兼顾公平”的原则。随着这一原则的贯彻实施，一方面激发了

---

① 王杰：《浙江模式的有益启示》，《浙江经济》2008 年第 24 期，第 22—25 页。

人们追求效率的积极性和创造性，换来了经济的快速增长和空前繁荣；另一方面，也使得收入分配差距不断扩大，社会不稳定因素逐渐突出。

社会主义的要义是公平正义。社会主义市场经济，实质上就是以追求公平正义和实现共同富裕为目标的市场经济。事实上，在改革的进程中，我们在提高效率和增进公平两方面都有很大的潜力，并没有进入提高效率非要扩大收入差距或者增进公平必然降低效率的绝对替代状态。相反，行业垄断、以权谋私、权钱交易、机会不均等、充斥政府文件中的“扶大扶强扶优”措施、花样百出的“重奖企业家”活动等等，所有这些既降低了经济效率，又损害了社会公平。因此，必须高度重视社会公平正义问题，在经济效率与社会公平中寻求合理平衡。要着力建立和营造机会平等、公平竞争的规则、秩序和环境。必须看到，在现行条件下，由于各方经济利益的博弈关系，一般的政治要求和有限的经济政策还不足以解决问题，还应从社会政策角度，制定更为务实可行的措施，以保证在转型时期社会弱势群体得到一定的保护，抑制少数人财富的过度积累。与此相适应，要加快政府公共管理的转型，即由利益政府向中立政府转变，由扶大扶强扶优向扶小扶弱扶贫转变，由效率优先向兼顾公平转变。

七、必须坚持全面协调可持续发展，努力建设社会主义和谐社会

党的十六大以来，根据党中央提出的科学发展观等一系列重大战略思想，浙江在调查研究的基础上，提出了深入实施“八八战略”、全面建设“平安浙江”、加快建设文化大省、努力建设“法治浙江”等重大举措，形成了经济、政治、文化和社会建设“四位一体”的落实科学发展观的总体布局。在这个总体布局中，深入实施“八八战略”是浙江全面贯彻落实科学发展观，加快全面建设小康社会的总抓手，它侧重于经济发展和经济体制改革，同时也涉及政治、文化、社会发展；它要求进一步更新发展理念，丰富发展内涵，转变发展模式，创新体制机制，优化产业结构，加强区域合作，统筹城乡发展，加强重点建设，保护生态环境，切实加强法治建设、信用建设和机关效能建设，积极推进科教兴省、人才强省，加快建设文化大省，推动全面协调可持续发展。全面建设“平安浙江”是浙江构建和谐社会的主要载体，是涵盖了经济、政治、文化和社会各方面的宽领域、大范围、多层面的广义“平安”。它要求加强发展中的薄弱环节，加强社会建设与社会管理，保障人民权益，加强制度建设和和谐文化建设，着力解决人民群众最关心、最直接、最现实的利益问题，确保社会政治稳定，确保治安状况良好，确保经济运行稳健，确保安全生产状况稳定好转，确保社会公共安全，确保人民安居乐业，努力实现民主法治、公平正义、诚信友爱、充满活力、安定有序、人与自然和谐相处的社会主义和谐社会的总要求。加快建设文化大省是浙江发展社会主义先进文化的重要举措，是包括思想道德建设，发展文化事业、文化产业和教育、科技、卫生、体育在内的“大文化”。它要求深入实施“科教兴省”和“人才强省”两大战略，增强先进文化凝聚力、解放和发展文化生产力、提高社会公共服务力，重点实施文明素质工程、文化精品工程、文化研究工程、文化保护工程、文化产业促进工程、文化阵地工程、文化传播工程、文化人才工程等“八项工程”，加快建设教育强省、科技强省、卫生强省、体育强省，全面推进各项社会事业，不断满足人民群众的精神文化需求，促进人的全面发展和社会全面进步。努力建设“法治浙江”是浙江发展社会主义民主政治的有效途径，它要求牢固树立社会主义法治理念，以依法治国为核心内容，以执法为民为本质要求，以公平正义为价值追求，以服务大局为重要使命，以党的领导为根本保证，加强地方性法规和建设，加强法治政府建设，加强司法体制和工作机制建设，加强法制宣传教

育，不断提高经济、政治、文化和社会各个领域的法治化水平，加快建设社会主义民主更加完善、社会主义法制更加完备、依法治国基本方略得到全面落实、人民的政治经济文化权益得到切实尊重和保障的法治社会，使浙江的法制建设工作整体上走在全国前列，为全面落实“八八战略”、“平安浙江”、建设文化大省等重大战略部署，以及全面建设小康社会提供法治保障。这个总体布局是内在统一、有机联系、相辅相成、不可分割的。它始终把四大建设作为一个全面、系统、有机联系的整体，使之相互渗透、相互支撑、相互促进，同时每个阶段又突出一个重点，从不同角度来推动全局，全面推进经济、政治、文化、社会协调发展和可持续发展。

八、必须积极冲破传统体制，不断进行政策创新

改革开放以来，浙江在充分发挥基层和民间活力，积极冲破传统体制，建设富有活力的新体制的主体力量方面，进行了不懈的努力。浙江经验启示我们：第一，必须积极支持和引导基层与民间的创业创新。改革开放初期，浙江经济发展水平低，调动基层和群众创业创新积极性，是改革开放初期直至1990年代加快推进改革发展的关键。浙江在按照中央部署，推进计划体制、国有企业等改革的同时，大胆从浙江实际出发，提出了加快社队企业、街道集体企事业以及允许个体经济发展等一系列举措。1978年2月，浙江《关于改进财政管理体制的通知》规定，县市可以留成社队企业所得税总额的40%，起到了调动县市发展社队企业积极性的重要作用；1979年年底，浙江在执行《关于发展社队企业若干问题的规定（试行草案）》的同时，提出社队企业要努力办好轻纺工业，实施轻纺优先战略；1979年8月，浙江发布《关于发展城镇街道集体所有制企事业的规定（试行草案）》，要求集体所有制企事业“近期内有一个大的发展”；1980年4月，浙江下发《关于实行“划分收支、分级包干”财政管理体制的通知》，在原有“增收分成”基础上，对地、市、县实行财政包干政策，形成了后来长期坚持的省直管县财政体制的基本框架，形成了市县政府促进创业创新的长期激励。第二，必须着力引导、推进集体企业与国有企业改制。1980年代中期以后，浙江城乡集体企业分配结构不合理、企业缺少活力、增长出现颓势问题日益显现。与此同时，国有企业在经历了厂长负责制、利改税、承包制等改革之后，生产经营活力较弱的问题仍然存在。为此，浙江着力引导、推进集体企业与国有企业改制。1991年11月，浙江省《关于深化企业劳动用工和分配制度改革试点若干政策意见的通知》，提出实行全员合同制、岗位技能工资制、企业可以辞退富余人员等规定，都成为日后浙江企业改制的重要做法。从1993年至1997年，浙江专门出台推进农村集体企业改制方面5个文件，对改制工作有重要影响的政策规定有：积极推行各种形式的股份合作制；量化企业部分资产的收益分配权给职工；积极进行规范化股份制试点，增加个人股比重，重点吸收企业骨干入股，大力推进“小微亏”企业的租赁、兼并和拍卖。1995年3月，浙江省《深化城镇集体工业企业改革的若干意见》，提出把城镇集体企业改制成为多种形式的股份制企业的一些重要政策是：鼓励职工个人特别是骨干入股，适当增加职工个人股份比重，量化一部分资产的分红权给职工。1996年，浙江省《关于加快国有工业小企业改革改组步伐的试行意见》，最重要的一条改制做法就是“吸引社会投资和出让企业产权”，将国有工业小企业改制成为股份制企业。1998年，浙江发布了国有大中型企业改革脱困三年规划，提出了“收缩国有经济战线”的重要政策思想。2000年，浙江发布关于建立新型劳动关系的指导意见，提出了转变职工的国家、集体正式职工身份的重要政策。2000年前后，浙

江县、市一级的国有企业改制基本完毕，改制重点转移到了省属国有企业。第三，积极支持，大力发展个私等非公有制经济。这是浙江一条长期的政策主线。改革开放初期，这方面的政策主张以条款形式，开始出现在若干文件中；1989 年以来，浙江省委、省政府专题发布了 5 个这方面的文件，其中比较重要的有 4 个。关于发展城乡个私经济，最早的政策规定出现在 1979 年 8 月，开启了城乡个体经济发展的大门。省革命委员会发布《关于发展城镇街道集体所有制企事业的规定(试行草案)》，提出街道集体企事业“可以由几个人联合起来办”，“允许个体经营”。1981 年 7 月，浙江提出“开展多种经营，要发挥集体和个人两个积极性”。邓小平南方谈话发表前，浙江个私经济发展有两个重要转折点：一个是 1986 年初，时任浙江省委书记的王芳，在《红旗》杂志发表温州经济调查报告，充分肯定了温州个私经济的地位和作用；另一个是 1988 年“82 宪法”增加了允许个私经济的条款，浙江非公有制工业产值随后迅猛增长。邓小平南方谈话发表后，浙江关于发展个私经济主要有 3 个文件，是为了贯彻实施党中央国务院重大方针政策而发布：一个是 1993 年，即邓小平南方谈话发表的第二年；另一个是 1998 年初，即中共十五大召开的第二年；还有一个是 2006 年，是为了贯彻落实国务院关于个体私营等非公有制经济发展文件而发布的。

第四章

浙江经验对中国特色社会主义政治建设的贡献

改革开放以来，适应经济基础深刻变化和人民民主意识的不断增强，浙江高举人民民主旗帜，积极稳妥地推进政治体制改革，走出了一条既符合中央精神又切合浙江实际的社会主义政治发展道路，在推进基层民主政治建设、法治浙江建设、政府改革创新等方面为全国改革发展做出了积极探索，从而使浙江不仅在经济社会建设方面走在全国前列，而且在社会主义民主政治建设方面也走在全国前列。浙江"先行性"和"特色性"成功经验对中国特色社会主义政治建设做出了重要贡献。

第一节　改革开放以来浙江政治发展的基本特征

政治发展系指不发达政治系统向发达政治系统变迁的过程，一般指传统社会向现代社会发展的过程中在政治领域发生的变化及其呈现出的特征。改革开放以来，浙江政治发展具有以下基本特征。

一、政治制度化水平显著提高

所谓政治制度化指的是现代政治制度体系建立和健全的过程与状态，现代政治制度体系建立得越完全，其中每一项制度功能越健全，政治制度化水平就越高，相反就低。改革开放以来，浙江政治制度化水平不断提升集中的表现就是现代政治制度的建立和完善，不断向现代政府、现代社会和现代政党方向发展。首先、从具体地法治化进程来看，浙江法治建设出现重大进展，立法工作逐步加强，与社会主义市场经济相适应的法律框架已经形成。浙江地方人民代表大会作为经常性的立法机构的功能不断加强。通过立法体制的改革，形成由地方立法权、地方性法规立法权、地方条例立法权、地方规章立法权所组成的多级并存多类结合的地方立法权限划分体制。社会生活的基本方面在不同程度上做到了有法可依。其次、地方权力机关机构逐步健全，功能渐趋强化。逐渐改变了过去人大制度软弱无力、可有可无的状况。地方人民代表大会政治地位的提升、立法和监督职能的强化有助于加强政府机关内部的权力制衡，有助于完善法制和加强法治，有助于扩大有序的政治参与，因而成为中国特色社会主义民主政治发展的一项重要标志。再次、地方多党合作和政治协商制度得到完善，地方政治整合得到加强。最后，基层民主建设逐步健全，公民的基本权利得到保护和逐步发展。

浙江高度重视法治建设，提出了建设"法治浙江"战略，始终坚持依法执政，把坚持党的领导、发扬人民民主和严格依法办事统一起来，不断提高政治、经济、文化、社会生活的法治化。"法治浙江"战略的全面实施，大大提高了浙江各级党委政府依法执政的水平，各级党委按照总揽全局、协调各方的原则，切实加强了法治领导，支持人大、法院、检察院独立开展工作，有力地保障了浙江政治的有序发展。在新的发展阶段，法治建设主要呈现出如下新特点：首先，地方立法从以经济立法为主逐步转向经济立法和社会立法并重，促进经济发展与社会和谐的法治环境不断改善。随着社会财富的积累和贫富差距的凸显，民生问题、社会问题和社会矛盾不断显现，社会分配、社会保障、弱势群体保护和社会安全等一系列问题逐渐成为社会热点和政府关注的对象，加强社会立法逐渐成为共识。其次，法治政府建设向纵深发展。浙江在法治政府建设中，除加强一般意义上的"依法行政"，有效约束公权力外，还将法治政府建设的外延进一步拓展至阳光政府、服务政府和责任政府的构建。通过门户网站建设、新闻发言人制度等做好政府信息公开工作，通过社会公示、听证和专家咨询、论证以及邀请公民旁听政府有关会议等形式，对行政决策的过程和结果予以公开，努力建设"阳光"政府；各级政府及其工作部门逐步推行行政问责制，加大行政问责力度，努力建设责任政府；着力推进行政服务中心、经济发展环境投诉中心建设等，构建规范公共权力运作的有效载体。最后，司法工作乃至整个法治建设将人民的政治、经济、文化权益保障作为主轴。2006 年通过的《中共浙江省委关于建设"法治浙江"的决定》将"确保人民的政治经济文化权益得到切实尊重和保障"作为"法治浙江"建设的出发点和落脚点，也是省委实施"法治浙江"战略的最大亮点。

二、政治结构趋于分化

所谓政治结构分化是指政治组织与结构的专门化、自主化和复杂化，政治机构内部各部门分别承担比较确定的任务，彼此间既分工，又合作，既互相制约，又互相协调，从而使各自的功能得到比较有效的发挥，使政治系统功能得到增强。

改革开放以来，浙江逐步地摆脱集权政治结构模式，通过现代政府制度的建设，政治结构趋于合理科学。比如，统一的市场体制正在建设之中，统一的政府暴力管理制度、选举制度、法制体系、金融制度、税收制度和现代文官制度等，都在建立和完善之中。行政队伍更加专业和高效，同时行政的内容不断得到开放，比如对一些公共政策的公开讨论，对一些涉及公共利益的法律制定的社会参与、社会听证等。同时，地方政党的形态也在发生变化，党内民主如用人、决策和监督等方面的改革成果，不断地通过制度创新的形式加以巩固。这些变化反映了党在不断适应社会和时代的变革，对社会的发展、对世界形势的把握，既有引导，也有适应。浙江地方政府正逐渐由一个"管理型政府"向"服务型政府"过渡，正逐渐向社会下放权力，培养社会的自主性，加大公共空间的培育，逐步完善社会自我管理和自我发展的机制，同时政府的服务意识也逐渐增强。

在改革初期，为了迅速摆脱贫穷，经济建设成为党的中心工作，注重经济发展成为政府的首要目标。在发展经济的目标指引下，政府将掌握的资源主要运用于经济领域，直接充当经济建设的主体和投资的主体，这种政府行为对于促进经济发展起到了非常重要的作用。但是这种"以经济发展为中心"的政府管理模式也产生了不少社会弊病。由于长期偏重经济发展，政府的公共职能发挥得不够充分，使得教育、科技、文化、医疗卫生、社会保障、环境保护等公共事业的发展严重滞后于经济发展，社会发展与经济发展不协调。随着市场经济的深入发展和各项改革全面展开，建设服务型政府，强化社会管理和公共服务职能成为顺应时代发展要求的必然应对。需要强调的是，建设服务型政府，不仅是职能重心的转变，而且是施政方式的改变，从"统治"走向"善治"。政府必须改变过去那种以行政命令为核心的自上而下单向式的施政方式，转向与社会、公民对话合作的双向互动式的施政方式，由封闭式办公的方式向公开透明的方式转变，由过去施政注重上级满意向注重人民满意转变，等等。在浙江，出于更好地协调政府与市场、政府与社会发展关系的考虑，政府将自身角色定位逐步从发展型政府调整为向服务型政府转变。为适应新的社会经济发展形势，浙江各级政府积极编织"服务网"和"安全网"，推出了一系列重要改革措施，有效地加快了政府职能转变，提高了政府的社会管理和公共服务水平。在服务于社会方面，浙江根据统筹城乡经济社会发展的要求，着眼于解决当前最突出的经济社会矛盾，为社会提供最基本的公共产品和公共服务。浙江在全国还率先推行乡镇企业产权制度改革、小城镇户籍制度改革、粮食购销市场化改革等一系列改革，使浙江在城乡协调发展方面走在了全国的前列。在统筹人与自然发展上，制定了可持续发展浙江行动计划，实施了"十年绿化浙江"、建设"绿色浙江"等重大举措，重点加强对耕地资源、水资源、矿产资源和生态环境的保护，严格控制人口自然增长，并积极探索集中化、市场化治理污染的路子。

浙江积极推进政府运行机制转变，在审批制度改革、政务公开、公共财政建设、预算编制和管理、政府集中采购等方面都取得了较大进展。与此同时，浙江大力改革干部人事制度，着力提升机关效能和行政人员的工作效率，通过对各级行政领导的竞争性选拔任用，对普通行政人员更加注重民意的考录和考评等方式，大大提高了政府的工作效率和服务水平。行政民主的不断推进和深化，是浙江政府管理改革中的一大特色。在浙江，行政民主主要表现为政府提供平台，让民众直接参与行政管理，其要旨是通过行政方式来体现人民群众当家做主的权利。具体表现在：推行政务公开化，保证民主机制良性运转；行政决策民主化，使决策真正体现、反映和代表人民群众的意愿、要求和利益；公共行政法制化、程序化，保障公民对行政管理过程的制度化参与；政府职能社会化，实现政府与社会在公共事务管理中的良性互动与合作；政府评价民主化，保证政府及其工作人员真正把满足人民的需求、实现人民群众的利益作为其开展各项工作的根本目的。

三、地方政府能力稳步增强

改革开放以来，浙江地方政府能力的深刻变化主要体现在：第一、在地方政府管理的范围上，社会中间组织不断发育壮大，公共福利事业社会化、农村村民自治制度、社会保障和社会救济制度等等方面都有了相当程度发展，社会的自我管理和自我服务能力显著提高，政府便把主要精力放在履行自己的本职上。第二、在地方政府管理的程度上，通过政企分开、转变政府职能等改革，企业获得了相当大的自主权，市场按照价值规律独立运行，各种社会团体和中间组织及一些事业单位也与地方行政权力相分离，成为独立法人。地方政府不再深度干预企业和个人的行为。第三，在地方政府管理的方式上，从原来的以强制性行政指令和国家计划进行直接控制为主，逐步转变为以法律和各项社会经济政策进行间接调控为主。政府被要求依法行政，不能随便侵犯公民的合法权利和独立的私人空间，公民可以控告政府的非法侵害。第四，在政府与社会关系上，承认市场的基础性地位和社会主体的相对独立性，这使得政府与社会关系在性质上产生了根本性变化。社会主义市场经济已经从法律上对政府权力的无限扩展构成了约束。改革开放以来的实践也证明，政府与社会之间并非是此消彼长的关系，处理得好也可以是互相支持的正和关系，在社会获得其应有自主权的同时，政府能力得到了继续增强。以市场化为取向的经济改革在政治领域引发的一个重大结果，就是政府与社会和公民关系发生深刻改变。随着市场化改革的深入，政府对社会和公民的控制范围、方式和性质都发生了明显变化，政府直接控制的社会资源和领域大为收缩，相比过去，社会和公民的自由空间和自主权力有了显著扩大，社会和公民私领域悄然成长。仅从民间社会组织就可见一斑。浙江不仅是民营经济大省，也是民间社会组织大省。目前，经全省各级民政部门核准登记的社会组织总数已达2.9万余个，其中社会团体1.5万余个、民办非企业单位1.4万余个、各类基金会181个，另有市县备案的基层社会组织2万余个，全省社会组织总数居全国第四位。民间组织作为与政府、企业并列的第三部门，近年来在激发社会活力、促进社会公平、倡导互助友爱、舒缓就业压力、反映公众诉求、推进公益事业、响应社情民意、化解社会矛盾、解决贸易纠纷、促进科教兴国、促进公平正义以及人与自然和谐相处等方面发挥了很好作用。实践证明，民间组织已经成为党和政府联系人民群众的桥梁和纽带，成为推进国家现代化建设的一支重要力量。浙江民间社会组织，在浙江省经济社会发展中已经扮演了越来越重要的角色。政府与社会和公民的关系这一政治的社会基础结构发生的新变化，对政府的管理模式和管理方法提出了新的挑战，要求重新审视政府与企业、政府与社会的关系，改变过去全能型政府大包大揽的管理方式，充分发挥企业和公民社会自组织的作用和能力。近些年，浙江充分利用经济发达地区培育发展社会组织的优越条件，制定出台培育发展的具体措施，为全国社会组织发展提供了先进经验。如杭州市在推进行业协会改革、发挥农村专业经济协 会作用，宁波市在提升社区社会组织服务能力，义乌市在规范异地商会登记管理方面都积极探索，开拓创新，措施得力，社会组织发展呈现新局面。第五，地方政府公共产品供给能力大大提高。按照新制度主义的观点，传统的政府职能主要有三种：保护性职能（保护公民的各种自由、保护公共利益和防止外来的威胁等）、生产性职能（生产各种公共产品）、分配性职能（分配各种产权、权利、义务和责任等各种社会资源）[①]。但政府的这些传统职能有很大的局限。比如在保护性职能方面存在着这样一种倾向，政府往往过分强调安全，制定太多的规则，有时还实行严格管制，这往往以牺牲繁荣为代价。在生产性职能方面也同样如此。因此，浙江地方政府正在实现由一个“统治者”向一个“协调者”的转变，由发布具体的命令、指令转向制定一般的规则。第六、在地方政府应急管理上，浙江地方政府相当平稳地渡过和处理了一些突发性事件，既保持了政治稳定，又实现了经济的发展，这表明浙江地方政府已具有解决和处理重大政治社会事件的能力。

四、政治参与逐渐广泛

所谓政治参与，是指公民自愿地、积极主动地、通过合法途径参与到能够影响国家事务、政治现状和政治发展的行动中。改革开放以来，浙江政治生活中一个很重要变化是，坚决摈弃了改革开放以前那种虚假的高参与、以建立某种理想社会为动员手段、一味要求人民为美好未来而牺牲现实幸福的极端理想主义政治，实行了更注重物质利益激励作用、以追求现实经济社会发展为目标、高效而柔性的务实政治。随着价值取向和生活方式的多元化，政治价值观上的意识形态色彩相对淡化，政治影响力相对弱化，全能政治正向有限政治转变，以往那种靠宣传鼓动、靠宗教化的意识形态激励起来的政治热情已大大冷却。随着改革的深入，市场经济下公众的自由平等意识、独立意识、竞争意识、参与意识更好地诱发了人们的内在利益动因，公众参与基层政治生活的程度明显提高，公众政治参与的主动性开始上升。与此

① (德)柯武刚，史漫飞：《制度经济学》，韩朝华译，商务印书馆2000年版，第347页。

相适应，也出现了由虚假的高参与向真实的高参与的转化。

随着浙江改革开放和市场经济的深入发展，社会成员的主体意识、权利意识、参政意识被唤醒，基于权利的自觉自主型参与全面增长，政治参与主体、方式以及参与的广度和深度都发生了新变化，呈现出新特点：首先，在参与主体方面，群体参与有所增多，社团组织参与逐渐兴起。由于个体政治参与往往具有分散化、影响力小的特点，因而许多处境相同、利益相近的群体开始自发聚集，抱团结群。其次，在参与动机方面，参与的政治取向与利益取向并存，利益取向大大上升。在农村，因为土地征用、农业生产资料质量、选举引发的农民维权事件日益增多；在城市，市政管理、消费者权益、拆迁的纠纷在增加。再次，"网络民主"异军突起，成为政治参与的重要形式。网上意见调查，人大代表、政协委员在网民中征集提案与建议，网络论坛，"网络反腐"都显示网络作为一种民主渠道正在发挥重要作用。最后，在参与行为方面，非制度性参与有所增多。由于组织化表达渠道的缺乏或不畅，在一些地方，越级上访、暴力抗法等非制度性政治参与事件开始增多，严重影响了社会秩序和政治稳定。

由于经济比较发达，在浙江维权性政治参与比较多，并且基于民主、环保等较高层次的维权开始增多，相对来说，出于公益性的主动参与还比较欠缺。虽然，浙江社团组织的参与相对全国来说处于领先地位，已逐渐成为各级党委和政府与社会公众之间的桥梁纽带，但总体来说，公民参与的组织化程度还不够发达。浙江在政治参与方面一个突出的特点就是，民营经济人士的参与走在全国前列。尽管民营经济人士的政治参与还比较有限，但是参与的渠道日趋多样化，政治参与目标由低层次向高层次发展；参与的组织性也在不断增强，影响力不断扩大。浙江省一些私营经济性财团开始出现，在政府决策过程中有一定的影响力。

五、政治文化渐次演进

所谓政治文化是特定区域内的人群在长期社会、经济和政治活动中形成的一整套相对稳定的政治态度、政治信仰和政治感情。政治文化影响着人们的政治态度，塑造着人们的政治行为模式，从而对政治发展进程产生重大影响。

随着浙江改革开放的深化和市场经济秩序的确立，人们的思维方式、价值观念和政治取向发生了深刻变化，公平、民主、法制、竞争、参与、开放的观念深入人心，主体意识日趋强烈。人们不再盲目崇拜、畏惧权威，而是能从自身利益角度进行理性思考，并较为积极地关注政治生活和参与政治活动。现阶段政治文化演进的基本成果是世俗化和理性化。所谓世俗化"是态度发生变化的一种过程，在这一过程中，人们越来越重视在其周围世界中可以见到的因果关系，个人往往自信他们拥有改变环境的能力，并选定有助于自己改变环境的行动方案"①。世俗化体现在政治文化上，最大的变化是人们不再盲目绝对服从。政治文化演进的第二个成果是理性化，表现在改革开放以来极端理想主义和激进主义逐步受到制约，宽容、秩序、稳定、渐进的观念越来越得到人们的认同，人们开始变得更为理智，在探索政治发展道路问题上更强调适合国情省情，而不再是追求那种浮躁的、缺乏根基的极端理想主义、激进主义。浙江作为改革开放程度高、市场经济发育早、市场发达的沿海省份，人们思想活动的独立性、选择性、多变性、差异性出现得更早，人们思想观念、道德意识、价值取向、生活方式多样化的趋势表现得更加明显。这使得浙江省在主流意识形态建设方面面临的形势更加严

① （美）加布里埃尔·A·阿尔蒙德，G·宾厄姆·鲍威尔：《比较政治学》，上海译文出版社 1987 年版，第 23 页。

峻，情况更加复杂，任务也更加艰巨。

第二节　浙江基层民主政治建设的“先行性”与“特色性”经验和启示

浙江在经济社会发展中积极探索基层民主政治建设路子，进行有效地制度创新和推广，提供了许多“先行性”和“特色性”经验，使人民群众的民主权利得到充分保障、自主性显著提升、积极性空前高涨，经济社会政治呈现出协调发展的良好势头。

一、浙江推进基层民主政治建设的主要经验

让最广大人民群众真正当家做主，这是社会主义民主超越资本主义民主的实质所在。实现人民当家做主可以从两个层面理解：在国家民主层面，人民群众通过全国和各级人民代表大会来行使当家做主的权利，具有间接性和局部性；在基层民主层面，人民群众直接参与社会管理来行使当家做主权利，具有直接性和广泛性。从内涵上看，基层民主即民主主体参与基层各种事务管理，它是中国特色社会主义政治建设的重要载体。完整的基层民主包括民主选举、民主决策、民主管理和民主监督四个相互联系的环节和方面。其中，民主选举是基层民主建设的基础环节。从外延上看，中国的基层民主主要包括平行发展的三个方面：一是村党组织领导的村民自治机制；二是城市居民社区自治机制；三是职工代表大会制度和其他形式的企事业民主管理制度。“扩大基层民主，保证人民群众直接行使民主权利，依法管理自己的事情，创造自己的幸福生活，是社会主义民主最广泛的实践”①。基层组织活动与广大群众切身利益息息相关，更容易激发群众的政治参与热情，更能培养人们民主意识和民主技能，从而为民主政治发展奠定坚实地微观基础。因此，基层民主更能体现社会主义民主的优越性，基层民主是人民群众最广泛、最基本的民主实践形式。

浙江基层民主及其制度创新，是随着工业化、市场化加速发展和经济社会结构变迁而不断推进的。改革开放以来，浙江大力发展乡镇企业和个体、私营等多种所有制经济，所有制结构和产权结构多元化一直走在全国前列。随着经济社会发展，人民群众在关注经济利益的同时，对民主政治的诉求随之强烈。随着人民的政治意识、民主意识不断觉醒，特别是像温州这样的市场经济先发地区，人民群众关心政治、关注政策、注重维护自身权益，已经成为自觉意识和行为。有资料显示，66％的温州人关心政治，其中商人中有91％关心政治②。浙江在扩大基层民主方面有着丰富的实践，出现了不少“全国第一”。如全国第一起“民告官”③、第一起“罢免村官”④、第一个社区直选行政区⑤等事件发生在浙江绝不是偶然的。这

---

① 《江泽民论有中国特色社会主义（专题摘编）》，中央文献出版社2002版，第313页。

② 胡宏伟、吴晓波：《温州悬念》，浙江人民出版社2002年版，第273页。

③ 1988年2月，温州市苍南县肥艚镇农民包郑照及其儿子，因不服苍南县政府强行拆除其房屋的行为，起诉县政府。该案由于是全国首例“农民告县长”而备受瞩目，包郑照被称为“中国民告官第一人”。该案虽然案情简单，最后也以原告包郑照败诉告终，但在唤醒亿万农民依法维权意识和推动政府依法行政方面具有深远意义。

④ 1999年5月25日，村民委员会组织法颁布实施。浙江省温州市瓯海区梧埏镇寮东村村民吴锡铭组织村民罢免村官，参加投票的1295人中，1122人同意罢免村委会主任。村委会主任被成功罢免，这在全国还是第一起，吴锡铭也因此被称为“国内罢免村官第一人”。

⑤ 2003年，浙江省宁波市海曙区成为第一个社区居民全面实行直选的行政区，标志着中国社区直选向深层次推进。

是在经济快速发展、社会不断进步、人们政治意识、民主意识觉醒和高涨的条件下，人民群众转而自觉运用民主方式来维护自己权益的合乎规律的结果，是浙江人民群众当家做主的最直接体现。

1. 落实基层民主自治制度

在农村基层民主自治制度建设方面，我国 1982 年新宪法确认了村民委员会的法律地位，随着 1983 年人民公社体制的终结，浙江各地重建了乡镇政府和村民委员会，开展了村民自治示范活动，普遍实施了村民代表会议制度，制定了村级事务管理制度和村民自治章程，逐步推行了村务公开，把村级事务置于广大村民的监督之下，更好地保障了村民合法权益，有效地遏制了腐败，促进了农村社会的稳定。

在城市基层民主建设方面，十一届三中全会以后，浙江重新整治了街道办事处和居民委员会，落实了居民委员会组织法。实行从企业职工和离退休干部中公开招聘人员充实居委会的力量，加强居委会干部队伍。开展了创建文明社区活动和示范居委会的达标升级活动，从整体上提高了各居委会的服务管理水平。

在企事业基层民主建设方面，浙江各级地方和企事业工会已在十一届三中全会以后逐步恢复和建立。各级工会以签订集体合同为重点，切实维护职工群众合法权益。各企事业还普遍推行职工代表大会制度，提高广大职工的参政议政和民主管理能力。

2. 改进和完善基层民主选举制度

在县、乡直接换届选举方面，1979—1981 年年底，浙江省所有县(市、区)和乡(镇)都做到了直接选举，省、县、乡的直接选举逐渐走上了制度化、规范化的轨道。浙江人民群众对民主选举的关切度很高，每次选举都表现出了强烈地参与意识和明显地公正意识。在县、乡直接换届选举中，浙江实行选民和代表联名推荐候选人制度和差额选举制度。

在外来务工人员参选人大代表的尝试方面，我国宪法规定，人民通过代表大会制度表达自己的意志，实现当家做主，同时又规定，人民民主权利不受地域的限制。但“外来人员参加现在居住地人大选举”的法律制度在 1983 年制定以后并没有在全国得到有效实施。浙江义乌市大陈镇在这一点上做了开创性的尝试①，外来务工人员参选和当选打工地人大代表，这在全国尚属首例，这是真正落实公民在全国范围内实现当家做主政治权利的重要实践，为人民当家做主权利的普遍落实提供了一个很好的范例，对我国基层民主政治建设起到积极的推进作用。

3. 探索了乡村协商式治理新模式

随着我国基层民主选举的全面展开，其所遭遇的困境和危机也日益显现。实践表明，仅仅依靠民主选举制度，并不能有效保障乡村社会的良性治理。这些年来，中国各地在基层民主选举基础上积极探索乡村治理新途径。其中，浙江在这方面取得了突破性的创新成果，形成了颇具特色的乡村协商式治理新模式，主要包括村务民主议事五步法、民主恳谈、地方政府恳谈日。

村务民主议事五步法。对于村级民主，从中央到地方都出台了不少法律或制度，但大多

---

① 2001 年 12 月 12 日，来自外省以及本省其他市、县的 7 名外来务工者，当选为大陈镇第十三届人民代表大会代表。在 2002 年年底义乌市人大换届时，已有 11 名外来务工者被选为市第十二届人大代表。参见《他乡当上人大代表》，《钱江晚报》2003 年 3 月 31 日。

比较笼统，如《村委会组织法》规定了村党组织领导村委会工作，但如何领导却没有可操作性方法。浙江省天台县以村级民主议事的规范化建设为突破口，探索村级民主议事“五步法”①的实践，正是在农村基层民主建设方面取得的突破性创新成果。村级民主议事“五步法”以民主决策为突破口，将法律关于民主决策、民主管理、民主监督的内容系统化、具体化，使村级工作走上了程序化、规范化的轨道，健全了村党组织领导的村民自治运行机制。

民主恳谈。民主恳谈最初以会议对话和讨论为基本形式，后来经过不断改进和创新，逐渐在温岭市级部门、乡(镇)村、企业三个层面推开，并演变为以民主参与、民主决策、民主监督为核心，以“对话、协商”为特征的乡村治理模式②。2004 年 9 月，温岭市委发布《关于“民主恳谈”的若干规定(试行)》后，民主恳谈作为一项与公共决策密切相关的社会协商制度，在温岭市各层面得到确立。2005 年，浙江创造了运用“协商民主”方法的“泽国试验”③和“新河试验”④。“泽国试验”一方面将民主恳谈导入乡镇人民代表大会的运作和政府预算过程；另一方面，它又广泛引入协商民主方法，在一定程度上满足了民主化和科学化这一双重要求。而“新河试验”的特色则在于它将民主恳谈与完善乡镇人民代表大会制度进行了有机结合。“泽国试验”与“新河试验”表明，民主恳谈运作完全符合现行法律框架规定，而且进一步激活了乡镇人民代表大会的作用。温岭民主恳谈开拓了中国基层民主发展的新空间，通过村民

---

① 村务民主议事五步法的具体要求是：第一步是民主提案，分集体提案和村民提案两种。集体提案由村党组织、村委会、村经济合作社等村级组织提出；村民提案由 18 周岁以上的本村村民提出。提案内容多为涉及农村发展、稳定的村级重大事务和热点、难点问题。第二步是民主议案，村党组织统一受理、审查提案。对一般事务由村“两委”联席会议作出决定。对村级重大事务则通过召开民主恳谈会、党员议事会、走访座谈等形式，在广泛征求党员、村民意见和建议基础上召集村“两委”联席会议拟定表决方案。第三步是民主表决。召开村民会议或村民代表会议(村民代表扩大会议)进行民主表决，并形成书面记录。第四步是办理承诺。表决通过的事项作为村干部工作目标公开作出办理承诺，并于 5 日内确定方案，制订计划，责任到人，组织实施。第五步是监督实施。村“两委”及时将村干部工作目标、责任人及进展情况通过村务公开栏公开，接受村民监督。

② 1999 年 6 月 25 日，温岭市松门镇党委政府召开了一次村民们从来没有见识过的会议——“农业农村现代化教育论坛”，200 多名自发赶来的民众与镇领导进行了平等的对话和沟通。年底，温岭市委推广松门镇的做法并将其纳入市委对乡镇的综合目标考核之中。2000 年 8 月，温岭市将形式多样的民主沟通和对话活动形式统一定名为“民主恳谈”，并开始总结民主恳谈的一般原则和活动方式。随后，温岭市委进一步规范民主恳谈活动，并大胆实践，将活动向非公有制企业、村镇和市政府职能部门延伸，力图使民主恳谈成为村民自治、乡镇基层政权和市政府职能部门重大事项决策的必经程序，成为民众管理和监督不同层次和领域社会公共事务的平台。2004 年 9 月，温岭市委发布《关于“民主恳谈”的若干规定(试行)》，对民主恳谈应遵循的基本原则、镇(街道)民主恳谈的议题范围、村民主恳谈议题范围、镇(街道)党委党内民主恳谈的议题范围、城市社区民主恳谈的议题范围、市政府职能部门民主恳谈的议题范围、民主恳谈会议的议程等都做出了规定。

③ “泽国试验”的运作程序大致如下：政府首先选出一些属于本级行政范围且事关民生问题的 30 个项目，由 12 位专业人员组成的专家组对这 30 个项目的可行性方案进行研究，同时提出了每个项目的资金预算。专家计算的结果是，30 个项目共需资金 13 692 万元。而镇政府 2005 年度预计可用于城镇基本建设投资的资金只有 4 000 万元。面对这种资金与项目需求之间的缺口，在协商民主理论家的指导下，泽国镇的党委和政府决定，用乒乓球摇号的随机抽样方式，从全镇 12 万人口中抽选了 275 名代表来对优先投入的项目进行排序。275 名民意代表被抽取出来之后，首先填写问卷调查，表明自己的排序偏好；然后通过数轮分组讨论和协商的方式不断地交流；最后，则让民意代表们再次填写排序的问卷调查，形成一份优选的方案，并将这份方案提交镇人民代表大会表决通过。

④ “新河试验”的基本做法是：由选举产生的镇人民代表大会的代表直接参与政府的预算过程，并且将参与部分预算内容变为全部预算内容向镇人大代表公开，让人大代表以分组讨论(代表被分成工业、农业和社会三组)和大会讨论的形式，并且在和政府对话的基础之上，提出镇人大代表对预算草案的修改意见，然后再根据代表的修改意见，由人大和政府联合修改预算草案，调整有关内容，最后交给人大重新审议通过。与此同时，设立财经工作小组，并且可以聘请若干专业人士来帮助代表开展预算工作。在开会期间，这个小组负责协助组织对预算的初审并向大会作预算初审报告，闭会期间则负责了解和监督政府的预算执行情况，对重大预算调整可提请主席团召开镇人大会议，由全体大会来实议决定。

切实有效的参与，决策的民主化、科学化大大得以提升，积极鼓励群众参与管理和参与监督；温岭民主恳谈既深化了实质性民主的内涵，又拓展了程序性民主的渠道，对于如何顺应民主潮流，真正让民众参与社会政治生活，行使民主权利，从而落实民主执政、科学执政、依法执政的要求给出了自己的回答，它用鲜活的实践再一次证明了人民是国家的主人，民主是社会主义的生命；温岭民主恳谈进一步营造了积极的民主氛围，人大代表和民众能更好地理解公民的权利和义务以及政府的责任，村民的民主意识、民主素养等公民品质在此期间得到进一步提升；温岭民主恳谈拓宽了民众的公共参与渠道，民主恳谈通过巧妙地程序设计实现了预算编制和初审中的公众直接参与和人大审议预算与表决中公民旁听的间接参与；温岭民主恳谈证实了社会主义民主政治建设应该以基层民主为起点，积极稳妥地推进社会主义民主建设是理性、正确的选择，民主恳谈告诉人们，在我国社会主义民主发展道路上，既不可能"一刀切"也不可能"齐步走"，只能区别不同情况以渐进发展。

地方政府恳谈日。从 2004 年 12 月起，台州市党政领导与广大网民进行"网上恳谈"。2006 年 11 月，台州市委决定，在每月的 10 日实施"恳谈日"活动，以"拉家常、谈民生、解民忧"为主题，市县乡三级领导干部和机关干部深入农村、社区和企业，与民众开展面对面的交流恳谈，倾听民众呼声，关心民众疾苦。"恳谈日"活动不限对象、时间、话题，是用制度化的方式提供了一个民与官沟通平台。台州地方政府恳谈日主要呈现出四个特点：一是上下联动，形式多样。各县市区、职能部门与乡镇在市委市政府的统一部署下，结合本区域、本部门实际，开展形式多样的恳谈活动，既有开放式的自由恳谈，也有专题恳谈、约谈。二是内容丰富，气氛热烈。在各个恳谈点，参加恳谈的民众热情高，发言踊跃，就各自关心的问题，提出了自己的想法、意见和建议，与会官员也坦诚地作了答复，相互交流的气氛热烈而融洽。三是面向民众，反响良好。在各地举行的恳谈会上，参加恳谈的政府官员以拉家常的形式，与民众平等交流，认真听取意见和建议，帮助解决实际困难，对能够解决的问题现场解决，对条件尚不具备的问题，做好解释工作，这种交流方式赢得了民众的认同。四是"恳谈日"民众反映事项跟踪落实制度的建立，激发了基层民众的参与热情。面对面的交流恳谈，畅通了民意沟通渠道，完善了民众利益诉求机制，切实为民众排忧解难，及时化解社会矛盾，促进了社会的和谐稳定。

我国的民主治理改革是在保持社会稳定发展的前提下，遵循由点到面、由下至上的原则，以层级推进的方式展开的，这就决定了地方政府的制度创新在我国民主化进程中具有探路者的重要作用。自 20 世纪末协商民主被引介入我国以后，迅速成为学界关注的热点，并在全国一些乡村治理过程中以不同的形式得以实践。在这当中，浙江的协商民主实践以其全面性和深刻性而备受关注，浙江乡村协商民主治理创新实践对我国民主发展的积极意义是毋庸置疑的。浙江乡村协商民主治理实践表明：第一，在社会治理过程中，必须加强政府与社会多方力量的合作，构建一套管理公共事务的民主程序，通过平等、自由的辩论和商谈过程，形成社会多元主体对乡村公共事务的理性共识。人民主权就体现在通过社会活动中的对话商谈而达成共识的过程中，体现在人们作为参与者在对话、讨论中的相互理解的过程中。由村民通过集体讨论来对地方公共事务进行协商式管理，在理性话语商谈的基础上实现个体利益与公共利益的结合，这是政府与公民对乡村公共事务进行"共治"的一种重要形式。在民主恳谈会、民主听证会的过程中，确保村民参与权和知情权的实现，实质上也是实现村民对政府有效监督和制约的必要保障。而"村务监督委员会"最核心意义在于由村民直选产生的监委会具有独立性，它直接对村民大会负责，是在传统的村党支部、村民委员会之外产生的“第三权力机构”，从而与村党支部、村民委员会共同构成了决策、执行、监督相互制衡的村民自治权力框架。浙江的乡村协商民主治理实践表明，要实行有效地民主监督，在不断完善我国现有的人大监督、司法监督和行政监督，加强以权力制约权力的基础上，还必须加强人民群众对权力的制约，使人民群众对政府的经常性民主监督走向科学化、制度化。第二，必须通过强化村民在公共事务中的利益表达、疏通村民与政府的沟通渠道，规范国家权力和乡村社会的互动关系，村民获得在乡村公共事务管理中的话语权，他们的需要和利益诉求可以通过民主恳谈会、民主听证会、村务监督委员会等渠道反映出来，并在公共政策中得以适当体现，这既有利于维护公共利益和制约官员权力，也有力地拓展和深化了既有的村务公开和村民代表大会等制度，从源头上预防和治理腐败，在一定程度上有利于减少各级政府信访部门的压力，促进农村政治的稳定。第三，必须发挥村民在乡村治理中的应有作用。如果没有适当地渠道让村民参与到乡村公共事务中来，当村民间发生利益冲突或村民与村委和政府发生利益冲突时，村民们常常会采取各种非正式表达方式，导致矛盾和冲突升级，这已经成为中国乡村生活中一个普遍存在的严重问题。温岭的民主恳谈会为村民介入公共政治生活、表达个体利益诉求开拓了一条制度化渠道。村里的重大事务都由群众或群众代表参与决定，把公共权力置于更广泛的群众监督之下，使村级热点、难点问题得到及时解决，实现村民对重大村务的决策权、对日常村务的参与权、对村干部的评议权。第四，必须发挥政府对基层民主政治建设不可替代的推动作用。在目前中国，仅凭乡村社会自发生成而没有国家意志主导的乡村治理是不现实的，政府的积极作为仍在乡村民主发展中具有不可替代的推动作用。无论是作为乡村公共事务民主化管理基础的建章立制，还是政府的民主意识和创新动力，以至于乡村治理精英和乡村治理变革的成本控制，常常决定着治理改革的存废和制度绩效。第五，必须建立经常性民主监督机制。失去监督的权力必然会形成绝对的权力，而绝对的权力必然导致绝对的腐败。在乡村社会治理中，地方政府公共权力占绝对优势地位，且处在乡村社会权力体系的核心位置。因此，实现对公共权力的经常性监督显得尤为重要。浙江的乡村协商民主治理实践表明，在村级民主政治建设过程中，村民参治的重要目的是要实现对村务的监督。因而，在我国发展乡村基层民主的过程中，需要村民参与到乡村公共事务管理中来，实现对乡村公共权力的监督和制约。

4. 创新了基层民主监督形式

人民当家做主，其重要体现是对当政者及政务的监督。享有民主监督权的程度，是人民群众民主权利是否落实的检验标尺。而实行政务公开是使民主监督富有成效的必要前提和条件。列宁指出：“没有公开性而谈民主制是很可笑的”[①]。列宁还说：“完全公开、选举制和普遍监督的‘自然选择’作用，能保证每个活动家最后都‘各得其所’，担负最适合他能力的工作，亲身尝到自己的错误的一切后果，并在大家面前证明自己能够认识错误和避免错误”[②]。这就表明，公开化既是民主监督的重要条件，又能形成一股强大的监督力量。实行公共事务的公开化，增强政务活动的透明度，是搞好民主监督的重要原则，有利于调动基层群众参与民主管理的积极性，有利于对基层干部实行民主监督，有利于缓解基层的各种利益矛盾。基

① 《列宁选集》第1卷，人民出版社1995年版，第417页。

② 《列宁选集》第1卷，人民出版社1995年版，第418页。

层政务(事务)公开化,具体包括基层政务、村务、厂务公开,是乡镇政府、村委会、企业经营者将与广大群众切身利益相关的事务公之于众,让群众了解事情的进展和结果,参与公共事务的决策。

浙江在基层政务(事务)公开上起步较早,并取得了明显的成效。第一,全面推行村务厂务公开。浙江村务公开在实践中有效扩展并不断深入,成为全国农村基层民主建设的一个亮点。到2000年底,浙江有99.23%的村实行了村务公开[①]。一些地方还实现了村务公开电脑化。近年来,浙江又通过村级会计委托乡镇代理制,实行统一制度、统一审核、统一记账、统一公开、统一建档。到2002年6月底,全省已有1053个乡镇、2.56万多个村实行了村级会计委托代理制[②]。浙江各地还建立健全了比较完善的村级财务公开监督网络。与此同时,厂务公开与村务公开一样得到有效推进,这项制度在全省国有、集体及其控股企业的推行面已达91%[③]。第二,实行乡镇政务公开。自1998年5月浙江启动推行政务公开制度起,仅两年时间,全省乡镇政府已全部实行政务公开,并扩大了政务公开的范围,抓住群众最关心的问题,如财务管理、工程建设、税费收缴、土地出让、计划生育等情况,全部明细上墙。第三,通过"民情日记"、"市长电话"等形式和载体,基层干部作风得到转变,服务意识有了提升。由嵊州市雅璜乡率先实施并在全省推广的"民情日记"以及各地广泛设立"市长电话"等做法,使广大基层干部"串百家门,知百家事,解百家难,连百家心,办百家事,致百家富",有效地解决了"干部联村不连心"、"门难进、脸难看、事难办"等问题,使一大批干部受到了教育,增强了服务观念,促进了干部工作作风的转变,也在很大程度上推进了基层民主的发展,有效地保障了人民群众应享有的民主权利。

浙江创新村务民主监督制度的典范就是"后陈经验"[④],它规范了村务监督委员会的产生、职能和义务,构建了村务民主监督的制度体系。第一,建立了村务管理制度体系,涉及了村集体资产管理、集体土地征用费分配使用的管理、集体投资项目的经营性收入的管理、集体建设工程的管理、财务管理、货币资金及票据管理、财务收支实行预决算管理、村干部误工补贴及通讯费补贴等的管理、财务公开及财务审计、计划生育的管理、村民建房的管理、救灾救济款物发放的管理、印章管理使用和会议记录等方方面面。第二,建立了村务监督制度。后陈村村务监督委员会,在产生方式上由村民代表会议选举产生,可以更好地对村民负责;在监督权限上,它与村两委会处于平等地位,可对除党务工作外的所有村务活动进行监督;在监督运作上,村务监督委员会对大小村务实施了全程监督,特别注重对村务运作的事前、事中的监督。这样,村务监督委员会就真正成为村务公开、民主监督的实施主体。第三,突出了村民代表会议的作用。村务监督委员会实际上是村民代表会议的常设组织,村民可以通过它对村干部进行及时地、不间断地监督,这就弥补了村民代表会议制度的一个缺陷。第

① 何显明:《市场化进程中的地方治理模式变迁及其内在逻辑——基于浙江的个案研究》,《中共浙江省委党校学报》2005年第6期,第21页。

② 参见《民主政治的新探索》,《浙江日报》2002年10月14日。

③ 参见《民主政治的新探索》,《浙江日报》2002年10月14日。

④ 2004年6月18日,武义县后陈村选举产生了全国第一个村务监督委员会。以一个机构、两项制度为标志的村务监督委员会制度被称为"后陈经验"。《人民日报》、新华社、中央电视台等国内20多家新闻媒体先后对"后陈经验"作了报道,受到中央、省、市各级领导的重视和指导。2005年10月,武义县"村务监督委员会"入围"中国地方政府创新奖"。2007年6月,又获得"全国村务公开民主管理制度创新奖"。2010年10月28日,村务监督委员会制度写入我国《村民委员会组织法》。

四，构建了村级权力制衡机制。村务监督委员会是村务监督机构，从而实现了村务管理与村务监督的分离，村务监督委员会因此成为与村党支部、村委会并行的一个村级权力制衡机构。为了防范村“两委会”不接受监督和村务监督委员会滥用职权，该制度设计了村务监督委员会通过村级制度修订、村务财务公开审核、听证、年终述职考评和村干部免职五道规范性程序行使监督职权；村务监督委员会成员受村民代表监督；对违法乱纪、严重失职的村务监督委员会成员，经村党支部提议，村民代表会议有权予以撤换。第五，建立了相关的救济制度。如果村务监督委员会提出建议，村委会不理睬，也不召集村民代表会议时，村务监督委员会可向县、乡镇（街道）村务公开民主管理办公室寻求救济。

首创村务监督委员会制度及对制度的不断深化和完善，是在新形势下加强农村基层党风廉政建设的创新实践，它在内容上明确了村务决策、管理、监督、公开和民主评议程序，范围上把村级民主监督寓于农村经济社会发展的各项工作之中，实践上提升了村务管理和监督的规范化、程序化、制度化、科学化的水平，效果上实现了党的领导、人民当家做主与依法办事的统一。这对于中国村民自治走出困境、走向成熟具有巨大的、带有根本性推动作用。

二、浙江推进基层民主政治建设经验的启示

1. 推进基层民主政治建设是社会主义市场经济发展的必然要求

政治作为上层建筑，其发展离不开经济基础。社会主义市场经济体制的确立，必然要求与之相适应的社会主义民主政治。因此，发展民主成为时代要求和历史趋势。民主政治既是市场经济的必然结果，也是市场经济的保障机制。市场经济必然导致利益多元化和社会分化，这就需要以民主的方式来表达诉求和进行利益整合；同样，没有民主政治，业已形成的利益结构就不能得到保障。浙江之所以在基层民主建设方面出现不少全国“第一”，并且在这些方面的探索取得了重大进展，这同浙江经济的快速增长密切相关。浙江经济的快速发展以及发达的民营经济、竞争的市场型经济、开放的经济和大步走向城市化经济等鲜明特色，可以说完全顺应了对民主政治发展的希求。可以这样说，浙江在民主政治建设中所发生或涌现出的一个个具有先发性的典型案例，完全是浙江改革开放以来经济发展必然的逻辑结果，是源于经济又高于经济的政治的集中体现。比如广受人们关注的台州基层民主发展，就与台州市场经济发育较早，民营经济发达直接有关。正是经济的快速发展和人民生活水平的不断提高，人们对民主的渴求日渐生长起来，因而基层民主建设也就显得更为活跃。实践证明，成熟阶段的工业化市场化是与政治民主化紧密相连的，集权政治也有可能带来工业化的突破，但其进一步发展走向成熟需要政治开放和民主推进。为此，一方面，要坚持经济建设不动摇，加快工业化市场化步伐，为人们民主意识的进一步觉醒和民主实践的不断推进提供更加坚实的物质基础；另一方面，必须清醒认识和牢牢把握民主政治发展是一种客观要求和必然趋势，要顺应潮流，与时俱进，增强发展民主政治的自觉性和主动性，使其与经济发展阶段相适应、相协调。

2. 人民群众是推进基层民主政治发展的根本力量

在浙江，广大人民群众经过市场经济的洗礼和长期的商海搏击，眼界开阔了，见识增长了，思想更活跃了，民主政治建设的主体性、独立性和创造性也就被大大激发了出来。首发于浙江省农村基层的“民主听证会”、“民主恳谈会”等，就是广大农民自己创造的社会主义基层民主的新形式。必须清醒地看到，社会主义市场经济发展强化了人民群众的独立性和自

主性，人民群众有着极大地民主政治热情，我们绝没有理由轻视它、压制它，而是要积极地引导它、发展它。为此就不能过分地强调民众的素质而人为地抬高民主的"门槛"。应当看到，随着社会主义现代化事业的快速发展，人们的思想观念、经济文化生活都发生了重大变化。一味以国民素质低，条件不具备为借口，延缓民主化的进程是不妥当、也是不明智的。必须清楚的是：一方面，民主政治的成效决不能超出于经济和文化条件的制约[①]，另一方面，发展民主政治不必完全拘泥于经济水平落后和选民文化程度限制。须知民主政治贵在实践，民主通过实践才能发展，我们不能像毛泽东当年批评过的那样，只是把民主这支"箭"拿在手里，口称"好箭"，却迟迟不肯或不敢射出去[②]。在民主政治建设上，要像邓小平说过的那样，"既大胆又慎重"地去尝试，只有这样，我国的民主政治才能取得实质性的进展。"只有让人民来监督政府，政府才不敢松懈。只有人人起来负责，才不会人亡政息"[③]。当年毛泽东描绘的"民主新路"，其真谛就是：只有当人民群众广泛地自主地参与进来，中国的民主政治大厦才能真正建成。

3. 扩大基层民主政治必须重视制度建设和制度创新

民主政治发展必须重视制度设计与制度安排。实践证明，如果缺乏制度建设，民主政治就难以切实保障。邓小平在总结我党历史经验与教训时，曾精辟指出："我们过去所发生的各种错误，固然与某些领导人的思想、作风有关，但是组织制度、工作制度方面的问题更重要。……领导制度、组织制度问题更带有根本性、全局性、稳定性和长期性"[④]。浙江经验表明，在经济日益多元化、社会更加多样化、个体独立性不断增强、民主参与意识日趋强烈、利益群体加速整合的情况下，发展基层民主、建设社会主义政治文明必须加强制度建设，实现社会主义民主政治的制度化、规范化、法制化。而制度建设的根本是制度创新。基层民主政治建设必须在制度建设上进行创新。改革开放后我国实行的村民自治是制度创新，村务民主议事五步法、民主恳谈、地方政府恳谈日也是制度创新。这样的制度创新既为现行体制所容纳，又为广大人民群众所欢迎，在合作与博弈中获得了政府与民众的双赢。这有力地说明基层民主政治建设的关键在制度创新。

4. 必须实现政府"统治"职能向"治理"的转换和国家权力向社会的回归

在扩大基层民主推进社会主义政治文明建设的过程中，必须更加重视政府"统治"职能向"治理"职能的嬗变和国家权力向社会的回归，真正实现还政于民，实现国家与社会或者说政府与公民之间的良好合作。很显然，浙江的民主恳谈形式就是其典型。民主恳谈意味着制度化协调、对话式民主，公民与政府的冲突能被现行体制有效地疏导、整合，公民意识、主体意识、合作意识得以强化，社会治理趋于民主。政府通过民主恳谈的制度化方式，有效地动员、组织公民，并通过对冲突调适的制度安排，把相互冲突的各方整合在合作博弈的体系和秩序之中，使冲突得到调适，合作得以实现。同时，民主恳谈为公民参与公共事务、养成合作宽容的精神提供了一个良好的制度平台。经过民主恳谈的熏陶和浸润，公民逐渐熟悉、掌握、积累政治生活的知识、技巧、经验，逐渐形成对民主的认同和信仰，逐步以制度化和理性

---

① 胡宏伟、吴晓波:《温州悬念》,浙江人民出版社 2002 年版,第 273 页。

② 参见胡宏伟、吴晓波:《温州悬念》,浙江人民出版社 2002 年版,第 263、266 页。

③ 黄炎培:《八十年来》,中国文史出版社 1982 年版,第 157 页。

④ 《邓小平文选》第 2 卷,人民出版社 1994 年版,第 333 页。

化的方式处理社会政治问题,从而现代的公民精神不断被重塑。由此可见,实行政府"统治"职能向"治理"的转换和国家权力向社会的回归,无疑是社会主义政治文明建设的内在要求。

5. 中国的民主政治建设必须在党的领导下有组织、有秩序地进行

扩大基层民主作为发展民主政治、建设政治文明的基础环节,离不开各级党委、政府以及其他政治组织的领导、引导和指导。浙江从省委、省人大、省政府到基层党委、人大和政府,包括村级党组织,都发挥了很好的作用。当村民自发地要求与乡镇领导进行对话,以明确与自身利益攸关的事务这种形式出现,县、乡镇直至省、市领导适时地加以引导、总结并推广,最终构成浙江大地基层民主政治建设一道独特亮丽的风景线。当村民不满自己所选出的"村官",要求予以罢免这种激烈情况出现时,各级党委、人大和政府不是采取压制和回避矛盾的方式,而是积极引导农民群众依法行使自己的权利,最终使问题得到解决,有效地促进了基层民主自治制度向深度发展。当民众的民主权利意识还处在朦胧状态,而现实有条件实现他们应有的民主权利时,有关党政组织能敏锐把握趋势,因地制宜,大胆地进行探索。实践表明,基层民主政治建设离不开党和政府的领导和引导,各级党政组织只有主动、适时加强领导和引导,基层民主建设才会有序、有效地推进。

第三节 "法治浙江"建设的"先行性"与"特色性"经验和启示

依法治国,建设社会主义法治国家,这是中国共产党经过多年探索和总结所确立的治理国家的基本方略。浙江作为经济比较发达的沿海省份,在加快改革开放增强经济实力的同时,认真贯彻依法治国基本方略,并在实践中开拓创新。1996 年浙江省做出了"依法治省"的决定,1999 年进一步明确了"依法治省"的指导思想、基本原则、方法步骤和政策措施。2000 年,浙江出台了《关于进一步推进依法治省的决定》。党的十六大以后,浙江在相继做出的实施"八八战略"、建设"平安浙江"等重大决策中,都把民主法治建设作为一项重要内容。2006 年浙江《关于建设"法治浙江"的决定》确定"法治浙江"战略,拉开了全面建设"法治浙江"的序幕。浙江立足于地方法治理论,领先于全国其他省份进一步落实了依法治国方略,提供了许多"先行性"和"特色性"经验,提供了一个法治不断深化的实践样本,成为鼓励制度创新的典范,对社会主义法治建设具有重要地启示意义。

一、必须高度重视地方立法

依法治省,建设法治浙江,首先要有法可依。高度重视地方立法,是浙江地方法治建设的基础。从 1979 年到 2002 年,浙江省人大及其常委会共制定、修改、废止地方性法规 318 件(其中制定 211 件,修改 82 件,废止 25 件),批准杭州、宁波和景宁畲族自治县地方性法规 195 件,涵盖经济、社会、文化、政权建设等各个领域[①]。浙江的地方立法有以下特点和经验:一是经济立法优先发展。在经济基础与法律的一般关系中,经济基础对法律起决定性作用,法律具有对经济基础的反作用,这种反作用可以是促进经济发展,也可能是阻碍经济发展。与市场经济早发、经济发展较快、地方对法律尤其是经济法律客观需求较大的实际相适应,浙江多立法、快立法,尤以经济立法为重点的特点很突出。这显示了浙江立法为经济发展大

① 参见浙江省人大法制委员会:《地方立法硕果累累》,《浙江日报》2004 年 9 月 15 日。

局服务，从改革成果确认，到积极引导、规范经济发展作用的发挥。在以经济立法为重心的同时，浙江根据“依法治国，建设社会主义法治国家”基本方略的要求，注重政治、行政、文化、教育等方面的立法。浙江地方立法始终坚持从本省改革发展的实际出发，选定立法项目，设定法规内容，注重针对性，体现地方特色。二是坚持立、改、废相结合，增强地方法规的适时性。处理好稳定性与变动性、前瞻性与阶段性之间的关系，是地方立法与时俱进的必然要求。从1997年起，浙江省人大常委会就根据行政处罚法的要求，对全省地方性法规开始进行清理。2001年，省人大常委会对1979年到2000年制定发布的330件地方性法规进行了一次全面清理，对不适应改革开放和现代化建设要求的地方性法规，按照法定程序，该修改的修改，该废止的废止。2001、2002年两年中修改、废止和批准修改和废止地方性法规达到38件之多[①]，从而更好地适应了我国加入世贸组织的要求和社会主义市场经济的发展需要，增强了地方性法规的适时性。三是坚持立法为民，把人民利益放在高于一切的地位。人民的利益高于一切，是社会主义法制建设的终极追求。浙江在推行法制建设过程中，始终把维护人民的根本利益作为法制建设的出发点和归宿。在地方立法中，浙江重视正确处理局部利益和全局利益、行政主管部门行使行政管理权和保障人民群众合法权益的关系，在赋予行政主管部门行政管理权的同时，对其适用范围和运作程序做出严格规范，努力防止扩大部门利益的倾向。特别是严格行政审批、许可制度，防止把不适应市场经济的旧的行政管理手段法制化，从而较好地处理了权力与权利的关系，把人民当家做主的要求落到实处。四是不断提高地方立法的民主性。浙江采取各种措施保障地方立法的民主性。在坚持和改进立法听证制度、重要法规草案登报公开征求意见、充分运用座谈会和专家论证会等形式听取各方面意见、下基层进行立法调研等“开门立法”举措的同时，进一步拓展同人民群众保持密切联系的渠道，进一步扩大人民群众对立法工作的知情权和对立法工作的有序参与等方面进行了若干尝试。如，向社会公开征求立法建议项目，以求最大限度地让人民群众参与到立法中来，确保从立法计划的确定到法规草案的起草、审议和修改，整个过程都有人民群众尤其是人大代表参与进来，实现立法机关与社会公众之间的互动。再如，充分运用网络传媒为立法工作服务，开通了全国首个“地方立法网”，对一些涉及人民群众切身利益的重要法规草案在地方立法网上进行公布。浙江从2003年起实施公民旁听省人大常委会会议制度，这既是立法机关接受人民监督的一项具体措施，也是浙江在立法公开化、民主化方面迈出的重要一步[②]。

二、必须为社会主义市场经济提供法治保障

市场经济是法治经济，如果没有法治保障，市场经济运行必然会陷入混乱，造成经济危机，这已被西方国家发展的事实所证明。如何保障市场经济的正常运行，是市场经济中法治建设的主要任务。具体来说，市场经济主体的成立条件、法律资格、权利义务，市场经济中的资源配置和要素流动的自由进行，市场经济中的各项权利行使，各项义务履行，各种越轨行为处罚，市场运行规则的完备，等等，都需要法治建设提供保障。

浙江在市场经济形成发展过程中，突出经济立法，通过对反不正当竞争、合同行为管理

---

① 参见《2004年浙江发展报告·法制卷》，杭州出版社2004年版，第2页。

② 陈柳裕：《“法治浙江”战略：建设社会主义法治国家的浙江经验》，中华读书报2008年10月29日第04版。

监督、标准化管理、劳动力和人才市场管理等法规的制定和修改，依法规范了市场经济秩序，对营造良好地发展环境，推进社会主义市场经济体制的建立和完善起到了积极作用。土地、矿产资源、水资源、农业自然资源、基本农田保护等方面法规的制定和修改，对节约和合理使用资源，加强环境生态保护和建设，促进浙江地方社会经济可持续发展发挥了重要作用。从总量上看，改革开放30多年，浙江地方经济类立法所占比例一直很大，共计124件，占浙江地方立法总数的52%。尤其是前期立法中，经济类立法所占比例更高，浙江省五届人大常委会立法中，经济类法规所占比例达到57%以上。后期立法中，经济类立法数量也在不断增加，1993年后，浙江加大了地方经济立法力度，对国家法律没有规定或不宜规定的经济关系作出规定，对促进和保护具有地方改革特色的经济关系发展起到积极效果。浙江省八届、九届、十届人大共制定经济类法规84件，是前三届经济立法总量的2倍，从强化法律制度建设促进经济发展，以经济发展促进法制完备。

浙江在司法实践中，人民法院强化经济审判和行政审判，保护经济发展，促进依法行政。自经济审判庭建立后，全省各级法院受理经济案件剧增，平均每年以60%的比例上升。尤其是1993年建立了社会主义市场经济体制后，经济案件成倍增长，案件种类繁多，新情况、新问题层出不穷，为了更好地为经济建设服务，各级人民法院都充实审判力量，鼓励调研，加强经济审判工作。据调查统计，仅2001—2006年，浙江各级人民法院审理民商事案件总量就达到160多万件，占民事、刑事、行政案件收案总量的70%以上。大量的民事、经济纠纷的解决，有力地规范了市场行为，对市场经济新秩序的形成起到了很好地促进作用。同时，加强行政审判工作，积极促进政府依法行政。自1990年《行政诉讼法》实施后，全省各级人民法院审结对工商、公安、土管、计生、环保、城建等部门的行政诉讼案件5万多件，有力地促进了政府行为的法治化，规范了市场管理秩序，保障了市场经济正常运行[①]。

三、必须坚持党的领导、人民当家做主和依法治国的有机统一

从理论上讲，党和政府与广大人民群众在法治问题上的根本利益、努力方向和追求目标是完全一致的；从实践中看，改革开放30多年浙江法治化进程正是在保持社会稳定基础上通过持续不断地改革向前推进的。实际上浙江法治化进程从起步开始，就来自全体人民的强烈要求与党和政府的有力推动，其每一步重大进展也是党、政府和人民共同努力的结果。

浙江各级党政主体以积极有为的姿态，制定了法治建设总体战略目标和分阶段实施步骤，明确了法治建设的领导力量和协同力量，充分调动社会各方积极因素，分层次、分阶段地推进，既有前瞻性的规划，也有操作性的步骤。浙江法治建设从初创到全面推进再到深化和创新的不同阶段，都突出地体现出党的领导这一特征。1996年，浙江省委作出“依法治省”决定；2000年，进一步作出同样命题的决定；2004年，将“法治浙江”列为重点调研课题；2006年，出台具有战略指导性的文件——《关于建设“法治浙江”的决定》。这些凸显浙江地方党政积极有为的姿态和积极推进地方开展法治建设的决心和行动。可以看出，浙江法治突出党政的核心推力。浙江建设有为政府，大力构建社会公共事业和社会公平，解决民生问题，同时又强调建设有限政府，政府有所为、有所不为，为市场和公民社会的发展留有余地；浙江明确以宪法和法律为依据，坚持以人为本、全面协调可持续发展的科学发展观，坚持党的领

① 陈柳裕：《“法治浙江”战略：建设社会主义法治国家的浙江经验》，中华读书报2008年10月29日第4版。

导、人民当家做主和依法治国的有机统一，以经济建设为中心，以民主法制完善、利益平衡协调、社会文明安定为基本目标，不断完善立法，依法行政，公正司法，开展法律监督、法制教育和法律服务；浙江强调不断提高公民参与管理国家、社会事务和各领域的民主程度与法治意识，努力营造有利于扩大公民有序的政治参与，有利于促进经济、政治、文化、社会建设的协调发展，有利于维护社会和谐安定的优良法治环境。这些为浙江小康社会建设、提前基本实现现代化提供了坚实的法治保障。

人民群众是法治建设最根本性的决定力量。真正的法治必然要求民主和推行民主，法治和民主都必然包含着对于权力的制约。人民群众对于政府权力的决定与监督就必然成为法治建设的要求与内容。人民群众担负着对于政府权力的最终监督与制约的责任和使命，是法治建设中最根本性的决定力量。在浙江的法治建设中，人民群众已经形成重要的推动力量，使浙江法治建设有了稳固、坚实的基础。浙江在地方法治进程中，人民群众法律至上理念逐渐形成，以此带动其他理念的全面更新，确立了自由、平等、民主和公正的沟通协商机制和话语论证原则，形成了多元共识、自由自主、平等互利、权利互动、契约共建等现代法治文明形式，从而奠定了有效的地方法治基础。如，浙江在基层民主法治建设中涌现出"枫桥经验"创新、"民主法治示范村"、"民主法治示范社区"、"力帮社区综合治理"、"综治进民企"、"台州民主恳谈会"、"宁波和谐促进会"等典型事例，表明了浙江人民群众对法治文明精神建设的推动力。同时，这种文明精神在整个社会法治建设进程中又充分发挥效用，带动了全社会法治水平的提高。浙江在法治政府建设进程中，人民群众起到了重要地推动作用。一是民众参政意识增强。在浙江省政府制定各种规章制度向社会公开征求意见时，民众参与踊跃，提出的意见建议中肯、实际，为政府制定政策提供了有益支持。浙江人大、政协的各种会议形式较早地推行了公民旁听制度，旁听公民和代表、委员一样，在政情交流会上提问、发表意见、提出建议。二是公民的法治意识明显增强，"民告官"案件在不断增加。诚然，我们承认公民提起行政诉讼、申请行政复议、进行信访，并不能标志他们的要求都是合理合法的，但却说明公民的法治意识在增强，浙江法治建设已经得到越来越多民众的认同，民众已经开始认识到了法治政府建设的现实价值。社会观念在改变，不再畏官、怕官，而是敢于监督"官"的行为，监督政府行为，这正是人民群众推动法治建设的真正动力。

四、必须充分发挥党的领导作用、人大的主导作用、政府的组织作用、"一府两院"的执法作用、政协的民主监督作用

浙江在进行地方法治建设中较早地认识到，地方法治建设离不开党的领导作用、人大的主导作用、政府的组织作用、"一府两院"的执法作用、政协的民主监督作用以及人民群众的决定作用。浙江省人大常委会在2006年5月25日通过的《关于建设"法治浙江"的决议》中就明确指出："按照党委统揽全局、协调各方的原则，规范党委同人大、政府、政协的关系，充分发挥党委的领导作用，人大的主导作用，政府的组织作用，'一府两院'的执法主体作用和政协的民主监督作用。把党委的重大决策与地方立法结合起来，在法治轨道上开展各项工作。同时，还包括逐步培育理性的法治文化、提高全体公民的民主法律意识、增强社会对政府权力运行的监督能力。这样才能使全社会各方面的力量都参与到浙江法治建设工作中来"。这就明确了地方法治建设主体是全社会各方面力量。地方党委是领导主体，在地方法治建设中起到统揽全局、协调各方的作用；人大是主导主体，起到上承国家意志、下表地方创

造精神的承上启下作用;“一府两院”是执法主体,起到自身改革和带动民众改革的推动作用;政协是监督主体,发挥民主监督作用。

改革开放以来,中国共产党的领导方式和执政方式经历了从人治到法治,从政策治国到依法执政的重大转变历程。依法执政的确立解决了社会主义制度建立之后,党如何执政这一长期未能很好解决的历史课题,标志着党的领导方式和执政方式的重大转变,也确立了党在法治国家建设中的主体地位。从浙江的实践看,浙江地方党委转变观念,把地方经济社会发展中的重大和全局问题的决策,通过地方人大、政府制定成地方性法律、法规,把党的主张经过法定程序,上升为法律意志,来实现对地方的政治领导。多年来,浙江地方党委一系列的重大决策,都得到了地方立法的支持,比如 2002 年后,提出的建设信用浙江、绿色浙江、数字浙江以及创建生态省的重大决策,仅省政府就颁布了 31 件政府规章为重大决策提供法规支撑。2003 年,围绕如何加快浙江全面建设小康社会、提前基本实现现代化的战略目标,浙江做出的“八八战略”的重大决策,使后期浙江经济社会全方位立法掀起一个新高潮,社会性立法开始增多。2004 年,浙江省委建设“平安浙江”的决定,得到了《浙江信访条例》的支持。2006 年,浙江省委做出的建设“法治浙江”的决定,浙江省人大新制定了 13 件地方性法规予以支持。同时在法治建设评价标准上,浙江强化了地方党委在进行地方法治建设方面的主要职责,对各级党委、各级党组织领导、党员干部依法执政能力进行考核。确立了五项主要考评标准,即:认真遵守宪法、法律和党章,贯彻落实中央和省委重大决策指标;发挥党委对同级人大、政府、政协的领导核心作用,支持监督司法机关依法开展活动指标;健全党内民主制度,推行党务公开指标;健全党内监督制度指标;建立健全党委领导法治建设的工作机制指标。通过考评体系的制定,明晰了党委的法治建设主体地位和权责体系,使党委在“法治浙江”建设中发挥积极作用。

地方人大在地方法治建设中具有重要的主导作用。与全国人大及常委会相比,地方人大有着自身的特点,它既要秉承国家意志,保障国家宪法、法律在本地方能顺利执行,制定相应补充性规定,又要根据本地方经济社会发展特点,发挥地方的主动性、积极性,制定全国未作统一规定的具体规则。同时还要对国家和地方法律的贯彻执行进行监督,监督地方政府、司法机关法律的贯彻落实情况。尤其是在制定法律时能否真正发挥人大代表对民意的表达,进行科学、民主立法,制定出符合民意的地方立法。所以,地方人大在“法治地方”建设中起到上承国家意志、下表地方创造精神的承上启下作用,并在地方法治建设中发挥重要的主导作用。从浙江实践看,浙江地方人大充分发挥立法功能,在立法中实现维护国家法制统一与突出地方特色相结合,突出创制性立法。1986 年后,浙江的地方立法从针对性立法开始向特色立法发展。仅 1998—2002 年五年间,浙江出台的属于创制性、自主性立法项目占立法总数的 50%以上[①]。2001 年,在全国各省、市中,浙江率先以省政府规章的形式确认通过了《浙江省最低生活保障办法》,在全国率先推行了城乡一体化的公民最低生活保障制度,成为社会保障地方立法的全国领先者。2004 年,浙江制定了《浙江省农民专业合作社条例》,这是浙江省在国家法律尚未出台前制定的一部先行立法,为后期国家立法进行了实践探索。2005 年,浙江省人民政府审议通过的浙江首个信用法规——《浙江省企业信用信息征集和发布管理办法》,这标志着浙江在信用立法方面走在了全国各省、市的前列。浙江省人大常

① 万斌:《浙江蓝皮书 2004 年浙江发展报告(法治卷)》,杭州出版社 2004 年版,第 24 页。

委会于2006年出台的《浙江物业管理条例》，在全国率先明确赋予业主委员会独立的诉讼主体地位。2006年制定的《浙江省企业商号管理和保护规定》，创设了企业商号特别是知名商号保护制度，加强对企业商号的保护与管理，保护企业的合法权益，维护正常的市场竞争秩序，成为浙江独具特色的立法。正是这些自主创新法规的出台，促进了浙江权力机关主导主体地位的确立。

地方各级人民政府和人民法院、人民检察院，是法律、法规的执行者，如果没有政府的依法行政，严格依法办事，建构法治政府，没有人民法院、人民检察院的公正司法，社会主义法制的基本要求就难以实现，中国就没有法治可言。当然，人民政府的执法职能是通过政府公务人员的执法活动表现出来的，司法机关的公正司法是通过每个司法人员的具体司法行为表现出来的。所以，执法主体不仅指地方各级人民政府、人民法院、人民检察院，还包含在这"一府两院"中从事执法、司法工作的公务人员。改革开放30年，浙江通过执法主体执法、司法功能的发挥，促进了经济社会的持续、稳定、健康发展。

没有监督的权力必将走向腐败。法律的实施一旦失去监督，也难以得到真正执行。建设法治地方，法治监督主体体系必不可少，必须明确监督主体，才能保障法治的顺利推行。法治监督的主体范围，不仅包括法定的有权主体，如人大、检察机关，还应当包括政协、政党、社会团体和公民的监督，使全社会各种主体都能从不同角度对法律的制定、实施进行全方位监督，真正实现依法治国，建设法治国家。改革开放以来，特别是20世纪90年代以来，浙江各级党委的纪检监察监督、人大的法律监督、政协的民主监督、检察机关的法律监督以及行政机关的内部层级监督、"两院"的内部监控、社会团体监督、新闻媒体监督、民众监督都在法治建设中保障法律的贯彻实施起到了重要作用。浙江各级人大及其常委会在同级党委的领导下，依法行使法律监督职权，为保证宪法和法律、法规的顺利贯彻实施起到重要作用；浙江各级政协，积极行使民主监督权力，对法治建设作出了积极贡献；浙江各级检察机关，不断强化自身建设，通过司法监督，努力促进司法公正，发挥了重要作用；与此同时，政府自身的层级监督作用也越来越明显。所以，进行地方法治建设，应当建构监督体系，明确党委的纪检、监察在法治建设中的功能作用，明确人大、检察院的法律监督地位，明确"一府两院"的内部监督职责，明确人民政协的民主监督地位，新闻媒体、社会公众的社会监督权利主体地位，使法律的实施建立在监督主体体系监督之下，真正实现社会主义法治基本要求。

五、必须加强法治文化建设

加强法治文化建设应当作为"法治地方"建设的重要内容，没有法治文化的形成和积淀，再轰轰烈烈的法治建设活动都会流于形式。所谓法治文化，泛指法律以及依照法律进行治理活动等现象本身，既包括法律规范、法律制度和法律组织机构等制度层面的内容，也包括人们对法治的思想、意识、感情、信仰、知识、理论等精神方面的内容，还包括依照法律进行治理所进行的各种活动及作为成果形式的文化现象。当然，法治文化的培养是要通过教化来实现的，通过教育与治理的结合才能尽快构建法治文化。浙江的法治文化建设，采取了普法教育与依法治理并进的大普法格局，取得了明显成效。从1985年起，按照党中央、国务院的部署，浙江开展了规模空前的5个五年普法教育。截至"四五"普法结束，全省累计有12483万人次接受了普法教育。11个市、90个县(市、区)先后开展了依法治理工作，行业依法治理工作全面展开。85%以上的公民不同程度地接受了法制教育，95%以上的农村和社区开展了“民主法治村(社区)”建设活动,企业依法治理面达90%以上,学校依法治理面达100%。通过大普法格局的确立,教育和治理相结合,“依法治省”和建设“法治地方”稳步推行,使民众理性法律意识大大增强,法律官员法律理性明显提高。历经5个五年普法,领导干部法律意识明显增强,社会主义法治理念深入人心,民众法律意识不断提高,基本形成了全社会学法、遵法、守法的良好状态。在开展普法教育的同时,浙江更注重依法治理,学法、用法相结合,提高社会各界法治文化水平。通过普法教育和依法治理,涌现出许多民众自发形成的法治文化现象,省内其他各地探索丰富了“民主恳谈会”、“决策听证会”、“网上民主对话”、“村民议事厅”、社区直选的“宁波模式”等形式。

第四节 地方政府转型的“先行性”与“特色性”经验和启示

改革开放30多年来,围绕社会主义市场经济体制的建立和完善,浙江在推行政企分开、行政审批制度创新、国有经济布局和结构战略调整等一系列改革中,实现了政府职能的重大转变。浙江地方政府转型的“先行性”与“特色性”经验带给我们深刻启示。

一、必须坚持政府转型的正确取向

浙江坚持了地方政府转型的正确取向,即构建人本型、有限型、责任型、透明型、廉洁型政府。

1. 构建人本型政府

构建人本型政府,就是地方政府管理要体现以人为本,构建一种尊重人、关心人、信任人、造就人和发展人的政府。中央提出科学发展观以后,浙江先后做出实施“八八战略”和建设“平安浙江”、文化大省、“法治浙江”四位一体的部署,深入实施“创业富民、创新强省”总战略,扎实推进“全面小康六大行动计划”。在地方政府转型方面,就是体现以人为本,高度关注民生福祉。浙江制定了构建为民办实事长效机制的若干意见,比较系统地提出了涵盖就业再就业、社会保障、科教文化、医疗卫生、基础设施、城乡住房、生态环境、扶贫开发、权益保障、社会稳定等十大重点领域的实事内容,每年在省人代会的政府工作报告中作出具体的年度承诺,并确保全面完成。总之,地方政府把现实的人作为一切活动的出发点,充分考虑公众利益、愿望和要求,努力满足人民的生存、安全、享受和发展的需要。同时,将人作为社会管理的主体。相对于对物的依赖,地方政府充分注重人的主体和核心地位,努力营造良好地体制机制环境,充分发挥人的聪明才智,将人作为地方政府管理的目的。围绕促进人的全面发展,地方政府摒弃“见物不见人”的思想,重视人的存在和需求,切实尊重和保障人权,保障公民的政治、经济和文化权利,通过提供良好的社会管理和公共服务,真正把人的全面发展作为衡量政绩的根本标准。

2. 构建有限型政府

在传统社会中,地方政府对社会全面行使权力,包揽了所有公共事务,是“全能型”政府。一方面,由于地方政府包揽过多,精力分散,导致效率低下;另一方面,维持“全能型”政府所需要的庞大运行费用必然遇到瓶颈,所以“全能型”政府往往是无能政府。“有限型”政府即政府的权力和职能是有边界的。随着社会主义市场经济体制的逐步确立,浙江地方政府的权力和职能边界愈来愈明晰。地方政府不再事无巨细地对经济运行实行直接管理,政企分开已迈出较大步伐,行政机关与所办企业全部实现脱钩;对非限制类的民间投资项目,全面实行登记备案制,地方政府不再干预企业具体地投资决策;对建设工程承包、经营性土地使用权出让、政府采购等行为,绝大多数实行了公开招标,交由市场配置资源;而且通过数轮行政审批制度改革,将部分原由政府承担的职能转交社会中介等非政府组织。而当政府在一些领域脱身之后,便能够腾出精力干好自己的本行。近年来,浙江地方政府以发展社会事业和社会保障为重点,努力打造"公共服务网"和"社会安全网",取得明显成效。实践证明,地方政府的权力和职能边界取决于市场和社会的需要。在政府与市场的关系中,市场发挥配置资源的基础性作用;地方政府在充分尊重市场功能的前提下,对市场失灵的领域予以干预。在政府与社会的关系中,非政府组织发挥自治与自律功能;地方政府把主要精力集中于规则的制定和维护上,并使民间约定和道德调节在更大程度上起到应有的作用。构建"有限型"的现代地方政府,实质上是将政府置于市场自主和社会自治的基础上。只有这样的地方政府,才是与自身能力相契合的。从一定程度来讲,政府应有自知之明——意识到自身能力的有限,是理性确定地方政府职能的前提。现代地方政府应将自己定位于"全能"与"无为"之间,做到有所为、有所不为。只有当政府秉承了"有限型"的价值基准,才能将自身能力范围内的事情做好,并使自身能力得到最大限度发挥。

3. 构建责任型政府

在传统社会中,地方政府的权责严重脱节。地方政府对公民强调义务,却往往忽视其权利;地方政府权力被无限扩大,责任却被置于次要地位。因为政府权力的本源是社会公众,政府责任才是行政权力的核心。现代"责任型"政府的理念源于民主政府的委托一代理关系,地方政府受公民委托处理公共事务,就有义务把公共事务处理好,否则就必须承担相应的责任。责任的含义有二:一是指分内应做之事;二是未做好分内应做之事应遭受的谴责和制裁。地方政府责任包括道德责任、政治责任、行政责任和诉讼责任。过去 30 多年来,浙江地方政府在强化自我责任方面已积极迈开步子。2005 年 1 月,浙江省在《关于贯彻落实全面推进依法行政实施纲要的意见》中明确提出:各级政府及其部门要制定和完善内部决策规则,明确决策权限、决策程序、决策责任,逐步健全事权、决策权和决策责任相统一的工作制度;按照"谁决策、谁负责"的原则,明确监督程序、监督方式,落实决策责任;行政执法实行"权力和责任挂钩、权力和利益脱钩"的原则,加快建立权责明确、行为规范、监督有效、保障有力的行政执法体制。2006 年 4 月,中共浙江省委在《关于建设"法治浙江"的决定》中明确提出,要全面推进依法行政,实行决策的论证制和责任制,健全行政执法责任制、行政执法评议考核机制和责任追究制度。推进构建责任政府的实质是政府的一切措施与官员的一切行为都须以民意为依归。作为共产党执政的我国地方政府,更需对民意负责,全力履行宪法和法律所规定的职责和义务,积极回应社会公众的要求。要切实处理好职权与责任、权利与义务、监督与追究的关系。行政权力运行的每一环节,都必须有具体规定作边界,只要越界就会被责任所制约、被制度所惩处。总之,承担责任是现代地方政府的第一要义,政府必须接受来自内部的和外部的控制,以保证责任的全面落实。

4. 构建透明型政府

在传统社会中,地方政府从机构设置、职责权限到规章制度、运行程序等都不对外公开,地方政府的决策、执行、监督公众无从知晓,只能被动接受行政机关的结论性意见。这必然降低人民群众对地方政府的信任度,也有悖于民主政治的理念。推进地方政府转型,必然要求构建透明政府。因为“透明型”政府把其掌握的公共信息，除了必须保密以及个人隐私的部分外，全部向社会公开。这将“意味着两种特权的丧失：首先是政府难以继续保持神秘感或者神圣感，其次是利益分配公开化之后，不再有传统的暗箱操作”[①]。但是，它符合民主政治之本意，可以促使更好地实现公民权利。应该说，我国改革开放的进程也是各级政府逐步开放、透明的过程。特别是近年来，浙江地方政府大力推进政务公开，凡是依照国家法律、法规和有关政策规定，运用行政权力办理与人民群众利益相关的各类事项，除涉密事项外，原则上都要公开。省、市、县政府普遍建立了政府门户网站，及时公布最新政策和公共事务的相关信息。事实上，只有利益相关者充分获取政府信息，并经过公开讨论、谈判协调后达成共识，才能最大限度地聚合市场需求、反映公众意愿。当然，地方政府主动提供政务信息，严格说来只是构建透明政府的第一步。要切实树立可亲、可信的地方政府形象，还必须构建开放性的治理结构，形成民主决策的制度平台，使社会公众和社会组织直接参与到地方治理的过程中来。从这个角度来看，起源于台州温岭市松门镇的民主恳谈会具有面向未来的意义。

5. 构建廉洁型政府

在现实生活中，行政权力随时有被异化的可能，最主要的表现就是设租导致的腐败，这是世界范围的“政治之癌”。所谓设租，是指权力拥有者利用权力获取非生产性经济利益的行为，其实质是以公共权力谋取私利。在传统社会中，地方政府在运行中存在较多的设租现象。行政权力异化一旦形成风气，行政机关就可能沦为“设租型”政府。构建“廉洁型”政府，必须营造腐败预期成本大于预期收益的制度环境。近年来，浙江地方政府着力完善“管人、管事、管钱”的体制机制，促使行政权力规范运行。比如，健全干部选拔任用各个环节的具体规定，实行廉政“一票否决”制，到 2005 年 6 月共调整不称职领导干部 942 名，其中县处级以上干部 200 名；深化行政审批制度改革，建立行政服务中心、招投标中心和经济发展环境投诉中心，更充分地变“行政配置资源”为“市场配置资源”，减少权钱交易的机会；强化政府性资金管理，省、市、县政府都建立会计核算中心，对所有财政性资金实行单一账户、集中支付、统一管理，随后还推行国库集中收付制度。同时，坚决依法惩治腐败，以查处发生在领导机关和领导干部中滥用权力、谋取私利的违纪违法案件为重点，严肃查处贪污、受贿、行贿、挪用公款等违法案件，严肃查处失职渎职、严重损害国家利益的案件，严肃查处各种以权谋私、严重损害社会公众利益的案件。这些措施有利于从源头上抑制设租腐败行为的滋生蔓延。实践证明，建设“廉洁型”政府，最为根本的是加强对权力运行的制约。洛克曾说：“在一切情况和条件下，对于滥用职权的强力的真正纠正办法，就是用强力对付强力”[②]。这就要求对权力实行分工制衡，保证公共权力用来为公共利益服务。要进一步健全人大法律监督，完善政治民主监督和司法监督，强化行政监察、审计等专门监督。同时，切实加强社会监督。这是当前最薄弱的环节，也是最有效的监督手段。

二、必须正确处理政府与市场的关系

在现代市场经济中，政府与市场是两种基本的制度安排，是任何国家和地区都无法回避的一对矛盾。近代社会随着经济和政治的不断发展，政府与市场关系经历了几次大的历史

---

① 李文良等：《中国政府职能转变问题报告》，中国发展出版社 2003 年版，第 214 页。

② ［英］洛克：《政府论》（下篇），叶启芳、翟菊农译，商务印书馆 1986 年版，第 95 页。

演变，从亚当·斯密的"守夜人"关系，到凯恩斯的国家与市场的干预关系，再到以布坎南为代表的公共选择理论所追求的通过制度约束在政府与市场之间寻找一种新的平衡关系[①]。政府与市场关系的这些变化，以及围绕这种历史演变而出现的各种理论流派，对近代各国经济发展产生了深远影响。但是，这些政府与市场关系的演变及其理论流派主要是以西方发达国家为分析基础的。发展中国家的情况与此有着很大差异，尤其是像中国这样从计划经济向市场经济转型的国家，政府与市场关系面临着许多特殊情况，如何形成符合转型国家自己实际的政府与市场关系模式，一直是影响和制约转型国家经济社会发展的一个重要因素。浙江在改革开放30多年来的实践中，通过大胆尝试、及时纠偏、不断总结，逐渐形成了以活跃的市场、有为的政府、政府与市场合作互补为主要特征的政府与市场关系模式。

改革开放以来，浙江的市场化改革一直领先于全国，无论是"温州模式"、"义乌模式"，还是"浙江现象"，其特点首先都是活跃的市场经济。浙江经济的起飞，得益于市场机制的率先引入。正是这种市场机制优势使浙江抢占了经济发展先机，市场竞争规则随后在浙江较普遍和有效运用，又提高和保证了浙江经济的效率，使得浙江的市场化水平和经济发展能够持续走在全国前列[②]。尽管在改革开放之初，温州模式曾以政府无为而治在全国产生了很大的影响。但这只是在特定条件下地方政府为推动当地经济发展而采取的一种策略。总体而言，浙江各级政府在当地经济社会发展中发挥了十分积极有为的作用：一是对当地经济社会发展进行科学的规划，制定正确的发展战略，其中最典型的是义乌市。全国闻名的义乌小商品市场建设，其间经过八度搬迁、五次新建，不同时期的市场建设和发展都带有鲜明的政府烙印，都离不开政府在市场发展规划和发展战略上的积极作用[③]。二是有效的公共产品供给和公共服务能力。政府是公共物品的主要供应者，浙江各级政府在这方面具有较高效率。这不仅因为浙江经济相对较为发达，具有提供公共物品所需要的经济实力，而且浙江各级政府善于发挥市场机制在公共物品供应中的作用，有效提高了公共物品供应效率。三是政府自身的自律和约束能力。浙江通过审批制度改革、收支两条线的财政预算管理改革、国有土地有偿使用改革等途径，对政府行使的公共权力进行了严格监督和控制，有效遏制了腐败现象的产生。

浙江政府与市场关系中表现出来的政府有为，与计划经济时期政府无所不包的管理有着根本的区别：有为政府的行为是以市场为基础，是在尊重市场规律基础上发挥政府的引导作用；有为政府以创造市场发展良好外部环境为目的，不是政府自己参与微观经济竞争；有为政府以规划为主要的引导手段，不干预经济主体具体经济活动；有为政府以服务为管理的基本方式，不是通过居高临下的管制和行政力量来体现政府的作为。浙江有为政府合理的政策措施对浙江经济社会的健康发展发挥了十分积极的作用。而在国内不少地方，政府与市场这对矛盾没有得到妥善处理，市场的活跃往往伴随着政府作用的弱化，而政府作用的发挥往往又是以市场功能萎缩为代价，非此即彼。但是在浙江，市场的活跃和政府的有为并没有形成对立，反而在博弈中实现了较好互补。这是因为政府与市场双方存在着合作的基础，

---

① 张群梅：《政府与市场关系的新解读—公共选择理论的政府观分析》，《河南大学学报》2007年第2期，第84—88页。

② 樊纲，王小鲁：《中国市场化指数—各地区市场化相对进程报告（2000年）》，经济科学出版社2001年版，第95—97页。

③ 陆立军等：《市场义乌—从鸡毛换糖到国际商贸》，浙江人民出版社2003年版，第161页。

有着共同的利益，互相需要。

首先是政府需要市场。改革开放以来，我国地方政府的性质和作用发生了重大变化，地方政府已从过去主要作为中央政府的分支机构转变成了一级相对独立地利益主体。随着财政包干制、中央和地方分税制等财政体制的逐步实行，地方政府的责权利也实现了相对地统一。中央政府下放了更多地权力和利益，同时也下放了更多地责任。地方政府在具有了管理本地事务的更大权力、可以为本地争取更多利益的同时，也必须对本地区发展承担起更大地责任。在地方政府要履行地各种责任中，经济发展无疑是最基本和最主要的内容，没有经济的发展，不能有效摆脱贫穷落后状态，一个地区任何其他方面的发展都将难以长期持续。而要快速发展经济，就必须尽快摆脱计划经济的束缚，充分发挥市场机制的作用。正是通过市场高效率的资源配置，浙江很快形成了民营经济、股份制经济、专业市场、产业集群等经济特色和优势，经济获得了快速发展。而这正是转型国家的政府在经济启动期所最需要的。

同样，市场发展也需要政府。从政府与市场关系的角度分析浙江改革开放 30 多年来的发展历程，可以发现，浙江市场优势的形成尽管有着许多复杂原因，但其中非常重要地一个影响因素恰恰是政府。浙江之所以能够先于其他地方形成市场优势，浙江各级政府功不可没，他们为市场发展在制度供给方面发挥了积极作用。正是这种有效的制度供给，最终成就了浙江的市场优势。浙江各级政府在制度供给方面进行了卓有成效地努力，设法使政府主导的制度供给与民间诱致性制度供给相结合，政府的制度供给与政府的政策供给相结合，激发市场活力与调动基层政府积极性的制度供给相结合，推动经济发展的制度供给与约束市场损人利己行为、制约官员以权谋私的制度供给相结合，从而为浙江市场的发展提供了良好的制度环境。当然，浙江政府与市场关系模式不是天然形成的，而是长期博弈和磨合的结果，正是在与市场的不断较量中，浙江各级政府逐步了解和认识了市场规律，学会了如何在适应市场规律的基础上发挥自己的积极作用，政府与市场从相互抵触到彼此依存，逐步形成各司其职、合作互补的良性关系。

三、必须处理好“无为”与“有为”的关系

改革开放 30 多年来，浙江坚持按照“三个有利于”标准，把群众和基层的创新创造作为推进改革开放的源动力，“为改革、发展创造了一个宽松地政府环境”①。在改革开放初期，政府勇于“无为而治”，面对改革开放激发的群众创新创业热情，各级政府破除思想束缚，积极鼓励，“允许闯”、“允许试”，鼓励探索、善待挫折、宽容失败、激励成功，造就了浙江千百万创业主体；面对质疑、争论，各级政府顶住各种压力，坚持做到不打棍子、不扣帽子，不争论、不张扬、不限制，对个体、私营经济这些“资本主义尾巴”予以保护，对股份制这些“资本主义的生产关系”予以默许，对“温州模式”这一“资本主义模式”的发展保持“沉默”。政府以“无为而治”给予市场经济足够发育的空间，给予基层群众探索创新的自由，使浙江人民的创新意识与市场经济发展互动，创业热情与市场机制有机结合，开创了浙江改革开放的伟大局面。

为落实科学发展观，积极构建社会主义和谐社会，浙江把握时代脉搏，顺应发展要求，不断增强政府的社会管理职能和公共服务职能，积极“有为”。浙江坚持把发展作为“第一要

---

① 沈立江：《从温州模式到浙江现象的理性思考》，《中共浙江省委党校学报》2002 年第 6 期，第 4—7 页。

务”，更好地发挥经济调节和市场监管职能，为构建社会主义和谐社会提供物质基础；创造公平竞争的制度环境，明晰政府与企业的边界，推进国有经济布局结构的战略调整和现代企业制度建设；消除政策歧视，放宽市场准入，完善服务体系，鼓励、支持和引导非公有制经济快速发展；建设信用体系，完善信用环境，履行市场监管职能，维护市场秩序，创造良好的发展环境；坚持把社会公平正义作为社会和谐的根本保障，把社会事业发展作为社会和谐的坚实基础，把解决民生问题放在各级党委、政府工作更加突出的位置。30 多年的改革开放历程中，浙江在发展经济的同时更加注重社会发展，加快了科技、教育、文化、卫生、体育等各项社会事业的发展，努力满足群众快速增长的精神文化、健康安全、公共产品等方面的需求；浙江坚持把解决群众最关心、最直接、最现实的问题作为改革的着力点，把群众的呼声作为改革的第一信号，着力解决人民群众反映强烈的热点难点问题；浙江坚持着眼于社会公平，加快以权利公平、机会公平、规则公平、分配公平为主要内容的制度建设；逐步消除城乡分割的二元体制，建立健全公共财政向“三农”倾斜的投入机制、农民增收的长效机制和农业风险的新型防范机制；浙江推进收入分配制度改革，加快促进低收入农户奔小康，着力提高低收入者收入水平，让人民群众共享改革发展成果。

第五节　地方政府创新的“先行性”与“特色性”经验与启示

作为市场化改革长期走在全国前列，制度创新活力相当旺盛的省份，浙江是全国地方政府创新实践[①]最为活跃的地区之一，涌现出了众多在全国产生重要影响的地方政府创新典型。丰富多彩的原创性地方政府创新实践，同活跃的市场制度创新及其巨大的经济增长绩效一道，构成了全国瞩目的“浙江现象”、“浙江经验”的重要组成部分。

一、浙江地方政府创新的特征

浙江是全国市场经济最为发达，制度创新最为活跃的省份之一。民有、民营、民享的“老百姓经济”格局，发育相对成熟的市场体系和民间组织，以及理性、开明、务实的地方政治文化传统，为地方政府创新实践提供了较好的社会土壤。概括地讲，浙江地方政府创新实践经验呈现出了以下几个明显的特征[②]。

第一、创新实践的普遍性。从时间跨度来看，浙江许多地方政府在 20 世纪 80 年代中期，为推进体制外经济增长，就在如何将中央政策同地方实际有机结合方面进行了大量政策性创新。如义乌在 20 世纪 80 年代初顺乎民意，开放小商品市场；温台地区对当时还有广泛争议的个体私营经济以及专业市场发展所采取的种种庇护性政策等等。90 年代中期以后，随着市场化改革的深入，各种旨在建构适应市场经济发展体制环境的地方政府创新实践更是蔚然成风。从创新实践发生的地区来看，不仅经济发达地区创新活力高度旺盛，经济相对

---

① 在“中国地方政府创新奖”评选活动中，被纳入评选的地方政府创新事项包括了所有公共机构的创新实践。本文所称的地方政府创新实践，涵盖范围略有缩小，不包括村级组织运行机制的创新，指的是在中国特定的政治发展和行政体制改革背景下，地方党委政府主导的，旨在转变政府角色、优化政府运行机制、提高政府运行效能的各种创新性实践。

② 何显明：《浙江地方政府创新实践的生成机制与演进逻辑》，《中共宁波市委党校学报》2008 年第 5 期，第 15—22 页。

落后地区为加快地方经济发展和维护稳定秩序，也从自身实际出发，就优化地方政府角色定位和管理模式进行了大量卓有成效的探索。从创新实践所涉的内容来看，浙江地方政府创新不仅广泛涉及基层民主政治建设，而且涉及政府角色转型、政府运行机制创新、政府效能提升等政府管理体制改革各个方面的内容。各地、各领域持续性创新实践共同构成了浙江地方政府创新实践此起彼伏的热潮。仅以“中国地方政府创新奖”①入围项目统计来看，第一届创新奖评选全国共有 20 个项目入围，浙江入围 2 个(衢州市“农技 110”、金华市领导干部经济责任审计)；第二届创新奖全国入围项目共 18 个，浙江入围 3 项(湖州市“户籍制度改革”、温岭市“民主恳谈”、台州市“乡镇(街道)团委书记直选”)；第三届创新奖全国入围 25 个，浙江入围 4 个(武义县“村务监督委员会”、温州市“效能革命”、绍兴市“政府办公室导入 ISO9000 质量管理体系”、长兴县“教育券制度”)；第四届创新奖全国入围 20 个，浙江入围 4 项(义乌市总工会社会化维权模式、宁波市海曙区政府购买居家养老服务、瑞安市农村合作协会、庆元县技能型乡镇政府建设)。在这四届政府创新奖评选中，全国共有 83 项政府创新典型案例入围，其中浙江入围项目多达 13 个，占入围项目总数的 17%，成为全国入围项目最多的省区。这无疑也从一个侧面反映了浙江政府创新实践的活跃程度。

第二、创新主体的多元性。同一些地方创新实践所呈现出的单纯由党委政府发起和运作，创新主体主要限于基层政府的局面形成对照的是，参与浙江地方政府创新实践的主体，既有地方党委政府，也有其他公共机构，更有大量的民间组织和公民个体；既有基层政府和村级组织，又有省市高层级的地方政府。这样，就发生机制而言，浙江地方政府创新既有民间组织、市场主体以及利益群体推动的自发性和诱发性的制度创新实践，也有党委政府精心设计实施的强制性制度创新，更多地则是在民间力量和党委政府互动博弈过程发生的创新实践。社会多元主体共同构成的互动性网络，表明浙江已经形成了推进地方治理模式转型的丰富地社会资本。

第三、创新试验的持续性。创新实践因领导人更替以及领导注意力转移而发生中断，导致相关探索难以持续、深化，是政府创新实践面临的一个普遍性难题。相形之下，浙江大量典型性创新试验，却很好地保持了探索的持续性，形成了创新内容不断深化、创新成果不断丰富的良好局面。台州椒江区成为改革开放以后全国最早试行党代会常任制单位中唯一没有中断过试验的试点单位，经过长期不懈的探索，椒江建立起了以党代会常任制和干部选拔任用票决制为主要内容的一整套规范地方党委权力运作的制度体系。温岭“民主恳谈”试验起步于 1999 年，经历了思想政治工作载体创新、体制外基层民主试验、体制内的民主决策机制探索三个发展阶段，并派生出了温岭民主听证会制度、新河参与式预算试验、泽国重大事项民主决策机制、新河工资协商谈判制度等系列创新成果。浙江地方政府创新试验所保持的难能可贵的持续性，表明浙江政府创新实践已经形成了某些有效的动力机制和压力机制，促使创新试验的后继者自觉不自觉地在以往探索经验的基础上，不断完善相关制度建设。

第四、创新经验的原创性。浙江长期处于市场化改革前沿，各级地方政府最早感受到了政府管理的种种“成长中的烦恼”，对于市场化改革给政府管理模式带来的挑战具有相当敏锐的意识。“先成长、先烦恼”的境遇，决定了浙江直面现实挑战的创新实践往往都具有先发

① 由中共中央编译局比较政治与经济研究中心、中共中央党校世界政党比较研究中心和北京大学中国政府创新研究中心于 2000 年联合发起，每年评选出 10 个优胜奖和若干入围奖，迄今已评选四届。

性，能够贡献出某些原创性的经验。譬如，上虞的便民服务中心是全国第一个县级便民服务中心，为行政服务中心模式在全国的普遍推广提供了丰富的实践经验；庆元的技能型政府建设开创了全国县域服务型政府建设的先例，为服务政府建设的路径选择提供了诸多的启示；长兴县的教育卷制度在全国首开凭单制公共服务供给机制之先河，为全国各地探索教育发展模式创新提供了有益启示。

第五、创新成果影响的广泛性。创新领域和路径选择的务实性，以及创新经验的原创性，使浙江的许多政府创新成功案例在全国产生了广泛地影响。浙江一直坚持并不断完善的省管县财政体制，以及"强县扩权"改革被视为"浙江经验"的核心内容，先后为全国近 20 个省区所借鉴和移植；温岭的"民主恳谈"实践作为行政民主的有效载体和公共政策的回应性机制，几乎成为后来全国许多相关制度创新的原型；义乌市总工会社会化维权模式，作为新形势下工会角色转型的成功经验，受到全国总工会的高度评价，并在全国范围内得到广泛推广；庆元县技能型乡镇政府建设自取得明显成效后，全国 200 多个县市先后组团来考察学习，其经验也被广泛借鉴、移植。

第六、创新动力的内源性。浙江地方政府创新实践来自于地方经济社会发展的内在需求。资源禀赋是支撑一个国家或地区形成其比较优势的关键变量。改革开放伊始，当经济建设被确立为全党全社会的中心工作时，浙江面临的重大挑战，除了工业基础落后，国有集体经济力量弱小以外，就是能源、金属矿产资源等工业基本资源严重匮乏。浙江既是一个典型的"资源小省"，又是计划体制的边陲地区；既缺乏资源禀赋优势，又没有外部资本的推动。浙江内源式发展模式的主要推动力，来自于体制创新的先发优势。改革开放 30 多年来，浙江的最大优势就在于借助体制外增长的经济发展格局，率先推进经济的民营化和市场化，从而造成一种区域性的经济体制落差的"势能"，极大地调动起了千百万普通民众自主创业的热情，形成了浙江独特地大众化创业局面。同时，凭借市场化改革的先发优势，浙江得以超越省域限制，在全国范围内进行资源的优化配置，形成资源与市场两头在外的大进大出局面。可以说，浙江正是借助民营化、市场化的体制创新优势，克服了资源匮乏的局限，成功地走出了一条经济持续快速发展道路。这种发展模式所产生的一个重要政治效应，就是各级政府对于体制创新形成了特殊的敏感性，始终把营造体制、机制的创新优势，作为实现区域经济快速发展的基本战略。

二、浙江地方政府创新的基本方式

浙江地方政府创新的基本方式有以下几种①。

1. 渐进实验式

"渐进实验式"是浙江地方政府创新的基本方式。浙江从 80 年代"集资办电"开始，发展到"四自公路"、"五自水库"、"集资办教育"等，逐渐在地方局部实验的基础上，形成了"政府主导、集资创办、民间运作"的提供社会公共产品的格局。再如在金华、嘉兴等市大胆探索机关会计集中核算制度基础上，经过总结推行机关会计集中核算，割断机关与收费之间的利益纽带，积极探索与市场经济相适应的财政类型。再如为了适应加入 WTO 后的法律、法规要求，积极推进审批制度改革，到 2001 年 9 月底止，省级政府部门共减少审批、审核、核准总事

① 参见余潇枫，陈劲：《"浙江模式"与地方政府创新》，浙江大学出版社 2007 年版，第 23—26 页。

项1277项，减少审批事项869项，减少幅度分别达到50.6%和58%。既然是“渐进实验”，就应该在坚持实践标准和生产力标准下，尊重群众的首创精神，努力创造一个政策宽松的环境。浙江各级党委和政府始终把发展作为第一要务，在改革初期，面对广大群众的创造与机制、体制创新，政府准予其实验；对民间创新活动，大多采取默认、允许、支持的做法。在80年代起，城镇主要发展二轻集体企业，政府支持；浙北农村主要发展乡镇集体企业，政府认可；浙南地区冒出了一大批个体私营企业，政府允许，并且省委还要求对发展个体私营经济，做到“四个不限”——不限发展比例，不限发展速度，不限经营方式，不限经营规模；当一批批联户经营、挂户经营、合伙经营、合股经营、股份合作等新形式创造出来时，许多地方党委政府更是顺势应时，提出“不论成分重发展，不限比例看效益”，“国家、集体、个人一起上，四个轮子（乡办、村办、联办、户办）一起转”，支持群众的创业实践，较早形成了市场主体多元化的格局。浙江省委把这些做法概括为：坚持党的基本理论、基本路线、基本纲领，在任何时候、任何情况下都不动摇；坚持从浙江的实际出发，学习人家的先进经验不照搬；坚持求真务实，少说多做不张扬；坚持以“三个有利于”为标准，大胆实践，允许试，允许看，及时总结完善，敢于创新不争论。

2. 行政放权式

行“行政放权式”的经济民主，还创业权、经营权和分配权于民，形成民有、民营、民享的制度格局，是浙江地方政府推进社会主义市场体制的重要实践。浙江各级政府较早地意识到，随着市场经济的发展，自身需要适时转换角色，从大包大揽、干预企业经营，转到规划、引导、监督和服务上来。凡是该由企业做的、市场能办到的，政府不越位代劳。同时，对建设工程承包、经营性土地使用权出让、国有资产产权交易、政府采购、医药采购等配置稀缺资源的行为，绝大多数实行了公开招标，还权力于市场。行“行政放权式”的经济民主，在实施上有许多困难与障碍，因为行政权力是牵一发而动全身的，行政放权，一定程度上意味着权力格局的变化与利益结构的调整。然而，浙江省委、省政府对于各地的制度创新，看不准的时候不干预，不争论，一旦思想统一，政策明朗，则大力支持其发展，久而久之形成了一种“顺势支持、因势利导、及时放权、适时推进”的做法。以高度支持乡镇企业发展为例，浙江省委、省政府80年代初期制定了若干领先全国的重要政策；90年代初期提出了发展个体私营工业的措施办法。再以扩大市、县权限，下放财权、行政审批权为例，浙江是全国省属企业最少的一个省份，下放企业的工作始于80年代初期，如1985年7月一次性下放漓渚铁矿等29个省属企业。从80年代初期开始，不断下放行政审批权限。1980年，市、县地方财政收入仅占全省财政总收入的34.4%，1997年上升到47.5%，上升了13.1个百分点。

3. 用活政策式

办“用活政策式”的创新之事，是浙江各级地方政府促进地方经济发展的另一特色所在。地方政府可以运用的政策工具并不多，但在制度变迁时期，许多制度安排尚未定型，如果先走一步，可以开发出许多可以为地方所用的政策工具。一是充分用活“税收优惠”，浙江在改革开放初期直至1994年实行分税制，各级政府积极采取各种形式的税收优惠，80年代中期，实行乡镇企业超过利润额30%的税收部分可以返回企业等一系列优惠政策。二是有效筹集“民间资金”，按《预算法》规定，地方政府不能采取赤字财政，浙江各级地方政府利用自身的组织协调能力，筹集民间资金，进行基础与公共设施的建设。三是积极利用“政策时差”。在80年代末期，土地拍卖还是一个新生事物，因而对于土地拍卖的收入，地方与中央之间的分配关系尚未明确。浙江一些地方利用这一机会，把建设用地的拍卖收入用于城市建设。实施这样一些政策措施的关键，在于正确地“吃透”中央政策精神，在中央政府许可的框架内开展工作，主要领导人要善于拍板、敢于承担责任。

4. 公共服务式

重“公共服务式”的职能定位，是浙江各级地方政府促进地方经济发展的又一特色所在。1998 年省第十次党代会以后，各级党委政府精心编织“服务网”和“安全网”。覆盖全省县级以上部门的政府“服务网”的建立与完善，是浙江各级政府转变职能的重要成果。各地普遍设立了多种形式的便民服务中心和经济环境投诉中心，大大提高了办事效率。衢州市首创“农技 110”服务网络体系，充分发挥现代网络技术和现代传媒的服务功能，大批干部分头联系乡村和农户。玉环县推行全程代理制，将 19 个县级部门涉及的 268 件办事项目全部纳入便民服务中心，平均每个月受理 1 万多件，办结率百分之百。各级政府大刀阔斧地改革审批制度，科学设置审批职能，规范事权和审批程序，推广“政务公开”，实施权力运行“阳光工程”，大力推行“一门受理、规范审批、限时办结”的审批方式。社会保险“安全网”的建立和完善，是浙江各级政府转变职能的又一重要成果。2001 年，全省参加养老保险的职工人数已达 485.3 万人，企业养老金社会化发放率达 99%以上，失业保险的参保人数达 391.1 万人，工伤保险参保人数为 210 万人，医疗保险覆盖人数达 386.2 万人，国有企业下岗职工基本生活费和离退休人员养老金做到全部按时足额发放，为企业改革和结构调整提供了重要基础。为了提高社会保障能力，浙江省各级政府拿出 86.4 亿元，增加对社保资金的支出。浙江还在全国率先实行覆盖城乡居民的最低生活保障制度，让贫困农民也享受到生活保障。2002 年 6 月召开的省第十一次党代会又提出，不让一个孩子因贫不能接受九年义务教育，不让一个大学生因贫不能就学或辍学。

三、浙江地方政府创新经验的启示

浙江地方政府创新实践经验的启示如下。

第一、必须坚持把中央精神与浙江实际结合起来，不断推动地方政府创新。30 多年来，浙江地方政府创新，始终以中央大政方针为指导，着眼于中央精神的贯彻落实，着眼于解决浙江的实际问题，着眼于创造性地开展工作，充分体现原则性和灵活性的有机统一，这是浙江地方政府创新经验的重要启示。

第二、必须坚持以改革促发展，把改革创新精神贯彻到地方政府创新实践中去。30 多年来，浙江紧紧抓住以改革促发展这一主线，始终以改革创新精神实施地方政府创新，毫不动摇地坚持改革方向，加快重要领域和关键环节改革步伐，提高改革决策的科学性，保持各项政策的适度超前性，有力推动了体制机制先发性优势的形成和发展。

第三、必须坚持尊重和保护各级地方政府创新精神，善于提升地方政府创新实践经验。30 多年来，浙江切实尊重各级地方政府创新实践，保护各级地方政府创新，在实践中探索和积累经验，用实践来检验、丰富和完善各项政府创新。对各级地方政府创造的新生事物和新鲜经验，只要被实践证明是正确的，就及时加以概括和提升，成为指导实践的普遍准则。

第四、必须坚持统筹各方面利益关系，确保地方政府创新力度与社会可承受的程度相协调。30 多年来，浙江正确认识和妥善处理重大利益关系，既抓住牵动全局的利益矛盾，又重视解决事关群众切身利益的突出问题，使经济发展成果更多地体现在改善民生上，做到地方政府创新力度与社会可承受的程度相协调，从而实现了在地方政府创新的同时保持社会和谐稳定。

第五、必须坚持继承与发展有机统一，保持地方政府创新的连续性。30多年来，浙江紧紧围绕创业创新这个核心，在地方政府创新实践上既一脉相承又与时俱进，前任给后任打基础，后任接力上台阶，一任接着一任干，不断积小胜为大胜，产生了明显的地方政府创新累积效应，从而在经济社会诸多领域形成了浙江特有的比较优势。

第六、必须坚持培养和造就一支高素质的干部队伍，为地方政府创新提供坚强保证。30多年来，浙江始终把干部队伍建设摆在突出位置，从推进干部"四化"到创新干部培养选拔机制，从提出"学在深处、谋在新处、干在实处"要求到开展"树新形象、创新业绩"主题实践活动，造就了浙江干部坚定、务实、创新的气质和特点，为地方政府创新提供了坚强保证。

第六节　浙江探索中国特色社会主义政治建设的"先行性"与"特色性"经验和启示

一、浙江探索中国特色社会主义政治建设的基本经验

1. 不断完善各项民主制度，进一步扩大人民民主

浙江坚持和完善人民代表大会制度，制定了《关于进一步加强人大工作的意见》，保证了各级人民代表大会及其常委会依法履行职能。浙江强化人大及其常委会建设，改革会议程序和表决方法，在全国较早建立公民旁听省人大常委会会议制度，在网上征集省人大常委会立法建议，率先在全国网络视频直播省人大常委会会议。浙江不断推动人大常委会工作的规范化，逐步优化人大常委会组成人员的年龄、知识和专业结构，不断提高人大机关干部队伍的整体素质。浙江充分发挥各级人大代表的作用，不断完善主任接待代表日、常委会组成人员分工联系代表、重要情况向代表通报、代表座谈会等制度，改进和加强代表视察、邀请代表列席常委会会议、组织代表参与常委会重点活动、重要法规草案征求代表意见等工作，改进对代表议案、建议和意见的办理工作，建立和完善重点建议重点办理、建议办理"三见面"、建议办理结果向代表通报等制度，健全代表活动网络，密切与代表的联系，密切与人民群众的联系。浙江制定《中共浙江省委关于加强和改善党的领导，支持人民政协履行职能制度化和规范化建设的意见》，出台《中共浙江省委关于加强人民政协工作的实施意见》，支持人民政协围绕团结和民主两大主题，履行政治协商、民主监督、参政议政的职能。不断加强政治协商，制定和完善了重大方针政策和重要情况的协商和通报等重要制度。浙江围绕经济社会发展中的突出问题和人民群众普遍关注的热点、难点问题，认真开展民主监督。组织委员深入开展调查研究工作，建立健全交办重要课题方面的制度、保证政协知情知政方面的制度和促进政协参政议政成果吸收、转化方面的制度。浙江团结新的社会阶层成员，多层次地开展联络联谊工作。加强同港澳台同胞、海外华侨及其眷属的沟通和联系。进一步建立委员管理制度，切实维护政协委员的民主权利。

2. 创新发展基层民主，基层群众享有更多更切实的民主权利

颁布了《浙江省实施〈中华人民共和国村民委员会组织法〉办法》和《浙江省村民委员会选举办法》，积极探索开展村务公开说明会、民主恳谈会、民主听证会、民情夜谈会、村民议事

厅等活动，不断健全完善村务公开和民主管理制度，切实加大民主监督力度，加快完善不断增强以村民自治章程、村规民约为核心的民主管理制度体系。城市社区居民自治基础和能力，稳妥推进社区体制改革，形成了以社区党组织为核心，社区居委会、居民代表会议、议事协商会议等社区居民自治组织有效运转的社区组织体系。2003 年，宁波市海曙区在全区 63 个社区全面推行社区居民委员会直接选举，成为全国首个全面推行社区居民委员会直接选举的城区。浙江不断完善职工代表大会制度和其他形式的企事业民主管理制度，推进厂务公开。以民主选举、民主决策、民主管理、民主监督为主要内容的基层民主，已经在浙江广大农村和城市社区生根发芽。余杭、余姚、瑞安等 8 个县（市）被民政部授予“全国村民自治模范县（市、区）”称号；16 个市（区）被命名为全国社区建设示范市（区），数量居全国第一。

3. 坚持民主执政，以党内民主带动人民民主

浙江在全国较早实行任用干部全委会表决制和常委会票决制，制定《中共浙江省委全委会任用、推荐重要干部表决办法（试行）》，出台《关于实施党政“一把手”年度总结报告工作制度的意见》，规定实行党政“一把手”年度总结报告工作制度，各市、县（市、区）党政“一把手”和省直、市直部门主要负责人每年按照规定开展年度总结报告工作，担任市级领导和省委工作部门领导的省级领导也主动在本地区、本单位作年度总结报告。探索党代表直选、党代表闭会期间开展代表活动制度和“公推直选”乡镇党委书记，全面推行村党组织成员“两推一选”，余姚等县（市）还实行了“两推两选”、“三推三选”，对“两推一选”进行补充完善。1988 年 12 月，台州市椒江区在全国率先试行党的代表大会常任制试点，试点单位目前已有台州、绍兴两个地级市和 11 个县（市、区），还在部分乡镇试行了党代表常任制和党代会年会制。建立健全常委会向全委会负责、报告工作制度和接受监督的制度，试行党代表工作建议制度，拓展党代表在大会期间发挥作用的途径与方式。

4. 全面落实依法治国基本方略，建设“法治浙江”

浙江出台了《关于制定地方性法规的程序的规定》，进一步完善人大立法工作机制，不断扩展地方立法涉及领域，加强创制性立法。努力加强政府立法工作，制定《浙江省人民政府制定地方性法规草案和规章办法》，创新立法制度，健全立法程序，进一步完善政府立法的论证、听证制度，不断扩大公民、企业和其他组织参与政府立法的程度、范围和渠道，及时有效地清理执法依据和渠道，保证政府规章和地方性法规草案的质量，及时有效地清理执法依据。率先在全国建立了依法行政评议考核机制，将执行法律法规情况、行政决策、行政许可、行政处罚、化解行政争议和社会矛盾的防范机制建设、行政层级监督机制建设、行政执法责任制等，都纳入了依法行政的考评。稳步推进司法体制改革，进一步健全权责明确、相互配合、相互制约、高效运行的司法体制，切实维护司法公正。全省各级法院均成立执行庭，形成了具有浙江特色的比较完整的执行制度体系。在义乌法院实行了将知识产权刑事、民事、行政案件归口一个知识产权审判庭审理的“三审合一”的机构改革试点工作。全部中院都取得涉外、涉港澳台民商事案件管辖权，义乌法院成为全国第一家取得涉外、涉港澳台民商事案件管辖权的基层法院。规范主诉检察官的选任和主诉检察官办案责任制，推行被告人认罪案件普通程序简化审理，开展民事抗诉书说理改革，对重大疑难、久诉不息的案件实行公开听证。在全国率先实行“讯问犯罪嫌疑人全程同步录音录像”，率先创设民事督促起诉工作。大力开展普法教育，逐步形成具有时代特征、中国特色、浙江特点的浓厚的法治文化氛围。

5. 团结一切可以团结的力量，爱国统一战线进一步壮大

浙江制定《中共浙江省委关于进一步加强中国共产党领导的多党合作和政治协商制度建设的实施意见》，出台《关于进一步加强民主党派、工商联和无党派人士工作的若干意见》，进一步建立健全中共党员领导干部与民主党派、无党派人士联系交友，重大问题协商通报，政府部门与民主党派对口联系，邀请民主党派负责人参加重要内外事活动，对民主党派人士进行政治安排和实职安排等制度。2006 年年底，全省县以上政府及工作部门共有 820 名党外干部担任领导职务，全省法检两院有党外副职 48 名。做好港澳台和海外统战工作，先后建立台胞接待站、浙江省台湾同胞联谊会、浙江黄埔军校同学会。制定《浙江省少数民族权益保障条例》，积极支持少数民族和少数民族地区发展经济、文化和教育事业。出台《浙江省宗教事务条例》，建立健全县(市、区)、乡镇(街道)、村(居)级宗教管理网络，依法管理宗教事务。加大非公经济人士、自由择业知识分子等新的社会阶层统战工作力度，成立省光彩事业促进会，引导非公经济人士爱国、诚信、守法、贡献，致富思源、富而思进，到 2007 年累计有 2.9 万家企业参与，实施光彩项目 10567 项，安置就业 270 万人，捐资助学等社会公益事业达 120 亿元，帮助 510 多万人脱贫。

6. 积极推进行政体制改革，努力建设服务型政府

浙江切实完善行政管理体制，先后开展了四次经济强县扩权改革。从 2007 年开始，又在全国率先实行强镇扩权的试点。先后进行了四次机构改革，优化组织结构，提高了行政效率。规范设置乡镇党政机构，改革整合乡镇事业单位，乡镇行政编制和事业编制进一步精简。在全省各级机关和具有行政执法职能的事业单位，开展机关效能建设。先后经过三轮行政审批制度改革，已成为全国省级行政审批项目最少的省份之一。在全国率先开通用于促进群众与政府直接交流沟通的“浙江政务通”和“阳光政务信息服务热线”；建立省、市、县三级机关效能监察投诉中心，统一特服号码；建立各类办事服务中心，普遍实行首问责任制、承诺服务制、限时办结制、办结公告制，做到“一个门进出，一条龙服务，一站式审批”；建立会计核算中心、便民服务中心、招投标中心、经济发展环境投诉中心，初步形成权责一致、分工合理、决策科学、执行顺畅、监督有力的行政管理体制。

7. 切实加强对权力的制约和监督，保证人民赋予的权力始终用来为人民谋利益

浙江省委常委会率先公开作出廉政承诺，带头自觉接受公众的监督。严格执行“三谈一述”制度，对领导干部进行述职述廉，接受诫勉谈话，纪委负责人与下级党政主要负责人谈话，广泛开展领导干部任职前廉政谈话。建立巡视制度，出台《浙江省反腐倡廉防范体系实施意见(试行)》，率先构建惩治和预防腐败体系，全面落实党风廉政建设责任制，廉政文化建设有声有色。改革纪检监察领导体制，对省市纪检监察派驻(出)机构实行统一管理，加强对驻在部门领导班子及其成员的监督。认真贯彻党内监督条例，加强各级人大的法律监督和工作监督、政府行政监督、政协民主监督，强化行政执法监督。深化各级领导干部和国有企业管理人员的经济责任审计。健全和完善新闻发布制度，多渠道多形式广泛接受人民群众对党和政府工作的监督。

二、浙江探索中国特色社会主义政治建设经验的启示

浙江对中国特色社会主义政治建设的积极探索，为丰富和创造性地发展中国特色社会主义民主政治提供了鲜活素材，也为我们继续拓展中国特色社会主义政治发展道路提供了

有益启示。

1. 必须围绕经济建设这个中心工作,形成经济、政治、文化和社会建设“四位一体”的总体布局

浙江在积极探索中国特色社会主义政治发展道路的历史进程中,从社会主义初级阶段的基本国情省情出发,始终坚持从经济社会发展需要出发进行社会主义民主政治建设,并使之与发展社会主义市场经济、发展社会主义先进文化、构建社会主义和谐社会同部署、同实施。特别是党的十六大以来,浙江先后作出了深入实施“八八战略”、全面建设“平安浙江”、加快建设文化大省、努力建设“法治浙江”等重大战略部署,形成了经济、政治、文化和社会建设“四位一体”总体布局。在这个总体布局中,深入实施“八八战略”,侧重于经济发展和经济体制改革,同时也涉及政治、文化、社会发展,是全面贯彻落实科学发展观,加快全面建设小康社会的总抓手;全面建设“平安浙江”,是涵盖了经济、政治、文化和社会各方面的宽领域、大范围、多层面的广义“平安”,是构建和谐社会的主要载体;加快建设文化大省,包括思想道德建设,发展文化事业、文化产业和教育、科技、卫生、体育在内的“大文化”,是发展社会主义先进文化的重要举措;努力建设“法治浙江”,要求不断提高经济、政治、文化和社会各个领域的法治化水平,切实尊重和保障人民的政治经济文化权益,是发展社会主义民主政治的有效途径。在这个总体布局中,经济社会发展和建设对民主政治建设提出什么样的变革要求,民主政治建设就要通过制度创新和体制改革满足这些要求。浙江发展社会主义民主政治的实践表明,只有紧紧围绕经济社会发展主题和解决社会主要矛盾,满足经济社会发展和变化的多元需求,社会主义民主政治建设才能随着经济社会发展而不断深化。

2. 必须充分发挥地方党委总揽全局、协调各方的领导核心作用,完善党委、人大、政府、政协构成的协调高效的领导体制和工作体制

从全国范围来讲,由党委、人大、政府、政协组成的政治架构早已确立,但在实践中如何形成既分工明确、各司其职,又协调一致、高效运作的格局,仍然是一个很值得探索和研究的重大课题。浙江各级党委按照总揽全局、协调各方的原则,注重发挥地方党委的领导核心作用,建立健全了“一个核心”、“三个党组”、“几个口子”的领导体制。就浙江省委而言,“一个核心”就是省委全委会,在省委全会闭会期间,由常委会主持日常工作;“三个党组”是指省人大常委会、省政府、省政协三个党组;“几个口子”是指省委副书记和常委分管的经济建设、纪检监察、农村工作、组织党群、意识形态、政法、统战、国防建设和民兵预备役等几个方面。在这一领导体制中,省委对全省工作主要是实行政治、思想和组织领导,集中精力把好方向、抓好大事、出好思路、管好干部。省人大常委会党组贯彻省委常委会决议,经过法定程序,将省委决议精神切实体现在地方立法中,使省委推荐的人选成为国家政权机关的领导人员,并进行监督。省政府党组贯彻省委常委会决议,依法行政,通过政府决策程序把省委决议精神贯彻于政府的政令和规章制度中。省政协党组贯彻省委常委会决议,通过政治协商把省委决议精神变成社会各界的共识。“几个口子”受省委领导,对省委负责,各司其职,各尽其责,相互配合,是省委对各个工作领域实施领导的组织形式。省委总揽不包揽,协调不取代,各方的事由各方去办,各方之间的事由省委来协调,形成强大合力,共同推进全省的改革开放和现代化建设。

强化党委在各种同级组织中的领导核心作用,关键是规范党委与人大、政府、政协以及人民团体的关系,切实加强和改善对其领导。为此,浙江省委明确提出:第一,加强和改善对地方人大工作的领导，支持地方人大及其常委会依法履行职责。加强对地方立法工作的领导，及时向地方人大及其常委会提出立法建议，使党的主张经过法定程序成为地方性法规。坚持党管干部原则与人大选举任免国家机关工作人员制度的有机统一，使党委推荐的人选成为地方国家机关的领导人员。支持人大及其常委会加大对"一府两院"的法律监督和工作监督的力度；支持和保证地方人大代表依法行使职权。第二，加强和改善对地方政府工作的领导，支持地方政府依法履行职责。地方党委研究确定地方经济社会发展和改革开放的指导方针、战略部署和重大决策，协调经济社会重大事务，经常性工作由地方政府及其部门按照职责权限决策和管理。不断完善领导经济工作的机制和方式，健全经济工作报告制度、通报制度以及重大经济决策、重大项目的沟通协调制度，坚持党委常委会每季度召开经济形势分析会和党委财经领导小组研究决定重大财经问题等制度。支持地方政府充分履行职责和依法行政。第三，加强和改善对地方政协工作的领导，支持地方政协依照章程履行职责。进一步完善地方党委与政协的政治协商机制，通过广泛深入地协商，使党的主张成为社会各界的共识。支持地方政协围绕团结和民主两大主题，履行政治协商、民主监督、参政议政的职能，推进政协工作制度化、规范化和程序化建设。重视发挥地方政协委员的专长，支持、指导或委托省政协就全局性、战略性、前瞻性问题进行有组织的考察调研，做到广开言路，集思广益。第四，加强和改善对地方司法工作的领导，支持地方法院、检察院依法独立公正行使职权。以保证司法公正为目标，加强对地方司法活动的监督和保障，进一步健全权责明确、相互配合、相互制约、高效运行的地方司法体制。地方党委常委会每年至少一次听取法院、检察院等司法部门的工作汇报，讨论研究司法工作中的重大问题。按照依法治省的要求，支持和保证审判机关和检察机关依法独立公正行使审判权和检察权。第五，加强和改善对地方人民团体工作的领导，支持工、青、妇等人民团体依照法律和章程开展工作。进一步健全对工会、共青团、妇联等工作的领导机制，地方党委常委会每年至少一次听取地方工会、团委、妇联工作汇报，讨论研究人民团体工作中重大问题，不断增强党对人民团体的影响力和控制力。注重发挥工、青、妇等人民团体在社会主义经济建设、政治建设、文化建设和和谐社会建设中的重要作用，使之更好地成为党联系广大人民群众的桥梁和纽带。充分发挥地方人大常委会党组、地方政府党组和地方政协党组的职能作用，是地方党委总揽全局、协调各方，促进各方面围绕地方中心工作步调一致地开展工作的重要途径。浙江省委明确提出，积极支持省人大常委会党组、省政府党组、省政协党组切实履行讨论和决定本单位重大问题、按照职责权限管理干部、团结非党干部和群众、指导机关和直属单位党组织工作等职责，发挥其在各自组织中的领导核心作用。根据经济社会发展情况和人大、政府、政协各自的职责范围，向省人大常委会党组、省政府党组、省政协党组提出任务和要求，并加强督促检查，抓好工作落实。省委常委会每年至少一次听取省人大常委会党组、省政府党组、省政协党组的工作汇报，及时答复请示事项，经常研究并统筹解决他们工作中的重大问题。凡省人大常委会、省政府、省政协提交省委讨论研究的事项，原则上以各自党组的名义报省委；省委对涉及省人大及其常委会、省政府、省政协的重大问题作出决策，应事先征求有关党组的意见建议。坚持不是省委常委的省人大常委会党组、省政协党组负责人列席省委常委会议制度。

3. 必须把人民群众实践作为推动民主政治建设的动力源泉

马克思主义认为，“人民，只有人民，才是创造世界历史的动力”①。共产党作为“工人阶级和劳动人民中先进分子的集合体”，“人民群众的全心全意的服务者”，“反映人民群众的利益和意志，并且努力帮助人民群众组织起来，为自己的利益和意志而斗争”②。因而，共产党必然要把人民自己创立国家、自己管理国家、自己监督国家，也即在人类历史上第一次真正实现以人民自己“当家做主”为“本质”③的最高形态的社会主义民主政治，作为自己的奋斗目标。民主政治建设也是如此。社会主义民主政治的实践主体是人民群众。人民群众的关心、支持、参与，从根本上决定着社会主义民主政治建设的成效。浙江广大人民群众在改革开放的实践中，民主法治意识不断增强，参与基层民主的积极性逐步提高，形成了一些地方特色鲜明、在全国具有一定影响的好做法，如首创村委会“自荐海选”、实施民主听证会和民主恳谈会，推行重要村务公决制度、建立村务监督委员会和村民代表监督委员会、推广村务公约制度等。从浙江民主政治发展的程度来看，目前村一级的基层民主走在全国前列，乡镇一级的基层民主正在逐步扩大，社区一级的基层民主正在积极探索，呈现出村级民主在不断深化的过程中，横向发展到城市社区，纵向发展到乡镇一级，三方共同促进的生动局面。浙江各级党委、政府在坚持政治体制改革正确方向的前提下，把中央的方针政策同本地的具体实际紧密结合起来，既尊重广大干部群众的首创精神，放手、大胆地让基层干部群众去闯、去试，同时又敏锐地发现好的做法，及时加以规范引导，并不断总结经验，待逐步规范化、制度化后，再全面推广，从而使民主政治建设在党委、政府的领导下有步骤、有秩序地进行，有效地推进了民主选举、民主决策、民主管理、民主监督制度的健全和落实。

4. 必须坚持和落实党的领导、人民当家做主和依法治国相统一的基本方略

中国特色社会主义政治发展道路，就是“把坚持党的领导、人民当家做主和依法治国统一于社会主义民主政治建设的实践，统一于社会主义现代化建设的全过程”④。首先，坚持党的领导，就是由作为工人阶级先锋队和中华民族先锋队的中国共产党，经过群众路线，将来自人民群众中的各种利益、愿望、诉求统合概括为人民的整体利益、长远利益、根本利益和建立在这些利益基础上的共同意志，并进一步将其转化为国家的法律和政策。它是能否建设中国特色社会主义民主政治的“根本前提”⑤。社会主义社会中，人民确实必须自己当家做主。但只有掌握着马克思主义科学世界观的共产党，才能把人民组织起来，赋予人民以历史的自觉，团结、凝聚和带领人民，切实在民主与集中相统一、民主与科学相统一的过程中，不断推进由人民自己当家做主，来实现自身整体利益、长远利益、根本利益和基于这些利益的共同意志的政治伟业。离开党的领导，人民既不能形成自己的阶级意识，又找不到历史的前进方向，最终只能是一盘散沙，当家做主根本就无从谈起。其次，人民当家做主，“就是人民群众在党的领导下通过人民代表大会、共产党领导的多党合作和政治协商、民族区域自治以及基层民主自治等制度形式，掌握国家政权、行使民主权利，管理国家事务、管理经济文化

---

① 《毛泽东选集》第3卷，人民出版社1991年第2版，第1031页。

② 《邓小平文选》第1卷，人民出版社1994年版，第218页。

③ 《江泽民论有中国特色社会主义(专题摘编)》，中央文献出版社2002年版，第301页。

④ 胡锦涛:《在首都各界纪念全国人民代表大会成立50周年大会上的讲话》，《时政文献辑览(2004.3—2006.3)》，人民出版社2006年版，第149页。

⑤ 《邓小平文选》第2卷，人民出版社1994年版，第164—165、169—171页。

事业、管理社会事务”[①]。它既是“社会主义民主政治的本质”[②]所在，也是共产党执政的目的所在[③]。“离开人民当家做主，不受人民监督，党的领导和法治就会脱离正确方向，就会变质”[④]。最后，“依法治国，就是广大人民群众在党的领导下，依照宪法和法律规定，通过各种途径和形式管理国家事务，管理经济文化事业，管理社会事务，保证国家各项工作都依法进行，逐步实现社会主义民主的制度化、法律化，使这种制度和法律不因领导人的改变而改变，不因领导人看法和注意力的改变而改变”[⑤]。它既是发展社会主义民主政治的“重要保障”[⑥]，又“是党领导人民治理国家的基本方略”[⑦]。实行依法治国，“前提是有法可依，基础是提高全社会的法律意识和法制观念，关键是依法执政、依法行政、依法办事、公正司法”[⑧]。落实这一切，既要继续加强立法工作、提高立法质量，又要保证政府机关坚持依法执政、保障公民权利、坚决制止滥用权力违法行政现象，还要保证司法机关严格执法、坚决纠正有法不依违法不究的行为。同时，必须继续深化普法教育，增强全民的法律意识。只有把坚持党的领导、人民当家做主和依法治国内在地统一起来，中国的民主政治才能建设好、发展好。

浙江在推进社会主义民主政治建设的过程中，高度重视社会主义法治建设，始终坚持党的领导，统一实施国家的宪法和法律，同时又根据本地当前经济社会发展基础和现状，积极探索健全完善地方法治的途径，把人民群众的民主要求全面纳入法治化轨道，使人民群众的政治参与既能够在具体制度上得到保障，又能够在有序的轨道上逐步扩大；始终坚持依法执政，把坚持党的领导、发扬人民民主和严格依法办事统一起来，从法律上、制度上保证党的方针政策和重要决策的贯彻实施；始终坚持科学立法、严格执法、公正司法，切实保障人民的政治、经济、文化权利，调节社会各种利益关系实现公平正义，并为人与自然的和谐、社会安定有序提供法律支持，进一步巩固和发展民主团结、生动活泼、安定和谐的政治局面，更好地维护和调动人民群众的积极性和创造性，初步建设了一个法制健全、政治清明、百姓安宁、社会安定的“法治浙江”，基本实现了政治、经济、文化、社会生活的法治化。浙江发展社会主义民主政治的实践表明，只有适应社会主义经济建设、政治建设、文化建设、社会建设不断发展的客观需要，大力加强和改进党的领导，增强科学执政、民主执政、依法执政的自觉性和坚定性，不断推进各项工作法治化，才能切实把全面落实依法治国基本方略、加快建设社会主义法治国家的重大任务落到实处。

---

① 房宁：《民主政治十论——中国特色社会主义民主理论与实践的若干重大问题》，中国社会科学出版社 2007 年版，第 79 页。

② 《江泽民论有中国特色社会主义（专题摘编）》，中央文献出版社 2002 年版，第 303 页。

③ 胡锦涛：《在首都各界纪念全国人民代表大会成立 50 周年大会上的讲话》，《时政文献辑览（2004.3—2006.3）》，人民出版社 2006 年版，第 149 页。

④ 房宁：《民主政治十论——中国特色社会主义民主理论与实践的若干重大问题》，中国社会科学出版社 2007 年版，第 79 页。

⑤ 《江泽民论有中国特色社会主义（专题摘编）》，中央文献出版社 2002 年版，第 326—327 页。

⑥ 《江泽民论有中国特色社会主义（专题摘编）》，中央文献出版社 2002 年版，第 327 页。

⑦ 《江泽民论有中国特色社会主义（专题摘编）》，中央文献出版社 2002 年版，第 327 页。

⑧ 胡锦涛：《在首都各界纪念全国人民代表大会成立 50 周年大会上的讲话》，《时政文献辑览（2004.3—2006.3）》，人民出版社 2006 年版，第 149 页。

5. 必须抓住制度建设这个重要环节，实现社会主义民主政治的制度化、规范化和程序化，推进社会主义政治制度自我完善和发展

中国特色社会主义基本政治制度，就是“坚持和完善人民代表大会制度、中国共产党领导的多党合作和政治协商制度、民族区域自治制度以及基层群众自治制度，不断推进社会主义政治制度自我完善和发展”①。

“人民代表大会制度是我国的根本政治制度”②，“是中国人民当家做主的重要途径和最高实现形式，是中国社会主义政治文明的重要制度载体”③。人民代表大会制度的先进性和生命力突出表现在，对于在民主政体之下如何正确地代表人民的意志，有效地形成代表人民根本利益的法律和政策，做出了科学地制度设计和安排。“中国共产党领导的多党合作和政治协商制度，是我国的一项基本政治制度”④。它的显著特征是，共产党领导、多党派合作，共产党执政、多党派参政，各民主党派不是在野党和反对党，而是同共产党亲密合作的友党和参政党；共产党和各民主党派在国家重大问题上进行民主协商、科学决策，集中力量办大事；共产党与各民主党派互相监督，促进共产党领导的改善和参政党建设的加强，因而“既避免了多党竞争、相互倾轧造成的政治动荡，又避免了一党专制、缺少监督导致的种种弊端”。可以说，是既符合中国国情，又切实正确有效。“我国政党制度的巨大优势在这里，同国外一党制和多党制的根本区别也在这里”⑤。“民族区域自治，是我国的一项基本政治制度”⑥。“实行民族区域自治，既能发挥各少数民族和民族地区的积极性，又保证了中央必要的集中和祖国统一。它把民族因素同区域因素、政治因素同经济因素恰当地结合了起来”，是“既有利于人民群众当家做主，又有利于维护国家统一的制度”⑦。基层群众自治制度，是“人民当家做主最有效、最广泛的途径”，是“发展社会主义民主政治”必须“重点推进”的“基础性工程”⑧。“健全基层党组织领导的充满活力的基层群众自治机制，扩大基层群众自治范围，完善民主管理制度，把城乡社区建设成为管理有序、服务完善、文明祥和的社会生活共同体”；“全心全意依靠工人阶级，完善以职工代表大会为基本形式的企事业单位民主管理制度，推进厂务公开，支持职工参与管理，维护职工合法权益”；“深化乡镇机构改革，加强基层政权建设，完善政务公开、村务公开等制度，实现政府行政管理与基层群众自治有效衔接和良性互动”；“发挥社会组织在扩大群众参与、反映群众诉求方面的积极作用，增强社会自治功能”⑨，即是这方面要完成的主要任务。

---

① 胡锦涛:《高举中国特色社会主义伟大旗帜为夺取全面建设小康社会新胜利而奋斗——在中国共产党第十七次全国代表大会上的报告》,《中国共产党第十七次全国代表大会文件汇编》,人民出版社 2007 年版,第 27 页。

② 胡锦涛:《在首都各界纪念全国人民代表大会成立 50 周年大会上的讲话》,《时政文献辑览(2004.3—2006.3)》,人民出版社 2006 年版,第 149 页。

③ 胡锦涛《在首都各界纪念全国人民代表大会成立 50 周年大会上的讲话》,《时政文献辑览(2004.3—2006.3)》,人民出版社 2006 年版,第 149 页。

④ 《江泽民论有中国特色社会主义(专题摘编)》,中央文献出版社 2002 年版,第 309 页。

⑤ 《江泽民论有中国特色社会主义(专题摘编)》,中央文献出版社,2002 年版,第 311 页。

⑥ 《江泽民论有中国特色社会主义(专题摘编)》,中央文献出版社,2002 年版,第 362 页。

⑦ 《江泽民论有中国特色社会主义(专题摘编)》,中央文献出版社,2002 年版,第 361 页。

⑧ 胡锦涛:《高举中国特色社会主义伟大旗帜为夺取全面建设小康社会新胜利而奋斗——在中国共产党第十七次全国代表大会上的报告》,《中国共产党第十七次全国代表大会文件汇编》,人民出版社 2007 年版,第 29 页。

⑨ 胡锦涛:《高举中国特色社会主义伟大旗帜为夺取全面建设小康社会新胜利而奋斗——在中国共产党第十七次全国代表大会上的报告》,《中国共产党第十七次全国代表大会文件汇编》,人民出版社 2007 年版,第 29—30 页。

人民代表大会制度、共产党领导的多党合作和政治协商制度、民族区域自治制度、基层民主制度，是中国共产党人和中国人民在自己的民主政治实践中创造的，是民主在当代中国的主要实现形式。浙江各级党委、政府在推进社会主义民主政治的具体实践中，紧紧抓住制度建设这个重要环节，根据本地区实际情况，正确处理制度化、规范化、程序化三者之间的辩证关系，大胆进行制度创新，在制度建设中既重实体也重程序，既重形式也重操作，坚持和完善人民代表大会制度，保证人民代表大会及其常委会落实宪法规定的各项职权，加强人大常委会的组织建设，进一步提高人大常委会的决策水平和工作质量；坚持和完善共产党领导的多党合作制度和政治协商制度，充分尊重民主党派的意见和权益，加强同民主党派合作共事，推进政治协商、民主监督和参政议政制度建设，发挥协调关系、汇聚力量、建言献策、服务大局的作用，巩固和发展最广泛的爱国统一战线；坚持和完善民族区域自治制度，巩固和发展平等团结互助的社会主义民族关系，促进各民族共同繁荣进步；坚持和完善基层群众自治制度，扩大基层民主，健全基层政治组织和民主管理制度；完善公开办事制度，建立社会协商对话制度；深化政府机构改革，转变职能、政企分开，形成行为规范、运转协调、公正透明、廉洁高效的行政管理体制；认真落实党内监督制度，探索创新民主监督形式和手段，完善制约和监督机制，保证人民赋予的权力始终用来为人民谋利益，进一步提高了各项具体制度和机制的制度化、规范化、程序化水平。

6. 必须在坚持社会主义基本政治制度的前提下，与时俱进，因地制宜地进行政治体制机制改革和创新

浙江在探索中国特色社会主义政治发展道路的历史进程中，坚定不移地推进人民代表大会制度、共产党领导的多党合作和政治协商制度、民族区域自治制度和基层群众自治制度的自我完善和发展，同时根据本区域经济、政治、文化和社会发展的实际情况，在政治体制机制层面进行大胆改革和创新，不断创造具有鲜明浙江地方特色的社会主义民主政治实现形式，如任用干部全委会表决制和常委会票决制、党政“一把手”年度总结报告制度、党代会闭会期间代表活动制度、地方党代会常任制、党代表直选、“公推直选”乡镇党委书记、义乌工会“维权模式”、温岭工资集体协商制度、村委会“自荐海选”等等，从而使浙江探索中国特色社会主义政治发展道路的过程，成为发挥社会主义政治制度的特点和优势、不断完善社会主义政治制度和丰富民主政治实现形式的过程。浙江发展社会主义民主政治的实践表明，只有坚持一切从实际出发，将社会主义政治制度优势扎根到本地的土壤里，顺应时代发展的要求，求真务实，因地制宜地进行政治体制机制改革和创新，社会主义民主政治建设才能针对性强、操作性好、富有成效。

浙江经验表明，深化政治体制改革是中国特色社会主义政治建设的一个极其重要途径，但对深化政治体制改革要有正确地理解。一是就改革“目的”来说，“改革党和国家的领导制度，不是要削弱党的领导，而是为了加强和改善党的领导”。整个改革必须“有利于巩固社会主义制度，有利于巩固党的领导，有利于在党的领导和社会主义制度下发展生产力”。二是就改革“目标”来说，是“要始终保持党和国家的活力，克服官僚主义，提高工作效率，扩大基层民主，调动基层和工人、农民、知识分子的积极性”。三是就改革“路径”来说，要从“坚持不懈地加强和完善党内民主”入手，“以不断促进人民民主的发展”。四是就改革“标准”来说，衡量“改革是否成功，关键看国家的政局是否稳定，看能否增进各族人民的团结，改善广大人民的生活，看生产力能否得到持续发展”。五是就改革的“前提”来说，是“不能丢掉我们社会

主义制度的优越性,不能搬用西方那一套所谓民主,要根据我国自己的情况来决定改革的内容和步骤”。六是就改革的“方法”来说,由于“政治体制改革很复杂,每一个措施都涉及千千万万人的利益”,因而必须“要分步骤、有领导、有秩序地进行”[①]。

① 《江泽民论有中国特色社会主义(专题摘编)》,中央文献出版社2002年版,第302—303页。

第五章

浙江经验对中国特色社会主义经济建设的贡献

浙江为中国特色社会主义经济建设提供了许多“先行性”和“特色性”经验。在完善社会主义初级阶段基本经济制度方面，浙江坚持公有制经济主体地位，率先实现国有企业改革和发展任务，率先推进乡镇集体企业转制，发展壮大集体经济，探索公有制的多种实现形式；放手发展个体私营经济，不断促进个体私营经济大发展大提高；大力发展混合所有制经济；形成多种所有制经济相互促进共同发展的局面。在建立社会主义市场经济体制方面，浙江较早确立以公有制为主体、多种所有制经济共同发展的格局；较早形成统一开放、竞争有序的市场体系；较早形成城乡经济社会协调发展局面；较早形成宽领域、全方位的开放格局；较早形成多层次、广覆盖的社会保障体系；较早在社会管理、公共服务方面实现政府职能转变。在农村改革发展方面，浙江较早探索了一条具有中国特色、浙江特点的以农民为主体的市场化、工业化、城镇化和农业农村现代化道路，逐步形成了工业反哺农业、城市带动农村的统筹城乡的建设机制，走出了一条以人为本、以农为重、一二三产业综合发展、城乡互动共促、全面推进社会主义新农村建设的新路子。在民营经济发展方面，改革开放三十多年来浙江民营经济一直走在全国前列，民营经济是浙江创业富民、创新强省的基础所在、优势所在、活力所在、源泉所在。这些“先行性”与“特色性”经验保障了浙江经济社会发展走在全国前列，也是对中国特色社会主义经济建设的重要贡献。

第一节　浙江完善社会主义初级阶段基本经济制度的“先行性”与“特色性”经验和启示

确立和坚持社会主义初级阶段基本经济制度是带根本性的前提和基础。中国共产党立足于最广大人民根本利益和现实生产力状况的内在统一，提出社会主义初级阶段基本经济制度是“以公有制经济为主体、多种所有制经济共同发展”[①]。浙江经济发展取得令世人瞩目成就的一个很重要原因，就是进行所有制改革，大力推进所有制结构调整，坚持公有制经济的主体地位，促进多种所有制经济共同发展。浙江在推进所有制改革和结构调整过程中，在努力提高国有经济竞争力和控制力的同时，大力发展非公有制经济和混合所有制经济，积极探索公有制多种实现形式，激发经济发展活力，形成多种所有制经济相互促进、共同发展的局面。浙江不断完善社会主义初级阶段基本经济制度的丰富经验给予我们深刻的启迪。

---

① 《江泽民论有中国特色社会主义（专题摘编）》，中央文献出版社 2002 年版，第 49 页。

一、浙江完善社会主义初级阶段基本经济制度的经验

1. 不断调整和完善所有制结构

所有制结构是社会生产关系的核心，对生产的发展影响极大。30多年来，浙江经济之所以有如此突飞猛进的发展，经济实力有如此迅速的增强，根本之点在于率先实行了改革开放，使社会生产力得到了极大地解放。而其中最重要的，又在于非常成功地调整和完善了所有制结构。

第一、率先实现国有企业改革和发展任务。改革初期，浙江主要围绕扩大企业经营管理自主权、利改税、实行厂长负责制等三个层面推动国有企业改革。1994年以后，浙江国有企业改革进入攻坚阶段。一是以产权制度改革为突破口，积极推进现代企业制度建设。浙江制定了关于开展百家现代企业制度试点、关于减轻试点企业历史债务、关于试点企业下岗职工再就业问题等一系列文件，先后确定了138户试点企业。浙江各地把企业改革与所有制结构调整结合起来，着力于国有企业的资产重组，提高国有经济的质量和控制力。二是坚持抓大放小，有进有退，有所为有所不为，加快国有经济的战略性调整。制订出台了电子、机械、医药、化工四个主导产业的培育方案，棉纺、丝绸、水泥三个传统产业的整体结构调整方案，以及扶持重点骨干企业、培育"小型巨人"企业等一系列政策措施，把企业改革与培育大企业、大集团结合起来，与培育主导产业结合起来，与改造传统产业结合起来。1996年以来，先后制定下发了加快国有小企业改革改组步伐等一系列文件，鼓励各地采取股份合作、兼并、破产、租赁、拍卖等多种形式放开搞活国有小企业，将其大部分改组为国有控股或参股、职工集体持股、经营者有股、民资外资参与的混合所有制经济。鼓励国有资产从3000多家"小、微、亏"企业退出，通过资本经营，实现国有资产的流动重组、保值增值。三是强化企业领导班子建设，加快企业内部机制改革和各项配套改革。逐步建立组织配置与市场配置相结合的选人用人机制，对经营者逐步实行竞争上岗。1998年颁布并实施了《企业经营者年薪制试行办法》，进一步完善经营者的激励约束机制。积极探索建立与市场经济相适应的新型劳动关系和分配制度，到2002年全省88.9%的国有企业建立了新型劳动关系。同时，还积极推进国有资产管理、社会保障等各项配套制度改革，为国有企业改革和发展创造良好环境。

第二、率先推进乡镇集体企业转制，发展壮大集体经济。改革开放以来，浙江一直把发展壮大集体企业和集体经济，作为推进国民经济发展和坚持社会主义公有制主体地位的重点。在企业改革的许多方面，无论是初期的承包制还是后期的产权制度改革，都把城镇集体企业和乡镇集体企业放在与国有企业同等重要地地位。乡镇企业比较发达是浙江经济的特点和优势。在乡镇企业发展的不同阶段，浙江有针对性地相继出台了积极扶持、鼓励发展、深化转制的政策。20世纪80年代中期，浙江出台了一系列关于促进乡镇企业发展的政策文件，鼓励乡镇企业走"整顿、改造、联合、提高"的路子，重点转到上质量、上技术、上等级和创新、创优、创汇上来。温州、台州等地出现股份合作制企业以后，1988年浙江出台了《关于乡镇集体企业推行股份制的若干意见》，积极支持股份合作制和股份制的探索。针对集体企业存在的产权不明、管理体制不顺以及政企不分等问题，1993年出台了《关于乡村集体企业推行股份合作制的意见》，1994年出台了《关于深化乡镇企业改革的若干意见》、《关于进一步完善乡镇企业产权制度改革的若干意见》。1995年从推动农村经济与市场经济接轨、农

业和农村实现现代化、深化乡镇企业改革三方面考虑，在进行农村集体资产管理体制改革试点经验的基础上，积极稳妥地在全省推进农村集体资产管理体制改革，并出台了《进一步发展壮大农村集体经济的若干意见》等一系列文件。经过三年多的努力，到1998年，全省乡镇集体企业的产权制度改革和集体资产管理体制改革基本完成，城乡集体企业改制面达到90%以上。这些改革，为浙江农村经济在新一轮竞争中赢得了又一个先发性优势，有力地推进了乡镇企业从大发展到大提高的二次创业。

第三、率先促进个体私营经济发展。改革开放初期，浙江各地贯彻中央关于改革、开放、搞活的方针，逐步突破禁区，放宽政策，个体经济开始发展起来。从1983年到1985年，中央连续三年下达了1号文件，鼓励个体经济发展。1988年，国务院发布了《私营企业暂行条例》，支持私营企业加快发展，浙江各地迅速响应，提出了国有、集体、乡镇企业与个体私营经济四个轮子一起转的“多轮驱动”发展思路，个体私营经济出现了迅猛发展势头。邓小平南方谈话和党的十四大召开之后，浙江于1993年发出了《关于促进个体私营经济健康发展的通知》，提出除国家法律法规和明文禁止的行业外，均允许个体私营企业依法开展经营，这在当时是一个非常有力度的政策规定，极大地推动了个体私营经济发展。党的十五大召开后，针对个体私营经济量大面广、素质较低等问题，浙江及时提出了解放思想、抓住机遇，促进个体私营经济大发展、大提高的工作思路，并于1998年出台了《关于大力发展个体私营等非公有制经济的通知》，召开了全省个体私营经济工作电视电话会议，引导个体私营经济从量的扩张向质的提高转变。1999年，浙江进一步解放思想，放宽政策、放手发展，做到“四个不限”、“三个加大”、“三个有”，即不限发展比例、不限发展速度、不限经营方式、不限经营规模，加大政策扶持力度，加大依法保护力度，加大环境整治力度，使个体私营企业经营者经济上有实惠，社会上有地位，政治上有荣誉。2002年，为进一步促进民营科技企业发展，提高个体私营经济的科技含量和国际竞争力，召开了全省民营科技企业工作会议，并出台《关于进一步发展民营科技企业的若干意见》。2004年又召开了全省民营经济工作会议，制定了《关于推动民营经济新飞跃的若干意见》，推动浙江民营经济的发展实现新飞跃。这些措施推动了个体私营等非公有制经济快速增长。改革开放以来，浙江非公有制经济的平均增长率远远超过国有经济和集体经济，对实现经济飞跃起到了很大地拉动作用。2007年，浙江全省非公经济生产总值占全省GDP的70%，财政收入占80%，劳动就业占90%以上。个体私营经济总产值、销售总额、社会消费品零售额、出口创汇等经济综合指标已经连续9年居全国首位。在2007年公布的全国五百强民营企业中，浙江占203席，总量居全国第一。

2. 坚持公有制经济的主体地位

浙江公有制经济在内涵和数量上的变化，在学界引发了争议。公有制经济的主体地位到底该如何考量？事实上，浙江公有制经济比重虽然下降了，但并没有动摇公有制主体地位和国有经济的主导作用，公有资产在社会总资产中仍具有量的优势。公有资产在社会总资产中是否占量的优势，这是评价公有制是否占主体的重要标准之一。我国有关法律规定，公有资产既包括经营性资产，也包括资源性资产和公益性资产。在我国的社会总资产中，公有资产在公益性资产中占绝对优势，在资源性资产中处独占优势，在经营性资产中占相对优势。浙江将公有资产中的资源性资产和公益性资产折算成货币的话，其值要远大于非公有资产。如在公益性资产中，仅2003年到2008年，浙江全省基础设施建设投资累计达到11881.69亿元，绝大部分为公有资产，非公有资产所占比重极低，在有些领域几乎为零。

浙江公有资产在社会总资产中不仅具有量的优势，而且具有质的优势。第一、浙江公有资产总量增长迅速，国有资本进一步向大型企业集中。据浙江省国资委的有关资料，2009年浙江省国资监管机构监管的国有及国有控股企业资产总额达8947亿元，累计实现营业收入4012.6亿元，实现利润285亿元。从按行业分的大中型工业企业主要经济效益指标看，2008年，浙江省国有企业每百元资金实现利税17.12元、每百元主营业务收入12.86元、产品销售率99.89%、流动资金周转次数3.69次，私营企业每百元资金实现利税11.20元、每百元主营业务收入7.93元、产品销售率97.43%、流动资金周转次数1.94次。第二、国有经济控制的重要行业和关键领域，包括涉及国家安全的行业、重大基础设施、重要矿产资源、提供重要公共产品和服务的行业，以及支柱产业和高新技术产业中的骨干企业。浙江国有经济在水、电、油及铁路、航空、港口、高速公路、邮电通讯等基础产业和基础设施领域占有绝对的主导地位。第三、国有经济的影响力、带动力、竞争力优势突出。浙江通过建立现代企业制度和进行集团化改组，国有及国有控股企业集团已从一般竞争性行业逐步退出，但形成了一批优势国有企业，如化工行业的镇海炼化、机械行业的钱江摩托、电子行业的东方通信、冶金行业的杭钢集团等。事实证明，浙江虽是民营经济大省，却仍然坚持了公有制的主体地位，并没有背离社会主义初级阶段基本经济制度。浙江正是坚持了社会主义初级阶段基本经济制度，才创造了经济社会发展的奇迹。

3. 形成多种所有制经济相互促进、共同发展的局面

浙江从一个经济小省、农业省份，一跃而成为位居全国前列的经济大省，一个重要原因就是所有制结构调整，多种所有制经济的共同发展，特别是非公有制经济的快速发展，在体制机制方面营造了先发性优势，使经济发展始终充满生机和活力。

第一、国有经济实力和控制力大为增强。在所有制结构的变化过程中，浙江国有经济逐步从一些竞争性行业退出，向基础工业和自然垄断行业集中，率先完成了战略性调整。国有经济所占比重虽然在下降，但国有经济实力在增强，并在重要行业和关键领域仍占据主导地位。目前，浙江国有工业主要集中在石油、化工、机械、冶金、烟草及水电气等六大行业，产值合计占国有工业的80%以上。也就是说，国有经济通过战略性转移与调整，其对国民经济的控制力和影响力不仅没有减弱，反面从根本上得到了巩固。1978年，浙江国有经济增加值为47.8亿元，62.8%分布在工业，21.3%分布在第三产业。2004年，国有经济增加值达2340.85亿元，是1978年的49倍，1979—2004年，按现价计算的国有经济增加值年均增长16.1%。从国有经济的行业分布来看，国有经济主要集中在第三产业的公共服务领域和工业中关系国计民生的行业及垄断性行业，国有经济逐步退出一般竞争性行业。在第三产业中，国有经济所占比重达43.4%，主要集中在邮电通信业、金融保险业、卫生体育和社会福利业、教育文化艺术及广播电影电视业、科学研究和综合技术服务业、国家机关和社会团体等公共服务行业。在工业领域，国有及国有控股工业企业已从一般竞争性行业逐步退出，主要集中在关系国计民生的行业和垄断性行业。比如，2003年规模以上国有及国有控股工业企业增加值中，煤炭开采和洗选业、黑色金属矿采选业、有色金属矿采选业、烟草制品业、石油加工业、炼焦及核燃料加工业、化学原料及化学制品制造业、医药制造业、黑色金属冶炼及压延加工业、交通运输设备制造业、通信设备计算机及其他电子设备制造业、电力燃气及水的生产供应业等11个行业增加值，占全部国有及国有控股工业增加值的比重高达82.1%，且在全部规模以上工业中占据绝对或相对优势。

第二、集体经济发挥着重要作用。浙江在改革开放之初就是集体经济占据主导地位。改革开放之后，随着农村经济体制改革的不断推进，浙江乡镇集体企业得到迅速发展，特别是其中的乡镇集体工业在解决农村剩余劳动力中发挥了重要作用。1990 年，在非国有工业增加值中，城乡集体工业占 90.3%。1979—1990 年，按现价计算（下同）的浙江集体经济增加值年均增长 17.5%，高于公有制经济的年均增长速度，仅比同期 GDP 年均增速低 0.5 个百分点。20 世纪 90 年代以后，随着非公有制经济的加快发展，集体经济增长速度开始回落，所占比重也开始迅速下降。1991—2004 年，全省集体经济增加值年均增速仅为 6.0%，比同期 GDP 的年均增速低 13.8 个百分点，占 GDP 的比重也从 1990 年的 53.1%下降到 2004 年的 9.6%，是各种所有制经济中所占比重最低的。

第三、个体私营经济成为国民经济的重要增长点。在改革开放以来的所有制结构调整中，浙江个体私营经济是发展最快的一种经济形式。据统计到 2009 年，浙江的个体工商户达 198.69 万户，从业人数 429.49 万，私营企业达 56.66 万家，从业人数 798.49 万。经过 30 多年的发展和资本积累，浙江个体私营经济规模也在不断扩大，改变了过去“小打小闹”的局面，资本越滚越多，触角越伸越远，逐步向规模化、集团化经营发展，经济实力明显增强。从个体私营经济的行业分布情况来看，目前，除了少数垄断性行业和国家机关、政党机关之外，个体私营经济几乎涉及国民经济的各个行业。从具体行业构成看，目前个体私营经济主要集中在第二产业尤其是工业领域。某种意义上讲，20 世纪 90 年代浙江个体私营经济的大发展，是通过个体私营工业的蓬勃兴起而取得的。相比之下，第三产业中的个体私营经济虽也有相当地发展，但其创造的增加值占全部个体私营经济增加值的比重却由 1990 年的 41.8%降至 2004 年的 32.0%。而且在第三产业中，个体私营企业主要集中在贸易餐饮业，该行业增加值占第三产业增加值的比重达到 58.3%，而在新兴的、附加值较高的服务业领域，个体私营企业则还为数不多。多种所有制经济的共同发展，推动浙江经济快速发展，总体实力迅速上升，外贸出口高速增长，社会事业全面繁荣。

4. 大力发展混合所有制经济，探索公有制多种实现形式

推行公有制的多种实现形式，就要对公有制经济的内涵有新的认识。公有制经济不仅包括国有经济和集体经济，还包括混合所有制经济中的国有成分和集体成分。这里所说的混合所有制经济，既包括国家、集体、个人和外资按一定方式联合起来的混合所有制经济，也包括法人和个人互相参股的混合股份制经济。这些混合所有制经济和混合股份制经济中的国有和集体成分都是公有制经济，这些混合所有制经济和混合股份制经济都可以成为公有制的实现形式。所谓公有制的实现形式就是公有制资产的组织形式和运营方式。实践证明，单一的所有制及其实现形式未必适应生产力发展，必须从实际出发在实践中大胆探索，积极推行公有制的多种有效实现形式。大力发展混合所有制经济，探索公有制多种实现形式，既是浙江多年所有制改革的一个重要实践与探索，又是浙江多种所有制经济共同繁荣发展和相互融合的必然结果。在这方面，浙江又一次走在了全国发展前列。

第一、多元化社会投资催生浙江混合所有制经济发展。混合所有制经济在浙江率先发展是所有制改革的结果，也是市场多元化投资的必然产物。浙江在改革开放中，国有经济活力增强，民营经济相对发达，外资企业投资活跃，多元市场主体和多元投资主体的形成，为混合所有制经济发展提供了一个重要的经济和体制基础，不但催生了浙江混合所有制经济而且促使其迅速发展。

1979年初，浙江启动投融资体制改革，通过扩大国有企业经营自主权，积极发展乡镇企业和个体私营企业，鼓励三资企业进入等，培育多种所有制投资主体。企业自筹投资、城乡集体和个体投资以及外商投资逐步涌现，投资主体趋向多元化，打破了高度集中的政府单一投资主体的局面。1992年，在总结温州等地以桥养桥、以路养路，贷款造桥、收费还贷经验的基础上，浙江在全国率先出台了鼓励公路建设实行自行贷款、自行建设、自行收费、自行还贷的“四自”办法。1995年，浙江又出台水库工程实行自行筹资、自行建设、自行收费、自行还贷和自行管理的“五自”政策。温州、义乌、温岭等地在旧城改造和城市建设中试行国有土地有偿有期使用制度改革，温州在1989—1992年间，在市区旧城改建中共出让给外商17166平方米的土地使用权，收取出让金3040万元。近年来，为适应城市化进程加快的需要，改革城市建设用地使用办法，实施一系列突破性举措促使浙江投资主体多元化、融资渠道多源化、投资方式多样化格局的形成，民间投资异军突起。2009年，全省国有及国有控股投资3641亿元，占限额以上固定资产投资的比重为36.8%；非国有投资6265亿元。民间投资涉足面相当广泛，在制造、商贸流通、房地产开发等完全竞争性行业已成为主要力量，全省制造业和农业投资中，非国有投资比重已占到90%，在商贸业、建筑业和房地产业投资中占到60%～70%；在基础设施和社会发展领域，民间投资也已进入并在逐步拓展，全省教育、卫生、文化等社会事业中，非国有投资占到20%，电力、煤气及供水等行业非国有投资占10%以上。民间投资在促进市场竞争、改善市场供给、避免重复建设、优化产业结构等方面都取得积极的成效。

浙江在发展混合所有制经济实践中，创造了多样化的发展路径和企业形态。一是举办多种经济成分参加的股份制企业，从温州、台州地区在改革开放之初举办合伙制、股份合作制企业，到目前在全省出现大批规范的股份制企业。二是通过不同所有制的企业联合，组建企业集团，形成国有经济、集体经济和民营经济的结合体。三是通过个人入股、自愿组合而产生的民办集体企业，它们一般都实行入股集资分红，成为集体合作经济发展中的一种新类型。四是通过引进外资，产生中外合资合作的三资企业，以及发展“三来一补”业务，形成一批中外经济混合发展的企业形态。五是在区域块状经济发展中，由众多中小加工制造企业、商贸流通企业通过扬长避短、优势组合而产生的区域经济联合体和块状经济中的龙头企业。此外，还有在推进科技体制改革和国有产权制度改革中出现的允许个人参股国有企业，允许技术股加入国有、集体企业，允许个人承包租赁经营国有、集体企业，即“国有私营”、“集体所有，私人经营”等。通过多年的改革与发展，混合所有制在浙江大地迅速发展，成为全省所有制结构中一种重要的所有制形式。

与单一的所有制比较，混合所有制关系更加符合市场经济的需要，在浙江经济发展中初步显示了其优越性。一是作为一种企业的组织形式，取各种不同所有制经济组织的运营机制优势，避免了传统国有企业机制不活、单一家庭制企业管理不规范等单一所有制企业的不足，实现扬长避短、优势互补，并创造和形成了新的组织机制和组织效应。二是这种企业组织形式和领导体制，一般政企不分的问题较少，有利于减少和避免行政权力对企业生产经营的不恰当干预。这类企业完全是按照市场经济原则组织起来的，生产经营也较少受外部政治气候的干扰，企业能集中力量抓生产经营，因而经济效益一般较好。三是有利于分散风险和风险共担。在一个企业实体中，集中了多个不同所有制的股东，这本身就已经形成了一种风险共担的企业组织格局，减少了过去那种一个业主把全部资本集中在单一企业带来的各种市场风险。同样,混合所有制经济的发展也利于业主同时投资多个不同领域的企业,同时发展多个行业的经营,这也在某种程度上大大分散了投资和经营风险。四是巩固和发展了公有制经济。混合所有制经济的发展也利于国有经济以较少的资本控制更多的生产经营活动,增强国有经济的控制力,改善和调整国有经济的布局和结构,深化国有资产管理体制和国有企业的改革,引导和规范个体私营企业的发展,探索公有制的多种实现形式。

第二、股份制成为公有制的主要实现形式。股份制是现代企业的一种资本组织形式,是社会化大生产发展的产物。股份制适合社会化大生产的要求,是能够促进生产力发展的有效资本组织形式。股份制加快了资本的积累能力和集中速度,扩大了生产规模,提高了资本集中的效益。股份制优化了资本的所有制关系,产生了资本的所有权与经营权相分离的资本所有制结构。股份制为人类社会从私人占有制向社会共同占有制的转变提供了新的途径。实践说明,股份制既不姓“资”,也不姓“社”,它是人类社会发展到商品经济阶段的必然产物;它不是资本主义的专利,同样可以用来为社会主义经济建设服务。私有制企业可以采用股份制,公有制企业也可以采用股份制。在社会主义条件下,由于国有经济和集体经济是经济的主体,可以通过公有资本的参入,有效地控制股份制企业的经营方向,实际上是扩大了公有资本的支配范围,增强了公有制的主体作用。我国企业股份制改革虽然时间不长,但促进了国有企业的改革和国民经济的发展。其有利于筹集资金,把分散的个别资本集中为巨额的社会资本;有利于把居民手中的消费资金转化为生产发展资金,并解决企业发展资金不足的问题;有利于政企分开,实行两权分离。目前,许多新建的企业采取了国家控股、企业参股和个人入股的形式,各种所有制资本共筹、风险共担、利益共享,在经济上处于平等地位。股份制为公有制实现形式开辟了一条新路子。

随着多元投资主体和多元投融资产业发展格局的形成,浙江股份制经济出现了大发展的局面。根据全省第二次基本单位普查资料,在全省 26 万多户企业法人单位中,以股份制为主体的混合所有制经济企业近 5 万户,约占企业总数的 19%;实收资本近 1800 亿元,约占实收资本总额的 25%。在这些企业中,多元投资主体的股份制企业近 3.5 万户。这些企业,既不是传统意义上的国有、集体企业,也不是私营企业,在工商登记中大部分列入公司类企业。有关部门的进一步研究表明,近几年来,浙江股份制企业的数量呈迅速扩大之势,在整个经济中的比重不断提高。

现实充分说明,浙江在改革开放以来,主动适应生产力加快发展的要求,大力调整和完善基本经济制度,积极探索公有制的多种实现形式,加快发展混合所有制经济,推动多种所有制经济相互促进,形成共同发展、共同繁荣的局面,使股份制成为公有制的主要实现形式,混合所有制经济迅速发展,成长为浙江经济的主力军。

二、浙江完善社会主义初级阶段基本经济制度经验的启示

1. 必须科学理解公有制占主体地位的内涵

改革开放以来,如何认识和探索我国社会主义初级阶段的基本经济制度,既坚持公有制为主体,又坚持多种所有制经济共同发展,成为一个重大的历史性课题。在所有制问题上,曾经有人认为,进入社会主义就等同于消灭私有制。受苏联模式和优先发展重工业赶超战略等因素的影响,我们单纯追求所有制形式的“先进性”,搞纯而又纯的“一大二公”,并将非公有制经济视为“资本主义尾巴”进行排斥、限制、打击。1978 年之前,我国基本上是公有制

经济，全国仅有个体经营户14万户，从业人员15万人，私营经济和外资经济所剩无几。这种单一的公有制形式脱离了生产力发展要求，影响了社会主义制度优越性的发挥。唯物辩证法表明，世界上任何事物都很难纯而又纯。实践证明，在社会主义初级阶段，实行单一的公有制，片面追求公有制经济所占比例，违背了生产关系适应生产力发展要求的客观规律，不利于社会主义经济的发展。

单一的公有制行不通，那是不是像有些人鼓吹的那样，中国改革的方向应该是私有化？随着社会主义市场经济的发展，特别是国有企业改革的深化，公有制经济的比重有所变化，也有人担心非公有制经济的发展，会不会动摇我国公有制经济主体地位？同时，还有人把公有制的主体地位简单地理解为公有制企业所创造的GDP或增加值在相应的经济总量中的比重，或公有制企业在经营性资产中的比重。这里关键的问题是，要科学理解公有制占主体地位的内涵。以公有制为主体最根本的就是公有资产在社会总资产中占优势，对经济发展起主导作用。以公有制为主体，不能简单地理解为公有制企业在数量上占多数。在相对较低的生产力水平，以公有制为主体更主要地体现在国有经济在整个国民经济中的控制力、影响力和引导力上。

社会总资产包括公有资产和非公有资产。非公有资产主要是非公有制经济的经营性资产（主要集中于工业领域）。公有资产不仅包括经营性公有资产，还包括公益性资产和资源性资产。例如，国家和集体拥有的土地、矿藏、水流、森林、山岭、草原、荒地、滩涂等资源性资产，以及铁路、公路、港口码头、机场、桥梁、电力设施、电信设施和油气管道等基础设施，政府机关、事业单位、军队国防等公共性和公益性设施与资产等。在现实经济活动中，不同种类的国有资产会不断发生形态转变。其中最为稀缺因而正在迅速升值的资源性资产在我国恰恰都是公有的。随着经济社会的迅速发展和城市化的不断推进，国有和集体所有的土地已经和正在大量地转化为经营性国有资产，在经济运行和收入分配中发挥着愈来愈大的作用。出让土地使用权的收入已成为国家和集体的重要收入来源，被用于惠及全民的公共设施建设和社会保障、社会福利，在推动经济社会发展、保障社会公平、维护社会稳定中发挥着愈来愈大的作用，充分显示了公有制占主体的优越性。在各种混合所有制经济中，国有土地和集体所有的土地也往往是公有股权的重要来源。一些国有企业通过盘活土地资源摆脱了困境，重整旗鼓。其他各种国有资源也通过有偿使用大量地转化为国有资产。浙江30多年来改革和发展的实践充分证明，浙江的社会总资产中，公有资产和非公有资产都在发展壮大，没有改变和动摇浙江公有资产在全省社会总资产中的优势地位。从浙江的实践看，单一的公有制没有出路，搞私有化也是死路一条。公有制经济与非公有制经济能够相互促进共同发展。只有坚持公有制为主体、多种所有制经济共同发展的基本经济制度，才是最符合国情、最代表广大人民根本利益的阳光大道。

2. 必须发挥非公有制经济不可替代的积极作用

非公有制经济在社会主义经济制度中的性质、地位和作用，是一个较为敏感并长期争论不休的重大问题。改革开放以来，我们对这个问题的认识大致经历了“补充论”、“有益成分论”到“重要组成部分论”及“共同发展论”的发展过程。经过30多年的发展，非公有制经济已成为浙江经济发展的重要力量。浙江已是名副其实的民营经济大省。全省GDP的70％、税收的60％、外贸出口的70％以上均来自民营企业。在全国民营企业500强中，浙江占了188席。“浙商”已成为全国最活跃的企业家群体。他们从鸡毛换糖走向全球贸易，从祖传手艺走向高新产业，从“草根老板”走向现代企业家。目前，约有500万名“浙商”在全国各地投资创业，投资总额约7000亿元，销售收入超过1.3万亿元，其中对西部地区的投资超过2500亿元。还有100万名“浙商”在世界各地创业经商。“浙商”把浙江人创业创新的理念和干劲带向全国和世界各地。“浙商”以自身的努力和发展，在先行致富的同时，致富不忘国家，致富不忘人民，不断探索回报社会的方式，积极参与光彩事业和社会公益事业。

30多年的改革发展证明，大力发展非公有制经济具有不可替代的积极作用，有利于充分发掘和动员我国庞大的民间生产资源，包括人力、财力、物力、土地、技术、知识等用于发展生产、促进经济增长；有利于拓宽就业门路，吸纳大量劳动力就业；有利于增加劳动者收入和国家财政收入；有利于满足人民群众多样化的物质文化需求，方便人民生活；有利于高新技术产业和文化产业发展，更有效地推动知识创新；有利于调动人民群众创业的积极性，使广大人民群众的聪明才智得到充分发挥。

3. 必须促进公有制经济与非公有制经济共同发展

发展非公有制经济，不仅在创造产值的同时有利于扩大就业，而且还为国有经济的战略性调整和国有企业改革发展创造了条件。从一定程度上说，改革开放以来，如果没有非公有制经济的大发展，就不会有公有制经济效率的提高。我国还处在社会主义初级阶段，生产力水平比较低且不平衡，特别是历史上没有经过商品经济的充分发展，许多领域的生产社会化程度比较低，不适合国家和集体经营。如果一味排斥非公有制经济，势必造成社会上许多事没人干同时又有许多人没事干，社会经济生活出现许多“断层”，无法正常运行，也使公有制经济缺乏竞争失去活力，其结果必然使公有制经济受到损害。1990年代中后期以来，浙江省非公有制经济已经在市场营销、招揽人才、运作机制等方面，让国有企业感到越来越大的竞争压力。反观国有企业，有的产权结构落后，有的经营缺乏活力，法人治理结构与国有资产监管运营体制尚不完善，在一些竞争性行业已明显不具优势。浙江利用这个“倒逼效应”，启动了以投资主体多元化为主要内容的新一轮省属国企改革，推进国有企业的战略性改组。按照“宜强则强、宜留则留、宜退则退”的原则，针对不同企业和不同行业，制订了不同的改革办法。对竞争性行业中一些优势不明显和经营困难、风险较大的企业，通过产权转让、兼并拍卖等形式进行整体改制，大幅度降低国有资产比重甚至全部退出。改革后的浙江国企从布局“宽”、产权“纯”向布局“专”、产权“合”转变。在总体布局上，国有资本加快向重要行业和关键领域集聚，形成能源、交通、现代商贸物流等五大优势产业板块；在内部产权上，投资主体多元化的格局开始形成。

在多种所有制经济的相互促进下，浙江公有制经济质量不断提高，国有经济布局进一步优化，在关键部门和基础行业占据着控制地位，核心竞争力不断增强。目前，全省国有及国有控股企业资产总额比改革开放之初的1978年增加了约46倍，利税总额增加了约27倍，销售收入增加了约40倍。全省国有资产总量居全国第3位，国有企业所有者权益、净利润居全国第4位，资产总额、利润总额、净资产和销售收入居全国第5位。国有经济在全省水、电、气等基础性行业中的比重超过80%，在化学、冶金等资本密集的基础原材料产业中超过45%。全省盈利最大的前10位企业大多数是国有企业。浙江国有经济凭其雄厚的资本实力、规模效益、技术优势、规范管理，在基础产业、先导产业和经济命脉领域支撑着经济的发展，辐射、引导和带动着整个经济的发展。国有经济在这些基础产业、基础设施和公益性事业的投入和发挥作用，极大地改善了整个经济发展的基本条件，为非公有制经济的快速发展提供了更高地发展平台。

浙江多轮的国企改革为民营企业发展带来了新的平台与机遇，一些民营企业借助国企改革的平台，通过整体接纳国有企业成熟的销售网络、基础设施尤其是职工队伍，进入其他行业发展。发达的民间资本则帮助国有资产在改革中顺利实现了战略转移和保值增值。积极并购、善于开拓的民营企业为需要实现战略转移的国有企业提供了充裕的资金。同时，浙江不少国有企业职工在市场经济、民营经济氛围的影响下，观念已发生了潜移默化的转变，产权多元化、收入与绩效挂钩等办法以及市场意识早已在国企职工心中"生根发芽"，发达的民营经济又为国企职工转移就业和自主创业提供大量机会，因而国有企业职工对改革的接受度较高，改革阻力也较小、改革成本也较低。

浙江的发展充分证明，各种所有制经济可以在社会主义市场经济体制下发挥各自的优势、相互促进、相互包容、相互融合、相得益彰、共同发展。事实是最有说服力的。目前，中国1000家最具活力的中小企业中浙江占198家，中国大企业集团竞争力500强中浙江占124家，中国制造业500强中浙江占70家，总数均居全国第一。全省境内外上市公司达170家，其中，境内上市公司131家，中小企业板上市公司54家，均位居全国前列。在以上这些企业中，既有国有企业，也有非公有制企业，形成了千帆竞发、百舸争流的态势。浙江的实践表明，坚持社会主义初级阶段基本经济制度，就必须坚持以公有制为主体、多种所有制经济共同发展，并把两者统一于社会主义现代化建设的进程中。

4. 必须"坚持公有制为主体"与"坚持多种所有制经济共同发展"的统一

在社会主义初级阶段，公有制和非公有制都是发展社会生产力不可缺少的所有制形式，都可以而且应该用来为社会主义服务。公有制经济是社会主义市场经济的主体，非公有制经济是社会主义市场经济的重要组成部分。在社会主义市场经济条件下，公有制经济和非公有制经济是平等竞争、相互促进的关系，二者统一于社会主义现代化建设的过程中。党的十六届三中全会作出的《中共中央关于完善社会主义市场经济体制若干问题的决定》指出，要大力发展国有资本、集体资本和非公有资本等参股的混合所有制经济，使股份制成为公有制的主要实现形式。发展混合所有制经济，有利于发挥国有经济的主导作用和坚持公有制的主体地位，进一步完善社会主义初级阶段的基本经济制度。在社会主义市场经济条件下，各种所有制经济完全可以在市场竞争中发挥各自优势，共同推动社会生产力的发展。促进多种所有制经济共同发展，不仅不会影响我国社会主义国家政权的性质，而且有利于促进生产力的发展，有利于更好地发挥社会主义制度的优越性。

因此，一方面，"坚持公有制为主体"与"坚持多种所有制经济共同发展"，是由我国社会主义初级阶段基本国情所决定，只能作为统一整体而存在的基本经济制度。既不能只强调前者而不讲后者，也不能只强调后者而不讲前者，否则都会脱离社会主义初级阶段的实际，都不利于生产力的发展。公有制经济是我国社会主义经济制度的基础，离开公有制为主体，就不成其为社会主义经济。非公有制经济是我国社会主义市场经济的重要组成部分。"发展充满活力的社会主义市场经济，既要努力增强公有制经济的实力，又要充分发挥非公有制经济的积极作用"①，两个方面缺一不可，任何一面都不可偏废。

另一方面，鼓励、引导非公有制经济健康发展，是在公有制为主体的条件下发展多种所

① 《江泽民论有中国特色社会主义（专题摘编）》，中央文献出版社2002年版，第51页。

有制经济[①]。它不但不是要搞私有化，而且也不是把非公有制经济与公有制经济等量齐观。“我们干的是社会主义事业，国家经济的主体必然是公有制经济”[②]。非公有制经济的扩张“有个前提，就是不能影响公有制的主体地位和国有经济的主导作用”。“影响国计民生的重要大中型企业，必须掌握在国家手中”。“影响当地经济和社会发展的大中型企业，省区市也必须掌握一批”[③]。不能影响到“公有资产在社会总资产中占优势”[④]，即是非公有制经济发展不可逾越的量的规定。就生产领域来说，公有制经济与非公有制经济之间从长远看、根本看，还有一个谁为了谁、谁从属于谁的问题。我们发展非公有制经济的所有政策，根本上“都是服从于发展社会主义经济这个总要求的”[⑤]。“我们吸收外资，允许个体经济发展，不会影响以公有制经济为主体这一基本点。相反地，吸收外资也好，允许个体经济的存在和发展也好，归根到底，是要更有利地发展生产力，加强公有制经济”[⑥]。二者之间从长远和根本上说谁为手段、谁为目的、谁为了谁、谁从属谁的这种关系，亦决不容颠倒。固然，我们必须以相应的法律，保护非公有制经济与公有制经济，保护二者分别作为社会主义市场经济的组成部分而在流通领域所具有的自主选择、平等互利、等价交换的平等权益。对此，一时一刻也不能动摇，不能背离。但是，又决不能把这种在流通领域中的平等法律地位与在生产领域谁占主体、谁起主导作用的不同经济地位混同起来。就生产领域来说，社会主义国家的法律必须维护公有制的主体地位，而决不应当赋予非公有制经济以与公有制经济相同的平等地位。非公有制经济在生产领域，永远都只能处在非主体的也即从属性的地位，这，又是它的发展所不可逾越的质的规定。只有把在流通领域的平等与在生产领域的不平等内在地统一起来进行措置，我们的上述基本经济制度，才能真正确立和实现。“以公有制经济为主体”，主要是指“公有资产在社会总资产中占优势；国有经济控制国民经济命脉，对经济发展起主导作用”[⑦]，而并非公有制经济比重越大就越好，更不是要让整个经济领域成为公有制的一统天下。必须继续深入破除盲目恐私、拒私，恐资、拒资的“左”的僵化思想。“对个体、私营等非公有制经济要继续鼓励、引导，使之健康发展”[⑧]。对于在这个过程中出现的问题，要冷静分析，恰当调节，正确引导，决不能因为出现某些毛病，就重回革私有制命的老路。

推进中国特色社会主义经济建设，必须深入解决好上述关系问题，切实在“坚持公有制为主体”与“坚持多种所有制经济共同发展”的内在统一中，坚持和完善社会主义初级阶段基本经济制度。只有这样，坚持和完善按劳分配为主体、多种分配方式并存的分配制度才具备前提。我们也才可以避免两极分化，才能切实保证我们的经济建设始终保持其惠及全体人民的社会主义性质。

---

① 《江泽民论有中国特色社会主义（专题摘编）》，中央文献出版社 2002 年版，第 51 页。

② 《江泽民论有中国特色社会主义（专题摘编）》，中央文献出版社 2002 年版，第 50 页。

③ 《江泽民论有中国特色社会主义（专题摘编）》，中央文献出版社 2002 年版，第 52 页。

④ 《江泽民论有中国特色社会主义（专题摘编）》，中央文献出版社 2002 年版，第 49—50 页。

⑤ 《邓小平文选》第 3 卷，人民出版社 1993 年版，第 142 页。

⑥ 《邓小平文选》第 3 卷，人民出版社 1993 年版，第 149 页。

⑦ 《江泽民论有中国特色社会主义（专题摘编）》中央文献出版社 2002 年版，第 49—50 页。

⑧ 《江泽民论有中国特色社会主义（专题摘编）》，中央文献出版社 2002 年版，第 50 页。

第二节　浙江建立社会主义市场经济体制的“先行性”与“特色性”经验和启示

一、浙江率先建立社会主义市场经济体制的经验

党的十一届三中全会以来，浙江经济体制改革从农村到城市，从经济领域到社会领域，从对内搞活到对外开放，从局部突破到全面展开，不断向纵深推进。从总体上看，浙江的市场经济体制改革在全国领先，形成了许多亮点。

1. 较早确立以公有制为主体、多种所有制经济共同发展的格局

改革开放以来，浙江始终坚持“三个有利于”标准，打破经济“成分论”的思想束缚，大胆突破单一公有制的所有制结构，支持“多轮驱动、多轨运行、多业并举”，鼓励国家、集体、个人一起上。以“先发展后提高”的思路，放手发展个体私营经济，推动民营经济实现新飞跃，造就千百万充满创业冲动的市场主体；以“明晰产权，搞活机制”为内容，率先推进乡镇企业产权制度改革，焕发乡镇集体企业新的生机活力；以“抓大放小，有进有退，扶强扶优”为方针，适时开展国有企业改组改制，完善国有资产管理体制，实现国有经济的战略性调整；以增强公有制经济活力为目的，支持国有、集体、民营、外资企业相互参股，大力发展混合所有制和股份制经济，探索公有制经济的多种实现形式；以多元市场主体的培育和发展，促进了所有制结构的调整，形成了以公有制为主体、多种所有制经济共同发展相得益彰的格局。

2. 较早形成统一开放竞争有序的市场体系

发挥市场机制在资源配置中的基础作用是市场经济的基本特征，完善的市场体系是市场经济健康发展的基本要求。从专业市场起步，培育要素市场，规范市场秩序，完善市场体系，是浙江取得市场经济发展先发优势的一个最大特点。浙江从自身的资源禀赋、区位条件和人文特点出发，走出了一条商品市场和要素市场共同发展、国内外市场并举、有形市场和无形市场联动的市场体系培育之路。

浙江地处东部沿海，是自然资源小省，由于历史的原因，国家投资较少，工业基础薄弱，商品供应匮乏。但浙江人历来有经商办企业的传统，有一大批善于搏击商海的人才。浙江以中小企业为主，生产资料供给和产品销售都进不了国家计划经济体制的渠道。为了解决原料采购、产品销售“两头在外”的瓶颈制约，浙江人克服依赖国家的“等、靠、要”思想，把眼光从“市长”转向市场，各类商品和生产资料专业市场应运而生，蓬勃发展，并在整合和创新中不断提升，形成辐射全国、面向世界的商品营销网络。截止 2009 年年底，浙江已建立各类商品交易市场 4194 家，年交易额亿元以上市场达到 633 家，其中百亿元市场 18 家、十亿元市场 162 家、亿元市场 453 家，浙江市场成交额已连续 19 年名列全国第一，成为全国闻名的市场大省。为了适应现代市场经济发展的需要，浙江继而大力培育技术、劳动力、资本等要素市场，大力发展现代物流、连锁经营、电子商务等现代流通方式。浙江在全国率先建立了网上技术市场，上网企业 4 万多家，技术难题招标项目 1.4 万多项，签约技术合同金额达 27 亿元，提供招标项目技术研发经费 80 多亿元。浙江各类人才市场达 230 多个，县以上都建立了劳动力市场，有 2000 家左右的职业介绍机构，近年来有 900 万人通过劳动力市场实现了就业。浙江地方资本市场建设加快，证券市场交易活跃，截至 2010 年年底，全省共有境内外上市公司 257 家，其中 A、B 股上市公司 200 家，仅次于广东省；中小板 98 家，创业板 19

家，数量分别居全国第二和第三位；全省上市公司累计通过证券市场募集资金2273.92亿元；民营企业上市家数和上市后备资源均居全国前列。以打造“信用浙江”为突破口，浙江率先建设企业信用信息发布查询系统，加快政府、企业、个人三大信用体系建设，市场秩序不断规范，社会信用环境明显改善。

3. 较早形成城乡经济社会协调发展局面

打破城乡二元结构，推进城乡一体化进程，是经济社会发展的必然趋势，也是解决“三农”问题的根本途径。浙江以农业产业化为载体，以高效生态农业为目标，大力发展效益农业，加快农业结构的战略性调整；浙江在全国率先进行粮食购销市场化改革，全面放开粮食购销和价格；浙江在稳定家庭联产承包经营责任制的基础上，按照“依法、自愿、有偿、规范”的原则，积极稳妥地推进土地承包经营权流转；浙江大力培育农业龙头企业和农业生产基地，推进农村社区股份制改革，提高农业生产的组织化和规模化程度；浙江率先进行农村税费改革，取消农村所有税收，促进了农业增效、农民增收和农村经济繁荣；浙江以加快县域经济为重点，制定出台扩大经济强县管理权限和推动欠发达县市加快发展政策，促进县域经济发展壮大；浙江全省形成小资本、大集聚、产值超亿元的各类规模块状经济500多个；浙江按照统筹城乡经济社会协调发展的要求，大力推进城市化进程，加快农村小城镇建设，稳步推进乡镇行政区划的“撤、扩、并”调整工作，深化小城镇综合改革试点，加大培育发展中心镇，改革城镇行政管理体制；浙江在全国率先制定了《统筹城乡发展、推进城乡一体化纲要》，大力实施“千村示范、万村整治”工程、“千万农民劳动力素质培训”工程、“千万农民饮用水和农民健康”工程、“千镇连锁超市、万村放心店”工程，推动城市基础设施向农村延伸，劳动力市场向农村拓展，社会保障和公共卫生服务体系向农村覆盖，探索以城带乡、以工促农、城乡互动的新路子；浙江实施“山海协作”、“百亿帮扶致富”和“欠发达乡镇奔小康”等三大工程，促进区域协调发展。实施百亿基础设施建设、百亿信息化建设、百亿科教文卫建设、百亿生态环境建设和百亿帮扶致富建设等“五大百亿”工程，改善和优化城乡发展环境，推动城乡、区域协调和可持续发展。

4. 较早形成全方位多层次宽领域的对外开放格局

扩大对外开放，是充分利用国际国内两种资源、两个市场，增强区域经济竞争力，拓展市场发展空间的客观要求。浙江顺应经济全球化和我国加入世贸组织的形势和要求，紧紧抓住国际资本加快转移和世界产业结构调整升级的机遇，把“引进来”与“走出去”紧密结合起来，着力改善投资环境，创新开发区管理体制，完善招商机制，加大引资力度，不断提高利用外资的规模和水平。截至2010年年底，浙江累计共批外商投资企业47717家，投资总额3165.8亿美元，合同外资金额1723.9亿美元，实际使用外资869.9亿美元。在积极做好“引进来”工作的同时，浙江大力支持企业“走出去”，实施出口主体、出口产品、出口市场和出口方式的“四个多元化”战略，加大国有外贸企业改革力度，扩大私营企业外贸出口经营权，建设大通关体系，探索符合国际规则的外贸扶持办法，推动不同所有制企业扩大外贸出口。2010年浙江省实现进出口贸易总额2534.7亿美元，一般贸易出口、私营集体企业出口、贸易顺差均居全国第1位。同时，浙江率先进行境外投资外汇管理改革，推动优势企业、专业市场到境外开办生产基地、设立研发中心、组建销售网络、承包工程项目、开发当地资源。根据浙江省商务厅提供的资料，截止2011年10月末，全省经审批和核准境外企业和机构共计5031家，数量居全国首位，累计投资总额119.5亿美元，其中中方投资105.7亿美元；境外投资已遍布6大洲130多个国家；投资行业主要分布在制造业、批发和零售业、交通运输和建筑业等17个行业；浙江企业对外投资重点国家和地区是香港、瑞典、美国、德国、越南、俄罗斯联邦。浙江在扩大对外开放的同时，加大对内开放力度，主动接轨上海，共同推进长三角的合作与发展，在基础设施建设、产业结构调整、扩大利用外资、发展国内外贸易、加强科技教育合作、加快人才交流等方面，全方位加强合作与交流。按照“跳出浙江、发展浙江”的战略思路，浙江积极参与中西部开发和振兴东北老工业基地建设，推动企业跨省发展、生产要素跨省流动、商品市场跨省拓展。

5. 较早形成多层次、广覆盖的社会保障体系

建立健全社会保障体系，是经济健康发展和社会长治久安的重要保障。浙江在经济快速发展的基础上，不断健全与经济发展水平相适应的社会保障体系。在解决下岗职工再就业和新生劳动力就业问题上，浙江大力实施就业再就业工程，采取各种办法，加强失业人员技能培训，拓展就业渠道，改善就业环境，建立就业服务体系，并在全国较早实行下岗与失业并轨，探索政府引导和市场调整相结合的就业机制。同时，以扩大社会保障覆盖面为目标，加大社会保险扩面征缴工作力度，采取社保基金由税务部门代为征缴等多种办法，积极推进城镇职工基本养老保险、医疗保险和失业保险制度改革，在全国率先建立覆盖城乡的最低生活保障制度，建立健全社会救助体系，不断完善以保障制度规范化、资金来源多元化、管理服务社会化为特色的多层次社会保障体系。目前，全省城镇基本养老保险参保人数已达880多万人，其中企业参保人数有670多万人，参保面达76%，比全国平均水平约高44个百分点；基本医疗保险参保人数达560多万人，覆盖面达67%，比全国平均水平约高29个百分点；失业保险参保人数达420多万人，覆盖率达90%；农村养老保险参保人数450多万人，被征地农民有139万多人参加了各种形式的社会保障。建立了覆盖全社会、分类管理、动态调整的最低生活保障制度，享受城乡居民最低生活保障的低保对象达60多万人，其中农村低保对象50多万人。基本实现农村“五保”和城镇“三无”对象集中供养，农村“五保”集中供养率达到82%，城镇“三无”集中供养率达到91%。多层次、广覆盖的社会保障体系已经成为经济社会快速发展的安全网和稳定器。

6. 较早在社会管理和公共服务方面实现政府职能转变

加强行政管理制度改革，切实转变政府职能，是建立社会主义市场经济体制的内在要求。浙江在推进市场经济发展过程中，按照政企分开、政事分开、政资分开的要求，不断推进行政管理体制改革，理顺政府、市场、企业之间的关系，解决行政管理中的越位、缺位和错位问题，调整经济工作的领导方式和工作方法。通过精简政府机构、强化服务功能、提高行政效率，为市场经济发展创造良好的外部环境。浙江较早地对政府专业经济管理部门进行改革，商业、物资、能源、二轻等专业管理部门改为企业经营实体，行业管理职能分离给行业协会。近几年来，浙江以行政审批制度改革为抓手，推行政务公开，促进政府职能转变。从1999年开始，先后开展了审批制度改革，前两轮改革削减省级审批事项2200余项，减幅达3/4以上。在贯彻实施行政许可法中，又取消行政许可项目117项。第三轮改革将对省级保留的630项行政许可项目再作进一步的清理和规范。同时，全省各级政府开展审批服务中心、工程项目招标中心、政府采购中心和财务会计核算中心“四个中心”建设，努力构造政府服务的新平台。为了适应我国加入世贸组织的新形势，加大依法治省的工作力度，强化法制建设，浙江及时清理了地方性法规、地方政府规章和其他政策措施，适时制定和完善地方性法规和政府规章，并采取执法检查与述职评议、执法评议与个案监督等多种手段相结合的方式，加强法律监督。政府在减少对企业直接干预的同时，强化政府的经济调节、市场监管、社会管理和公共服务职能，积极推进公共财政体制改革，深化部门预算、政府采购制度、会计集中核算制度和国库集中支付制度改革，政府社会管理和公共服务职能得到加强，调控经济社会发展的方式和手段得到进一步改善，行政管理体制不断得到创新。

二、浙江率先建立社会主义市场经济体制的启示

1. 必须坚持解放思想、实事求是、与时俱进的推进改革发展

浙江始终高举邓小平理论和“三个代表”伟大旗帜，牢固树立和贯彻落实科学发展观，认真贯彻落实党的基本理论、基本路线、基本纲领和基本经验，坚持社会主义市场经济的改革方向，一切从实际出发，立足浙江省情，以“三个有利于”为标准，不断解放思想，勇于突破传统思想的束缚，敢于冲破传统体制的约束，善于把中央精神与浙江实际结合起来，积极探索适应市场经济发展要求、顺应时代发展趋势、具有中国特色和浙江特点的社会主义建设道路，大力推进理论创新、制度创新、科技创新、文化创新及其他创新，在改革实践中不断总结新的经验，在体制创新上不断取得新的优势，在完善社会主义市场经济体制上不断迈出新步伐。

2. 必须坚持尊重群众首创精神，依靠群众力量推进改革发展

浙江始终坚持一切依靠群众，充分调动人民群众勤劳致富、艰苦创业的积极性，积极发掘浙江深厚的历史文化底蕴，大力弘扬“自强不息、坚忍不拔、勇于创新、讲求实效”的浙江精神，发挥人民群众的聪明才智，支持人民群众大胆试、大胆闯，把人民群众的创造性引导好、保护好、发挥好，放手让一切劳动、知识、技术、管理和资本的活力竞相迸发，让一切创造社会财富的源泉充分涌流，形成具有鲜明浙江特色的小商品大市场、小企业大协作、小资本大集聚的发展优势。

3. 必须坚持发展这个执政兴国的第一要务，用发展的思路推进改革发展

浙江始终抓住经济建设中心不动摇，坚持发展是硬道理不放松，用发展的眼光分析形势，用发展的思路推进事业，用发展的办法解决前进中的问题，抓住各种发展机遇，集中精力搞建设，一心一意谋发展。在改革发展过程中，正确处理改革、发展、稳定的关系，注重把改革的力度、发展的速度和社会可承受的程度统一起来，统筹兼顾协调好改革进程中的各种利益关系，在深化改革中推动发展，在社会稳定中推进改革开放，在扩大开放中加快发展，推动加快全面建设小康社会、提前基本实现现代化的步伐。

4. 必须坚持以科学发展观为指导，统筹协调地推进改革发展

浙江始终坚持以人为本的全面发展和可持续发展的思想，立足全党全国工作的大局，结合浙江的客观实际，正确把握时代发展要求，遵循社会发展客观规律，分步骤、有重点地整体推进改革。在突破经济体制改革重点环节的同时，相应推进科技、教育、文化、卫生等各项社会事业的配套改革，促进经济社会协调发展；在鼓励浙东沿海地区率先提前实现现代化的同时，加大对浙西南欠发达地区改革发展的扶持力度，促进区域经济协调发展。在加快中心城市发展的同时，大力开展农村新社区建设，促进城乡协调发展；在加快先进制造业基地建设的同时，重视发展循环经济，建设节约型社会，加强生态环境保护，促进人与自然协调发展；在加快发展民营经济内生力量的同时，大力发展开放型经济，加强与国内外市场的合作与竞

争，促进全方位开放和发展；在加强物质文明建设的同时，高度重视精神文明建设，加强“平安浙江”建设，完善社会保障体系，加快构建和谐社会，努力在全省形成勇于改革、善于探索、敢于创新的良好氛围，形成心齐、气顺、劲足、实干的大好局面。

5. 必须坚持立党为公、执政为民，以实现人民群众根本利益为目的推进改革发展

浙江始终牢记全心全意为人民服务这一根本宗旨，坚持一切从人民群众的根本利益出发，时刻保持党同人民群众的血肉联系，把保持党的先进性落实到发展先进生产力、发展先进文化和实现最广大人民的根本利益上来，在制定政策措施、出台改革举措时，着眼于把人民群众的切身利益实现好、维护好和发展好，畅通反映民意的沟通渠道，尊重群众的民主权利，倾听群众的正确意见，解决群众的切身问题，努力使广大人民群众共享改革开放的成果，不断提高人民群众的生活水平，走富民强省共同富裕的发展道路。

6. 必须保持清醒的头脑，进一步增强忧患意识和责任意识

浙江在改革开放的市场经济转轨过程中，抢抓机遇，率先改革，取得了体制的先发优势，为经济社会快速发展提供了巨大的动力和活力，综合实力不断增强，市场竞争力显著提高。但是，必须清醒地看到，与全国各省市的改革发展形势相比，浙江的先发优势是相对的；与对外开放不断扩大的趋势相比，浙江的先发优势是局部的；与完善的社会主义市场经济体制的目标要求相比，浙江的先发优势是阶段性的。随着全国及各省、市的市场经济体制改革不断深入，浙江经济社会发展中还存在的体制性、结构性、素质性矛盾和问题进一步凸现。主要表现在：城乡二元经济社会结构还没有根本突破，区域经济发展不平衡问题还未有效解决，人口、资源、环境与经济社会发展还不协调，资源要素和环境制约还比较突出，经济结构调整和增长方式转变的任务还十分艰巨，市场经济秩序和社会信用方面的问题还有不少，城镇就业与农民增收压力仍然较大，城乡部分群众生活困难、社会贫富差距及影响社会稳定的因素还有不少，教育、医疗等社会保障体系的基础还比较薄弱，政府的社会管理和公共服务职能还有待加强，防范和惩治腐败的权力制衡机制还不健全，精神文明与民主法制建设还需要进一步加强。面对这些矛盾和问题，我们必须保持清醒的头脑，要进一步增强忧患意识和责任意识，提高责任心和使命感，加大改革力度，推进社会主义市场经济体制改革取得新进展。

第三节 浙江农村改革发展的“先行性”与“特色性”经验和启示

中国改革开放经历了从农村改革起步、以农村改革推进城市改革、走向全方位改革开放的进程。浙江的改革发展也首先从农村起步，从实行家庭联产承包责任制、废除人民公社制度到重构三位一体的村级组织；从改革农产品统派购制度和调整农业产业结构，构建市场化的农产品流通体制到建立城乡互通的商品市场和要素市场；从乡镇企业的多轮驱动到全面推进乡镇企业产权制度改革、大力发展民营经济；从放宽城乡户籍和劳动就业管理，促进农村人口和劳动力向二三产业和城镇转移到建立城乡一体的劳动就业体系；从农民城镇农民建的小城镇建设到推进新型城市化和新城区建设；从农村内部乡村集体企业的以工促农、以工补农到探索建立全社会的工业反哺农业、城市带动农村新机制；从政府搞城镇建设、农民搞农村建设的城乡差别建设到实施统筹城乡规划建设、协调推进新城区和新农村建设。通过这一系列从浙江实际出发、具有鲜明浙江特色的改革和发展举措，逐步形成了工业反哺农业、城市带动农村的统筹城乡的建设机制，走出了一条一二三产业综合发展、城乡互动共促、全面推进社会主义新农村建设的新路子。浙江的农村改革发展走在全国的前列，取得了举世瞩目的成就，提供了许多“先行性”与“特色性”经验，为浙江经济社会发展走在全国前列作出了重要的贡献，也为全国统筹城乡建设新农村提供了丰富经验与有益启示。

一、浙江农村改革发展的基本经验

第一、坚持解放思想和尊重农民的首创精神，与时俱进地推进市场化改革，激发农民创业创新的活力。1980 年代初的包产到户改革，中央连续五年五个一号文件和一系列不断深化的改革政策，破除了束缚农民自由发展的种种思想观念、政策制度和体制障碍，农民获得了支配自己劳动的权利、自由生产经营权利、自主创业致富权利，实现了从只能在人民公社从事农业生产、没有生产经营自主权和自有财产权的农业劳动者转变为可以自由地从事多种经营、从事一二三产业的自主创业者和自由就业者。由此，浙江农民在城乡互动的政策环境下兴起了自主创业、自由择业、率先闯市场的浪潮，涌现了一大批农民企业家、二、三产业从业者、务工经商者，广大农民实现了从单纯地农业劳动者到独立地商品生产者、自主创业者和自由就业者的转变，农民的千变万化带来了经济发展的千姿百态，推动了整个经济体制从计划经济到社会主义市场经济的转变。农民历史性地成为创业创新创富的主体，成为市场交易主体、生产经营主体、资本经营主体、财富积累主体、城乡建设主体和民主政治主体，千百万普普通通的农民圆了致富梦[①]。浙江坚持以农为重，富民为先，率先推进市场取向的农村改革，把解放思想落实到解放农民，解放农村生产力上，突破了计划经济体制和“左”的政策对农民的束缚。1980 年代实现了乡镇企业异军突起、多种经营全面开花、小城镇蓬勃发展；1990 年代全面推进企业产权制度改革、农业市场化改革、小城镇综合改革和政企管理体制改革，广大农民群众成为社会主义市场经济的主体和创业创新的主力军；进入新世纪，浙江全面贯彻落实科学发展观，实施“创业富民、创新强省”的总战略，统筹城乡发展、建设社会主义新农村，进一步掀起了全民创业创新创富的新高潮。

第二、坚持经济体制改革和产业结构调整同步推进，形成人民群众自主选择经营形式、自由发展二三产业的生动局面，不断开拓农民增收致富的新渠道。浙江充分利用包产到户后农民获得的生产经营自主权，把农民从以粮为纲的单一农业经济中解放出来，掀起了在城乡一二三产业领域自主创业自由就业的热潮，家庭经营呈现出前所未有的活力。农民自由地从事多种多项职业，从农民群体中快速地分化出企业家、农民工、商人、个体工商户、农场主、专业大户、农业公司经理、农业工人等多种身份。伴随着农民群体职业多样化，农民收入来源也日趋多样化，农民不仅参与按劳分配，也参与按资本分配、按生产要素分配，农民拥有农业家庭经营收入、务工收入、资本经营收益、财产收入、土地租金收入等多种收入来源。从农业中转移出来的有胆识有经营头脑的能人又以乡村集体、股份合作、个体经营、股份制等多种经营方式，发展工业和第三产业，使非农产业迅速发展成为浙江的经济支柱和城乡劳动力就业主要领域。越来越多的浙江农民成为民营企业创业者和资本经营者，形成百万能人创业创新带动千万农民转产转业，全民创业创富效应不断放大的共创共富的发展趋势。浙江农民之所以比较富，就在于浙江农民在市场化、工业化、城镇化进程中不仅仅变成产业工人，而且越来越多的农民经商办实业，成为资本经营者，走出了以劳生财、以资生财、以技生

① 参见顾益康：《浙江 30 年农村改革发展实践的理论分析》，《农业经济问题》2008 年第 10 期，第 11—20 页。

财、以地生财、以财生财等多种致富途径。说到底，是农民千变万化才有浙江发展的千姿百态。

第三、坚持集聚型内生经济和开放型外向经济协调发展，着力形成对内搞活与对外开放相互促进机制，不断提升县域经济市场化、集约化、国际化水平。浙江把发展县域经济作为农村发展的主战场，积极发挥劳动密集型产业比较优势，成功地实现了对内搞活与对外开放在时间、地点、产业、资本、人才等各个方面有机契合。以民营企业、三资企业为主体的浙江制造业外向度与集约经营水平同步提升。同时这些产业和企业以各类经济开发区工业园区和小城镇为载体，按产业集聚和社会化分工协作机理，形成了特色块状经济的发展新格局。以民营企业为主体的集聚型内生经济与开放型外向经济的有机契合，浙江把改革开放机遇和自身优势发挥得淋漓尽致。

第四、坚持新型城市化与新农村建设双轮驱动，充分发挥城市对农村带动作用和农村对城市促进作用，不断完善以城带乡、城乡互促共进的发展机制。浙江发展这么快这么好，其中很重要的一条经验是浙江人在实践中把握了必须统筹城乡经济社会发展这一客观规律，走出了一条从自发到自觉的城乡统筹发展、城乡互促共进的发展路子。在改革开放初期，浙江把推进工业化、城市化的战略重点放到发展农村工业和小城镇上，走出了一条农民主体的市场化、工业化、城镇化道路。进入新世纪，浙江按照党的十六大提出的统筹城乡经济社会发展的战略思想，坚持新型城市化与新农村建设的整体推进。大力推动农村劳动力向城市转移，推动城市基础设施向农村延伸，城市公共服务向农村覆盖，城市现代文明向农村辐射。新型城市化和新农村建设这两大驱动强有力地把浙江城乡居民推上了殷实的小康生活的轨道。

第五、坚持文化软实力和经济硬实力的整体增强，着力推动文化大发展大繁荣，不断提升农民群众文明素质。一手抓经济建设一手抓思想文化建设，大力弘扬以创业创新为核心的浙江精神，大力繁荣文化事业，以广泛开展文明创建活动为载体，形成物质文明建设与精神文明建设相互促进、经济硬实力与文化软实力相互提升机制，把思想文化的软实力提升到了一个全新的高度，成为推动浙江大改革大开放大发展的强大精神力量，成为共创共富经验的重要文化基因。浙江人正是以这种精神，在改革开放中始终勇立潮头，创造了一个又一个的率先改革发展的奇迹，化挑战为机遇、转潜力为实力、变困境为佳境。

第六、坚持鼓励发达地区加快发展和欠发达地区跨越式发展，着力形成先富带后富的扶贫开发机制，不断增强区域发展的协调性。浙江从区域经济社会发展不平衡的省情出发，在鼓励沿海平原地区率先发展、加快发展的同时，高度重视帮扶欠发达地区的发展，始终把扶贫开发作为一项重大的政治任务，实施脱贫县脱贫、百乡扶贫攻坚、欠发达乡镇奔小康、低收入农户奔小康等系列扶贫工程，形成了破穷障、改穷业、挪穷窝、挖穷根的扶贫思路，形成了多层次结对帮扶的机制，使欠发达地区成为浙江经济新的增长点。

第七、坚持生态环境和人居环境的整体改造，大力推进生态文明建设，不断增强可持续发展能力。随着市场化、工业化、城市化进程的推进，浙江干部群众可持续发展理念和生态文明意识不断增强，率先推进生态省建设，加强绿化造林和森林保护，全面开展城乡环境污染治理，深入实施“千村示范万村整治”、高标准农田建设、兴林富民工程等系列工程，在改善农业农村生产条件的同时，农村人居环境也得到了全面改观，涌现出一大批绿色村庄和美丽乡村，可持续发展能力得到全面增强。

第八、坚持“有形之手”和“无形之手”的科学运筹，正确有效发挥政府主导作用，不断增强党政领导执行力。浙江党政领导坚持充分发挥市场机制“无形之手”在资源要素配置和经济活动中基础作用，正确有效发挥政府“有形之手”在促进经济社会科学发展、调控监管市场经济运行中主导作用，体现了中国特色社会主义市场经济的本质特征。浙江注重加强党的执政能力建设，不断增强党政执行力，为改革发展提供强有力政治保证。在30多年的改革里程中，每一次成功改革和发展跨越，每一次经济困难时期的转折，都靠党政领导坚强有力的支持和企业自强不息奋斗的双重力量。

第九、坚持公平与效率兼顾的原则，允许一部分能人先富、先富带后富、逐步实现共同富裕。总体上，浙江国民收入分配从计划经济的平均分配和自由市场经济的按资分配为主向按多种生产要素贡献大小参与分配的机制转变。劳动、资金、土地、技术、管理等各种生产要素都按市场定价定值原则参与国民收入的初次分配。农民都可以根据自己的能力大小、掌握生产要素的数量与质量，公平地参与国民财富的初次分配。具有优质人力资本和货币资本、从事资本经营创新创业的人可以获得更多地财富收入，而能人创业又能带动更多农民就业致富，就业农民也可以在就业进程中逐步学会创业。在国民收入的二次分配中则更多体现公共财政、公共服务、公共福利全民共享和扶弱济贫的公平原则，这实际上体现了鼓励一部分能人包括农民中的能人充分发挥在发展中的带头作用，在发展生产力中能使自己率先富起来，并带动更多人致富的先富带后富、实现共同富裕的机制。

第十、坚持党政主导、农民主体、社会全面参与的共建机制促进新农村建设。从新农村是农民自己的家园，农民群众是建设社会主义新农村主体的认识出发，尊重农民的意愿，调动农民的积极性，发挥农民的自主性，把建立市场机制运行和政府调控服务有机结合的管理体制作为发展现代农业和社会主义新农村建设的基本运行机制，是浙江社会主义新农村建设成功推进的一个重要做法。从浙江的实践来看，新农村建设过程中，浙江注重发挥政府和市场“两只手”的作用，不仅充分尊重农民主体地位，调动和发挥好农民的积极性、主动性和创造性，而且充分发挥党委、政府的主导作用，在规划、政策、资金、组织力量等方面进行全方位的引导。通过建立并形成“民本自发推进、市场自由推行、政府自觉推动”的合力兴农机制和党委主抓、政府主导、农民主体、社会全面参与的共建机制，有效促进了浙江社会主义新农村建设。

二、浙江农村改革发展经验的启示

第一、必须正确处理好兴农强国与惠民富民的关系。农业的振兴、国家的强盛、人民的富裕是一个国家或地区发展中必须处理好的最核心问题。建国初期，在特殊的历史条件下，我国实施了重工业优先发展的工业化强国战略，采取了暂时牺牲农民利益、限制农民自由发展的经济社会政策，实行了工农业产品“剪刀差”、“一大二公”的人民公社体制和城乡分割的户籍制度等；在农业发展上，我们也偏重于优先保障城市居民的粮食、食品和工业原料的供给，为城市工业的发展提供基本保障。在这种工业化强国战略的导向下，惠民富民的目标摆到了次要的地位，广大农民群众长期陷于温饱不济的状况，城市居民也处于低工资、低消费的温饱生活状态，城乡经济社会发展失去了内在动力，再加上十年“文革”政治动乱的影响，最终的结果是国家没有很快地强盛，农业也没有得到振兴，农民更没有富裕起来，农村落后的面貌也没有得到改善。改革开放以来，以家庭联产承包为突破口的改革把富民兴农摆到

了首要位置。浙江把解放思想落实到解放农民、解放农业农村生产力上，鼓励引导千百万农民走上创新、创业、闯市场的创富之路，最终发展了"三农"，走出了一条兴农惠民、富民强省的新路子。浙江经验启示我们，必须把实现农民全面发展与幸福生活作为"三农"工作的根本出发点和落脚点，努力使农业成为富民的现代产业，农村成为农民的幸福家园，农民成为体面的社会职业[①]。

第二、必须正确处理农业生产力发展与农业生产关系调整的关系。改革开放前 30 年，我们在发展农业中注重推进农业的水利化、机械化、电气化、良种化。但是，我们在农业生产关系的调整上，犯了急于求成和教条主义的"左"的错误，其最深刻的教训之一就是超越生产力发展水平，否定家庭经营，把合作制异化成为合并财产的"大锅饭"、"大呼隆"，这种做法严重地束缚了农民群众的生产积极性，阻碍了农业生产力发展。实践证明，改革开放以来形成的以家庭经营为基础，统分结合的双层经营体制是适合农业生产的经营方式，现在的问题在于农业农户家庭经营规模太小，经营太分散，村社集体经济缺乏统一服务的实力。浙江经验启示我们，在当前改造传统农业，建设现代农业的关键时刻，在农业生产关系上，必须把农业产业组织创新作为中国特色农业现代化的关键性举措。一方面，在坚持家庭经营制度长期不变的基础上，按照自愿依法有偿的原则搞活农用地的流转，促进农户家庭经营朝着专业化、规模化、企业化方向发展，使专业大户、家庭农庄成为现代农业的生产经营主体。另一方面，要大力发展农民专业合作社，拓展合作社的生产、加工、供销、信贷等多种服务功能，使之成为引领农民进入国内外市场的现代经营组织，形成与现代农业相适应的新型双层经营体制[②]。

第三、必须正确处理市场"无形之手"与政府"有形之手"的关系。在建国以后的社会主义建设探索中，浙江与全国一样，也试图以社会主义计划经济来实现农业和整个国民经济的跨越式发展，走过了一段曲折之路。实践证明，浙江在党的十一届三中全会以后，率先推进市场取向的改革，率先加快推进农业和农村经济市场化进程，使浙江的"三农"发展走在了全国的前列。但是在市场化的过程中，必须正确处理市场"无形之手"与政府"有形之手"的关系。当前浙江农业弱质、农村落后、农民弱势的问题依然没有得到根本解决。浙江经验启示我们，要从浙江进入到突破城乡二元结构的改革攻坚阶段和进入到以工促农、以城带乡的发展阶段的实际出发，坚持市场化改革的方向，全面推进城乡综合配套改革，既要充分坚持发挥市场机制在"三农"发展中的基础作用，又要发挥好政府对"三农"的政策支持和法律保护作用，建立以工促农、以城带乡的长效机制，努力使市场"无形之手"与政府"有形之手"合理运作[③]。

第四、必须正确处理城乡协调发展与经济社会协调发展的关系。目前，浙江在城乡和经济社会协调发展方面走在全国的前列，这在很大程度上得益于在改革开放中探索出了一条从不自觉到自觉地统筹城乡经济社会发展的路子。但也必须清醒地看到，浙江城乡经济社

---

① 参见顾益康，袁海平，许勇军：《正确处理好十大关系——新中国 60 周年浙江"三农"发展历史经验总结》，《浙江经济》2009 年第 17 期，第 18—20 页。

② 参见顾益康，袁海平，许勇军：《正确处理好十大关系——新中国 60 周年浙江"三农"发展历史经验总结》，《浙江经济》2009 年第 17 期，第 18—20 页。

③ 参见顾益康，袁海平，许勇军：《正确处理好十大关系——新中国 60 周年浙江"三农"发展历史经验总结》，《浙江经济》2009 年第 17 期，第 18—20 页。

会发展差距扩大的趋势尚未从根本上得到扭转，城乡发展和经济社会发展都还不够协调，这既与改革开放前长期实行城乡分割的体制因素和重经济发展、轻社会发展的因素有关，又与改革开放进程中城市化水平依旧滞后于工业化、社会发展滞后于经济发展的问题有关。浙江经验启示我们，要把正确处理城乡协调发展与经济社会协调发展的关系作为科学发展的一条主线，坚持新型城市化与新农村建设双轮驱动，坚持经济发展与社会发展同步推进，完善市场化、工业化、城市化“三化”与“三农”发展互促互进的机制，大力推动城市基础设施向农村延伸，城市公共服务向农村覆盖，城市现代文明向农村辐射，政府公共财政向农村倾斜，努力开创城乡经济社会发展一体化的新格局①。

第五、必须正确处理尊重农民意愿与教育引导农民的关系。“三农”问题的核心问题是农民问题，农民群众也是一个非常庞大而复杂的群体，既有革命性、主体性、先进性一面，又有保守落后自私的一面。实践表明，正确处理好两者关系对于搞好“三农”工作至关重要，“三农”工作既要尊重农民群众的意愿，充分调动农民群众的积极性，同时又要做好教育引导农民的工作。在建国初期，实行土地改革，实现耕者有其田，倡导自愿互利的互助合作，农民欢欣鼓舞，农业生产迅速恢复。但是到了大办合并财产的高级社、“一大二公”的人民公社，大搞行政命令的“瞎指挥”、“大锅饭”、“大呼隆”，农民群众就消极对抗，农业生产力遭到严重破坏。党的十一届三中全会后，包产到户和市场取向的改革顺应了广大农民的意愿，十六大以来实行的统筹城乡发展和建设社会主义新农村的政策，更是得到了农民由衷拥护和积极参与。这些都表明，党的政策有效贯彻需要在尊重农民意愿的基础上，通过对农民的有效教育引导培训来保证，还要注重培养和造就一批农民群众的先进分子，发挥好示范、带头作用，提高农民组织化程度，保证党的政策顺利贯彻和农民群众利益的实现。浙江经验启示我们，在“三农”工作中，必须始终坚持尊重农民意愿和加强对农民教育引导这一并行不悖的基本原则，广泛开展群众性的学习践行科学发展观的活动，切实加强农村的基层民主建设和基层组织建设，培养和造就一支能带领农民群众科学发展、和谐发展、共创共富的领导班子，把农民群众培养成为有自信、有自尊、有文化、有技能的新型农民②。

第六、必须正确处理一部分地区、一部分人先富与共同富裕的关系。贫穷不是社会主义，少数人富裕也不是社会主义，实现共同富裕是社会主义的目标和社会主义本质的最重要体现。在改革开放前的一段时间里，我们把共同富裕片面地理解为同步富裕、同等富裕，在收入分配上搞平均主义的“大锅饭”，多劳不能多得，违背了不同人素质天赋能力不一样、不同地区经济社会发展不平衡的客观规律，农民群众的创造活力被窒息，其结果是普遍贫困。改革开放以来，邓小平同志倡导的允许一部分人先富起来、先富带后富、实现共同富裕的政策全面正确地诠释了共同富裕的科学内涵，打破了长期以来分配上的平均主义，激发了全社会的创富活力。浙江千百万农民敢为天下先，率先闯市场，形成了百万能人创新创业带动千万农民就业致富的共创共富机制，有能力的人群与有条件的地区率先致富，引导和带动了更多的人群、更多的地区创业创富。同时针对一部分先富群体的崛起，地区和群体之间的收入

---

① 参见顾益康，袁海平，许勇军：《正确处理好十大关系——新中国60周年浙江“三农”发展历史经验总结》，《浙江经济》2009年第17期，第18—20页。

② 参见顾益康，袁海平，许勇军：《正确处理好十大关系——新中国60周年浙江“三农”发展历史经验总结》，《浙江经济》2009年第17期，第18—20页。

差距扩大的问题，浙江积极采取加强国民收入二次分配和扶贫开发的力度，倡导先富带后富，结对帮扶，采取“破穷障、改穷业、挪穷窝、挖穷根”的综合扶贫举措，加快欠发达地区和低收入农民奔小康的步伐。浙江经验启示我们，在今后的发展中，必须毫不动摇地坚持一部分地区、一部分人先富起来的政策，同时要更加注重和强化先富带后富的机制，形成社会财富的源泉充分涌流，民众创富活力得到充分迸发的生动局面[①]。

第七、必须正确处理农村物质文明建设与精神文明建设的关系。从浙江“三农”发展实践来看，正确把握两个文明建设的关系至关重要。凡是物质文明建设和精神文明建设协同发展时期，“三农”发展就又快又好，反之，“三农”的发展就遭到挫折。在政治挂帅的“文革”动乱年代，“宁要社会主义的草，不要资本主义的苗”、“以阶级斗争为纲”，大搞群众性政治运动，给经济发展和农业生产造成了严重破坏。十一届三中全会拨乱反正，确立以经济建设为中心的基本路线，开创了“聚精会神搞建设，一心一意谋发展”的新局面。但在这一过程中，也出现了忽视精神文明建设、一切向钱看、文明道德失范等问题，在农村有些地方封建迷信死灰复燃，黄赌毒沉渣泛起，严重影响经济社会的健康发展。浙江经验启示我们，在统筹城乡发展的新时期，必须毫不动摇地坚持两个文明“两手抓”、“两手都要硬”的方针，在推动农村经济社会转型升级的过程中，更加重视文化建设，更加重视农民素养的提升和增强文化软实力，把富民与新民结合起来，以先进思想激励人，以先进理念改造人，以先进文化熏陶人，以先进教育培养人[②]。

第八、必须正确处理改造自然与遵循生态规律的关系。在这方面既有成功经验，也有深刻教训。发动群众兴修水利，改造耕地，积极推进农业的水利化、机械化、电气化，为农业生产力的进一步发展奠定了良好基础。但是，在急于求成的五六十年代的大建设、“大跃进”中，过分强调战天斗地，改造山河，也出现了违背自然规律的伐林开荒、毁草种粮、围湖造田等活动，造成了生态环境的严重破坏；同时也违背人类生产活动需要集聚的规律，搞遍地开花的工业化，人为地阻碍城市化的进程，导致了人口的急剧增加和环境的严重污染，给经济社会带来更多负面影响。浙江经验启示我们，在新一轮的发展中，必须更加遵循生态规律，把保护耕地、保护环境、保护生态作为不可逾越的一条红线，大力推动农村经济社会转型升级，加快形成资源节约、环境友好的生产方式和生活方式，走出一条符合农村实际的生产发展、生活富裕、生态良好的文明发展道路[③]。

第九、必须正确处理“自下而上”与“自上而下”改革的战略部署关系。尊重农民群众的首创精神，善于把群众创造的成功经验提升为指导面上工作的政策，善于顺应群众的意愿和时代发展趋势，提出鼓舞人心的发展目标和战略决策，是浙江“三农”工作一条非常成功的经验。要正确贯彻群众路线，把握好“自下而上”的改革创新与“自上而下”的战略部署的关系，必须避免两种倾向：一是因循守旧，思想保守，唯上唯书，把某些教条捧为金科玉律，把农民自发的创新行为当作犯上作乱的事情，把农民自发的创新追求扼杀在摇篮里；二是急于求

① 参见顾益康，袁海平，许勇军：《正确处理好十大关系——新中国60周年浙江“三农”发展历史经验总结》，《浙江经济》2009年第17期，第18—20页。

② 参见顾益康，袁海平，许勇军：《正确处理好十大关系——新中国60周年浙江“三农”发展历史经验总结》，《浙江经济》2009年第17期，第18—20页。

③ 参见顾益康，袁海平，许勇军：《正确处理好十大关系——新中国60周年浙江“三农”发展历史经验总结》，《浙江经济》2009年第17期，第18—20页。

成，好大喜功，不管现实生产力发展水平，用行政命令强制推行不切实际的做法和工程。这两个方面的问题都会使农民群众的利益遭到重大损失，农民群众的积极性造成重大挫伤。浙江经验启示我们，在突破城乡二元结构，推进城乡综合配套改革，建设社会主义新农村的新历史进程中，必须完整地坚持党的群众路线，要以全面建设小康社会和提前实现农业农村现代化为目标来激励农民，鼓舞农民；要进一步解放思想，鼓励基层干部群众的创新精神，敢于突破影响科学发展的旧体制、旧政策的束缚；要坚持求真务实的科学精神，不搞追求虚假政绩的形象工程，以此作为衡量我们政策和工作好坏的标准[①]。

第十、必须正确处理农民群众的主体作用与党政主导作用的关系。改革开放以来，浙江各级党委政府充分尊重和鼓励农民的创造，鼓励多种所有制经济共同发展，激励全民创业创富，形成了人民群众创造财富，人民政府创新环境的发展机制，营造了良好发展局面，创造了大众市场经济的发展模式和民本发展道路。实践证明，发挥农民群众的主体作用是首要的，什么时候农民的主体作用发挥得好，农村生产力发展就快。浙江经验启示我们，要再创"三农"发展的新辉煌，必须更好地发挥农民群众创新创业的主体作用和党政服务发展的主导作用，不断完善农民主体、党政主导、社会各方主动参与的社会主义新农村建设机制，建立健全工业反哺农业、城市带动农村的长效机制，在农村的基础设施建设和公共服务体系建设、高效生态的现代农业基础建设、农村新社区规划建设、城乡均等的公共服务体系建设上，更加凸现政府的主导作用和公共财政的支撑作用，努力使浙江在统筹城乡发展，建设社会主义新农村中继续走在全国的前列[②]。

尽管浙江形成农民主体的市场化、工业化、城镇化道路有其自身的经济社会条件，但浙江经验所揭示的经济发展和富民规律，诸如农民在"三化"中主体地位作用，培育民营企业、积累民间资本、发展民营经济、城乡统筹、共创共富、"三化"与"三农"互促共进等，不但具有鲜明的中国特色，而且具有普遍借鉴价值，是对中国特色社会主义经济建设的重要贡献。

第四节　浙江民营经济发展的"先行性"与"特色性"经验和启示

改革开放 30 多年，浙江民营经济一直走在全国前列，民营经济是浙江创业富民、创新强省的基础所在、优势所在、活力所在、源泉所在。浙江民营经济发展的经验和启示如下。

一、必须创造与社会主义初级阶段基本经济制度相适应的体制机制，充分发挥人民群众发展先进生产力的积极性和创造性

改革开放以来，在自我积累和国家投资比较薄弱的情况下，浙江执行党的改革开放政策，坚持"三个有利于"标准，在推进国有经济再创新优势的同时，毫不动摇地鼓励、支持、引导非公有制经济发展。浙江明确提出发展个体私营经济"不限发展比例，不限发展速度，不限经营方式，不限经营规模"[③]，尊重群众的创业权利和自主选择，支持千百万群众大胆进行

① 参见顾益康，袁海平，许勇军：《正确处理好十大关系——新中国 60 周年浙江"三农"发展历史经验总结》，《浙江经济》2009 年第 17 期，第 18—20 页。

② 参见顾益康，袁海平，许勇军：《正确处理好十大关系——新中国 60 周年浙江"三农"发展历史经验总结》，《浙江经济》2009 年第 17 期，第 18—20 页。

③ 参见张承惠：《政策拉动浙江民间投资》，《政策瞭望》2003 年第 11 期，第 12—13 页。

实践，突破单一所有制形式，大力发展个体私营经济。经过30多年的发展，民营经济已成为浙江经济发展的重要推力。让广大老百姓成为创业主体，是浙江民营经济不断发展壮大的最根本经验。浙江是最早允许农民务工经商、允许农民长途贩运、允许对农民开放城乡市场的地方。日出而作、日落而息的农民从狭小的土地经营中走出来，从农业走向二三产业，从农村走向城镇，从本土市场走向国内外大市场，开始了艰苦的创业历程[①]。据统计，浙江第一批个体私营企业创业者90%来自农村，在全省2090万农村劳动力中，有1070万人活跃在非农业领域。在2004年2月召开的全省民营经济工作会议上，表彰了非公有制企业100强，其中九成以上老板都是农民出身。万向集团的鲁冠球、正泰集团的南存辉、横店集团的徐文荣、星星集团的叶仙玉等目前企业资产十几亿、几十亿元的企业家，都是十几、二十年前的农民。补皮鞋、弹棉花、挑货郎担、开家庭作坊等方式，就是其创业的起点。他们白手起家，善小而为，集腋成裘，滚动发展，抓住计划经济体制向市场经济体制转轨蕴藏的巨大商机，敢冒风险，敢为天下先，实现了资本的原始积累。从而实现了自己从农民→兼业者→家庭分工型兼业者→家庭作坊主→家庭工厂主→家族企业主→股份合作制公司经理→大型企业或企业集团企业家的一系列嬗变[②]。此外，浙江率先推进乡镇企业改制，使乡镇企业变为产权明晰的新型创业主体。浙江是乡镇企业起步最早、发展最快的省份之一。改革开放初期，乡镇企业"多轮驱动，多轨运行，多业并举"，为浙江经济发展注入了巨大活力。随着个体私营企业等非公有制经济的快速发展，乡镇集体企业产权模糊、政企不分、机制僵滞、竞争力减弱等问题日益凸现。浙江在总结台州、温州等地创造的股份合作制经验的基础上，明确了职工可以参股、经营者和企业骨干可以持大股等政策，使一大批乡镇集体企业转变为产权明晰、机制灵活、具有内在创业冲动的新型市场主体，调动了经营者和劳动者的积极性，激发了企业的生机和活力，不仅盘活了集体存量资产，促进了产权重组和生产要素的优化配置，而且探索了农村集体经济发展的新思路。目前，浙江乡镇集体企业改制面达到95%以上。通过改制增强了乡镇企业的活力，促进了农村集体经济发展壮大[③]。

二、必须创造与加快发展商品经济相适应的专业市场群体，充分发挥市场在资源配置中的基础性作用

浙江经济快速发展的一个重要驱动力，是非公有制经济以超常规速度推进农村工业化，而农村工业化又为非公有制经济发展提供崭新空间。农村工业化与各类专业市场群体相互依托、相互促进，以小商品为基础，形成小商品、大市场、低成本、高收益的比较优势。尽管目前这种传统的集贸式市场正在逐步被现代流通方式所替代，但在长达20多年的历史中，这种市场形式对提高生产和流通的组织化程度，降低小规模创业者的交易成本，促进和加快经济要素的聚合，满足多层次消费需求，特别是为中国农村市场提供廉价消费品，起到了巨大作用。

浙江非公有制经济发展初期，我国经济体制整体上还处于计划经济时期，商品短缺、特

① 中共浙江省委宣传部:《基本经济制度在浙江创造奇迹—从浙江的实践看"六个为什么"之五》,《浙江日报》2009年8月13日,第1版。

② 陈文玲,王飞:《社会发展的生命力在于创造》,《中国经济时报》2003年12月15日,第A01版。

③ 陈文玲,王飞:《社会发展的生命力在于创造》,《中国经济时报》2003年12月15日,第A01版。

别是农村商品供给严重不足，流通渠道不畅。浙江发展专业市场一方面抢占了这个先机，创造了“买全国、卖全国”的商机；另一方面与本土个体私营企业发展相适应，为众多规模小、技术层次低、组织结构简单的企业提供了共享式销售平台和场所，使大量劳动力密集型商品和具有较强互补性和替代性商品有了集中交易的载体，由此产生了交易的集聚效应和规模效应。不断发展的专业市场把成千上万的个体工商户、家庭企业连接在一起，形成内部细致的分工协作。优势企业带动，中小企业支撑，“生产在一家一户，规模在千家万户”，带动了中小企业发展，逐步形成覆盖全国、辐射全球的商品营销网络，成为推动浙江农村工业化和浙江经济快速发展的重要力量。目前，浙江商品专业市场达4096个，覆盖和连接全省85%的个体工商户和私营企业，年成交额9325亿元，连续17年位居全国首位。其中10亿元以上的市场133个。如义乌小商品、绍兴轻纺、温州皮鞋、海宁皮革、乐清电器、大唐袜业、宁波服装、永康五金、大陈衬衫、嵊州领带、嘉善木业、黄岩精细化工、温岭泵业等。在义乌中国小商品城，市场总面积达260万平方米，经营商位5.8万个，汇集28个大类8万余种商品，年成交额348亿元，形成十几个专业市场，30多条专业街和产权、技术、劳动力等要素市场。目前，全国有5800多家国有大中型企业、2万多家中小企业在此设点经营，公路货运直达全国，实现从以血缘、亲缘、地缘为纽带的创业形式向以业缘、契约为纽带的现代企业关系转化。从这个意义上说，浙江专业市场是在计划经济薄弱地带和缝隙中发展起来的通向全国的贸易通道，是浙江率先冲破计划经济藩篱、走向市场经济的突破口，也是浙江非公有制企业加速完成资本原始积累的重要来源[①]。

三、必须创造扩大民间投资的良好环境，充分调动和发挥民间投资的积极性

非公有制经济的发展，快速积累了大量民间资本。浙江个体私营企业在1980年代末、1990年代初就基本完成了资本的原始积累，民间资本丰厚。据估计，目前浙江省民间资本至少在7000亿以上。浙江鼓励和引导民间投资的主要措施，一是最大限度地开放投资领域，放宽民间投资的准入领域。对28个领域的526种产品、技术、服务和产业，对预期有回报的基础设施和公益性项目、对向外资开放的领域都向民间资本开放，浙江民间资本已涉足了众多领域。二是引导民间资本流向大型基础设施和重大公益型项目。积极建立和完善“谁投资、谁决策、谁受益、谁承担风险”的投资体制及运行机制。采取“政府引导、市场运作”的方式，支持基础设施项目的经营权或产权依法转让，鼓励和引导民间资本以独资、合作、参股、特许经营、并购、BOT等多种形式参与投资，构建了多元化的投资竞争主体。三是积极探索有效的融资机制，拓宽民间筹资渠道。通过组建中小企业信用担保机构、推行企业财产抵押贷款、推动高科技民营企业上市等方式，探索面向非公有制企业的新型融资机制。同时，允许通过股权转换、增资扩股、资产兼并重组等多种形式，增大民间资本的股份，探索建立股份制商业银行。浙江在最近出台的鼓励民间投资政策中提出，鼓励建立为民间投资项目提供信用担保和再担保的机构；鼓励积极组建各种类型的产业投资基金和信托基金推广融资租赁；在城市供水、供热、工交、水利等基础设施领域，允许以建设项目的收益权、收费权及受让后获得的经营权为质押，或以项目资产折价为抵押进行贷款；允许符合要求的新建项目企业经批准发行债券。融资渠道被进一步打通，使民间投资更加活跃，从而对加快浙江经

① 陈文玲，王飞：《社会发展的生命力在于创造》，《中国经济时报》2003年12月15日，第A01版。

济社会发展发挥更为重要的作用①。

四、必须创造以同类产业区域性集聚为特点的"块状经济",不断提升产业发展的层次和水平

浙江经济持续、快速发展的奥秘之一,还在于不失时机地抓住非公有制经济迅速发展和民间投资异常活跃的新特点,大力发展以同类产业区域性集聚为特点的"块状经济",与各类特色的专业市场紧密结合,形成了群体化的规模优势。"块状经济"把分散在若干农户家庭和中小企业的潜在生产要素,变成整体集聚性的现实生产要素,把一些乡村局部的生产优势转化为综合的经济优势,使"块状经济"成为目前浙江最有活力、最富有带动力和辐射力的特色产业优势。"块状经济"发展促进专业市场的扩大,专业市场为"块状经济"提供了资源市场配置和产品外销网络等诸多有利条件。目前,浙江的个体私营工业企业约90%分布在农村,"一村一品、一乡一品、一县一品"的"块状经济"格局已经形成。据不完全统计,全省88个县(市、区)中,年产值超亿元的各类特色产业区块共有601个,涉及175个大小行业和24万余家企业,产值超过6000亿元,占全省工业总产值的50%左右。

浙江发展"块状经济"的特色产业优势,产生了多方面的收效。一是加快了浙江农村工业化进程,使大量农村剩余劳动力实现了就地转移,农村收入稳定增长。目前,浙江全省从事非农产业的农村劳动力比重已达到51%,农民人均纯收入的80%来自非农产业,为农民收入的稳定增长创造了条件。从1978年到2007年,浙江农民人均纯收入从165元上升到8265元,连续23年保持全国省区第一位。二是提高了产业配套能力,形成规模效益。中小企业集聚所产生的规模经济效应和区际国际分工效应,是浙江经济充满活力、在国内外市场具有较强竞争力的重要原因。"块状经济"把大量中小企业聚集在一起,通过高度细化的分工与合作,形成并无产权关系的超大型"工厂"。三是加快了走新型工业化道路,建设先进制造业基地的速度。在区域特色产业的基础上,一批具有竞争力的龙头企业与跨市县的大产业区正在崛起。宁波的"杉杉"、"罗蒙"、温州的正泰、德力西集团等企业已成为全国同行业的龙头企业。目前,"块状经济"出现了特色工业园区的新形式,全省几百个特色工业园区吸引了成千上万家企业,进一步促进了产业集聚、企业重组和管理、技术的提升,成为区域特色经济发展的新亮点。四是打破了城乡分割的"二元结构",促进了城乡之间人口和各种生产要素的流动和重组,形成了人口和生产要素向块状经济中心或城镇集聚的趋势。块状经济的发展为浙江农村的城镇化进程提供了强大动力和物质基础②。

五、必须创造非公有制企业加快技术改造和升级的条件,提高非公有制经济的质量和效益

浙江从"八五"起就对非公有制企业予以技术改造贴息。在淘汰落后生产能力、关闭"五小"企业的过程中,对列入关闭名单的非公有制企业同样给予补偿,鼓励企业引进先进技术、先进设备加快对传统产业的改造。企业研究开发的科技成果转化成投产产品的,企业可以连续五年从生产该产品的新增利润中提取20%,奖励给技术创新者。浙江这几年实施的

---

① 陈文玲,王飞:《社会发展的生命力在于创造》,《中国经济时报》2003年12月15日,第A01版。

② 陈文玲,王飞:《社会发展的生命力在于创造》,《中国经济时报》2003年12月15日,第A01版。

228 项国家级重大项目，90％交给了非国有企业。省财政 2003 年安排 1.1 亿元专项资金，到 2005 年增加到 1.5 亿元，专门扶持民营科技企业起步和发展。浙江规定，科技型中小企业的技术开发费占销售收入的比例不低于 3％，科技人员占职工总数的比例不低于 20％，专利产品和新产品的销售收入占当前销售总额的比例不低于 50％。通过优化资产配置，优良资产向名牌产品、名牌企业集中，企业综合实力和竞争力得到提升。目前，越来越多的民营企业，把技术改造与产品开发、结构优化、规模扩张结合起来，加大技改投入，主动与大专院校、科研单位攀亲结缘，加快了科技成果向现实生产力的转化。2007 年，全省民营企业投入技改资金和新产品开发资金超过 1100 亿元，开发新产品 7200 多个。全省一大批企业如万向集团、华立集团、正泰集团、德力西集团、飞跃集团等大型民营企业，不仅建立了研发机构，还设立了博士后工作站。浙江昱辉阳光能源有限公司集高质量太阳能单晶硅棒、单晶硅片、太阳能电池板的研发、生产、销售为一体，2006 年以来通过创新性研发，已形成月产 300 万片硅片的生产能力，月销售额将超过 1 亿元，进入全球同行前 10 位①。

第五节　浙江发展县域经济的“先行性”与“特色性”经验和启示

浙江经济在全国已处于领跑地位。是什么促使浙江经济取得如此瞩目的成就？究其原因当然是多方面的，浙江大力发展县域经济是重要原因之一。

一、浙江发展县域经济的实践经验

县域经济是指在县域范围内由各种经济成分有机构成的一种区域性经济，在国民经济体系中占有特殊重要的地位，是一个地区经济发展和社会稳定的重要基础。县域经济比较发达是浙江区域经济发展的重要特色之一。改革开放以来，浙江县域经济发展强劲，成为浙江经济持续快速发展的重要基础和动力源泉。

1. 以农村工业化为主导，推动县域经济的起步

改革开放前，浙江经济以农业为主，工业基础薄弱，耕地等资源不足，没有明显的区位优势。改革开放以后，随着家庭联产承包责任制的推行，农民获得了生产经营自主权，加上浙江传统文化中一直存在着“利义并重”、“工商皆本”的价值理念，浙江农民选择了“离土不离乡，进厂不进城”的发展农村工业的道路。浙江农村工业由乡镇企业、个体私营和联户企业组成。乡镇企业由社队企业起步，1970 年代末开始进入恢复发展阶段，浙江把发展社队企业作为振兴农村经济的重要手段来抓，在指导方针上明确提出社队企业是“农村经济四大支柱之一”。1980 年代中后期，浙江着力于加快乡镇企业发展，出台了一系列有利于乡镇企业发展的政策措施，乡镇企业产值占工业总产值的比重迅速提高，并形成一定的集聚规模。可以说，1980 年代是浙江农村工业化和县域经济的起步阶段。目前，浙江全省的县域经济总量中，上述企业占 80％以上，从业人员达到 1170 多万人，农民从这些企业获得的工资收入已占人均年纯收入的 52％。这些企业的增加值、税金、利润等项指标都位居全国第一，已成为浙江县域经济的主力军。

① 陈文玲，王飞：《社会发展的生命力在于创造》，《中国经济时报》2003 年 12 月 15 日，第 A01 版。

2. 以市场化改革为取向，推动县域经济的发展

伴随着农村工业发展而兴起的专业市场，是浙江农民发展市场经济的一大创举。早在农村实行土地联产承包责任制前，就有部分浙江人挑着货郎担走南闯北，出现了敢吃"螃蟹"的个体工商户，可以说，这是浙江市场经济的萌芽。1980年代，温台地区和浙中地区涌现出一批规模较大的商品市场，1990年代后，浙江形成了以消费品市场为中心、专业市场为特色、要素市场相配套的市场体系。浙江县域市场的发展，不仅促进了农村流通体制的改革，搞活了产品的流通，促进了农业和乡镇企业、个体私营经济的发展，而且还有力地促进了市场机制向各个经济领域的渗透，走出了从商品市场到生产要素市场，从传统的摊位市场到现代网络市场的发展路子。

3. 以区域特色块状经济为支柱，提升县域经济发展水平

改革开放以来，浙江积极引导乡镇企业向县城和中心镇集聚，把小城镇与专业市场、乡镇工业园区建设有机结合起来，逐步形成"小企业、大群体"、"小商品、大市场"和"小产品、大产业"的发展格局。浙江小城镇在发展之初，基本明确了一个主导产业的发展方向，在主导产业基本确立后，形成了一个个专业化分工、社会化协作的企业群和特色产业集聚区。在这个过程中，浙江有效地促进了乡镇企业的结构调整、技术进步、组织创新和规模扩大，培育了一大批区域特色产业的骨干企业、品牌产品。与此同时，浙江县域市场经过优化组合，规模不断扩大，出现了一个个各具特色的大型市场，市场的兴旺和发展进一步带动了加工工业的发展，使产品生产、原材料供应、产品销售紧密联系在一起，形成了完整的产业链条。而特色鲜明的"块状经济"更是撑起了浙江农村经济大省地位，有效地促进了县域产业从多样化转为特色化，为县域经济发展奠定了坚实的产业基础，为浙江百强县的不断崛起和壮大发挥了重要作用，极大地提升了浙江县域经济的发展水平。

4. 以稳定发展农业生产作为增强县域经济的基础

浙江在积极推进农村工业化、市场化、城镇化的同时，始终将稳定发展农业放在重要地位，采取了一系列积极的政策措施，使农业生产得到了持续稳定发展，为增强县域经济基础发挥了较大的作用。一是积极调整农业结构、优化农业产业布局，着力培育区域特色支柱产业和品牌农产品，作为各县发展农业的突破口。各地按照"有所为、有所不为"的原则，着力改变"小而全"和自求平衡的农业区域格局，着眼于国内外大市场，建设区域化、规模化的生产基地，扩大特色农产品生产规模，提高了市场竞争力和占有率。二是发展专业合作组织和农业龙头企业。专业合作组织有的直接起着组织生产、销售、传授农业技术的作用，有的在农业龙头企业与农户之间起中介服务和桥梁作用。农业龙头企业则带动一方农户发展生产、完成销售、解决劳动力就业等。专业合作组织和农业龙头企业带动和影响，有效地提高了农业产业化经营水平和农民组织化程度，减少了千家万户的经营风险，保护了农民的利益。三是搞活土地经营权流转，促进适度规模经营发展，实现农业增效，农民增收，农村发展。在坚持土地集体所有、承包权不变的前提下，根据自愿原则，积极开展土地经营使用权的流转，使农户手上的土地得到充分利用，为形成和发展适度规模经营创造条件。此外，浙江还积极引导工商资本投资现代农业，每年投入农业的工商资本都在120亿元以上，从而为农业的稳定发展提供了资金支持。

5. 以开放战略增强县域经济的市场竞争力

伴随着农村土地承包责任制的全面实行，乡镇企业、个体私营企业的迅猛发展，专业市场的兴起以及农业结构调整、效益农业的发展，浙江县域劳动力对外交往不断扩大，跨出家门搞营销、办企业、开市场、包工程、搞基建、跑运输；外出引进项目、技术、资金、管理等。据统计，目前全省范围有440多万农民活跃在全国各地，其中参加西部大开发的就有100万人，跨出国门的有100万人。浙江县域还积极开展对外贸易和引进外资，实施对外开放战略，努力扩大进出口贸易，尤其是出口贸易，其领域涉及各行各业，有机械设备、五金、服装、农产品等。浙江农民外出发展，引进了外资，开拓了市场，带回了经验，创造了财富，打响了品牌，有力地增强了县域经济的市场竞争力。

6. 以城乡统筹发展为引擎助推县域经济发展

20世纪80年代初到90年代中期，浙江以农村工业为基础，以市场化为主导大力发展小城镇，城镇化又促进了农村工业、专业市场的发展，城镇化与农村工业、专业市场形成良性互动。1998年，浙江提出了要提前基本实现农业和农村现代化的新目标，并确定了以县为基本实施单位，分三批基本实现现代化的战略部署。在这一战略的指引下，浙江在全国率先制定与实施了城乡一体化纲要，提出建立健全城乡一体化规划体系、深化城乡配套改革、加快推进产业升级、加快转移农村劳动力、加快农村新社区建设、加大统筹城乡发展的投入等战略举措，建立健全以工促农、以城带乡的发展机制，充分发挥工业化、城市化、市场化对“三农”的带动作用。一个统筹城乡发展，着力城市圈打造的新浙江，正以崭新的面貌在全面建设小康社会的道路上迅跑。

二、浙江发展县域经济的启示

县域涵盖城镇与乡村，兼有农业与非农产业，是宏观与微观、城市与农村的接合部，因而也是统筹城乡发展的平台和解决当前“三农”问题的切入点。浙江县域经济发展较早，其实践经验可以为其他地方发展县域经济提供有益的启示。

1. 既要尊重群众的首创精神，又要因势利导，调控有度

从浙江实践看，许多县(市)的发展，都有一个实践先行、思想跟进、点上突破、全面推进的过程。而实践先行和点上突破作为县域经济快速发展的关键，正是群众的创举，思想跟进和全面推进则反映了政府从自在到自觉的过程。

改革开放以来，浙江坚持一切从实际出发，实事求是，尊重群众的首创精神。对一时看不准的，当时政策环境不允许而广大老百姓又愿意干的事，按照邓小平一再倡导的“允许看，但要坚决地试”的要求，放手让群众去干。在县域经济发展初期，浙江专门提出了“三个允许”、“五个不”的原则，即“允许试、允许闯、甚至允许犯错误”，“不争论、不攀比、不张扬、不气馁、不动摇”，以及“坚定、清醒、有作为”的工作思路。对看得准的，符合经济社会发展规律和国家政策的事物，对一家一户企业和群众需要做而又做不了的公共事业，浙江及时出台一系列重大举措，谋在前面，干在实处。如在20世纪80年代末90年代初，浙江就针对人们对个体私营经济的种种偏见，制定了一系列鼓励其发展的政策和措施。个私经济在相对宽松的环境中得到了较快的发展，成为浙江一个新的重要的经济增长点和社会主义市场经济的重要组成部分，并在全国独占鳌头，成为县域经济增长的主力军。同时，浙江按照“三个有利于”的标准和发展市场经济的要求，推进乡镇集体企业的产权制度改革，积极探索公有制的多种有效实现形式。至1998年，全省98%的乡镇企业就完成了转制。自党的十五大明确把个体私营等非公有制经济作为社会主义市场经济的重要组成部分以来，浙江积极出台政

策，鼓励、支持和引导个体私营经济上规模上水平。党的十六大以来，浙江作出了深入实施“八八战略”，全面建设“平安浙江”，加快建设“文化大省”，积极建设“法治浙江”，加快党的执政能力建设和先进性建设等一系列决策部署。党的十七大后，浙江省委提出了“创业富民、创新强省”的总战略，从而为县域经济发展创造了良好的环境。

2. 以市场为导向，因地制宜地选择发展路径，做强县域经济

率先实行市场化改革是浙江县域经济发展的关键因素。可以说，浙江各个领域的市场化改革，最先都是从县域范围内开始突破，取得实质性成效后才向大中城市拓展。不断演进的市场取向改革，使市场机制率先在县域经济发展的资源和生产要素配置中发挥基础性作用，使浙江县域经济率先实现了由计划经济向市场经济的转轨，县域经济的市场化程度远远高于大中城市。浙江在发展县域经济过程中，还坚持以市场为导向，因地制宜地找准各自的发展定位，制定发展战略。浙江还以市场为导向，因地制宜，特色产业、专业市场、中小企业联动发展，并与小城镇建设紧密结合，形成了多层次、区块式、多样化的区域特色经济。区域特色经济的形成，既提高了浙江经济对多层次的市场需求外部环境变化的适应性，又提高了经济的集聚效益和规模效益，增强了抗御市场风险能力，从而块状经济成了县域经济增长的支柱。

3. 以改革创新、开放搞活的原则着力解决发展县域经济的财政等体制性障碍

中国从1982年开始实行市领导县体制，并正式形成了省、市、县三级地方政府体制。但在财政体制方面，浙江一直坚持“省管县”的财政体制，除计划单列市——宁波外，浙江其他县的财政直接由省管理，预算内的县财政直接与省财政结算，只有预算外的各种“费”与市结算，避免了市对县财政的截留，实现了增强省级财力与壮大市县财政的目标，使县域财政收入占全省的比例大大增加。此外，为调动县级发展县域经济、增值财源积极性，增强省级财政的调控能力和转移支付能力，浙江省还先后制定了“亿元县上台阶”、“两保两挂”、“两保两联”、“三保三联（挂）”等政策，把地方增收、地方收益和地方官员奖金直接挂钩，鼓励地方着力培育财源，尽全力做大地方财政的蛋糕。逐步形成了具有浙江特色的财政转移支付制度，促进了全省县域经济的持续快速健康发展。在促进县级财政收入的持续快速增长的同时，浙江在经济管理权限设置方面给县（市）扩权。实施“强县战略”，先后于1992年、1997年、2002年、2006年四次出台政策，开展扩大经济强县财政、经济管理和社会事务管理的三步改革。浙江根据省情为县域经济的发展解决了财政、行政等体制性障碍，这一做法后来被全国其他省市所仿效。

4. 坚持统筹城乡、协调发展的原则

浙江县域经济发展带来的城市化、工业化、市场化，使得大批农民离开土地，或到乡镇、个私企业工作，或在专业市场经商，或转移到城镇就业，他们活跃在工业、建筑、运输、商贸等各行各业，由此带动农民收入持续快速增长；相应地，县域财政膨胀，“有钱”的政府有实力在农村基础设施、农村文化教育、养老、医疗卫生等公益事业方面加大投入。从而促进了城市基础设施向农村延伸、城市公共服务向农村覆盖、城市现代文明向农村辐射，使广大农民群众的物质文化生活水平得到较大提高，加快了农村奔小康的步伐。

浙江在发展县域经济的过程中，还始终坚持农业的发展，加快调整农业经济结构，加快发展农业专业合作组织，加快搞活土地经营权流转，着力建设现代农业，充分拓展农业的多种功能、发挥农业的多重作用，严格保护耕地特别是基本农田，实现粮食稳定发展，从而为县域经济发展提供了不竭动力。同时，自 20 世纪 90 年代以来，从集体经济内部的以工补农、政府主导下的以工哺农、市场的投资建农，直接支援了农业生产，促进了农村经济的发展，加快了农业现代化进程。与此同时，浙江着力扩大县域对外开放，改善县域投资环境，积极引进国内外投资、先进技术、管理经验和优秀人才，提升县域产业层次，打造一批具有国际竞争力的企业，缩小县域与大中城市的差距。

第六章
浙江经验对中国特色社会主义社会建设的贡献

浙江从实际出发，坚持“以人为本”的科学理念，认真贯彻执行中央提出的浙江要在树立和落实科学发展观、构建社会主义和谐社会和加强党的先进性建设方面走在前列的重要指示，以及对浙江省构建和谐社会提出的“把激发全社会创造活力和实现各方面利益结合起来，把加强民主法制建设和加强思想道德建设结合起来，把加强政府管理和推动社会自治结合起来”的具体要求，深入实施“八八战略”，全面建设“平安浙江”、“法治浙江”、加快建设文化大省，按照“发展固和谐、民主促和谐、文化育和谐、公正求和谐、管理谋和谐、稳定保和谐”的总体思路，推动社会建设与经济建设、政治建设、文化建设协调发展，努力使浙江省在构建社会主义和谐社会方面走在前列①。浙江构建社会主义和谐社会的“先行性”与“特色性”实践经验表明，在推进构建社会主义和谐社会的进程中，必须坚持以人为本的科学理念，以人的全面发展为出发点，以更好地贯彻为人民服务的根本宗旨为落脚点，以弘扬体现社会主义核心价值体系为支撑点，以正确处理人民内部矛盾为关键点，努力形成“促进和谐人人有责，和谐社会人人共享”的生动局面。

第一节　浙江构建社会主义和谐社会的“先行性”与“特色性”经验

社会建设，就是立足社会主义初级阶段这个现实基础，构建社会主义和谐社会。广义地讲，“社会”就是在与“自然”的互动中存在和发展的，集生产力、生产关系（经济基础）、上层建筑于一身，包括经济、政治、文化、内政、国防、外交在内的人类生活共同体的宏大而完整系统。构建社会主义和谐社会，就是要把“社会和谐”这一“中国特色社会主义的本质属性”②始终贯穿于这一宏大而完整系统的全部建设进程之中。中国特色社会主义社会建设，实质上就是要构建置于现实基础之上的社会主义和谐社会。就内涵来说，目前所要建设和所能建设的社会主义和谐社会，“是民主法治、公平正义、诚信友爱、充满活力、安定有序、人与自然和谐相处的社会”。社会主义和谐社会这些内涵，相互联系、相互依托、相互作用，结成了一个不可分割的统一整体。浙江在构建社会主义和谐社会中形成了“先行性”与“特色性”经验。

一、坚持以改善与发展民生作为社会建设的根本目标

改革开放是中国现代化发展的一首史诗般的伟大事件，而谱写这首史诗的根本出发点

---

① 习近平：《坚持以人为本的科学理念推进社会主义和谐社会在浙江的实践》，《今日浙江》2006 年第 21 期，第 6—10 页。

② 《江泽民论有中国特色社会主义（专题摘编）》，中央文献出版社 2002 年版，第 387 页。

就是改善与发展民生，让老百姓过上真正幸福安康的生活。民生就是人民的生计及生计的保障，包括谋生之道、生活之事及社会公共产品与服务的保障。坚持以改善与发展民生作为社会建设的根本目标，是发展的根本理念与最高目标的直接而具体地体现。改善与发展民生凸显了社会建设的三个主要特征，即人民性、普惠性和公正性。

1978 年，浙江人均收入还不到全国平均水平，贫困面还很大，百姓生活非常拮据。经过三十多年的奋斗发展，浙江城乡居民收入高居全国省区第一。根据《关于浙江全面建设小康社会进程评价的说明》评估，2007 年，浙江全面建设小康社会综合评价指数已达到 90%，已基本实现全面小康。改革开放 30 多年，民生建设始终是浙江社会发展的一条主线。这条主线凸现了浙江人民艰辛创业、快速改变自己生活状态、提高自己生活水平和质量的伟大理想，也凸现了浙江各级党委政府努力为民、艰辛探索的不倦追求。

浙江是一个无资源优势、无国家扶持、无政策优惠的“三无”小省[①]，却在改革开放后创造出了令世人瞩目的“浙江现象”，人民生活水平持续快速提高。这主要得益于浙江人求真务实，走出了一条符合省情的发展之路。浙江人一切从实际出发，遵循规律，尊重实际，注重实干，讲求实效，自主自强，知行合一；浙江资源稀缺，但浙江人性格精致细腻，并富有冒险精神和开拓精神，浙江走了以“轻、小、集、加”为特色的工业化之路；浙江人多地少，但拥有义利并重、工商皆本的文化底蕴，走了前店后厂、专业市场与特色产业相结合的块状经济发展之路；浙江区域空间不大，按照全国通行的行政管理体制必然导致行政层级过多，浙江因此走出了强县扩权、大力发展县域经济之路；浙江人从微不足道的草根经济开始，以小商品起家，靠着艰苦创业、精打细算、积跬步而千里、汇细流而江海，迅速完成了工业化所需要的资本和各种要素的积累，将一个贫穷落后、资源匮乏的浙江，建成了适应全球化市场的制造业基地，并将浙江打造成了初步繁荣的小康家园。这种“讲求实效、注重功利”、“重视工商”的理念，使得改革开放以来浙江能够以一种务实的态度来对待原有经济体制，以是否有利于生产力发展和经济绩效提高作为衡量制度创新的标准。

浙江人多地少、资源缺乏，使浙江人面临较大的生存压力，使他们具有较强烈的自主谋生意愿或自主创新精神，并能够较快地培育起风险、竞争等意识。与全国其他一些地区相比，浙江人民群众呈现出了更加强烈地自主谋生意愿和制度创新冲动，自主创新是改革开放以来浙江文化精神的显著特征。浙江经济的活力、居民收入的稳步提升主要来自于创业创新。改革开放以来，浙江的制度创新呈现出了鲜明的诱致性特点。浙江的许多制度创新并非来自于各级政府自上而下的推广，而是来自于基层，来自于草根，来自于人民。无论是乡镇企业、个体私营企业，还是专业市场、股份合作制等制度，都是浙江人在改革过程中自行创造的。著名经济学家诺斯曾经说过：“有效率的经济组织是经济增长的关键”[②]。确实，一种能够提供适当个人刺激的有效制度是促进经济增长的关键性因素。以经济体制改革为核心的制度变革、制度创新从根本上改变了传统的产权制度和经济社会管理方式，从而为经济增长提供了引擎，推进了浙江经济和居民收入的快速增长。浙江坚持了发展以富民为先、富民

① 参见杨建华：《“浙江现象”之探究》，《中共杭州市委党校学报》2002 年第 2 期。“一五”时期，国家对浙江的投资仅占全国投资总额的 0.84%；1953 至 1978 年的二十五年间，国家对浙江的投资也只占全国的 1.5%，不及全国 30 个省区水平的一半。即使到改革开放后，国家对浙江投资比例远低于全国平均水平的局面并没有改观。1982—1989 年，浙江的国有投资占全国总额的 2.5%。

② 诺斯：《西方世界的兴起》，华夏出版社 1989 年版，第 1 页。

以创业为先、而创业又以环境为先的发展理念，充分尊重草根的意愿和创造，尊重草根的自主和选择。地方政府各级部门改善政务环境，提高为基层、为企业、为百姓服务的水平，打造诚信政府，改善法治环境，坚持“执法为民”的理念，管理与服务并重，在全社会形成保护创业创新的良好风气。鼓励技术、知识、管理等要素参与分配，充分调动广大科技人员的积极性。发展各项社会事业，丰富居民文化生活，加强生态环境和城乡公共设施建设，提高全民生活质量和健康水平。同时，切实尊重群众的首创精神，支持群众勇于实践，勤于探索，总结典型，广为宣传，形成鼓励创业、推进创新、实现价值的氛围。在浙江省相关政策的引导下，浙江农民率先洗脚上田，务工经商，在全省迅速出现了“百万农民创业，千万农民就业”的局面，家庭作坊、私企和民营企业在浙江迅速崛起，吸纳了大批农民。浙江在农村工业化的进程中形成了独特的集群经济的发展模式，即在相对集中的地域上，千家万户分工协作，生产经营某一个或某一类产品，“小户围绕中户转、中户围绕大户转”，有实力的兴办规模企业，实力小的就从事家庭作坊式生产。

实践证明，只有坚持以人为本，把人的全面发展作为社会发展的首要任务，把不断提高人民生活水平、提供自我实现舞台作为社会发展的根本目的，才能充分调动人民群众的积极性和创造性，使人民感到有奔头、有实惠、有信心，从而更加同心同德，齐心协力，加快中国特色社会主义建设。

二、坚持把百姓创业作为社会建设的基础工作

人民群众是社会发展的主体，是创造财富的主体和原动力。坚持百姓创业，就是让百姓自己解放自己，自己造福自己，就是让百姓发展民有、民办、民营、民管、民享的经济，真正成为创业主体、经营主体、产权主体、管理主体、财富主体。只有人民群众成为创业创新主体力量和动力源泉时，才能推进经济社会持续发展和收入水平不断提升，才能为民生改善提供坚实牢固的基础。浙江民生的不断改善、人民群众生活质量的稳步提升主要来自于百姓的创业创新，来自于百姓经济的发展与繁荣。

浙江人有头脑、能吃苦，善经营，会做生意，富有冒险精神和开拓精神。千千万万个走南闯北的浙江老板演绎着“走遍千山万水，说遍千言万语，想尽千方百计，历经千难万险”的创业传奇，浙江流行的“先生孩子后起名”、“有条件自然长得好，没条件也要想方设法照样长”、“不找市长找市场，不叫下岗叫转岗”的说法，无不体现着浙江老百姓各显神通的创业致富、追求幸福生活的倔强信念。正是这样一种执着、倔强才形成了浙江千家万户办企业，千军万马闯市场的波澜壮阔的经济发展场景。小企业多、小老板多已成为浙江经济社会的一大特征。浙江很多农民大力发展家庭工业和家族企业，他们从收破烂、拆废旧品、弹棉花、补鞋和打铁起家，从别人不愿做的微利行业做起，“白天当老板、晚上睡地板”，自强不息、艰苦创业、讲求实效，凭着敏锐的市场意识，依赖社会资本优势表现出强大的社会资源动员组织能力。1978 年，浙江个体工商户仅有 2086 户。截至 2007 年 6 月底，全省有私营企业 43.1 万家，投资者 97.7 万人，雇工 616.2 万人；个体工商户 178.1 万户，从业人员 372.9 万人，注册资金 647.4 亿元。全省个私企业实现总产值 12546.91 亿元，销售总额或营业收入 9846.91 亿元，社会消费品零售额 4367.55 亿元，实现出口交货值合计 2507.24 亿元人民币。众多农民创业，产生了众多老板和企业家。在浙江现在 5400 万人口中，有大大小小老板 400 多万，并涌现出了一大批善于经营、不断创新的知名企业家。百姓创业富裕了人民，使城乡居民收入

稳步快速提升，高居全国省区首位。百姓创业，也增加了财政收入，浙江财政收入每年以20个百分点增长，为民生建设提供了坚实的经济基础。百姓创业，使贫困人口快速减少，中等收入人群快速增加，城乡居民的消费水平持续稳定提升，也促进了浙江经济社会健康持续发展。

三、坚持把政府转型作为社会建设的根本保障

政府转型，就是从建设全能型、管制型政府向服务型、有限型、责任型政府转变，向公共服务型政府转变。公共服务型政府就是要坚持以民为本，以富民为目标，为人的生存和发展创造良好、和谐、可持续的环境与提供服务上来，为人民提供更多、更好的公共产品与服务，包括加强城乡公共设施建设，发展社会就业、社会保障服务和教育、科技、文化、卫生、体育等公共事业，发布公共信息等，满足公民对公共资源基本需求的公共服务，为市场主体提供公平竞争的环境，提供制度供给服务、良好地公共政策服务等公共服务，使一切创造社会财富的源泉充分涌流，让人民富裕起来。

改革开放30多年来，浙江十分重视政府转型，重视公共服务型政府建设，重视民生的改善与发展，制定了一系列重要政策、重大项目规划，采取了一系列积极有力措施，促进民生事业发展。浙江在20世纪90年代初就提出并实施“科教兴省”发展战略。从1996年起，浙江制定了领导干部定期研究教育、定点联系学校和重视教育工作的考核制度，出台了党政负责人层层签订计划生育、环境保护、社会治安综合治理目标责任书的措施，实行了目标责任制，一票否决制等做法；文化、卫生、体育方面先后出台了一系列重要规划和改革措施，条块结合，层层落实，从而调动了社会各方面的积极性；新的世纪浙江实施了文化大省与“四个强省”(科技强省、教育强省、卫生强省、体育强省)的建设，实施了新农村建设、城乡一体化战略和“五大百亿工程”以及全面小康的“六项行动计划”，实施了“八八战略”、平安浙江、法治浙江、生态立省等战略，这些都是浙江各级政府转变职能、建构公共服务型政府的重要举措，切实地推进了浙江民生事业的全面发展。

30多年来，浙江各级政府提供社会公共产品的功能不断增强。1998年省第十次党代会以后，各级党委政府精心编织“服务网”和“安全网”，覆盖全省县级以上部门的政府“服务网”的建立与完善，是浙江各级政府转变职能的重要成果。各地普遍设立了多种形式的便民服务中心和经济环境投诉中心，大大提高了办事效率。衢州市首创“农技110”服务网络体系，充分发挥现代网络技术和现代传媒的服务功能。玉环县推行全程代理制，将19个县级部门涉及的268件办事项目全部纳入便民服务中心，平均每个月受理1万多件，办结率百分之百。同时，浙江一方面积极实施中央关于政府职能转变的一系列重大政策，另一方面根据浙江实际，实事求是，顺势推进，逐渐过渡，全面实施，不断调整政府职能、转变政府运行机制，政府相对规模逐渐缩小，这些都为建设公共服务型政府夯实了基础。

四、坚持富民与强省的有机统一

富民是改善民生的重要前提，人民群众最大的愿望就是富裕。而富民的实现路径则是在“一部分人先富起来”的基础上，着力推进全民的共同富裕。现代化的历史经验和发展规律都证明，“强省”与“富民”是共生联动关系，其中，富民既是强省的前提和基础，更是强省强国的出发点和最终目的。改革开放30多年来，浙江坚持邓小平提出的富民思想，尊重人民

主体地位，发挥人民首创精神，保障人民各项权益，走共同富裕道路，努力纠正"重经济增长、轻社会发展"、"重GDP、财政收入等宏观指标，轻居民收入等微观指标"的认识偏差，寻求经济与社会的共同发展、省强与民富的相辅相成，并不断将重心更多地向"民富"倾斜，以民富促省强，以省强保民富，富民优先，藏富于民，这是浙江改革发展的重要经验。浙江的富，主要是浙江农村的富和百姓的富，富民是经济社会强省的根本基础。从浙江富民强省发展之路可以发现，坚持富民优先、藏富于民，是财政收入的不竭源泉和根本保证。政府只有创造有利于百姓创业致富的环境和条件，让一切劳动、知识、技术、管理和资本的活力竞相迸发，让一切创造财富的源泉充分涌流，百姓的创业才智才能得以充分发挥，百姓的创业热情才能得以奔涌，社会财富才能得以快速增长。这样，最终也必然会使政府的税收得到稳定增长。

富民是扩大中等收入群体的依赖路径。"有恒产者有恒心"，当人们拥有了一份来之不易的、像样的家庭财产，有了一份稳定的职业，过上了比较体面的社会生活时，就会希望社会保持一种稳定局面。中等收入群体是经济发展的中坚力量，是市场消费的主体，具有强劲的购买力，是消费需求持续扩大的主要来源。富民过程也就是不断扩大中等收入群体的过程，寓富于民，藏富于民，放手让每一位公民都有机会成为创业的主体，成为市场的主体，从而有机会成长为中等收入群体或富裕群体，使一大部分人走向共同富裕，这样可使社会结构更加合理，社会矛盾更加缓解，社会公正得以维护，均衡发展得以实现。

富民是经济增长的内在动力。经济增长有三驾马车，其中之一就是消费的拉动。生产为了消费，消费拉动生产。没有消费支撑，生产不可能有持久发展。人民收入的增长，是消费增长的必要条件。刺激消费需求，促进经济发展，不能只是推动少数人的消费，而是要努力提升大多数人的消费能力，提高大多数人的消费水平，增加绝大多数人的收入。现代经济是建立在人类的消费之上的，消费的多样化、个性化等等支撑起了整个社会生产和再生产，消费被称为生产之源，也是财富之源。而消费能力则来自国民的购买力，也就是国民收入，只有国民收入富足的国家和区域才有真正的强盛。

五、坚持社会建设与经济建设均衡发展

经济发展是社会建设的基础和前提，只有经济发展了，才能给社会建设提供强大的物质力量，改善人民群众的物质文化生活。但是，经济发展不可能脱离社会发展而长期单独推进。事实无可争辩地说明，要实现经济持续、快速、健康发展有赖于科技、教育、文化等的发展，有赖于社会事业全面发展和社会全面进步。社会整体素质提高和社会事业全面发展，是经济发展持久而坚实的基础。同时，社会发展也是经济发展的根本目的，人们从事生产和其他经济活动，归根到底是为了满足人们多种需要，提高人们的生活质量和改善人们的生存环境，促进人的全面发展。社会发展还与提高人民群众的生活水平及生活质量相一致，一定意义上讲，重视社会发展也就是重视提高人民群众的生活水平，重视与改善民生。改革开放以来，浙江在加快经济建设的同时，注重社会的全面发展，特别是1998年以来，浙江提出加快城市化与文化大省建设，推进"八八战略"和建设"平安浙江"的战略部署，体现经济社会协调发展的科学理念。经过数十年的艰辛努力，浙江社会发展速度和水平均居全国前列。全省社会发展评估综合指数逐步跟上经济发展的步子，并与经济发展日趋协调。国家统计局编制的社会发展水平评价资料也显示，浙江社会发展水平从1995年的第9位跃升至1999年的第5位，再升至目前的第4位，实现了与经济发展水平在全国各省市的位次基本对应。而

根据国家发改委和国家统计局发布的2005—2009全国社会发展水平综合评价报告,2009年浙江省社会发展水平跻身全国前三位,仅次于上海市和北京市[①]。

六、坚持乡村与城市的均衡发展

城市是社会变迁的产物,是社会发展的标志。城市化水平是社会化水平的尺度,是社会文明程度的水准。1977年,浙江省城市化水平仅为13·8%,城市个数也仅3个。1978年以来,浙江省紧密结合实际,统筹城乡发展,加快产业结构调整和非农产业的发展,提高了城市聚集、辐射功能,增强了城市对人口的承载力和吸纳能力;积极推行城乡统筹就业,改革户籍管理制度,降低入城门槛,促进了农民有序进城就业;加强城镇体系规划,促进中心城市的集聚辐射和县域经济的加快发展,发挥中心城镇对区域发展的积聚和带头作用,进一步推动了城镇化进程。截至2010年,浙江城市化水平达到59%,居全国各省区前列[②]。农村发展是城市发展的基础,是民生改善与发展的关键。在城市快速发展的同时,浙江在全国率先推行城乡一体化建设。2003年7月15日,义乌市颁布了全国第一个关于城乡统筹发展的纲要《义乌市城乡一体化行动纲要》。2004年,全省按照城乡一体化发展要求,围绕提高农民收入水平和生活质量这一中心,浙江着力在"六个整体推进"[③]上做了大量行之有效的工作。在2005年,浙江省委又发布了《浙江省推进城乡一体化规划纲要》,城乡一体化建设快速起步。城乡居民收入差距在2004年实现了近5年来的首次回落,由2003年的2.43∶1缩小到2.39∶1;城乡统筹就业试点县(市、区)数量居全国之首,达到30个试点县(市区);农村和欠发达地区教育发展得到扶持。新农村建设是浙江乡村与城市均衡发展的重大举措。经过全省人民的共同努力,浙江新农村建设取得了重大进展。到2007年年底,全省各级财政对新农村建设投入832.57亿元,为推进新农村建设,浙江在2007年初颁布了《浙江省农村公共服务体系建设规划》。

浙江根据实际,提出要发挥山海资源优势、统筹区域发展的新思路。"十五"时期,浙江省财政对欠发达及海岛地区累计转移支付513亿元,比前五年增长1.8倍。通过全面实施"山海协作"、"欠发达乡镇奔小康"、"百亿帮扶致富"等三大工程,欠发达地区基础设施体系不断完善,新增和拓宽高速公路1566公里,新增6000千瓦以上发电机组容量2482万千瓦,电力供求矛盾基本解决,发展环境进一步优化。加大欠发达地区农村劳动力素质培训力度,开展全方位、多领域的对口帮扶工作,众多发达地区的产业加速向欠发达地区梯度转移。同时后发地区也加强了自身内源式、跨越式发展,百姓收入有了明显提高。

七、坚持人与自然的均衡发展

人与自然和谐发展是科学发展观的一个基本理念,是民生建设的基本要求。浙江在经

---

① 《国家发改委和国家统计局报告显示社会发展水平,浙江居第三》,《浙江日报》2011年12月28日,第12版。

② 《新型城市化生活更美好——浙江新型城市化进程回眸与展望》,《浙江日报》2011年1月24日,第12版。

③ "六个推进"是指:整体推进城乡产业结构战略性调整,提高效益农业和农村二三产业发展水平,着力形成一二三产业协调发展的新格局;整体推进城乡就业结构战略性调整,加快农村劳动力转移,着力形成城乡一体的就业新格局;整体推进城乡规划建设与生态环境建设,推进农村新社区建设,着力形成城乡建设互动共进的新格局;整体推进发达地区的加快发展与欠发达地区的跨越式发展,推进欠发达乡镇奔小康,着力形成先富带后富、区域协调发展的新格局;整体推进城乡社会保障和公共服务体系建设,加快农村社会事业发展,着力形成经济发展与社会进步相互促进的新格局;整体推进城乡配套改革,突破城乡二元结构,着力形成统筹城乡发展的新体制。

济总量成倍增长和城乡人口增加的同时，保持了人与自然发展相对均衡，避免了生态环境的急剧恶化，保证了社会经济持续、健康、快速发展。30多年来，浙江控制人口发展取得显著成效，人口持续平稳发展，人口再生产类型发生了根本性的变化，人口的出生率、死亡率和自然增长率不断下降，低生育水平得到稳定，控制人口增长取得成效，为全省经济社会快速发展、人民生活迅速改善作出了重大贡献。在经济较快增长的同时，浙江更加注重人与自然和谐的生态体系建设。2002年10月，浙江省第十一次党代会提出了建设"绿色浙江"的发展目标。2003年1月，浙江省十届人大一次会议具体提出了"以生态省建设为载体，全面建设绿色浙江"。同时，国家环保总局在2003年初也正式将浙江列为全国生态省建设试点省。为此，浙江加大了环境保护和生态建设的力度，加快了生态省的建设步伐，制定并通过了《浙江生态省建设规划纲要》，完成了三大产业带生态建设与环境保护规划的编制工作，各地、各部门也相继完成并组织实施了生态建设规划。到2007年，浙江创建了39个国家级生态示范区，杭州、宁波、绍兴、湖州和富阳等5个城市被评为国家环境保护模范城市，11个县(市、区)获得省级生态县(市、区)称号，建成86个全国环境优美乡镇，92个省级生态乡镇，450个省级生态乡镇和3999个生态村。安吉县已成为国家首个生态县。全省森林覆盖率提高到60.5%，万元GDP综合能耗水平居全国各省区市第4位(由低到高)，处于全国先进水平。根据中国环境监测总站发布的《全国生态环境状况评价报告》，2006年浙江生态环境状况指数为87.1，位居全国第一。全省生态环境质量总体上处于全国领先水平，全省生态环境支撑能力继续处于全国前列。浙江在改善与发展民生方面已作出了巨大努力，取得了令人瞩目的成绩。

八、不断创新和发展"枫桥经验"

改革开放以来，随着社会分层分化和各类社会矛盾的逐渐加剧，"枫桥经验"[①]始终坚持"小事不出村、大事不出镇、矛盾不上交"的基本精神，不断创新工作机制，积极探索实践了"四前"[②]工作法，建立完善了"四先四早"[③]工作机制，总结出了"镇村联动、分级调处群众矛盾，部门协动、联合调处民生矛盾，党政齐动、统筹调处发展矛盾"的工作方法，使社会矛盾在基层、在当地、在萌芽状态得到解决。进入21世纪以来，"枫桥经验"贯穿"以人为本"和"和谐社会建设"的理念，提出了"以人为本，依靠群众；抓早抓小，就地化解；维护稳定，建设小康"的思路，形成了"靠富裕群众减少矛盾，靠组织群众预防矛盾，靠服务群众化解矛盾"的新经验，实现了"矛盾少、治安好、发展快、社会文明进步"的良好局面。"枫桥经验"坚持党的领导，坚持以人为本，不断提高包括法律素质在内的全民综合素质，从根本上预防和减少犯罪，从源头上杜绝矛盾纠纷的产生，对社会治安实行依法治理、综合治理，为法治建设奠定了良好的社会基础。"枫桥经验"坚持与时俱进、创新发展，对中国特色社会主义社会建设具有重

---

① 20世纪60年代初期，浙江诸暨枫桥的干部群众在社会主义教育运动中，创造了"发动和依靠群众，坚持矛盾不上交，就地解决，实现捕人少、治安好"的经验，毛泽东同志批示肯定，中央发文推广。从此，"枫桥经验"成为全国政法战线的一面旗帜。40多年来，枫桥及诸暨的干部群众始终坚持"枫桥经验"的基本精神，根据形势发展变化，不断创新发展"枫桥经验"，赋予"枫桥经验"新的时代内涵，使"枫桥经验"与时俱进，显示出持久的生命力。

② "四前"即"组织建设走在工作前，预测工作走在预防前，预防工作走在调解前，调解工作走在激化前"。

③ "四先四早"即"预警在先，苗头问题早消化；教育在先，重点对象早转化；控制在先，敏感时期早防范；调解在先，矛盾纠纷早处理"。

要的启示。

1. 必须把推动经济社会又好又快发展作为根本前提,着力解决经济与社会协调发展问题

从国际经验来看,一个国家如果不能很好地解决城乡、区域、经济社会等发展不协调的问题,就难以实现长期地持续协调发展。推动经济社会又好又快发展,重要的是要按照经济学中的"木桶"理论,根据"短边"进行平衡,并将政府掌握的资源首先配置到经济和社会发展的薄弱环节,加快解决城乡建设、区域发展、结构调整、社会事业发展中的"短腿"问题,以形成各种资源的优化配置,发挥出最大的经济和社会效益。目前,中国既处于重要战略机遇期,又处于社会矛盾凸显期,由历史遗留问题与改革发展中出现问题相互交织而引发的社会矛盾相对集中地迸发出来,而经济社会发展不协调、不平衡是这些矛盾和问题产生的根本原因。"枫桥经验"及创新发展启示我们,必须把推动经济社会又好又快发展作为根本前提,着力解决经济与社会协调发展问题,不断激发全社会的创业创新活力,既要加快转变经济发展方式,切实提高经济发展质量和效益,走出一条生产发展、生活富裕、生态良好的文明发展道路;又要加快转变社会发展方式,大力发展社会事业和公共服务,加强和创新社会管理,促进社会公平正义,保证社会的安定有序、协调运行,努力实现以发展求和谐、以和谐促发展①。

2. 必须坚持以人为本,着力解决人民群众最关心、最直接、最现实的利益问题

坚持以人为本,着力解决群众最关心最直接最现实的问题,是保障中国社会稳定和谐发展的内在需要。在市场经济条件下,追求经济高速发展并不难,因为资本对发展有内在的推动要求,但解决好群众切身利益问题,则需要高度认识和大智慧。随着中国社会经济成分、社会组织形式、就业方式和分配方式日益多元化,现阶段不同利益主体间社会需求和价值追求差异较大,"上学难、看病难、就业难、住房难、养老难"等群众最关心的问题仍然普遍存在,一些行业、阶层等特殊利益群体利益诉求有所变化,这都给社会和谐稳定带来了极大压力。一味发展而忽视解决群众最现实的利益问题,就不是真正的可持续发展,就是脱离了根本目标的畸形发展。经济持续发展的改革开放 30 多年,不可避免地积累了许多体制机制性的社会问题,既有计划经济时期的遗留问题,也有市场经济建立初期派生出的问题,解决好了就能够达到社会公平正义、安定和谐良性发展的目的,为经济社会又好又快发展打下坚实基础。"枫桥经验"及创新发展启示我们,必须坚持以人为本,着力解决人民群众最关心、最直接、最现实的利益问题,把维护好、实现好、发展好人民群众的根本利益作为根本出发点和落脚点,正确处理最广大群众的根本利益、现阶段群众的共同利益和不同群体的特殊利益的关系,努力保障和改善民生,既尽力而为又量力而行,实现改善民生的力度和经济社会发展相适应,把群众的需求与现实的可能兼顾起来,使改革发展成果惠及全体人民,使民生改善更具可持续性。

3. 必须坚持服务优先,寓管理于服务之中,着力解决新情况新问题

中国正处于社会结构深刻变动期,新情况新问题不断涌现,特别是流动人口数量庞大、新经济组织和新社会组织增长迅速、互联网用户急剧增加,这些都成为当前和今后一个时期社会管理的重点和难点。"枫桥经验"及创新发展启示我们,必须坚持服务优先,寓管理于服

---

① 参见陈一新:《"枫桥经验"的新发展与新启示——关于浙江诸暨市加强和创新社会管理的调查与思考》,《理论动态》2011 年第 18 期,第 36—44 页。

务之中，在服务中实现依法管理、科学管理、人本管理，使人民群众在社会生活中切实感受到权益得到保障、秩序安全有序、心情更加舒畅。对于流动人口，要完善服务管理体制，改进服务管理方式，实现由防范型单一管理向服务型综合管理转变；要加快推进全国统一的流动人口综合信息平台建设，探索"以证管人、以房管人、以业管人"新模式，完善相关政策措施，为流动人口生产生活创造良好条件；要强化和落实重点人员管控措施。对于"两新"社会组织，要坚持培育发展和管理监督并重，发挥其提供服务、反映诉求、规范行为的作用；明确新经济组织的社会责任，建立健全劳动关系协调协商机制，构建和谐劳动关系；改进新社会组织管理，重点培育、优先发展公益类、民办非企业单位和城乡社区组织，推动行业协会、商会改革和发展，推动政府部门向社会组织转移职能，向社会组织开放更多的公共资源和领域；建立社会组织监管机制和管理信息平台，引导社会组织完善内部治理结构，提高自律性。对于虚拟社会，要建立健全相关法律法规，积极探索实行网络实名制；改善网络教育和网络舆论引导方式，探索以广大网民能接受的形式弘扬主旋律，引导虚拟社会舆论朝着积极健康的方向发展；加强虚拟社会行业自律，引导互联网服务提供商加强计算机房、网络接入点管理，及时把有害信息隔离在网络之外；加强网络伦理教育，净化网络环境，构建和谐的虚拟社会①。

4. 必须更加注重治本，既重视制度设计，又切实推进落实，着力解决社会矛盾的源头治理问题

"枫桥经验"及创新发展启示我们，只有加快构建源头治理体系，更多地把工作重心从治标转向治本、从事后救急转向源头治理，才能尽可能使社会矛盾和社会冲突少产生、少转化、少激化。构建源头治理体系，一方面，要重视制度设计，健全社会政策和社会规范体系，弥补社会政策领域的空白，完善利益协调机制、诉求表达机制和权益保障机制，依法逐步建立以权利公平、机会公平、规则公平、分配公平为主要内容的社会公平保障体系，保证全体社会成员共享改革发展成果；另一方面，又切实推进落实，积极推进重心下移、保障下倾、工作下延，坚持不懈地推进平安创建工作，推行"网格化管理、组团式服务"等基层社会管理新模式，建立健全"治安联防、矛盾联调、问题联治、事件联处、平安联创"新机制，着力织好覆盖城乡、条块结合、纵向到底、横向到边的社会管理基层末端网络，有效避免出现社会管理的"真空"和"盲区"，把矛盾纠纷化解在基层、把矛盾隐患消除在萌芽状态，防止严重社会问题和社会冲突的产生，最大限度增加和谐因素、减少不和谐因素，为社会长治久安夯实基础②。

5. 必须讲求刚柔并济，着力解决矛盾纠纷化解中的人际和谐问题

"枫桥经验"及创新发展启示我们，必须正确反映和协调各个方面、各个层次、各个阶段的利益诉求和社会矛盾，既要有维护公平正义的"刚性"，又要有协调各方利益的"柔性"，尽可能通过平等地对话、沟通、协商、协调等办法来化解矛盾纠纷、解决社会问题。要大力弘扬法治精神，引导广大群众运用法律武器维护自身合法权益，同时也要看到诉讼虽然是解决矛盾的最后救济手段，但并非唯一和最佳方法。面对量大面广的民间矛盾纠纷，应当贯彻调解优先的原则，坚持"点、线、面"相结合，积极构建人民调解、行政调解、司法调解相互衔接的大

① 参见陈一新：《"枫桥经验"的新发展与新启示——关于浙江诸暨市加强和创新社会管理的调查与思考》，《理论动态》2011年第18期，第36—44页。

② 参见陈一新：《"枫桥经验"的新发展与新启示——关于浙江诸暨市加强和创新社会管理的调查与思考》，《理论动态》2011年第18期，第36—44页。

调解工作机制，通过加强社会疏导，调节社会心理，以不伤和气的方式方法，在第一时间、第一地点、低成本、高效率地化解矛盾纠纷，实现案结、事了、人和，努力使化解矛盾纠纷的过程成为促进人际关系和谐的过程[①]。

6. 必须大力推进改革，着力解决社会管理的制度化、规范化、科学化问题

目前，不少地方对社会管理的认识还不清晰，社会管理理念还没有完全形成，对社会管理应该管什么、怎么管、管到什么程度、社会管理和公共服务的关系等这些前提性问题缺乏科学和成熟地理解，因此造成社会管理理念落后、社会管理方式陈旧单一、动态管理不力和服务措施落后经济社会发展要求，并导致有的地方社会管理效率无法显著提高，尤其是长效管理机制难以形成，管理成本居高不下。“枫桥经验”及创新发展启示我们，必须着力解决社会管理的制度化、规范化、科学化问题，关键是建立完善的新型社会管理体制和工作机制，健全依法、常态、有序的管理制度。要完善决策体制和机制，健全重大事项调查研究和集体决策制度、重大政策专家咨询制度、公示制度、公开征求意见制度；特别是对事关群众切身利益的重大政策制定、重大项目审批、重大工程立项、重大举措实施，要建立社会风险评估制度，充分考虑可能出现的社会风险、环境影响、矛盾纠纷及各类不稳定因素，对大多数群众不理解不支持的事项缓出台或不出台，确保决策的合法性、合理性、可行性、安全性；要深化和完善领导干部下访接待群众制度，及时就地化解信访问题；要建立主动防控与应急处置相结合、传统方法与现代手段相结合的公共安全体系，重点健全食品药品安全监管、安全生产监管、社会预警和突发事件应急、社会治安防控等方面的体制机制，不断提高安全生产保障能力。

7. 必须依靠信息技术支撑，着力解决社会管理的信息化问题

“枫桥经验”及创新发展启示我们，信息化建设是加强和创新社会管理的必由之路，对于提高社会管理效能和水平具有十分重要的作用。要从省、市县、乡镇（街道）、社区四个层面，加快构建区域社会管理信息平台。省级层面，要建立全面覆盖、动态跟踪、联通共享、功能齐全的社会管理综合信息系统，把各有关部门涉及社会管理的信息要素集中起来，实行“多网合一、一网多格”，提高信息共享度，推进社会管理综合化、动态化、精细化。在市县级层面，要建立健全公共服务信息平台，整合政府部门的职能，把行政审批、应急管理、电子政务、行政效能监察等管理服务职能集中起来；创新行政审批机制，实行“一站式”行政审批，切实方便群众办事，营造精简、高效、公开的审批环境；创新应急管理体制，实行“一体化”联动指挥，提高应急处置能力；创新电子政务管理方式，实行“系统化”网络管理，推进部门之间网络互联、数据交换和信息共享；创新监督考核手段，实行“多维化”行政效能监察，对相关单位的行政审批、应急管理、电子政务进行网上实地监督，促进行政效能的提高。乡镇（街道）层面，要依托乡镇（街道）综合工作中心探索建立基层社会管理信息平台，逐步实现基础信息网上录入、工作过程网上监督、办事服务网上管理、责任目标网上考核，切实提高信息的互通性和共享性。社区层面，要建立健全社区综合管理和服务信息平台，延伸基本公共服务职能，整合人口、就业、社保、民政、卫生、文化以及综治、维稳、信访等信息资源，建立社区人口、单位基本信息资源库，规范发展社区网站，推进社区管理服务信息化。

---

① 参见陈一新：《“枫桥经验”的新发展与新启示——关于浙江诸暨市加强和创新社会管理的调查与思考》，《理论动态》2011 年第 18 期，第 36—44 页。

8. 必须借助道德力量，着力解决社会转型期的道德失范问题

任何一种经济体制的生成和运行，都离不开一定的道德观念指导或道德基础，市场经济体制也不例外。在向市场经济转型的过程中，中国社会道德建设面临新困境，道德规范的缺失，使得部分人的道德观走向了极端，礼仪缺失、不讲诚信、损公肥私的情况屡屡发生，封建迷信、黄、赌、毒沉渣泛起。因此，能否构筑与社会主义市场经济相适应的道德体系，成为制约我国社会成功转型的一个重要因素。"枫桥经验"及创新发展启示我们，必须把加强思想道德建设作为一项基础性工程来抓。要大力倡导社会主义核心价值体系，进一步提炼概括出让广大老百姓记得住、印象深、好遵守、能实践的核心价值观，使之融入国民教育和精神文明建设全过程，转化为全体公民的自觉追求和共同操守；要积极建设和谐文化，广泛开展"和谐企业"、"和谐校园"、"和谐机关"、"和谐社区"、"和谐家庭"等创建活动，深入推进社会公德、职业道德、家庭美德、个人品德建设，引导人们自觉履行法定义务、社会责任、家庭责任，努力形成讲秩序、强责任、守诚信、重包容的文明风尚；要重视社会心理服务，加强社会心态的监测、评估和预警、调适工作，促进社会情绪交流渠道畅通，避免不良社会心态积累恶变，并对发现的社会心态变化进行及时干预和积极疏导。

9. 必须坚持共同治理，着力解决社会管理中的越位、错位、缺位问题

错位是社会管理者对组织所赋予的各项管理权力和管理义务认识不透彻，管理思维与上级精神要求缺乏有机融合，管理中抓不住重点，纠缠于细节问题，不能很好依据管理情境及时恰当作出科学判断，容易造成教条行事、错误实施管理。缺位是社会管理者创造性衔接各层面管理者的能力不强，直面解决管理矛盾的能力不够，不注重管理流程中的各个关键环节，对结合地带管理的尽责意识和大局意识不够，从而容易造成管理工作出现断档和盲区。越位是管理者对自身权限把握不准，时常越俎代庖，有时甚至超范围行使权力，盲目参与管理，这样不利于整个组织系统密切配合，造成管理过程中交叉管理和重复管理过多，恶化管理环境，产生不良的管理收效。"枫桥经验"之所以历久弥新，很重要的一条就是始终坚持"党政主导、依靠群众"，并在不同历史时期得到了传承、丰富和发展。这充分表明，加强和创新社会管理，既要充分发挥党委政府在社会管理中的主导作用，把领导社会管理工作放在党委工作突出的位置，进一步强化政府的社会管理职能，做到"到位而不越位、正位而不错位"；又要牢固树立"一切社会管理过程都是做群众工作的过程"的理念，充分发挥党在群众工作方面的优良传统，相信群众、组织群众、依靠群众，探索群众参与社会管理的机制和途径，发挥人民团体、基层自治组织、各类社会组织和企业事业单位的协同作用，鼓励和支持社会各方更多、更积极、更有效地参与社会事务管理，发挥多元主体的协同、自治、自律、互律作用，形成党政主导型的社会共同治理模式，形成社会管理人人参与、发展成果人人共享的良好局面。

第二节　浙江构建社会主义和谐社会“先行性”与“特色性”经验的启示

一、必须把构建社会主义和谐社会落实到贯彻落实科学发展观、推动经济又好又快发展上

科学发展观和构建社会主义和谐社会都强调，经济发展要以社会发展为目的，社会发展要以人的发展为中心。这就把人的因素提升到经济社会发展首先要考虑的因素，实现了发展本义的回归和发展境界的提升。在这方面浙江经验有以下四点启示。

1. 必须切实保持经济持续快速协调健康发展

改革开放以来，浙江高举邓小平理论和“三个代表”重要思想伟大旗帜，团结带领全省人民，艰苦奋斗，开拓进取，走出了一条具有浙江特色的发展路子。尤其是党的十六大以来，浙江以科学发展观统领经济社会发展全局，深入谋划“八八战略”为浙江进一步发展理清了思路。这一总体部署，着眼新时期浙江经济社会发展的现实基础和长远目标，构筑了浙江全面协调可持续发展的新平台。目前，浙江经济总量居全国第 4 位，以占全国 1.06％的面积、3.8％的人口，为全国贡献了 7.3％的 GDP 和 6.7％的财政总收入；同时浙江人均 GDP 和社会发展指数排在全国各省区的首位；城镇居民人均可支配收入和农村居民人均纯收入都排在全国前列。特别是近年来，浙江国民经济保持了持续快速健康协调发展的好态势，呈现出经济结构更趋优化、增长方式加速转变、协调发展水平进一步提高的喜人局面。浙江这样的发展成果，就为构建和谐社会提供了坚实基础，也为人的全面发展提供了坚实基础①。浙江经验启示我们，切实保持经济持续快速协调健康发展，一是“要始终坚持发展是硬道理的战略思想，紧紧抓住发展这个党执政兴国的第一要务，坚持以科学发展观统领经济社会发展全局，推动我国经济社会发展不断迈上新台阶”。二是“要认真汲取国内外经济社会发展的经验和教训，深入认识我国经济社会发展的特点和规律，不断增强对经济社会发展进行科学调控的能力，通过改革创新建立健全保障经济平稳较快发展的体制机制，推进经济结构调整，转变经济增长方式，切实解决经济社会发展中的突出矛盾和问题，确保经济持续快速协调健康发展”。三是特别“要坚持把解决好‘三农’问题作为全党工作的重中之重，坚持统筹城乡发展，充分发挥城市对农村的辐射和带动作用，充分发挥工业对农业的支持和反哺作用，逐步建立有利于改变城乡二元经济结构的体制，稳定、完善和强化对农业的支持政策，加快农业和农村经济发展，努力实现农民收入稳步增长，促进城乡良性互动、共同发展”②。只有“切实保持经济持续快速协调健康发展”，和谐社会构建才有不断增强的物质基础。

2. 必须把激发全社会的创造活力作为经济社会发展的根本动力

创业者资源是浙江最大的资源，人力资本是浙江最大的资本。从这个角度看，浙江经济是人民群众靠自己的力量创造的民有、民营、民享的经济，老百姓不仅是生产者、消费者，而

---

① 习近平：《坚持以人为本的科学理念推进社会主义和谐社会在浙江的实践》，《今日浙江》2006 年第 21 期，第 6—10 页。

② 胡锦涛：《在省部级主要领导干部提高构建社会主义和谐社会能力专题研讨班上的讲话》，《构建社会主义和谐社会的伟大纲领》，人民日报出版社 2006 年版，第 49—50 页。

且是投资者、经营者。浙江把发挥体制机制优势作为深入实施"八八战略"的重要内容之一，让一切创造社会财富的源泉充分涌流，让一切创造出来的社会财富不断增长。在构建社会主义和谐社会的进程中，浙江认真贯彻中央对浙江构建和谐社会提出的要"把激发全社会创造活力和实现各方面利益有机结合起来"的重要指示，进一步激发全民的创造活力和创业热情，积极为广大人民群众创新创业编织"服务网"和"安全网"，把更多地精力放到调动积极因素、调节利益关系、调整行为规范上，努力为群众创业致富提供良好的软、硬环境，使全省人民的创业热情得到充分激发，创业能力得到显著提高①。浙江经验启示我们，构建和谐社会要采取各种措施最大限度地使整个社会的创造活力充分迸发。一是"要全面贯彻尊重劳动、尊重知识、尊重人才、尊重创造的方针，形成与社会主义初级阶段基本经济制度相适应的思想观念和创业机制，营造鼓励人们干事业、支持人们干成事业的社会氛围，放手让一切劳动、知识、技术、管理和资本的活力竞相迸发，让一切创造社会财富的源泉充分涌流，以造福于人民"。二是"要适应经济全球化趋势发展和科技进步加快的国际环境，适应全面建设小康社会的新形势，不失时机地推进改革开放，力争在一些重点领域和关键环节取得新的突破，进一步解放和发展生产力，进一步营造平等竞争、共谋发展的法治环境、政策环境和市场环境，为经济发展和社会全面进步注入强大动力"。三是"要在全党全社会大力弘扬实事求是、与时俱进、勇于创新的精神，大力营造鼓励创造、尊重创造、保护创造的良好社会氛围，支持人们进行理论创新、制度创新、科技创新和其他方面的创新，使我国经济社会发展始终充满蓬勃的创造活力"②。只有"切实增强全社会的创造活力"，和谐社会的构建才具有不竭的动力源泉。

3. 必须始终把促进发展的协调性作为与发展同等重要的问题来解决

社会要和谐，首先要发展。这里的发展，是以人为本，全面协调可持续的科学发展。胡总书记在听取浙江工作汇报时明确指出，认真树立和落实科学发展观，有一个协调发展的问题。发展而不协调，反而会陷入发展的"陷阱"。从本质上说，发展的协调性属于发展中的问题，必须结合发展的具体情况和特定阶段来加以研究解决。从经济社会发展实践来看，解决发展协调性的途径可以分为三种：第一种是要顺应市场经济发展的自身规律，借助市场的作用加以积极引导的问题；第二种是要消除市场经济本身的固有缺陷，主要通过政府力量加以纠正解决的问题；第三种是顺应经济发展需要，通过市场和政府的双重力量加以解决的问题。在解决好这三种协调性问题方面，浙江高度重视处理好以下四个关系③。

一是 GDP 增长和 GNP 增长的关系。GDP 与 GNP 都是用来衡量经济增长总体水平的核心指标。GDP 强调的是区域内的生产总值，包括外来投资；GNP 强调的是生产者的生产总和，包括本地到外地投资的产出。浙江是一个民间资本比较充裕、流动比较频繁、GNP 大大高于 GDP 的地方。对浙江来说，处理好这两者关系对于转变经济增长方式、协调社会生产各部门比例关系、统筹本省发展和对外交流都有重要作用。浙江既促进了 GDP 的快速增

① 参见习近平：《坚持以人为本的科学理念推进社会主义和谐社会在浙江的实践》，《今日浙江》2006 年第 21 期，第 6—10 页。

② 胡锦涛：《在省部级主要领导干部提高构建社会主义和谐社会能力专题研讨班上的讲话》，《构建社会主义和谐社会的伟大纲领》，人民日报出版社 2006 年版，第 54 页。

③ 参见习近平：《坚持以人为本的科学理念推进社会主义和谐社会在浙江的实践》，《今日浙江》2006 年第 21 期，第 6—10 页。

长，也促进GNP的快速增长，实现两者的有机统一。GDP与GNP的统一，首先反映在“走出去”与“引进来”上。就“走出去”来说，目前400万浙商在全国各地投资累计约5320亿元，创办企业约9万家，年营业收入超过1万亿元，还有100万浙商在世界各地创业经商。浙江按照“跳出浙江发展浙江”的思路，通过大力推动浙江资金和企业家“走出去”来创造更多的GNP，实现更好的投资效益，使老百姓的钱袋子更加充裕，同时进一步解决浙江资源紧缺、环境容量小的制约，进一步促进结构调整、拓展发展空间，进一步带动资金流入地的经济社会发展，为国家统筹区域协调发展作出贡献。就“引进来”来说，浙江引进了符合经济结构调整和增长方式转变的资金和项目，使引进外资带来的GDP增长成为精华的部分，具有引领作用的部分。GDP与GNP的统一，其次还反映在财政收入和居民收入上，这是衡量经济增长质量和效益的重要方面。2005年，浙江省财政总收入占GDP的比重达到15.9%。浙江老百姓总体上收入比较高，这既是由于浙江的人均GDP比较高，也是由于浙江的GNP比较高。举世瞩目的“温州人经济”就有三个部分：温州本地经济、全国温州人经济、国外温州人经济。正是基于此，浙江就在经济发展中就更加关注社会平均利润率的提高，更加关注经济增长质量和效益的提升，使经济发展能够真正给老百姓带来实惠、增加福祉。

二是新型城市化和新农村建设的关系。新农村建设的一个重要理论依据就是胡总书记提出的“两个趋向”重要论断①。这一重要论断揭示了城市发展、工业发展和农业农村发展之间的辩证关系。浙江在统筹城乡发展，推进新型城市化和新农村建设上基础条件相对比较好。浙江11个设区市发展比较均衡，有9个进入全国综合实力百强城市，全省初步形成了杭州、宁波、温州三大中心城市、浙中城市群和杭州湾、温台沿海、金衢丽高速公路沿线三大产业带，城市化水平提高到59%，一产从业人员比重减少到25%以下；浙江县域经济比较发达，中心城镇和中心村星罗棋布，全国百强县中浙江占30多席，全国千强镇中浙江占266个，总数分居全国第一和第二；依据国家制定的评价标准，2005年浙江省农村全面小康实现程度为64%，继续位居全国各省区之首。这些都是浙江统筹城乡和区域发展的优势所在。围绕构建社会主义和谐社会，浙江切实加大“三农”工作力度，把积极推进社会主义新农村建设和走新型城市化道路有机结合起来，坚持走资源节约、环境友好、经济高效、社会和谐、大中小城市和小城镇协调发展、城乡互促共进的新型城市化道路，推进新型城市化与新农村建设的结合。浙江深入贯彻工业反哺农业、城市支持农村和多予少取放活的方针，加快建立有利于改变城乡二元结构的体制机制，推进农村综合改革，促进农业不断增效、农村加快发展、农民持续增收。浙江深入实施《浙江省统筹城乡发展推进城乡一体化纲要》，做大做强具有浙江比较优势的十大农业主导产业，推进高效生态农业发展，大力推进以“千村示范、万村整治”等一系列工程为抓手的村庄整治和农村新社区建设，着力提高农民生产条件和生活质量，不断促进城市基础设施向农村延伸，城市公共服务向农村覆盖，城市现代文明向农村辐射，使新型城市化建设和新农村建设有机统一、相得益彰、互促共进。

三是经济发展和环境保护的关系。在大多数国家特别是发展中国家、经济发展和环境保护通常是一对处于紧张状态的矛盾，是要金山银山还是要绿水青山，这似乎是个“两难”的

---

① 胡锦涛总书记在党的十六届四中全会上首次提出：“纵观一些工业化国家的发展历程，在工业化初始阶段，农业支持工业、为工业提供积累是带有普遍性的趋向；但在工业化达到相当程度以后，工业反哺农业、城市支持农村，实现工业与农业、城市与农村协调发展，也是带有普遍性的趋向。”

问题。从人们认识和实践的发展来说，处理这两者的关系大致会经过三个阶段。一是牺牲绿水青山以换取金山银山，这发生在许多地方的经济起飞期；二是认识到环境污染的危害，开始进行环境治理，既要金山银山，也要绿水青山；三是认识到绿水青山就是金山银山，环境本身就能带来财富，这是一种更高的境界，体现了科学发展观的要求。浙江这些年花大力推进生态省建设，其认识和实践正在向第三个阶段迈进。事实证明，保护环境就是保护财富，就能带来更多地财富，就能推动经济社会又好又快发展。浙江经验说明，正确处理经济发展和环境保护的关系，一是"要科学认识和正确运用自然规律，学会按照自然规律办事，更加科学地利用自然为人们的生活和社会发展服务，坚决禁止各种掠夺自然、破坏自然的做法"。二是"要引导全社会树立节约资源的意识，以优化资源利用、提高资源产出率、降低环境污染为重点，加快推进清洁生产，大力发展循环经济，加快建设节约型社会，促进自然资源系统和社会经济系统的良性循环"。三是"要加强环境污染治理和生态建设，抓紧解决严重威胁人民群众健康安全的环境污染问题，保证人民群众在生态良性循环的环境中生产生活，促进经济发展与人口、资源、环境相协调"。四是"要增强全民族的环境保护意识，在全社会形成爱护环境、保护环境的良好风尚"①。只有正确处理经济发展和环境保护的关系，和谐社会的构建才具有可持续的生态基础。

四是物质财富和非物质财富的关系。经济增长过程是一个投入财富和创造财富的过程，财富有物质财富和非物质财富之分。粗放型的经济增长方式是以资金、能源、设备等有形物质财富的高投入、高消耗，产出低附加值产品的模式，集约型经济增长方式就是更多地通过技术创新、品牌效应、科学管理、文化创意、企业文化、人力资本、教育卫生等无形非物质财富投入，产出高附加值产品的模式。转变经济增长方式首先要转变重物权、轻知识产权，重硬件、轻软件，重资源开发、轻技术开发，重引进、轻消化，重生产、轻品牌，重硬实力、轻软实力，重物质的发展、轻人自身的发展的观念。这些年，浙江遇到了前所未有的资源要素制约，这既是浙江面临的发展难题，也是浙江转变经济增长方式的外在动力和重要机遇。浙江认真贯彻中央的宏观调控政策，一方面运用资源环境约束的"倒逼机制"，做好"有保有压"工作，另一方面采取有力措施，不断提高干部群众对非物质财富的重视程度，不断提高非物质财富在经济增长中的作用，着力提高自主创新能力，建设创新型省份，加强品牌大省建设，变制造为创造，变贴牌为创牌，加快发展服务业，推进企业和产业的"凤凰涅槃"。

4. 建立和完善科学高效的管理机制

建国以后，我国在发展社会事业方面基本上是政府包办，活力不足。改革开放初期，我国社会事业管理体制也存在着与改革之前相似的缺陷，即政府管得过多，效率不高，要么是介入市场过多"越位"，要么是在提供社会公共服务方面的"缺位"。政府在社会管理和公共服务中的主导地位和社会组织积极参与的政府与社会共同治理新模式是值得借鉴的。政府主导不等于政府包办，它把属于社会的权力回归社会，让社会组织充分发挥作用。政府要加快实现由传统的"经济管理为主"向"社会管理为主"的转变。同时，要适应社会事业发展的需求，积极发挥民间组织在化解社会矛盾、释放社会压力、在弱势群体的利益诉求和利益保护、在改善政府和社会关系、维护社会稳定等方面的作用，形成全体人民共建共享改革发展

① 胡锦涛：《在省部级主要领导干部提高构建社会主义和谐社会能力专题研讨班上的讲话》，《构建社会主义和谐社会的伟大纲领》，人民日报出版社 2006 年版，第 57 页。

成果的格局。实践证明，浙江改革以来社会建设之所以取得很大的成绩，就在于把社会的自发力量与自觉力量有机结合起来，把市场的活力与政府的科学规划、有效调控结合起来。经过改革，浙江的社会管理机制发生了根本性的变化，逐步实现了从直接管理到间接管理、从微观管理向宏观管理等转变。一是转变政府职能，在经济调节、市场监管的同时，更加注重社会管理和公共服务，加强社会建设的力度。如今，政府在义务教育、医疗卫生、就业和社会保障、公共文化基础设施建设等方面提供了更多的公共产品和公共服务。二是改革社会行政管理体制，理顺政事关系，形成与社会良性互动、共同治理的局面。三是创新政府管理和服务方式，推行政务公开，简化办事程序，寓管理于服务之中，在管理中体现服务。

浙江经验说明，建立和完善科学高效的管理机制，一是“要深入研究社会管理规律，加强社会管理体制的建设和创新，完善社会管理体系和政策法规，整合社会管理资源，建立健全党委领导、政府负责、社会协同、公众参与的社会管理格局”。二是“要充分发挥基层党组织和共产党员服务群众、凝聚人心的作用，发挥城乡基层自治组织协调利益、化解矛盾、排忧解难的作用，发挥社团、行业组织和社会中介组织提供服务、反映诉求、规范行为的作用”。三是“各级政府要进一步完善社会管理和公共服务的职能，改善公共服务质量，提高依法管理社会的能力和水平，推动建立政府调控机制同社会协调机制互联、政府行政功能同社会自治功能互补、政府管理力量同社会调节力量互动的社会管理网络，形成对全社会进行有效覆盖和全面管理的体系”。四是“要加强城乡基层自治组织建设，从建设和谐社区入手，使社区在提高居民生活水平和质量上发挥服务作用，在密切党和政府同人民群众的关系上发挥桥梁作用，在维护社会稳定、为群众创造安居乐业的良好环境上发挥促进作用”。五是“要以服务群众为主题，增强社会服务功能，拓展社会服务领域，提高社会服务水平，形成社会服务网络化的新格局，积极开展面向特殊群体的社会救助、社会福利和优抚保障服务，面向群众的便民利民服务，面向下岗失业人员的再就业服务和社会保障服务”。六是“要建立科学有效的体制机制，加强和改善对公共信息、公共资源、公共物品的管理和应用”①。只有建立和完善科学高效的管理机制，和谐社会的构建才具有良好的管理保证。

二、必须把构建社会主义和谐社会落脚到贯彻为人民服务的根本宗旨上

人，既是经济社会发展的主体，也是经济社会发展成果的享有者。以人为本，是科学发展观的本质和核心，也是我们党全心全意为人民服务根本宗旨的集中体现。树立以人为本、科学发展的理念，就要把人的发展作为社会建设的根本出发点，把解决民生问题放在首位，切实解决人民群众最关心、最直接、最现实的利益问题，努力提高人民的生活质量和生活水平；把人的发展作为社会建设的根本推动力，作为检验社会建设工作成效的根本标准，坚持权为民所用，情为民所系，利为民所谋，始终把是否实现好、维护好、发展好最广大人民的根本利益作为社会建设成败得失的根本标准。浙江在社会建设中，始终坚持以人为本、以民为重的理念。比如，在新农村建设中，明确将农民作为主体，从 2002 年就开始探索对征地农民的保障制度，至 2007 年年底，已有 291 万农民纳入社会保障范围。推进农村公共卫生体系建设，从 2005 年起在全省对农民免费体检，至 2007 年年底已有近 90%的农民参加了农村

① 胡锦涛：《在省部级主要领导干部提高构建社会主义和谐社会能力专题研讨班上的讲话》，《构建社会主义和谐社会的伟大纲领》，人民日报出版社 2006 年版，第 54 页。

新型合作医疗制度。在城市社会建设中，将就业与再就业、教育、医疗卫生、社会保障等群众关心的十大领域作为重点。最近几年，浙江每年确定十方面的实事，作为政府工作的重要内容来研究和落实解决。以人为本，还体现在对待外来务工人员上，在外来务工人员的就业、工资待遇、子女教育、社会保障、医疗、住房、政治地位和文化生活方面，浙江采取了一系列的政策措施。

构建社会主义和谐社会，一个基本的问题就是要处理好政府、市场、社会之间的关系；一个重要任务就是强化政府的社会管理和公共服务职能，建设服务型政府，逐步形成惠及全民的基本公共服务体系。浙江率先进行市场取向改革，在建设和完善社会主义市场经济体制方面走在了全国前列，这使浙江更有条件处理好政府与市场的关系。改革开放早期曾经有一种说法，说浙江是“无为而治”，其实这种说法未必符合事实。实际上浙江地方政府该“无为”处当无为，该“有为”处则有力而为。最当“有为”之处，就是在社会主义市场经济条件下强化政府的公共服务职能，着力解决人民群众全面、快速增长的公共需求与公共产品供应不足之间的矛盾，切实把政府职能转变到“经济调节、市场监管、社会管理、公共服务”上来。实现这些政府职能的过程，也就是维护好、实现好、发展好人民群众利益的过程。浙江把为民办实事作为建设“平安浙江”、构建和谐社会的着力点，抓住就业和再就业、社会保障、医疗卫生、基础设施、城乡住房、生态环境、扶贫开发、科教文化、权益保障、社会稳定等十大重点领域，不断完善为民办实事的长效机制，使人民群众共享改革开放和经济发展的成果。浙江特别针对外来人口不断增长的情况，进一步加强对农民工的服务和管理，切实维护农民工的合法权益。在具体工作中努力做到“八个有”：一是着力做好本省农民工的工作，使“农者有其地”；二是对外来农民工一视同仁，使“来者有其尊”；三是及时足额兑现劳动工资，使“劳者有其得”；四是兴建一批“安心公寓”，使“工者有其居”；五是扩大政府的公共服务，使“困者有其济”；六是享有民主政治权利，使“优者有其荣”；七是丰富精神文化生活，使“力者有其乐”；八是加强工会、妇联和共青团等群团组织建设，使“外者有其归”①。

随着社会主义市场经济体制的确立和完善，一种新的社会利益格局也随之形成，这就要求建立利益平衡和协调机制，切实处理好新形势下的人民内部矛盾。浙江逐步探索建立了这样一个机制，一是致力于形成合理的社会成员结构，在提高低收入者收入水平、扩大中等收入者比重、调节过高收入的基础上，形成以中等收入层为大多数的“橄榄型”社会成员结构，把社会分化、社会差别控制在可控的范围，使各个社会成员都能享受到发展的成果，使浙江成为一个中等收入者比重不断提高、结构不断优化的社会；二是建立利益协调的多种调解方式，包括法律调解、行政调解、社会自我调解等，既通过立法、司法环节来进行预防和协调，通过行政手段来进行调解，也通过社会中介组织、民间组织来调解社会成员的利益冲突，缓和或避免社会成员的直接冲突②。

浙江经验说明，切实处理好新形势下的人民内部矛盾，一是“要深刻分析现阶段人民内部矛盾产生的原因特别是深层次原因，注重从源头上减少人民内部矛盾的发生”。要“认真

① 参见习近平：《坚持以人为本的科学理念推进社会主义和谐社会在浙江的实践》，《今日浙江》2006 年第 21 期，第 6—10 页。

② 参见习近平：《坚持以人为本的科学理念推进社会主义和谐社会在浙江的实践》，《今日浙江》2006 年第 21 期，第 6—10 页。

检查我们的各项政策措施和工作部署、工作方法、工作作风是否切合实际，是否符合最广大人民的根本利益，着力避免因决策失误和工作不当引起群众不满和抱怨”。二是“要深入基层、深入实际，加强矛盾纠纷的排查工作，及早发现可能发生的各种矛盾，及时采取有效措施妥善加以解决。当前，要重点解决好在土地征用、城镇拆迁、企业重组改制和破产过程中损害群众利益的问题，坚持依法纠正各种损害群众利益的行为”。三是“要进一步完善处理人民内部矛盾的方式方法，完善信访工作责任制，建立健全社会矛盾纠纷调处机制，把人民调解、司法调解、行政调解结合起来，依法及时合理地处理群众反映的问题”。四是“要深入细致地做好思想政治工作，引导群众以理性合法的形式表达利益要求、解决利益矛盾”。五是“要积极预防和妥善处置群体性事件，坚持依法办事、按照政策办事，既依法维护群众正当权益，又依法维护社会安定团结”①。只有切实处理好新形势下的人民内部矛盾，和谐社会的构建才能在妥善处理各种矛盾的过程中不断推进。

三、必须把构建社会主义和谐社会落实到努力化解各类矛盾、保持社会安定有序上

和谐并不意味着无视矛盾、否定矛盾，而是一种动态平衡，差异中的协调，纷繁中的有序，多样中的统一。构建社会主义和谐社会是一个不断化解社会矛盾的持续过程。浙江始终把发展作为第一要务，把稳定作为第一责任，坚持“立党为公、执政为民”，按照构建社会主义和谐社会的要求，认真做好化解矛盾，理顺关系，增进理解，调动积极因素的工作，切实做到经常研究，经常排查，经常化解，像进行经济形势分析那样，经常分析社会稳定形势，把过细的工作做在前面，确保社会政治稳定。

1. 必须坚持公平正义的价值取向

让人民尽可能多地分享发展的资源与成果，需要社会的公正和公平。社会公正意味着起点平等、规则平等，以及一定程度上的结果平等。社会主义性质决定了必须最大限度地使社会公正在每个社会成员身上得到体现。因此，社会建设必须本着公平正义的价值取向，努力消除不公平的制度安排。当然，在现阶段，实现公平并不是要走平均主义的回头路，而是在发展公共事业的政策取向上兼顾各方面利益，避免造成新的差别和加剧社会不公。通过发展来保证乡村与城市、后进地区与先进地区、低收入群众与中高收入者，在教育、医疗、公共卫生、社会保障、基础设施等方面享有同样的福祉。浙江高度重视公平正义问题，把它作为社会建设的重要原则，进一步完善公共财政制度，加大政府调控力度，通过法律和政策，运用税收、金融、行政等调节干预手段，合理调整国民收入分配格局，在新农村建设、欠发达地区发展中实现公共财政的倾斜，更好地发挥财政转移支付的“二次分配”和慈善事业充当“三次分配”的作用。努力实现经济社会的全面均衡发展，注重城乡之间，地区之间，群体之间的和谐发展，积极推进城乡统筹就业，在全国率先实现了覆盖城乡的社会保障制度，建立了比较完善的城乡保险体制，保证了利益处于重大调整时期的社会稳定。特别是通过继续实施“欠发达乡镇奔小康”、“山海协作”、“百亿帮扶致富”等工程，积极推进欠发达地区跨越式发展和欠发达地区农民脱贫致富，增加欠发达地区的发展动力，改善发展条件和环境，使城乡居民收入不断提高。浙江在公共财政支出和公共服务的均等化方面做了大量工作，努力缩

① 胡锦涛：《在省部级主要领导干部提高构建社会主义和谐社会能力专题研讨班上的讲话》，《构建社会主义和谐社会的伟大纲领》，人民日报出版社 2006 年版，第 56 页。

小城乡居民在教育、医疗卫生、就业、社会保障、基础设施等方面的差距，保证了城乡关系比较协调，社会相对公平。

2. 必须切实加强思想道德建设

新旧体制转换时期，由于社会结构和利益格局的变动，群众的思想会异常活跃。各种看法和想法会比较多。如果忽视思想教育，缺乏正确的引导，往往容易因为一些小事酿起事端。所以改革越深化，思想工作也要越深入越细致。浙江各级党委、政府和领导干部善于在矛盾和纠纷中，消除隔阂，排除障碍，多做调解、协调、疏通工作，寻求解决问题的渠道，搭设相互沟通的桥梁，平衡好各方面的关系。实践证明，理解和沟通是解决人民内部矛盾的一个有效途径。如果各方面都能够求同存异，互谅互让，顾全大局，很多矛盾包括一些很棘手的矛盾就完全可以比较平和妥善地得到解决。浙江各级党委、政府和领导干部做思想教育工作，联系实际，直面问题，不回避矛盾，做到"一把钥匙开一把锁"，因地、因时、因事、因人而异地开展工作。对群众合理的意见和要求，有条件能够办到的一定要及时办。对于那些意见和要求虽然合理，但由于条件制约一时还难办或难以全办的，则说明情况，多做说服解释工作，创造条件促其解决。

3. 必须加强民主法治建设

树立社会主义法治理念，坚持和发展人民民主，把人民群众的民主要求纳入法制化轨道，积极引导人民群众合法、负责、理性、有序地参与国家和社会事务管理，是处理好人民内部矛盾的根本途径。浙江作出建设"法治浙江"的决策部署，其中一个重要方面就是要运用民主和法律手段来调整社会关系、平衡社会利益、解决社会矛盾、促进社会和谐。浙江创新发展基层在实践中创造的许多好经验、好做法，如基层民主恳谈会、民主听证会、"后陈经验"、"八郑规程"等，扎实推进基层民主建设由"为民作主"向"由民作主"转变，由"实体民主"向"程序民主"转变，基层矛盾由"事后调解"向"事前化解"转变，从根本上、源头上解决人民内部矛盾。

浙江经验说明，加强民主法治建设，一是"要把坚持党的领导、人民当家做主和依法治国有机统一起来，积极稳妥地推进政治体制改革，进一步健全民主制度，丰富民主形式，扩大公民有序的政治参与，不断推进社会主义民主政治的制度化、规范化、程序化，更好地发挥社会主义政治制度的特点和优势"。二是"要通过广泛发扬民主，拓宽反映社情民意的渠道，完善深入了解民情、充分反映民意、广泛集中民智、切实珍惜民力的决策机制，形成能够全面表达社会利益、有效平衡社会利益、科学调整社会利益的利益协调机制"。三是"要进一步扩大基层民主，进一步完善城乡基层政权、基层自治组织、企事业单位的民主管理制度，最广泛地动员和组织人民群众开展基层民主实践，努力实现广大群众自我管理、自我服务、自我教育、自我监督"。四是"要充分发挥工会、共青团、妇联等人民团体的桥梁和纽带作用，广泛密切地联系各方面群众，调动社会各方面的积极性"①。五是"要进一步加强和改进立法工作，从法律上体现科学发展观的要求，制定和完善发展社会主义民主政治、保障公民权利、促进社会全面进步、规范社会建设和管理、维护社会安定的法律"。六是"要全面推进依法行政，坚持严格执法、公正执法、文明执法，建设法治政府，建立有权必有责、用权受监督、违法要追究的

---

① 胡锦涛:《在省部级主要领导干部提高构建社会主义和谐社会能力专题研讨班上的讲话》,《构建社会主义和谐社会的伟大纲领》,人民日报出版社 2006 年版,第 50—51 页。

监督机制”。七是“要落实司法为民的要求，以解决制约司法公正和人民群众反映强烈的问题为重点推进司法体制改革，充分发挥司法机关维护社会公平和正义的作用，促进在全社会实现公平和正义”。八是“要加强法制宣传教育，传播法律知识，弘扬法治精神，增强全社会的法律意识，形成法律面前人人平等、人人自觉守法用法的社会氛围”[①]。只有加强民主法治建设，和谐社会构建才有保障。

4. 必须加强基层基础工作以减少矛盾

基层既是产生利益冲突和社会矛盾的“源头”，同时也是协调利益关系和疏导社会矛盾的“茬口”。把基层基础工作做扎实了，利益差别得到协调，思想情绪得以理顺，社会发展中的不稳定因素就能大大减少，各种矛盾冲突就能有效疏导。浙江面对新形势下人民内部矛盾出现的新情况、新特点和新动态，一是创新发展“枫桥经验”，不断完善领导干部下访约访、维护稳定工作责任制等制度，建立乡镇综治中心，推进综治进民企，坚持标本兼治、综合治理，从源头上防止个别问题群体化、局部问题扩大化、内部问题社会化的倾向，建立健全预防和化解基层矛盾纠纷的长效机制，不断加强对基层的服务和管理。二是通过加强党对民间组织的领导、加强新社会组织党建工作等途径，发挥民间组织的作用，进一步利用民间组织广泛联系群众的优势和长处，加强对社会成员的管理和服务，特别是在反映公众诉求、促进社会公平、整合社会资源、化解社会矛盾、规范社会行为、加强自我服务等方面发挥积极作用，形成社会管理和社会服务的合力。三是满腔热忱地支持和帮助基层干部做好工作。扎实推进以党组织为核心的基层组织建设，形成全方位覆盖基层的工作网络，通过下派基层任职、参加基层工作队、担任基层工作指导员、基层蹲点等方法，打牢干部做群众工作的基本功，不断加强对基层干部的教育、监督、管理和指导、关心、爱护[②]。

浙江经验说明，加强基层基础工作，一是“要进一步落实维护社会稳定的工作责任制，一级抓一级，层层抓落实”。二是“要大力加强社会治安防控体系建设，完善社会治安综合治理工作机制，依法打击各种犯罪活动，切实保障人民生命财产安全”。三是“要牢固树立安全第一的思想，真正吸取血的教训，切实加大工作力度，认真抓好安全生产，坚决防止重大安全事故”。四是“要抓紧建立健全社会预警机制，建立健全突发事件应急机制和社会动员机制，提高保障公共安全和处置突发事件的能力”[③]。只有“切实做好保持社会稳定的工作”，和谐社会的构建才具有扎实的工作依托。

四、必须把构建社会主义和谐社会落实到发展社会主义先进文化、加快建设“文化大省”上

构建社会主义和谐社会需要有力的精神支撑。浙江自古以来就是人文荟萃之地。深厚的文化底蕴、人文传统和在改革开放新时期形成的新的时代精神，为浙江的发展提供了强大精神动力，成为构建社会主义和谐社会重要的精神支撑。一部浙江的改革开放史，很大程度上就是浙江人文精神的发展史。浙江把“文化更加繁荣”作为全面建设小康社会的重要目

---

① 胡锦涛：《在省部级主要领导干部提高构建社会主义和谐社会能力专题研讨班上的讲话》，《构建社会主义和谐社会的伟大纲领》，人民日报出版社 2006 年版，第 51 页。

② 习近平：《坚持以人为本的科学理念推进社会主义和谐社会在浙江的实践》，《今日浙江》2006 年第 21 期，第 6—10 页。

③ 胡锦涛：《在省部级主要领导干部提高构建社会主义和谐社会能力专题研讨班上的讲话》，《构建社会主义和谐社会的伟大纲领》，人民日报出版社 2006 年版，第 57 页。

标，作出了《关于加快文化大省建设的决定》，出台了一系列推进文化大省建设的政策举措，从加强社会建设的各个层面，加快教育强省、科技强省、卫生强省和体育强省建设的步伐，进一步增强社会公共服务的能力。

必须坚持先进文化的前进方向，建设社会主义核心价值体系。坚持把社会主义核心价值体系融入国民教育和精神文明建设的全过程，贯穿于现代化建设的各方面，努力形成全省人民奋发向上的精神力量和团结和睦的精神纽带。浙江坚持用马克思主义中国化的最新成果武装党员、教育群众、指导实践，使之成为全省广大党员干部群众认识和改造世界的思想之“魂”、行动之“灯”和工作之“纲”；坚持和发展“自强不息、坚忍不拔、勇于创新、讲求实效”的精神，与时俱进地培育和弘扬的浙江精神，激励全省上下“干在实处、走在前列”，共同创造和睦相处的美好家园；坚持以树立社会主义荣辱观为重点，广泛深入地开展社会公德、职业道德、家庭美德教育，教育和引导广大群众知荣辨耻、扬荣抑耻、近荣远耻，明荣耻之分、做当荣之事、拒为耻之行，在全社会形成明德守法的良好风尚。

必须大力发展文化事业和文化产业。浙江紧紧抓住作为全国文化体制改革综合试点省的契机，扎实有序地推进文化体制改革，按照“转出一批、改出一批、放出一批、扶出一批”的思路，重点做好文化体制改革试点单位的改革，着力培育多样化的文化发展主体。实施文化建设“八大工程”，发展公益性文化事业，扶持和推动文化产品的创作、生产和传播，保障人民群众的文化权益。积极利用社会资源发展文化事业，鼓励民间资本投资参与兴办文化事业和文化产业，初步形成文化体制改革与文化大省建设相互促进、文化事业与文化产业联动发展的良好局面。

必须提高舆论引导能力，着力营造和谐的舆论环境。把舆论引导作为社会矛盾的调节器、减压阀和温度计，把社会舆论引导向正确、理性的一面，在全社会形成宽容有序、明理守法、崇尚和谐的良好氛围。立足于做大做强正面宣传、唱响主旋律，以重大主题宣传为抓手，开展全方位、立体式的系列报道，形成健康向上的主流舆论。按照“三贴近”的要求，着力改进新闻宣传，不断提高舆论引导水平，在报道新闻事实中体现正确导向，在同群众交流互动中形成共识，在加强信息服务中开展思想教育。

浙江经验说明，把构建社会主义和谐社会落实到发展社会主义先进文化、加快建设“文化大省”上，一是“要全面落实用邓小平理论和‘三个代表’重要思想武装全党、教育人民的战略任务，加强马克思主义理论研究和建设，着力回答重大理论和实际问题，巩固马克思主义在我国意识形态领域的指导地位，引导全体人民坚定中国特色社会主义信念”。二是“要深入开展党的基本理论、基本路线、基本纲领、基本经验教育，弘扬以爱国主义为核心的民族精神和以改革创新为核心的时代精神，弘扬集体主义、社会主义思想，使全体人民正确认识社会发展规律和国家、民族的前途命运，始终保持昂扬向上、开拓进取的精神状态”。三是“要积极实施公民道德建设工程，广泛开展社会公德、职业道德、家庭美德教育，在全社会倡导爱国守法、明礼诚信、团结友善、勤俭自强、敬业奉献的基本道德规范，培养良好的道德品质和文明风尚”。四是“要大力倡导以文明礼貌、助人为乐、爱护公物、保护环境、遵纪守法为主要内容的社会公德，大力倡导以尊老爱幼、男女平等、夫妻和睦、勤俭持家、邻里团结为主要内容的家庭美德，提倡尊重人、理解人、关心人，热爱集体，热心公益，扶贫帮困，在全社会形成团结互助、平等友爱、共同前进的社会氛围和人际关系”。五是“要加强思想政治工作，有针对性地解决不同社会群体的思想问题，既要以理服人、解决思想问题，又要实实在在帮助群众解决生产生活中的实际困难”。六是“要坚持把教育摆在优先地位,保障教育公平,构建健全的教育体系,建设学习型社会,促进全民族素质不断提高”。七是“要积极推进文化事业全面繁荣和文化产业快速发展,大力提高基层特别是农村教育、科技、文化、卫生、体育服务能力,满足人民群众日益增长的精神文化需要,促进人的全面发展”①。只有切实加强思想道德建设,和谐社会的构建才具有坚实的思想文化基础。

五、必须把构建社会主义和谐社会落实到解决群众最关心的利益问题和促进社会公平上

促进社会公平是构建和谐社会的重要环节。浙江坚持从关注民生和解决民生问题入手,从群众最迫切、最直接、最现实的事情做起,努力协调好各方面利益关系,使全体人民共享改革发展的成果,朝着共同富裕的目标稳步前进。

必须统筹城乡发展,推进城乡一体化建设。从实现全面小康、构建和谐社会的高度,大力推进社会主义新农村建设。浙江制定了《统筹城乡发展推进城乡一体化纲要》,推出了一系列统筹城乡发展的工程项目,各方面工作都向“三农”倾斜。从 2003 年开始,实施“千村示范、万村整治”和“千万农民饮用水”、“乡村康庄”、“千镇连锁超市、万村放心店铺”等工程;从 2004 年开始,实施“千万农村劳动力培训”工程,并在全省建立了乡镇科技特派员和驻村工作指导员制度。把推动欠发达地区实现跨越式发展,作为新的经济增长点来抓,重点实施“山海协作工程”、“欠发达乡镇奔小康工程”和“百亿帮扶致富工程”三大工程,促进了欠发达地区的发展。依据国家制定的评价标准,2005 年浙江省农村全面小康实现程度为 64%,位居全国各省区之首。

必须坚持以人为本,高度重视为民办实事工作。浙江制定下发《关于建立健全为民办实事长效机制的若干意见》,从 2004 年起每年确定十方面实事,作为政府工作的重要内容,纳入议事日程,专门进行研究,分解落实责任,加大财政投入,建立定期督查制度,层层抓好落实,所确定的办实事目标任务件件如期完成。

必须落实就业扶持政策,改善创业和就业环境。浙江通过大力开发社区就业岗位、积极发展劳动就业服务企业、扶持下岗失业人员自主创业以及开展劳务输出等途径开辟新的就业渠道,千方百计增加就业岗位。近年来,浙江在提高农民工素质,维护农民工合法权益,解决农民工实际困难等方面做了许多有益的探索,浙江出台了《关于进一步加强和改进对农村进城务工人员服务和管理的若干意见》,为 1200 万外来农民工融入浙江社会消除障碍。

必须建立健全社会保障制度。近几年来,浙江不断加大社会保障工作力度,逐步提高保障补助标准,扩大保障范围,城乡最低生活保障基本实现动态管理下的应保尽保。深化基本医疗保险制度改革,建立健全社会困难群体的医疗救助和多层次医疗保障体系。贯彻落实《工伤保险条例》,加快工伤、生育、农民住房保险等保险制度改革,建立被征地农民基本生活保障制度。加大社会救助力度,初步形成了比较完整地社会救助政策体系,全省城乡各类困难群众和家庭困难学生已经基本纳入社会救助的范围。

必须着力解决关系人民群众切身利益的民生问题。浙江把促进城乡义务教育均衡发展与提高整个教育水平结合起来,在加快全省教育事业发展的同时,继续向发展农村教育倾

---

① 胡锦涛:《在省部级主要领导干部提高构建社会主义和谐社会能力专题研讨班上的讲话》,《构建社会主义和谐社会的伟大纲领》,人民日报出版社 2006 年版,第 52 页。

斜；在满足城市人口增长对教育资源需求的同时，重点解决好进城务工农民的子女就学问题。积极推进高标准高质量普及九年义务教育，高等教育和职业教育规模持续扩大。围绕着力解决“看病难”、“看病贵”这一群众反映比较强烈的问题，坚持面向农村、面向基层、面向群众，积极推进“小病”医疗和预防保健进乡村、下社区，重点加强农村和社区基层卫生事业建设，努力改善基层群众的基本医疗卫生服务，推动全省医疗卫生事业协调发展。

浙江经验说明，把构建社会主义和谐社会落实到解决群众最关心的利益问题和促进社会公平上，一是“要坚持把最广大人民的根本利益作为制定和贯彻党的方针政策的基本着眼点，正确反映和兼顾不同地区、不同部门、不同方面群众的利益，在促进发展的同时，把维护社会公平放到更加突出的位置，综合运用多种手段，依法逐步建立以权利公平、机会公平、规则公平、分配公平为主要内容的社会公平保障体系，使全体人民共享改革发展的成果，使全体人民朝着共同富裕的方向稳步前进”。二是“要坚持在全国人民根本利益一致的基础上，妥善协调各种具体的利益关系和内部矛盾，正确处理个人利益和集体利益、局部利益和整体利益、当前利益和长远利益的关系”。三是“要高度重视收入分配问题，更好地处理按劳分配为主体和实行多种分配方式的关系，既坚持鼓励一部分地区、一部分人通过诚实劳动和合法经营先富起来，并推动先富带未富、先富帮未富，同时也要在经济发展的基础上，通过改革税收制度、增加公共支出、加大转移支付等措施，合理调整国民收入分配格局，逐步解决地区之间和部分社会成员收入差距过大的问题”。四是“要进一步完善社会保障体系，逐步扩大社会保障的覆盖面，切实保障各方面困难群众的基本生活，让他们感受到社会主义大家庭的温暖”。五是“要从法律制度上、政策上努力营造公平的社会环境，从收入分配、利益调节、社会保障、公民权利保障、政府施政、执法司法等方面采取切实措施，逐步做到保证社会成员都能够接受教育，都能够进行劳动创造，都能够平等地参与市场竞争、参与社会生活，都能够依靠法律和制度来维护自己的正当权益”[①]。只有把构建社会主义和谐社会落实到解决群众最关心的利益问题和促进社会公平上，和谐社会的构建才有可靠的利益关系支撑。

---

① 胡锦涛：《在省部级主要领导干部提高构建社会主义和谐社会能力专题研讨班上的讲话》，《构建社会主义和谐社会的伟大纲领》，人民日报出版社2006年版，第53—54页。

第七章
浙江经验对中国特色社会主义文化建设的贡献

改革开放以来，浙江在创造物质财富的同时，也积聚了宝贵的精神财富。浙江之所以迅速成为我国经济发展最快、活力最强的省份之一，文化的推动作用功不可没。浙江凭借丰厚的历史文化资源以及改革开放形成的经济先发优势，始终坚持社会主义先进文化的前进方向，始终重视精神文明建设的力量，坚持用文化体制改革释放文化发展的活力，大力发展文化事业和文化产业，文化建设不断走向发展和繁荣。浙江推动社会主义文化大发展大繁荣的"先行性"与"特色性"经验和启示，是对中国特色社会主义文化建设的重要贡献。

第一节　高度重视中国特色社会主义文化建设的战略地位

文化作为综合国力的重要组成部分越来越被摆在突出地位。"综合国力，主要是经济实力、技术实力，这种物质力量是基础，但也离不开民族精神、民族凝聚力"①。文化不仅是综合国力的体现，而且对整个综合国力系统起着决定性作用。"一个民族、一个国家，如果没有自己的精神支柱，就等于没有灵魂。就会失去凝聚力和生命力"②，就必然在愈益激烈地综合国力竞争中败北。当前，文化建设愈益成为"关系广大发展中国家前途和命运的重大问题"③。因此，能不能搞好中国特色社会主义文化建设，对于整个社会主义事业是一个生死攸关的重大问题。更何况，中国特色社会主义文化作为给整个中国特色社会主义建设提供"精神动力和智力支持"的全面性社会实践，在社会主义物质文明、政治文明、精神文明、社会文明、生态文明五位一体的总体布局中，具有更为深邃的引领功能，起着更为强劲地驱动作用。浙江正是这样较早地认识和把握中国特色社会主义文化建设的战略地位，不断推进中国特色社会主义文化建设的。

一、较早地进入了社会主义文化建设的复苏期

党的十一届三中全会在真理标准问题大讨论的基础上重新确立了解放思想、实事求是的思想路线。从此以后，浙江文化建设逐渐进入了生机盎然的复苏期。此后较长一段时间里，文化建设的基本任务是以提高思想道德素质和科学文化素质为主要内容的精神文明建设。浙江迅速拉开社会主义精神文明建设活动序幕，先后兴起"五讲四美三热爱"、"全民文明礼貌月"、"学雷锋、树新风"活动，争做"四有"公民、"三优一学"、创建文明村镇、创建文明城市、创建文明行业等群众性精神文明创建活动在各地广泛开展。在浙江全省党员群众中

① 《江泽民论有中国特色社会主义(专题摘编)》，中央文献出版社 2002 年版，第 395 页。

② 《江泽民论有中国特色社会主义(专题摘编)》，中央文献出版社 2002 年版，第 395 页。

③ 《江泽民论有中国特色社会主义(专题摘编)》，中央文献出版社 2002 年版，第 390—391 页。

开展"讲党性、顾大局、同心同德搞四化"的思想教育活动，在农村和企业陆续开展党的基本路线教育和形势任务教育，广泛开展坚持四项基本原则、反对资产阶级自由化的宣传教育，稳步推进改革开放和现代化建设的先进典型宣传，全社会的思想道德教育工作不断加强。根据经济建设必须依靠科技教育、科技教育必须面向经济建设的方针和要求，浙江对包括改革科技拨款制度、大力开拓技术市场、强化企业的技术吸收和开发能力、合理部署科学研究的纵深配置、改革科技人员管理制度、加强对科技体制改革的领导等科技教育体制改革进行了多方面的探索。这些为浙江文化事业的繁荣发展奠定了坚实基础。

二、较早地提出"科教兴省"发展战略

20 世纪 80 年代，浙江经济快速增长在很大程度上是靠短缺经济条件下巨大的市场需求拉动和生产规模的外延扩张实现的。尽管当时浙江为推动科技进步做了大量工作，但科技进步对经济增长的贡献率仍然比较小。1992 年，浙江召开全省科技工作会议，强调要真正把经济增长方式转移到依靠科技进步和提高劳动者素质的轨道上来，并把它作为实现浙江经济和社会发展第二步战略目标的根本措施。为此，浙江明确提出了"科教兴省"发展战略，出台了《关于大力推进科技进步加速经济发展的决定》、《浙江省科学技术发展十年规划设想和"八五"计划纲要》。1994 年，为大力发展教育事业，夯实实施"科教兴省"战略的基础，浙江又发出《关于贯彻〈中国教育改革与发展纲要〉，加快浙江教育改革和发展的若干意见》。在"科教兴省"战略的指导下，浙江全省各地以经济建设为中心，以优化经济结构、提高经济素质、确保浙江经济社会持续发展和提高参与国际、国内竞争能力为目的，采取多种有效措施，大力推进科技体制改革和科技进步，大力促进科技与经济的有机结合，努力实现教育资源优化配置，把"科教兴省"战略落到实处。

三、率先提出并推进建设"文化大省"战略目标

浙江根据经济社会发展新阶段、新特点，制定并颁布《浙江省建设文化大省纲要(2001—2020 年)》，紧紧围绕浙江省提前基本实现现代化的奋斗目标，充分考虑经济全球化步伐加快、科技进步日新月异和多元文化相互激荡的时代背景，立足浙江实际，勾画出今后 20 年浙江省文化建设的基本框架和发展蓝图，明确了指导思想、奋斗目标和主要任务，阐述了浙江建设文化大省在全国文化建设总体格局中的战略地位，正式提出了建设"文化大省"的战略目标。从此，浙江文化建设进入了以建设文化大省为目标的自觉谋划发展的新时期。2001 年 5 月，浙江《关于建设文化大省若干文化经济政策的意见》，提出要认真贯彻落实国家有关文化经济政策，加大财政对文化事业的投入，加快文化设施建设，深化文化体制改革，切实推动文化产业的发展。2002 年，浙江制定了《关于深化文化体制改革加快文化产业发展的若干意见》，建设文化大省、发展文化经济作为一项战略性的重大举措被写入浙江省第十一次党代会报告。浙江从牢牢把握先进文化前进方向，率先全面实现小康社会奋斗目标和坚持科学发展观、构建和谐社会的战略高度，对文化大省建设提出了新的要求。浙江省党的十一届四次全会把进一步发挥人文优势、加快文化大省建设作为浙江"八大优势"和"八大举措"之一，建设文化大省，繁荣和发展文化事业和文化产业，成为浙江省实施"八八战略"、建设"平安浙江"的一项重要举措，成为浙江省经济社会发展重大战略部署之一。2005 年年初，为深入贯彻党的十六大和十六届三中、四中全会精神，贯彻落实胡锦涛总书记关于浙江要

“走在前列”的要求,以更好地改变浙江经济与文化发展的不平衡局面,解决浙江市场经济升级的“文化支撑力”问题,实现“经济社会与人的全面发展”这一总目标,浙江提出了“加快文化大省建设,增强浙江综合竞争软实力”的新的重大举措。在充分调研的基础上,2005 年 7 月,浙江省党的十一届八次全体(扩大)会议,认真总结了浙江文化大省建设的成效和经验,客观分析了存在的主要问题和薄弱环节,通过了《中共浙江省委关于加快建设文化大省的决定》,提出了加快文化大省建设的主要举措,对加快文化大省建设、增强浙江综合竞争软实力进行了全面的规划和部署[①]。以此为契机,浙江对加快文化大省建设的认识提高到了又一个新的高度,增强了自觉性和责任感,从而在全省范围内兴起了新一轮文化大省建设的热潮[②]。

四、率先进行文化体制改革综合试点

2003 年 6 月,浙江同广东等省市一起被确定为全国文化体制改革综合试点省市以后,浙江把文化体制改革作为一项战略性、全局性任务,全面部署试点启动和深化工作,在历经探索、改革与创新发展之后,浙江文化体制改革和文化建设取得重大进展,文化产业呈现出良好的发展态势。一是以理念与制度创新为先导。长期以来,在“重商轻文”的功利文化理念影响下,浙江文化产业一直处于经济发展的从属地位而难有根本性突破,文化产业占 GDP 比重多年徘徊在 3%的较低水平。在文化产业上升为国家战略性产业和经济转型升级的新背景下,浙江进一步解放思想,更新观念,树立新的文化发展观,重新审视文化产业对于浙江经济社会发展的重大意义,推进文化产业化和市场化改革,提升文化产业的战略地位,推动有识企业积极投身改革,构建“想文化、议文化、干文化”的良好环境和氛围。二是以文化消费转型升级为核心。当文化从以前的“搭台”走向经济振兴的“前台”,成为国民经济发展的重要组成部分时,也就需要为其营造良好的市场发展“舞台”。在市场经济体制下,文化产品的生产和分配最终由消费者决定,文化消费便成为支撑新一轮体制改革和文化产业跨越式发展的现实基础。浙江倡导文化消费理念,营造文化消费氛围,创造新兴文化需求、完善公共文化服务、培育文化消费市场,提升群众的文化消费能力与层次,以引导和适应文化生产力的发展,实现文化消费与生产的良性互动。三是以国有文化单位体制改革为重点。作为关系国家文化安全的战略产业,国有文化企事业单位在解决了“改与不改、转与不转、试与不试、敢与不敢”等根本性问题之后,如何解决“转企改制”后的发展问题是文化体制改革的重要课题。浙江陆续启动针对报业、出版、广电、文艺院团的“转企改制”,通过改制、重组、合并,越来越多的文化单位和企业成为具有竞争力的市场主体。如浙江广电集团在探索吸纳和控制社会资本进入经营性企业的同时,积极进军影视业,社会效益和经济效益大幅提高。浙江日报报业集团与求是杂志社合作重组红旗出版社,媒体数量跃居全国 40 多家报业集团的首位。后试点改革时代,在继续贯彻前期“四个一批”(“转出一批主体”、“改出一批主体”、“放出一批主体”、“扶持一批主体”)总体思路的基础上,浙江针对不同类型的主体,制定

---

① 《中共浙江省委关于加快建设文化大省的决定》的核心内容被称为“3+8+4 战略”。“3”是指“增强先进文化凝聚力、解放和发展文化生产力、提高公共文化服务能力”这三大战略,亦称三大“着力点”;“8”是指包括“文明素质工程、文化精品工程、文化研究工程、文化保护工程、文化产业促进工程、文化阵地工程、文化传播工程、文化人才工程”的八大实施方案,它们常被形象地概括为实施上述三大战略的具体“抓手”;“4”是指建设“教育强省、科技强省、卫生强省、体育强省”的四大目标。

② 参见陈立旭:《崇文育人看浙江》,浙江人民出版社 2008 年版,第 33 页。

微观层面上更具差异化的体制改革方案。四是以民营文化企业发展为亮点。作为民营经济大省，浙江积极鼓励和支持民间资本和社会力量进入文化产业领域，有效引导民营文化产业发展，已经形成一批在全国有较大影响的民营文化龙头企业。如，宋城集团利用"演艺＋旅游"的经营模式，精准把握艺术与市场的契合点，取得良好的社会效益与经济回报。横店影视城依靠集聚优势，吸引全国300多家影视机构落户，获得影视业和旅游业的双丰收。可以说，随着越来越多的民营文化企业在浙江这片文化沃土的滋养中成长，浙江民营文化产业在全国打响了"文化浙军"的金色名片。在后续的改革进程中，浙江继续以民营文化企业发展为亮点，将其作为璀璨的明珠镶嵌在浙江文化体制改革和文化产业发展版图之上，使之成为生生不息地推动浙江文化产业发展的生力军，彰显浙江文化产业发展之特色。五是以新兴文化产业发展为突破。新兴文化产业是指基于消费者需求变化、全新的创意理念或技术革新等衍生而来的文化产业。浙江是教育、科技、旅游等文化资源的大省，也是民营资本和制造业发达的强省，良好的软硬件环境，有助于新兴文化产业的萌发与兴起。因此，以新兴文化产业的发展为突破口，不仅可以丰富和提升现有文化产业结构，而且可以为国有和民营文化企业的实践创造良机，成为带动文化体制改革和文化产业发展的外部引擎①。

五、率先推进公共文化服务体系建设

改革开放以来，像全国其他地区一样，浙江经历了从计划经济体制向市场经济体制的转换。作为市场经济的先发省份，浙江也先于全国多数省份遇到了在市场经济条件下文化发展方式的转型问题。在此期间，浙江经历了由政府包揽的"文化事业"发展模式，到不加区别地将所有的文化部门推向市场，再到把公益性文化事业和经营性文化产业区分开来实行分类指导、分类发展的方针，进而实现了从传统"文化事业"到新型"公共文化服务体系"的转变。浙江在推进公共文化服务体系建设的实践上取得了重大突破。

作为市场经济先发省份，浙江早在世纪之交就已经初步地萌生了"公共文化服务"的理念。2000年出台的《浙江省建设文化大省纲要(2001—2020年)》已经明确地提出，要"充分发挥公共财政的职能，逐步增加对公益性文化事业和重要新闻媒体的投入，鼓励社会力量捐赠公益性文化事业，建立多渠道的投入方式。积极探索文化系统自我积累、滚动发展的有效机制"。其中，针对"公益性文化事业"提出了要"建立多渠道的投入方式"、"积极探索文化系统自我积累、滚动发展的有效机制"。这些都突出地表明，浙江已经意识到公益性文化事业发展要适应市场经济环境，引入市场机制、社会力量，实现政府与市场、社会的互动互补。2003年6月，浙江被确定为全国文化体制改革试点省，浙江文化体制改革试点工作的一项重要任务就是要以全新理念重构公共文化服务体系。以同年《浙江省文化体制改革综合试点总体方案》出台为标志，浙江公益性文化事业进入的发展阶段。2004年国家发改委颁布《关于2004年经济体制改革的意见》，提出要"深化公益性文化事业单位劳动人事、收入分配和社会保障制度改革。建立健全公共文化服务体系"。在这个指导全国的文件中，首次出现了"公共文化服务体系"这一崭新的概念。2005年，国务院《关于2005年深化经济体制改革的意见》，进一步明确要加快公共文化服务体系建设。2005年，《中共中央关于制定国民经济和社会发展第十一个五年规划的建议》提出："积极发展文化事业和文化产业。加大政府

① 参见陈立旭：《崇文育人看浙江》，浙江人民出版社2008年版，第34页。

对文化事业的投入，逐步形成覆盖全社会的比较完备的公共文化服务体系。”在这份中共中央全会的文件中，尤其值得注意的是，首次出现了以“逐步形成覆盖全社会的”、“比较完备的”、“公共文化服务体系”的新提法。2005 年，浙江省委《关于加快建设文化大省的决定》不仅比较清晰地呈现了浙江省“覆盖全社会的比较完备的公共文化服务体系”的蓝图，而且也以更加准确的文字表达了市场经济条件下建设公共文化服务体系的一种“全新理念”，即“充分发挥公共财政的支撑作用，探索形成政府主导、社会参与、市场运作的公共事业发展新格局”。2008 年，《浙江推动文化大发展大繁荣纲要（2008—2012 年）》进一步把公共文化服务体系与社会主义核心价值体系、文化产业发展体系一起，作为浙江未来三大文化建设体系之一，提出要加强面向基础、面向群众的精神文化产品的创作生产，开展公益性文化活动，完善公共文化服务网络，加强历史文化遗产的保护和利用。《纲要》尤其以相当大的篇幅详细地阐述了“创新公共文化服务方式”的内涵和途径，提出要通过政府采购、项目补贴等方式，提高重要公共文化产品、重大公共文化服务项目和公益性文化活动的服务效益；加大向基层特别是低收入和特殊群体提供免费文化服务的力度，扩大重点党报党刊免费配送农村的范围；发挥浙江民营经济的优势，积极引导社会力量以兴办文化俱乐部、赞助活动、免费提供设施等多种形式参与公共文化服务；支持民办公益性文化机构的发展，鼓励民间开办博物馆、图书馆等，促进公共文化服务方式的多元化、社会化。可以说，在这份最新的省委政策文件中，以全新理念和全新方式建设浙江公共文化服务体系的思路，已经得到了完整的呈现。

六、带头推动社会主义文化大发展大繁荣

党的十七大突出强调了加强文化建设、提高国家文化软实力的极端重要性，并对兴起社会主义文化建设新高潮、推动社会主义文化大发展大繁荣做出了全面部署。中央有关领导殷切希望浙江为推动社会主义文化大发展大繁荣做出更大的贡献，在加强社会主义文化建设方面为全国带好头。为了深入贯彻党的十七大精神，认真落实中央领导的重要指示精神，2007 年，浙江省委提出“创业富民、创新强省”总战略，把文化建设作为创业创新的重要支撑。2008 年 6 月，制定了《浙江省推动文化大发展大繁荣纲要（2008—2012 年）》，强调要从维护国家利益和文化安全、增强文化软实力、深入实施“创业富民、创新强省”总战略、实现浙江经济社会又好又快发展以及全面建设惠及全省人民的小康社会五个方面的高度，深刻认识文化大省建设的战略意义，切实增强推动文化大发展大繁荣的自觉性和主动性。根据浙江省委要以更深刻的认识、更开阔的思路、更有效的政策、更得力的措施推动文化大发展大繁荣的要求，当前和今后一个时期进一步推进浙江文化大省建设的主要任务是：在加快建设教育强省、科技强省、卫生强省、体育强省的同时，继续深入实施文化建设“八项工程”，着力建设社会主义核心价值体系、公共文化服务体系、文化产业发展体系“三大体系”，不断满足人民日益增长的精神文化需求，不断发展文化经济，不断提高人民文明素质和社会文明程度，努力使文化发展水平与经济社会发展水平相适应，在文化建设方面走在前列。这一全面部署标志着浙江文化发展正站在推进科学发展、促进社会和谐的更高起点上，进一步确立起了文化在经济、政治、文化、社会“四位一体”全面协调可持续发展格局中应有的本体与功能相统一的地位①。

---

① 参见陈立旭：《崇文育人看浙江》，浙江人民出版社 2008 年版，第 36 页。

第二节　积极稳妥地推进文化体制改革

一、建立文化建设新型管理体制

按照社会主义市场经济发展的要求，文化管理体制改革的基本原则是：市场能做的，让市场发挥资源配置的基础性作用；市场失灵的领域，政府发挥应有的作用。在文化体制改革试点工作中，浙江提出在文化管理体制改革方面，重点是"加强规划引导、政策保障、资产管理"，这体现了市场经济条件下政府文化管理体制的一种新定位①。

首先，按照"规划引导"的思路，《浙江省文化建设"四个一批"规划》首次以规划的形式为建设一批重点文化设施、发展一批重点文化产业、培育一批重点产业区块、壮大一批重点文化企业这"四个一批"作出布局规划；编制了文化产业项目投资指南；出台了《中共浙江省委关于加快建设文化大省的决定》，并制定了文化建设的"八项工程"规划；出台了《浙江省推动文化大发展大繁荣纲要(2008—2012 年)》。根据规划，杭州和宁波两个文化体制改革试点城市，也分别结合自身特点制定了一系列文化建设规划。比如，杭州市"四个一批"发展规划被具体化为，结合"东方休闲之都"和"两港五区"建设，推进文化与旅游、文化与科技的结合，优先发展文化旅游业、现代传播业和数字娱乐业三大优势产业门类；扶持培育杭报集团、杭州文广集团、西泠印社、杭州出版社和宋城集团、杭州数字电视有限公司等一批重点文化集团和文化企业；形成西湖文化旅游休闲产业区块、滨江高新文化产业区块等一批文化产业集聚区块；完成西湖综合保护工程、杭州大剧院等一批重点文化设施建设。2005 年年初，杭州市提出实施现代制造业和现代服务业"两轮驱动"战略，将大文化产业列入现代服务业八大重点行业之一，出台了《关于进一步推进杭州大文化产业发展的若干意见》，制定了《杭州市大文化产业投资指南》；2006 年 9 月，杭州市出台了《关于加快"一名城、四强市"建设的若干意见》，以及教科卫体四个强市建设的规划纲要；2007 年 11 月，杭州市制定了《杭州市公共文化服务体系建设规划(2008—2010 年)》；2008 年年初，杭州市先后制定《关于打造全国文化创意产业中心的若干意见》和《关于统筹财政税收政策扶持文化创意产业发展的意见》，进一步明确了文化创意产业的扶持政策。

其次，按照"政策保障"思路，浙江着力于贯彻和落实中央有关文化体制改革政策，颁布了一系列支持文化体制改革和文化发展的政策。一是浙江省对文化体制改革试点方案涉及的相关配套政策、行业政策进行了认真梳理，在此基础上，积极借鉴和吸收经济体制改革，尤其是科研院所和高等院校体制改革政策，于 2004 年出台了《关于支持省级国有文化单位改革试点和文化产业发展的若干政策意见》。其中包括，文化单位职工依法转换劳动关系后按规定参加企业养老、医疗、失业等各项社会保险的实施办法；文化企事业单位，特别是艺术院团转企改制中有关职工离退休的管理办法；国有文化企事业单位转企改制的资产处置政策，包括土地资产处置办法、提留一部分净资产用以支付改革成本的实施细则等；允许艺术等多种要素参与分配的实施办法；转制后的文化企业继续享受转制前原有优惠政策的具体规定；对部分效益差、负担重的文化单位转企改制中所需的职工安置等费用给予财政补助，等等。

---

① 参见陈立旭：《崇文育人看浙江》，浙江人民出版社 2008 年版，第 152—155 页。

这些政策措施，顺应了文化体制改革的内在逻辑和要求。然而，像其他领域的改革一样，政府文化管理职能的转换，势必精简机构、人员，削弱一些部门的权力和利益，打破文化行业和主管部门的垄断地位，引起国有文化企业职工身份变化，不可避免地导致失业增加等，浙江正是充分估计到了文化体制改革可能遇到的障碍，从而在更加大刀阔斧地推进改革之前，通过制定和实施相关配套政策，理顺利益关系，保障各利益阶层的权益，最大限度地减少改革阻力。二是制定和完善了扶持公益性文化事业的相关政策。包括加大公共财政扶持力度，特别是重点扶持图书馆、博物馆、文化馆等重要文化设施，党报、党刊、电台、电视台、新闻网站等重要新闻媒体，体现民族特色和国家水准的重大文化项目和艺术院团，重要文化遗产和优秀民间艺术保护，农村、社区及欠发达地区文化建设；改革投入方式，规范非营利性文化事业机构的管理，探索建立新型公共财政支持模式；充分调动社会各方面积极性，采取多种途径和办法，引导社会资金投入公益性文化事业。三是制定和完善了支持文化产业的相关政策。根据省委、省政府《关于深化文化体制改革，加快文化产业发展的若干意见》，进一步落实和完善财政、税收、物价、土地、投融资、编制、人才等方面的政策；针对宣传文化系统不同行业的特点，分别制定和完善促进产业发展的相关政策；积极争取中央有关部门的政策支持。

再次，按照"资产管理"的思路，浙江着力于"建立国有文化资产管理协调机制"。长期以来，与一般国有资产一样，国有文化单位一直存在着产权主体在现实中缺位的问题，导致经营不善，国有资产流失严重。因此，像一般国有资产管理一样，国有文化资产也存在着如何进行有效监管、运营和实现保值增值的问题。诚然，在电影、音像、演艺、会展、艺术品经营等领域，由于和意识形态关系较弱，国家已经允许外资进入，甚至在某些领域允许民营文化资本通过参股、控股进行重组改造。然而，在党报、党刊、电台、电视台等领域，由于与意识形态关系较强，在改革中如何按照"党政分开"、"政企分开"的原则，把党对宣传文化事业的领导与政府在资产管理方面"管资产和管人、管事"有机地统一起来，这是中国文化体制改革遇到的一大难点。事实表明，在一般国有文化资产管理方面体现"党政分开"、"政企分开"的原则，已经没有太多的问题，难度较大地是既具有较强地产业性质，又具有较强意识形态属性的新闻出版媒体等国有文化资产管理体制的创新问题。正是在这一方面，浙江进行了积极的尝试。浙江把破解此难点的方向确定为"要探索建立新形势下党委领导有力、政府管理有效，调控适度、运行有序，管人、管事、管资产相结合的宏观管理体制"。在试点过程中，浙江要求各级党委高度重视对宣传文化工作的领导，坚持管导向、管原则，管体制、管政策，管班子、管队伍，始终掌握对宣传文化工作方针政策和重大问题的决策权，对宣传业务的终审权，对宣传文化系统主要领导干部的任免权，对新闻媒体等国有文化资产配置的控制权。党委宣传部门作为党委主管意识形态的职能部门，要在日常工作中努力体现党对宣传文化工作的领导核心作用。与此同时，为了确保党对国有文化资产的配置权，浙江省积极探索"管人、管事、管资产"三统一的"国有文化资产管理新途径"。

浙江探索国有文化资产管理新途径的实践，无疑加强了国有资产管理工作的组织保障和统一领导，为国有文化资产管理工作奠定了组织基础。同时，这一尝试性探索也提出了文化体制改革面临地需要进一步解决的新问题，比如，"为了'确保党对国有文化资产的配置权'，将政府的国有资产部门和宣传部门'合署办公'，具体实现'管人、管事、管资产'的三统

一，体现了强化直接主办的倾向”[①]。“直接主办”，显然又与“党政分开”、“政企分开”、“政事分开”的原则存在冲突。因此，推进文化体制改革，需要进一步矫正在探索“国有资产管理的新途径”实践中仍然残留的“直接主办的倾向”。“由党委直接管理国有文化资产和企业的微观运营似为不妥，不利于党委宣传部门管方针、抓大事”[②]。此外，多个部门被纳入监管体系中，也出现了如何协调这几个部门的关系，以什么样的方式把它们联系在一起，在监管体系中谁为主谁为辅，各部门之间又如何协调和分工等问题。当然，这些都是“改革和发展中”暴露的问题。而问题的暴露，既是解决问题的关键，也是浙江文化体制改革试点工作的重要意义之所在。它表明，“构建新型的国有文化资产管理与运营体制既是国有资产管理体制改革的重要内容，也是文化体制改革的有机组成部分，涉及党政关系、政企关系、政事关系、中央和地方政府的关系等诸多方面，应当统筹规划、科学论证、稳步推进”[③]。

二、转变政府职能，改革文化行政管理体制

计划经济体制形成的文化管理体制的一个突出特征是政事不分、管办不分。在经济体制转换、政府职能转变、社会转型过程中，浙江也开始改革政事不分、管办不分的文化管理体制。一是实现指令性管理向指令性、指导性管理并存转变，逐步改变政府文化管理部门对文化单位的指令性控制，政府文化管理部门与下属文化单位行政指令脱钩，由纯粹的上下级隶属关系转变为同时具有指导与被指导关系；二是实现从全面管理向重点管理转变，改变各种文化艺术活动都由政府一手操办的情况，政府转而集中精力考虑文化发展的大政方针、目标方向，指导、监督文化发展计划的落实，培育文化中介组织和成熟有序地文化市场；三是从一统管理向分类管理转变，根据不同类型文化单位的性质和特点，制定不同的管理措施，使管理具体化；四是从单一管理向多样管理转变，改变计划体制时代以行政手段为主的管理方式，综合运用经济、政策、法律、行政等手段进行管理调控。与此趋势相适应，在综合试点过程中，浙江把进一步解决政企不分、政事不分、事企不分等问题，作为一项十分重要的改革任务，力求探索出适应发展需要的管理体制和运行机制[④]。

在构建政事、政企新关系的同时，浙江省也积极探索“党委领导、政府管理、行业自律、企事业单位依法运行”宏观管理环境下党政关系的新模式。省委宣传部与省广电局、省新闻出版局也探索了一些新机制和新做法，做到职能各有侧重和分工。如舆论监管方面，宣传部重点抓新闻舆论导向，广电局、新闻出版局重点抓影视剧目和出版物导向；宣传部重点抓事前调控，广电局、新闻出版局重点抓事后监管；宣传部重点抓省级媒体，广电局、新闻出版局重点抓市县媒体。通过几年的探索，目前基本形成和理顺了“党委领导、政府管理、集团运作”的新体制。长期以来，我国形成了中央政府按照各部门系统分头管理、地方政府按照行政区域分级管理，即“条条块块”的文化行政管理体制。在文化市场不断开放和统一，公共文化事业和文化产业实现跨越发展的今天，过于细密地分别管理造成了多头管理、职能交叉、政出多门，以及“错位”、“越位”、“缺位”等现象，对于解放和发展文化生产力造成了严重障碍。

---

① 张晓明：《文化体制改革：解放和发展文化生产力的关键》，李景源、张晓明主编：《浙江经验与中国发展》（文化卷），社会科学文献出版社 2007 年版，第 125 页。

② 张晓明、胡惠林、章建刚：《2007 年：中国文化产业发展报告》，社会科学文献出版社 2007 年版，第 52 页。

③ 张晓明、胡惠林、章建刚主编：《2007 年：中国文化产业发展报告》，社会科学文献出版社 2007 年版，第 53 页。

④ 参见陈立旭：《崇文育人看浙江》，浙江人民出版社 2008 年版，第 158 页。

2004年9月，在文化体制改革进行过程中，中央宣传文化部门对综合性试点地区建立文化市场综合执法机构提出了具体意见，明确在综合性试点地区，以属地管理对文化市场实施统一综合执法，在地级市、县级市和县域内，对现有的文化局、广电局、新闻出版局实行合并，设立文化广电新闻出版局，同时履行原三个部门的职能。在“加快转变政府职能”方面，重点是以文化市场综合执法为契机，实现“建、并、分”。浙江在2004年10月就制定了《关于建立文化市场综合执法机构的实施意见》，提出了“建、并、分”三方面工作，要求全省所有市县，包括中央未作要求的杭州和宁波两个副省级城市，都调整归并为“文化、广电、新闻出版等行政管理机构”；要求全省所有县(市)都建立起集中统一的文化市场综合执法机构；并要求全省所有市县广播电台、电视台，都要按照政事分开、管办分离的原则，从广电局等行政机构中分离出来。事实上，建立文化市场综合执法机构，不仅意味着一场政府机构改革，而且更意味着一场政府职能改革。以文化市场综合执法机构改革为契机，通过归并省级以下的文化管理部门，一直以来难以有效推进的“政事分开、管办分开”得以迅速实现，政府职能的转变得以实现[①]。

第三节　形成独具特色的文化产业发展局面

一、政府推动是文化产业发展的先导

浙江文化产业的自觉发展最先源于政府推动，这是浙江文化产业发展的一个重要特色。首先，浙江政府在文化产业发展问题上最先形成了自觉意识。这体现在政府充分肯定在社会主义市场经济条件下文化产品具有商品属性，主张通过发展文化产业主动适应人民群众不断增长的精神文化需求，明确文化产业发展作为加快建设文化大省的突破口和着力点，强调文化产业在转变经济发展方式、增强构成综合竞争力的文化软实力和加快社会全面进步中的重要战略地位，等等。其次，浙江政府在文化产业发展问题上逐渐形成明确地战略部署。浙江从提出建设文化大省战略时明确要把发展文化产业作为突破口，到文化建设要实现文化事业与文化产业并举的部署；从进一步提出发展文化经济的课题到全面启动文化体制改革的综合试点；从把解放和发展文化生产力作为三大着力点之一，到加紧部署创业创新、推动文化大发展大繁荣的一系列步骤，正是这种战略部署的进一步展开。再次，浙江政府在文化产业发展问题上逐渐形成了具体地工作举措。浙江陆续出台了一系列促进文化产业发展的政策规定和工作举措，以利于自觉的发展意识和明确的战略部署能够落到实处。如，先后出台了以推动文化产业发展为主题的《浙江省文化建设“四个一批”规划》、《浙江省文化产业项目投资指南》，成立了浙江省文化产业促进会。其中，《规划》以坚持文化继承与改革创新并重、文化发展与经济发展统筹、文化事业和文化产业协调、大众文化与精品文化并举、文化发展与结构调整结合、政府引导与市场运作互动等为基本原则，首次以“十一五”重点专项规划的形式为建设一批重点文化设施、发展一批重点文化产业、培育一批重点产业区块、壮大一批重点文化企业，提出发展思路和布局规划，涉及了新闻出版、广播影视、文化艺术、文化旅游、体育五大领域。《指南》以充分发挥浙江非公有经济优势，调动非公有制经

① 参见陈立旭：《崇文育人看浙江》，浙江人民出版社2008年版，第159—160页。

济等社会力量参与文化产业发展为亮点，优化了非公有资本文化产业发展环境，进一步完善了民营文化产业发展的各项政策。文化产业促进会则以活动为载体、以项目为基础、以服务为中心，紧紧围绕促进文化单位改革创新、促进更多社会力量参与文化产业发展两大重点，发挥了很大地作用①。

二、体制改革是文化产业发展的引擎

改革开放以来，尤其是实施建设文化大省战略以来，作为市场经济的先发省份，浙江省积极稳妥地推进文化体制改革，积累了一系列成功经验。2003年上半年，浙江被确定为全国文化体制改革综合试点省之一，以此为契机，浙江文化体制改革在新闻出版、广播影视、文化演艺领域，不断扩大改革范围，增加改革试点，拓展改革内容，由点到面、分期分批，取得了显著的成果。体制改革成为浙江文化产业发展的引擎。首先，浙江文化体制改革目的明确。自提出建设文化大省战略以来，浙江始终将文化体制改革与文化大省建设、经济社会发展战略目标紧密结合起来，以推进改革的举措破解发展中面临的难题，以发展成效检验改革成果，这就使得政府对推进文化体制改革思想准备充分、目的明确。其次，是文化体制改革措施得到落实。浙江文化体制改革在具体举措上，根据注重文化的意识形态与产业两种属性、实现增强控制力与提高竞争力两个目的、区分公益性文化事业和经营性文化产业两种类型、抓好宏观管理体制改革和微观运行机制改革两个层面、运用国办文化和民办文化两股力量、健全政策法规和文化市场两个体系等原则，一方面着眼于形成"党委领导、政府管理、行业自律、企事业单位依法运营"的目标，主要涉及加强和改进宏观管理体制（重点是推进政事分开、管办分离以及加强规划引导、政策保障、资产管理）、加快转变政府职能（重点是以文化市场综合执法为契机，实现"建、并、分"）、健全文化法律法规和政策体系（重点是明确文化发展规划、探索国有文化资产管理新制度、营造文化发展良好环境）三个环节；另一方面着眼于"实施分类改革、打造新型市场主体"的微观体制改革要求，主要实施了转企改制、新闻媒体宣传业务和经营业务两分开两加强、深化文艺院团改革、打造国有文化集团、引导民营文化产业五项内容。由于措施得到落实，民营文化企业发展势头较好，国有文化机构市场亲和力较强，浙江文化体制改革对文化产业发展的引擎作用得到比较有效发挥。再次，是文化体制改革探索先行。发展文化产业不仅与国有文化机构转制和民营文化企业发育直接关联，而且也与创新公共文化服务体系紧密相关。在文化体制改革深化的进程中，浙江与构建社会主义和谐社会相关改革相配套，在努力增强政府公共文化服务能力的同时，还在国内先行一步地导入市场运作机制，积极鼓励民营文化资本和其他社会力量参与文化产业国有存量领域改革以及公共文化服务体系创新探索，以增强文艺演出、广播影视、图书出版等精神文化产品有效供给能力，推动精神文化产品和服务更多更好地面向基层、服务群众②。

三、市场运作是文化产业发展的基础

市场经济环境必然涉及文化产品和服务面向市场的问题，并因此催生文化产业的发展。而面向市场，充分发挥市场在文化资源配置中的基础性作用，恰恰是浙江文化产业发展的一

---

① 参见汪俊昌：《浙江文化产业发展特色与前景》，《上海经济研究》2008年第3期，第3—9页。

② 参见汪俊昌：《浙江文化产业发展特色与前景》，《上海经济研究》2008年第3期，第3—9页。

个显著特点。在浙江，市场运作是文化产业发展的基础，首先表现为确立文化产业发展的市场导向。早在明确提出发展文化产业之初，浙江就借鉴经济发展的成功经验，确立了文化产业发展的市场导向，并且逐步作出相应地制度安排。如通过文化体制改革转变政府职能、发挥市场在文化资源配置中的基础性作用；国有文化单位增强市场意识、建立鼓励社会力量办文化的新机制；大力发展文化中介机构加强文化市场管理等等。其次，表现为浙江自觉地培育多元化的文化市场主体。在文化体制改革的进程中，浙江通过推进出版物发行、电影发行放映、演出中介和场馆等行业国有文化企业的改制，通过推进新闻媒体中经营部分、一般性文化产品制作销售单位、一般性艺术表演团体、意识形态属性不强的报社和出版社等经营性文化事业单位的转制，通过发挥文联、记协、作协等群众团体和报业、广电、演艺、印刷等行业协会作用发展行业组织，通过完善文化经纪人制度、建立文化经营准入制度等发展独立的文化中介服务机构，通过鼓励民营资本进入艺术、体育等文化产业领域，培育了一大批具有活力和竞争力的文化市场主体。如今，浙江已初步形成了以若干大型文化集团为龙头、中小型文化企业为主体、文化中介服务机构为联结的文化产业组织体系，以及国有、民营等多种所有制文化市场主体共同发展的格局。再次，表现为构建文化市场体系。浙江自觉地打破地区、部门、行业和所有制的限制，构建并不断培育文化市场体系，通过消费需求导向与优质文化产品和服务的双向互动为市场发育提供不竭动力，通过发展出版物、演艺、广播影视节目交易、动漫游戏、广告、艺术品、休闲娱乐、旅游、体育健身等各类文化产品市场，扩大浙江文化产品在国内外市场的份额，通过加紧培育文化人才、文化资本、文化技术、版权交易、咨询、经纪性中介服务等各类文化要素市场与发达的文化产品市场相呼应，使浙江现有文化资源的合理配置和整体效益得到进一步的提升①。

四、文化产业发展呈规模扩张态势

自明确提出发展文化产业以来，浙江文化产业发展迅速，初步实现了量的扩张和质的提高，逐步形成了出版发行、广播电视、文化旅游、健身服务、演艺娱乐等优势服务产业以及印刷包装、工艺美术制造、文体用品制造等优势文化产品制造业，形成了文体用品批发、出版物批发、新华书店、邮政报刊发行等多渠道、多形式、多种所有制的文化产品流通格局，呈现出社会积极参与、民间资本愈益增多、企业规模不断扩大的良好态势。浙江文化产业发展呈现规模扩张态势，首先，表现为国有文化企业逐步由大变强，成为文化产业发展的主力军和战略投资者。据统计，2008 年浙江 10 家国有文化集团总收入 153.95 亿元、利润 10.89 亿元、总资产 242.95 亿元②。其次，表现为骨干民营文化企业加快发展，成为文化产业发展的生力军。据统计，全省共有规模以上民营文化企业 3.5 万余家，投资总规模达到 1300 亿元以上，吸纳就业人员 75 万余人，涉及影视、印刷、演艺娱乐、艺术品经营、旅游、广告、会展等 10 余个行业。横店集团投资兴建的横店影视产业实验区，目前已入驻影视企业 326 家，入区企业实现营业收入 19.16 亿元。宋城集团以文化理念发展旅游休闲产业，先后开发了 7 个主题文化旅游景点，成立了宋城艺术团，截至 2009 年底，已有 2200 余万人次观看《宋城千古

① 参见汪俊昌：《浙江文化产业发展特色与前景》，《上海经济研究》2008 年第 3 期，第 3—9 页。

② 《数据：国有文化集团实力大增》，《浙江日报》2010 年 8 月 18 日，第 18 版。

情》，每年拉动 220 万人次的夜游市场，创造直接经济效益 15 亿元[①]。再次，表现为文化产业集聚水平不断提升。经过多年培育，浙江文化产业集聚发展态势逐步显现，对全省文化产业发展的示范和带动效应不断扩大。截至 2008 年年底，全省已形成各种类型的文化产业集聚区块 70 多个，其中，影视制作、动漫游戏、出版印刷、文具生产、艺术品业等成为产业集聚效应最为明显的行业。从产业规模和集聚区块分布情况看，杭州、宁波两地的创意产业集聚较为明显，温州、台州等地印刷产业集聚区块较多，金华、丽水等地的文体产品和工艺品集聚区块较多[②]。

五、通过业态创新不断拓展文化产业发展空间

在实施建设文化大省、发展文化产业战略过程中，浙江一批国有、民营文化企业大力推动文化产业与现代营销、科技、旅游、创意的结合，通过业态创新不断拓展文化产业发展空间。首先，表现为现代文化物流业发展势头强劲。目前，已形成以浙江新华发行集团为代表的图书发行连锁，以钱江报刊发行公司为代表的报刊发行连锁，以浙江华人公司为代表的音像发行连锁，以浙江在线、大安网盟为代表的网吧连锁，以星光、时代、雁荡院线为代表的电影院线。其次，表现为动漫产业前景广阔。目前，全省共有动漫画制作企业 40 余家，动漫画产业从业人员 1 万多人，2010 年全省原创动画产量 4.5 万分钟，居全国第二。2010 年，全国原创电视动画片生产企业前 10 位中，浙江就占 5 席，其中中南卡通被认定为全国重点动漫企业，动漫出口量居全国第一。浙江已初步形成动画教学、研发、制作、运营、和周边产品开发的产业链，成功举办了中国国际动漫节并使之在杭州永久落户。以此为契机，文化创意产业的发展理念和规划在杭州等城市的文化建设中也提上了重要的议事日程。再次，表现为数字电视发展迅猛。截至 2009 年，全省 11 个设区市的市区和大部分县市已经开通有线数字电视，拥有网络出版资质的单位 9 家，涉足网络出版的经营性网站近 100 家，网络游戏、网络音乐等网络文化企业 58 家，注册资金 5 亿元，居全国第 4 位。最后，表现为影视产业规模不断扩大，总量快速增长，优势产业凸显。2010 年全省完成电影 33 部；完成电视剧 43 部 1500 集，位居全国第 2 位，仅次于北京。2010 年新发展影视制作公司 120 家，新增注册资金 13 亿元，全省共有影视节目制作机构 614 家，总注册资金 44.7 亿元，数量居全国第 3 位，其中民营影视企业占 91.5%以上[③]。

第四节　大力培育和发展浙江文化市场

培育合格的文化市场主体是文化体制改革的中心环节。改革开放以来文化改革发展的实践告诉我们，加快发展文化事业和文化产业，打造合格地文化市场主体成为关键。浙江坚持因地制宜、分类指导，加快经营性文化单位转企改制，稳步推进公益性文化事业单位内部改革，尽快打造一批更加适应社会主义市场经济发展要求，更加有利于文化事业和文化产业发展的文化企业和企业集团。浙江文化体制改革的一个显著特点，就是将所有文化机构都

---

① 《数据：民营文化产业蓬勃发展》，《浙江日报》2010 年 8 月 18 日，第 18 版。

② 参见汪俊昌：《浙江文化产业发展特色与前景》，《上海经济研究》2008 年第 3 期，第 3—9 页。

③ 参见汪俊昌：《浙江文化产业发展特色与前景》，《上海经济研究》2008 年第 3 期，第 3—9 页。

看作市场主体，并以此为出发点，探索政府与市场结合的文化产品生产和提供的多种方式。在2006年4月出台的《浙江省文化体制改革综合试点工作情况汇报》中，浙江微观层面的文化体制改革被归纳为“四个一批”：也就是着力于转出一批主体，国有文化事业单位通过深化内部干部、人事和分配制度改革，转换机制，增强活力，形成适应发展要求的企业化管理模式；着力于改出一批主体，通过明晰产权、改制改造，对一部分国有文化单位实行“事改企”，有条件的改制为规范的现代企业；着力于放出一批主体，在政策允许的范围内，通过完善产业政策，优化服务环境，让民间资本进入文化领域，形成一批民营文化企业；着力于扶持一批主体，扶持龙头文化产业集团和重点文化公益单位。在上述“四个一批”主体中，既有公益性文化事业单位，也有营利性文化产业机构。在2006年4月出台的《浙江省文化体制改革综合试点工作情况汇报》中，浙江微观层面的文化体制改革措施更为具体，“产业”和“事业”两分法已经表现为多种具体化的形式。这个文件进一步明确了针对不同类型市场主体实施“转企改制”、“新闻媒体宣传业务和经营业务两分开两加强”、“深化文艺院团改革”、“打造国有文化集团”，以及“引导民营文化产业”5项内容。自被确定为文化体制改革试点省以来，浙江省按照“转出一批主体”、“改出一批主体”、“放出一批主体”、“扶持一批主体”的总体思路，积极打造和培育新型市场主体。在浙江，从全能走向服务的政府与大量已经在市场中成长起来的国有和民营文化主体之间，正在形成日益多样的合作方式。

一、推进国有文化单位的改革，塑造新型国有文化市场主体

在计划经济体制下，国有文化单位是事业单位，不是企业，因此不可能真正进入市场参与竞争。中国文化体制改革的一个突出难点，就是国有文化机构缺乏内生动力，改革的推动力一般是来自国有文化机构之外，既需要“自上而下”的政府推动，也需要“自外而内”的市场推动。改革开放以来，浙江在推动国有企业和事业单位改革中已经积累了丰富的经验，市场经济先于全国的孕育和发展也创造了一个良好的外部环境。在这个背景下，浙江国有文化单位的改革已经成为水到渠成、瓜熟蒂落的事情。

早在21世纪之初，浙江已经在公益性文化事业机构中开始了“劳动、人事、分配三项制度改革”。在文化体制改革综合试点中，浙江以“增加投入、转换机制、增强活力、改善服务”为目标，继续深化公共文化机构的用人、分配、激励等内部管理体制和运行机制改革，全面实行全员聘任制、干部聘任制，探索实行人事代理制、签约制、劳动合同制等多种用人方式，拓宽发展渠道，提高服务水平，更广泛有效地为公众服务。除此以外，重点尝试建立政府、市场和社会力量之间的伙伴关系，实现公益性文化机构的转型。具体表现在如下两方面：一是以全新的理念建设公共文化服务体系，改革公共文化的投入方式；二是引导社会力量捐助和兴办公益性文化事业。与公益性文化机构的改革有所区别，浙江以“创新体制、转换机制、面向市场、增强活力”十六字，规定了经营性国有文化单位的改革方向，并要求按照分类分步和“单位性质要转变、劳动关系要转换、产权结构要转型”的原则，实现经营性国有文化试点单位的转企改制。转企改制的目的，就是要实现国有经营性文化单位的机制创新，搞活微观主体，使微观主体拥有明确和独立的产权并受到法律的有效保护，有充分的决策权，能够根据市场信息的变化自主决策，同时对自己的决策和行为负民事责任。

从全国范围的文化体制改革试点工作看，经营性国有文化单位的“转企改制”工作可以分为三种类型：剥离转制、整体转制、股份化改革。浙江省在这三个方面都有所探索，具体做

法是:第一,推进资源整合与结构调整。按照中央要求,浙江在组建国有文化集团时就以“转企改制”为目标,强调不搞“翻牌”,力求“化学反应”,推进资源整合与结构调整。浙江广电集团对所属20多家单位进行“同类项合并”。浙江出版联合集团兼并省内2报4刊,并利用刊号资源调整报刊结构,培育新的增长点。对经营性企业加大资产重组力度,先后完成所属浙江印刷集团、浙江出版印刷物资总公司等20多家企业改制任务。同时,积极鼓励和扶持集团间的相互合作,在更高层次上进行资源优化配置。第二,在党报、党刊、电台、电视台、通讯社、重点新闻社和时政类报刊,少数承担政治性、公益性出版任务的出版单位等新闻媒体的改革方面,浙江省的探索主要集中在浙报、广电、出版等集团,在这些集团内实行“两分开,两加强”,建立一种新型地公司化体制。一是按企业法人治理结构重新构建与下属经营单位的组织框架。比如,浙江广电集团根据“统筹规划、独立编排、各具特色、资源共享”的原则,对集团所属频道资源实行全面重组,形成了以浙江卫视和广播新闻综合两个主频道为龙头,以广电13个专业频道为两翼,既有整体统一形象又具合理分工的多功能、立体型、系列化的新型广电频道体系。构建“两级管理、分频道经营”的运营体系,将宏观管理功能集中到集团层面,对所有频道实行总监负责制。这些做法都表明,浙江在经营性文化集团中注入活力机制,实现原有“事业集团”的脱胎换骨,把它们打造成具有内在发展动力的新型市场主体。二是积极探索新闻宣传业务和经营业务“两分开”,建立宣传业务与经营业务相对独立、党委领导与法人治理结构相结合的领导体制和组织结构。具体做法是:将经营业务剥离出来组建相对独立的经营公司,在集团本级以下将宣传业务以事业法人形式,经营业务以企业法人形式形成独立分支,形成与集团的资产关系,同时吸收社会资本进入公司。实行党委领导下的总编负责宣传业务、总经理负责经营业务的领导体制。为加强领导和协调,一般集团党委书记兼任集团经营公司董事长。浙江的实践表明,在新的体制下,不仅“事业”和“企业”可以分开并在公司化的治理结构中实现新的结合,而且也可以对宣传业务和经营业务实行统一领导,做到“两加强”,以宣传业务统领经营业务,以经营业务支持宣传业务。浙江的成功实践,并不意味着改革的终结。像全国其他一些省市一样,在浙江“两分开、两加强”改革过程中,也暴露出了需要进一步破解的问题。如有学者说,传媒的编播业务和经营创收是皮和毛、体和用的关系,事实上无法完全剥开。在一个媒体内部把两者剥离,只是一种业务上的分工,没有实际意义;如果将一个媒体分成事业和企业两个不同性质的主体,一个负责编播业务,一个负责经营创收,其结果将导致价值运行链的断裂。最好的办法是根据媒体所承担的公共服务和商业运营的不同性质,对现有媒体实行分类管理、分类运营、分类发展、分类规制,最终形成公共文化服务和商业运营的二元格局和双轨制[①]。显然,这一观点具有相当程度的合理性。第三,对于一般经营性文化单位,如艺术表演团体、与意识形态关系不是太密切的出版单位、影视制作销售单位以及文化经营中介机构等单位,“直接”或“间接”实现转企改制。“直接”实现转企改制的做法是:单位性质变,即注销原事业单位;劳动关系变,即实现人员安置分流和身份转换;产权结构转型,即实行资产评估、授权经营与工商注册,一步到位成

① 庞井君:《构建新型文化体制框架的理论思考》,张晓明、胡惠林、章建刚主编:《2008年:中国文化产业发展报告》,社会科学文献出版社2008年版,第71页。

为完全的市场主体[①]。当然，在浙江，除了“直接”实现转企改制这种方式外，也有其他一些更“间接”的转企改制做法。如，杭州市“事生企”主要采取了两种形式：一种形式是目前暂时保留院团独立建制、法人地位、人员身份性质不变，在每个院团原有事业体制外另组建股份制演艺公司，将院团委托给企业经营。政府继续保持并增加投入，但投入方式由“养人”向“养事”转变。待条件成熟后再注销现院团事业单位“壳子”，最终完成转企改制。第二种形式是院团新组建演艺公司，采取项目制方式对院团生产的优秀剧目进行营销运作，逐步推进院团市场化改革[②]。

二、积极培育和发展民营文化企业主体

我国文化体制改革要解决两个根本性的问题，一个是扩大市场机制的作用，另一个就是发展多种所有制文化主体。在计划经济体制下，文化事业领域也实行单一的公有制。与社会主义市场经济体制下的多种所有制共同发展相适应，文化事业领域也将呈现出多种所有制共同发展的趋势。基于中国的国家性质和文化的特殊社会功能，国有文化单位应该起主导作用，但公有制的实现形式也需要积极探索，采取股份制等现代企业办法。对非公有制要扩大市场准入范围。公有制和非公有制对于文化的投入，都是投资行为[③]。

浙江具有充分发展多种所有制文化主体、培育民营文化企业主体的土壤和条件。经过改革开放以来的发展，浙江已经积聚了雄厚的民间资本，全省70%以上的生产总值、60%左右的财政收入和80%以上的就业岗位由民营经济创造和提供。以民营企业为经济活动的主体，是浙江发展取得显著成效的关键。紧紧依靠民间力量是浙江经济腾飞的法宝，也是浙江文化建设的必由之路。早在《浙江省文化发展规划(1996—2010年)》中，浙江已经提出要“发挥市场机制的积极作用，合理配置各种文化资源，提高各项文化事业自我更新、自我完善、自我发展能力”，“要加快图书发行体制改革，逐步形成一个以国有新华书店为主体，多种经济成分、多条流通渠道、多种购销形式的图书流通体系”。《浙江省建设文化大省纲要(2001—2020年)》则进一步把社会力量办文化纳入文化发展的总体规划之中，提出要“努力形成政府投入与社会投入相结合的多渠道、多元化的文化投入机制。积极探索以市场化运作方式发展文化的新途径，坚持‘谁投入，谁收益’的原则，建立新的分配激励机制、市场营销机制、风险共担机制”。这些都体现了作为一个全国民营经济大省，浙江省已经“先人一步”地意识到了将多种所有制形式引入文化发展领域，以锻造国有和非国有文化企业主体的必要性。正是由于有了这种“先人一步”的自觉，自实施建设文化大省战略以来，浙江在国家政策允许范围内，积极鼓励民营企业逐步扩大文化投资领域。除重要新闻媒体业以外，其余文化产业，如演艺业、娱乐业、发行业、印刷业、会展业、文化培训业、文化咨询业、影视制作业等，都可以按照国家规定，鼓励民营资本以股份制、合伙制、个体私营的多种形式参与兴办；凡我国加入世界贸易组织承诺允许外资进入的文化领域，都可对民间资本开放；鼓励社会力量投资文化设施建设和经营，参与文化产业园区和特色街区开发建设，参与影视剧的生产和

---

① 张晓明：《文化体制改革：解放和发展文化生产力的关键》，李景源、张晓明主编：《浙江经验与中国发展》(文化卷)，社会科学文献出版社2007年版，第125页。

② 杭州市文化体制改革工作领导小组办公室编：《杭州市文化体制改革回眸》，杭州出版社2007年版，第6页。

③ 张晓明、胡惠林、章建刚主编：《2005年：中国文化产业发展报告》，社会科学文献出版社2005年版，第53页。

交易、出版物的印刷和发行、文艺院团的演出和中介；鼓励民营资本参与公益性文化事业建设，其投资、捐赠可按国家有关规定给予优惠政策等。在这些政策的鼓励、规范、引导下，浙江的民办文化，尤其是民营文化产业发展相当迅速。浙江广厦文化传媒集团、横店集团、宋城集团等一批龙头民营文化企业在影视、印刷、演艺、旅游、休闲、文化传播、教育等不同领域作出了各自的成绩，形成了不同的特色。

由于有了培育和发展民营文化企业主体的经验，并且已经制定了一系列有利于民营文化企业发展的政策，因此，自被确立为全国文化体制改革试点省以来，浙江始终注重利用民营资本这个现实优势，提出“一个亮点、两个坚持、三项任务”的工作思路，即把发展民营文化产业作为浙江文化体制改革试点工作的亮点，把坚持正确的政治方向、坚持积极的改革取向作为重要指导思想，把培育一批重点民营文化企业、鼓励参与国有文化单位改革、优化民营文化产业发展环境作为三项主要任务。同时，鼓励民营资本进入经营性文化产业，积极引导和鼓励民营文化企业参与国有文化单位改革和发展，扶持重点产业基地，发展特色产业。“一个亮点、两个坚持、三项任务”工作思路的核心，显然是培育和发展民营文化主体。而文化体制试点工作中尤其值得总结的经验，则是浙江在实现“三项任务”之一即“鼓励参与国有文化单位改革”中的做法。可以说，这些做法充分地运用了改革开放以来浙江国有经济和其他非国有经济共生共荣、协调发展的经验。文化体制改革试点工作开展以来，浙江能够比较娴熟地利用民营文化企业的增量动力，吸纳民间资本为我所用，鼓励和引导与国有文化单位的合作，将改革目标直指体制内存量资源，实现国有文化单位的体制机制创新，进而实现政府职能的转变、打造市场主体。如，横店集团参与杭州市电影公司改制，参股39%组建杭州电影有限公司；浙江广厦文化传媒集团与浙江出版联合集团、浙江广电集团、浙江报业集团、浙江歌舞剧院共同建立规范的股份有限公司，联合发展影视业、印刷业、演艺业等，都属于这方面的成功实践。在试点过程中，浙江始终注重民营经济参与国有文化单位改革和发展，要有利于国有文化集团做大做强，而不是简单地搞“国退民进”。正是由于市场经济的先发优势、国有经济的改革经验以及发达的民营经济，浙江才有信心和能力提出通过加强国有和民营文化机构的合作来“壮大国有文化经济的控制力”。因此，“在浙江省，我们看到了一种积极的互动：一边是不断实行自身革命，从全能走向服务的政府，另一边是大量在市场中成长起来的、强壮有力地国有与民营文化机构群体，它们之间正在形成日益多样的合作方式。这个令人鼓舞的过程的结果必定是，性质和形式越来越多样化的各种文化产品，满足层次和类型越来越多样化的需求”①

第五节　不断弘扬与时俱进的“浙江精神”

千百年来，浙江特有的自然社会环境、生产生活方式等造就了浙江人民特有的精神文化特质，锤炼了浙江人民兼容并蓄、励志图强的生活气度，砥砺了浙江人民厚德崇文、创业创新的精神品格。所谓“浙江精神”，是浙江干部群众和学者对自身地域文化精神中传承下来的、在浙江改革开放和从传统到现代转变过程中体现出来的群体意识和价值取向的理论提炼。

① 张晓明：《文化体制改革：解放和发展文化生产力的关键》，李景源、张晓明主编：《浙江经验与中国发展》（文化卷），社会科学文献出版社2007年版，第132页。

改革开放以来，浙江人民秉承深厚的文化传统，融合新的时代要求，形成了特色鲜明的浙江精神。从"四千精神"到"自强不息、坚忍不拔、勇于创新、讲求实效"精神，再到"求真务实、诚信和谐、开放图强"精神，其最本质的核心就是创业创新。以创业创新为核心的浙江精神，是以爱国主义为核心的民族精神和以改革创新为核心的时代精神在浙江的生动体现，是浙江人民在改革开放大潮中、在创业创新伟大实践中创造的宝贵精神财富。历史已经充分地表明，在浙江改革开放和现代化建设中，以创业创新为核心的浙江精神极大地促进了经济快速发展，成为能动的经济创造力；极大地促进了社会的全面进步，成为巨大的社会凝聚力；极大地促进了文化大省的建设，成为核心的文化竞争力。

一、"浙江精神"的提炼和概括

2000年，浙江正式提炼和概括出了"自强不息、坚韧不拔、勇于创新、讲求实效"四句话、十六字的"浙江精神"①。

自强不息。浙江自然资源匮乏、工业基础薄弱，但浙江人不等不靠，自强不息，锐意改革，形成先发优势。靠自己的勤劳和智慧，坚持以市场为取向，闯出了一条脱贫致富之路。在求发展的奋斗中，浙江人树立了自力更生、追求富裕生活的坚定信念。他们卧薪尝胆，埋头苦干，办厂、经商、跑码头、闯天下，兴起了艰苦创业的改革大潮。自强不息的执著追求，使浙江人经受住了各种艰苦环境的磨炼，经受住了激烈的市场竞争的考验。无论前进路上遇到什么样的艰难险阻，靠自己的艰苦奋斗去追求幸福生活的信念始终不渝。为了实现自己的创业目标，他们什么苦都能吃，什么脏活、苦活、累活都肯干。靠着含辛茹苦地资本积累和对市场机会的敏感把握，从昔日默默无闻地能工巧匠和劳务输出队伍中，成长起了一大批社会主义市场经济的开路先锋和企业家。自强不息的信念，极大地调动和激发了浙江人民改革开放和现代化建设的积极性、主动性和创造性，为浙江经济社会发展注入了生机和活力。

坚忍不拔。浙江人一旦确立了奋斗目标，就会百折不挠、坚持不懈地干下去。早在20世纪50年代末，为了脱贫致富和发展生产力，永嘉人民就尝试过包产到户，在"左"的思潮盛行时期，浙江许多地方仍然想方设法发展家庭副业，不怕压，不气馁，"资本主义尾巴"割了又长。有了这样一股志在必得、不达目的誓不罢休的韧劲，一遇上改革开放的春风，脱贫致富奔小康的创业激情就不可遏制地迸发出来，形成了千家万户办企业、千军万马闯市场的发展大潮。浙江几乎每一个成功的创业者，都有一部艰辛的创业史。为了在激烈的市场竞争中站稳脚跟，想尽千方百计，走过千山万水，说遍千言万语，历经千难万险。对于认准了的事，绝不半途而废。一个地方没有发展余地，就换个地方接着干；一种办法行不通，就另找路子，开辟新的发展天地。在创业的历程中，浙江人从不言败。失败了，不怨天，不尤人，放下包袱，一切从头再来。破产了，不灰心，不丧气，打工赚钱，另起炉灶。没有放不下的架子，没有抹不去的面子，有的是一股愈挫愈勇的韧劲。

勇于创新。浙江人敢于冲破各种僵化观念和陈规陋习的束缚，敢闯敢冒，敢为天下先，表现出了勇于创新的可贵品质。他们具有一种钱江大潮弄潮儿的无畏气概，具有第一个"吃螃蟹"的冒险精神，具有"争喝头口水"的超前意识，敢走天下路。一批又一批连普通话都不会讲、双脚沾满泥巴的农民就这样义无反顾地走四方、闯天下，"浙江村"、"温州街"遍布天南

① 特约评论员：《弘扬浙江精神开拓浙江未来》，《浙江日报》，2000年7月28日。

海北，哪里有市场哪里就有浙江人，哪里有浙江人哪里就有市场。浙江人还大胆地走出国门，闯荡国际大市场。凭着这种勇往直前的开拓创新精神，浙江人民的聪明才智在体制改革的创新试验中得到了充分发挥，创造了许许多多可以载入改革史册的全国第一。正是这样一种敢为天下先的创新勇气，使浙江人在发展社会主义市场经济的过程中抓住了一个又一个的机遇。

自强不息、坚韧不拔、勇于创新、讲求实效，是浙江人民在建设中国特色社会主义实践中奋发进取精神状态的集中反映，是改革开放时代精神的深刻体现。这种精神赋予浙江人很强的适应能力和创新能力，使浙江赢得了经济发展和体制创新的先发优势，成为全国经济增长速度最快和最富有活力的省份之一。

党的十六大以来，浙江在体制改革和经济社会发展上又取得了一系列新鲜经验，浙江改革发展也呈现出了一些对今后发展具有重要意义的新气象。浙江省委、省政府认为，在新的历史起点上，浙江面对全球化的新挑战、推进浙江发展的新实践、中央对浙江走在前列的新期待，迫切要求浙江人民在全面建设小康社会、加快推进社会主义现代化建设的不懈追求中具有现代思想观念、价值取向、心理状态和社会道德标准。为此，“更需要作为文化核心价值观的浙江精神的引领和激励，支撑我们在未来的实践中奋发图强，励精图治，与时俱进。我们要坚持和发展‘自强不息、坚忍不拔、勇于创新、讲求实效’的浙江精神，与时俱进地培育和弘扬‘求真务实，诚信和谐，开放图强’的精神，以此激励全省人民‘干在实处，走在前列’”[①]。在《与时俱进的浙江精神》一文中，浙江原省委书记习近平对与时俱进地培育和弘扬“求真务实，诚信和谐，开放图强”的精神作了全面系统地阐述。

所谓“求真”，就是追求真理、遵循规律、崇尚科学。“求真”，就是求理论之“真”，坚持不懈地用发展着的马克思主义最新成果武装头脑、指导实践，创造性地开展工作。按照学在深处、谋在新处、干在实处的要求，学以立德，学以致用，知行合一，大力推进“三个代表”重要思想和科学发展观在浙江的实践，做到“真学、真懂、真信、真用”，从而使理论转化为全省广大干部群众认识和改造世界的强大精神动力。“求真”，就是求规律之“真”，更自觉地认识规律、遵循规律、运用规律，使各项工作进一步体现时代性，把握规律性，富于创造性。要牢固树立和全面落实科学发展观，遵循浙江经济社会发展内在规律，保持浙江发展的个性和特色，既老老实实地按规律办事，又不墨守陈规，勇于创新，善于创造，始终牢牢把握住发展的主动权。“求真”，就是求科学之“真”，在科学精神、思想、方法的指导下，充分尊重群众的首创精神，激发和支持人们在实践中创新、创业、创造的智慧和勇气。要让自主创新的精神真正融入浙江人的血脉，体现在创业的行动中，以自主技术争先，以先进科学制胜。

所谓“务实”，就是要尊重实际、注重实干、讲求实效。尊重实际，就是要始终坚持从世情国情省情出发，从我们面临的形势任务的实际出发，从全省人民的愿望要求的实际出发。要清醒认识浙江先发遇到的新挑战、先行遇到的新问题，不囿于以往的经验，不照搬别人的做法，作出符合浙江实际的战略抉择。注重实干，就是要始终坚持以经济建设为中心不动摇，增强用科学发展观统领全局的自觉性和坚定性，聚精会神搞建设，一心一意谋发展，推动经济社会发展转入科学发展轨道。要善于抓住机遇、用好机遇，务实求变，务实求新，务实求进，用宽广的眼光、改革的思路、发展的办法解决前进中的问题。要按照“四位一体”的总体

---

① 习近平：《与时俱进的浙江精神》，《浙江日报》，2006年2月5日头版。

布局，牢牢把握深化改革、完善体制机制这一动力源泉，紧紧抓住统筹兼顾、协调发展这一关键，加快建设社会主义新农村，促进全省城乡和区域全面协调发展，努力把科学发展观和“八八战略”贯彻落实到各级干部和广大群众的思想和行动中。讲求实效，就是要进一步树立效率理念，加强科学管理，提高资源利用效率，发展循环经济和建设节约型社会。

所谓“诚信”，就是重规则、守契约、讲信用、言必信、行必果。要把诚信作为现代社会文明之基，不仅要弘扬传统的“诚信”美德，更要大力推进以个人为基础、企业为重点、政府为关键的现代“信用”建设。在全社会牢固树立个人无信不立、企业无信不旺、政府无信不威、国家无信不强的观念，使现代诚信意识深入人心，成为全社会自觉的行为规范。要把诚信作为公民安身立命之本，着力培育公民的高尚道德良知，引导人们诚实立身，诚实为人，诚实做事，做到心底真诚、行为守信，成为具有强烈社会责任感的“诚信”公民。在涉外交往中，要尊重其他国家和地区的法律、法规及生活习俗，恪守信约，履行诺言，使诚信成为我们走向世界的“通行证”。要把诚信作为企业兴旺发展之道，视诚信为“最好的竞争力”，既抓产品，又抓人品，把信用建设作为企业文化建设的基石、提升综合竞争力不可或缺的重要内容，使企业信誉兴业转化为实实在在的竞争力和展示自身形象的“金名片”。要把诚信作为政府公正公信之源，牢固树立建设信用政府的理念，强化公共服务意识，按照为民、务实、清廉的要求，切实转变政府职能，严格依法行政，真心诚意为民服务，努力增加政务透明度，使政府真正成为法治政府、有限政府和服务型政府，以为民服务的高质量和高效率来取信于民。

所谓“和谐”，就是民主法治、公平正义、诚信友爱、充满活力、安定有序、人与自然和谐相处。要有和美与共的情怀，努力实现人与自然的和谐相处。要进一步树立生态意识，深刻认识自然是人类生存的空间，是人类创造生活的舞台。自觉地关爱自然，保护自然，构建人与自然和谐相伴的生态文明。要有和衷共济的情志，共同创造和睦相处的美好家园。要努力营造和谐创业的氛围，让一切创造社会财富的源泉充分涌流，为和谐社会奠定坚实的物质基础。要以建设“平安浙江”为载体、“法治浙江”为保障，妥善处理和化解利益冲突，促进不同利益群体平等友爱、相互协调、良性互动，为促进社会的公平正义提供有效的制度保证。要以共同目标为价值追求，和而不同，求同存异，和衷共济，共同构建具有时代特征、中国特色、浙江特点的和谐社会。要有和悦自适的情操，不断促进人的自我超越与全面发展，使广大人民群众生活富足，体魄强健，精神愉悦。要从满足“经济人”的生存和安全需要出发，使广大人民群众在普遍富裕起来的同时，不断改善生活质量。要从满足“社会人”的交往和尊重需要出发，营造相互尊重、相互理解、相互关爱的氛围，使广大人民群众共享祥和的社会生活。要从满足“文化人”自我发展与实现的需要出发，加快建设文化大省，努力构建学习型社会，提高心理承受能力和自我调适能力，享受创造乐趣，体验事业成就，实现人生价值。

所谓“开放”，就是全球意识、世界胸襟，就是海纳百川、兼容并蓄，以我为主，为我所用。“开放”，就要进一步树立开放理念和兼容胸怀。要在高度地自省中虚心汲取全人类创造的一切文明成果，使我们的思想观念、生活习惯、行为方式和精神素质不断适应开放的世界和全球化竞争的需要，让开放的精神结出更多惠及浙江千万人民的硕果。“开放”，就要进一步增强全球眼光和战略意识。要有跳出浙江发展浙江的大手笔，具备积极参与全球化合作与竞争的勇气和胆略，在更大范围、更广领域、更高层次参与国内外的经济技术合作和竞争，努力提高对外开放的水平。“开放”，还要进一步提升做世界公民的文明素质和人文情怀，关心全人类的文明进步和共同发展。

所谓"图强"，就是勇于拼搏、竞奔不息，就是奋发进取、走在前列。要始终保持昂扬向上、奋发有为的精神状态，认清目标不动摇，抓住机遇不放松，坚持发展不停步，把浙江的各项事业做好做强，创造出不辜负时代、不辜负人民的一流业绩。"图强"，就要树立忧患"兢慎"的意识。要弘扬卧薪尝胆、勇于拼搏的精神，始终保持谦虚谨慎、不骄不躁的作风，切实做到自豪而不自满，昂扬而不张扬，务实而不浮躁。要"兢慎"做工作，"兢慎"干事业，审时度势，逆进顺取，不断前行。"图强"，就要增强勇立潮头的胆略。沧海横流，方显英雄本色。要继续发扬"先人一步"、"高人一招"的改革创新精神和胆略，化挑战为机遇，转潜力为实力，变困境为佳境。由被动"倒逼"转向主动选择，从"适应性"改革向"预见性"改革转变，加快经济结构调整和增长方式的根本转变，实现"腾笼换鸟"，"浴火重生"飞向新高。"图强"，就要具有甘于奉献的胸襟。在我们阔步迈向全面建设小康社会、提前基本实现现代化的康庄大道之际，应该"致富思源、富而思进"。浙江人不仅要有勇立潮头的气概，更应有心忧天下、为全国大局作贡献的宽广胸襟。

浙江省第十二届党代会提出推进"创业富民、创新强省"总战略，坚持把建设先进文化作为推进创业、创新的重要支撑。浙江省第十二届党代会二次会议进一步把创业创新作为富民之本、强省之源。浙江省委认为，创业富民、创新强省，是改革开放以来浙江发展经验的深刻总结，是"八八战略"的深化，是省第十二次党代会作出的落实科学发展观、全面建设小康社会的重大决策，是今后一个时期推动浙江发展的总战略。创业富民、创新强省，就是要按照科学发展观的要求，在新时期新阶段，全面推进个人、企业和其他各类组织的创业再创业，全面推进理论创新、制度创新、科技创新、文化创新、社会管理创新、党建工作创新和其他各方面的创新，形成全民创业和全面创新的生动局面，使全省人民收入水平持续提高，家庭财产普遍增加，生活品质明显改善，走共同富裕之路；使全省综合实力、国际竞争力、可持续发展能力不断增强，加快建设富强、民主、文明、和谐的新浙江[①]。

在这样的背景下，浙江省委提出必须大力弘扬以创业创新为核心的浙江精神，强调"浙江精神是民族精神和时代精神在浙江的生动体现，是浙江人民在创业创新伟大实践中创造的宝贵精神财富"；要"坚持用以创业创新为核心的浙江精神凝聚力量、激发活力、鼓舞斗志，进一步发扬浙江人民特别能吃苦、特别能创业的优秀品行，弘扬浙江人民善于创业、勇于创新的精神品格和文化传承，形成鼓励创业创新、宽容失败挫折的社会氛围，在创业创新中不断实现新的发展"[②]。2008 年 6 月召开的省委工作会议，出台了《浙江省推动文化大发展大繁荣纲要（2008—2012 年）》，进一步提出要"坚持用以创业创新为核心的浙江精神凝聚力量、激发活力、鼓舞斗志，大力弘扬浙江人民善于创业、勇于创新的精神品格和文化传统，努力在全社会形成鼓励创业创新、宽容失败挫折的社会氛围。深化对浙江精神的研究，适应时代发展要求，与时俱进地丰富和发展浙江精神。进一步探索典型宣传的新形式、新载体，大力宣传优秀党员、道德楷模、劳动模范、英雄人物、优秀浙商代表、先进职业技工和民间创意名人群体等体现浙江精神的时代人物，深入开展'浙江骄傲'、'风云浙商'等重大典型宣传活动"。

---

① 中共浙江省委：《中共浙江省委关于认真贯彻党的十七大精神扎实推进创业富民创新强省的决定》，《浙江日报》2007 年 11 月 12 日，头版头条。

② 中共浙江省委：《中共浙江省委关于认真贯彻党的十七大精神扎实推进创业富民创新强省的决定》，《浙江日报》2007 年 11 月 12 日，头版头条。

二、发挥“浙江精神”的重要能动作用

浙江精神在改革开放和建设中国特色社会主义的伟大实践中被全面激活，焕发出新的活力，发挥了巨大的能动作用。这种能动作用主要表现在以下四个方面：

第一，浙江精神极大地促进了浙江经济社会的快速发展，成为能动地经济创造力。

浙江精神对经济建设发挥了推动和支撑作用，成为浙江人民加快发展的强大精神动力，哺育了浙江人特别能适应市场经济的思想观念和行为方式，形成了浙江经济的活力，打造了浙江经济的实力。

浙江精神强化了全省各级党委、政府和广大干部群众的务实观念，务实观念又使浙江抓住了改革机遇，赢得了发展时间。正是在这种不图虚名、讲求实效的务实观念推动下，浙江坚持“三个有利于”标准，创造性地执行党的改革开放政策，率先进行市场取向改革，培育充满生机与活力的市场主体，形成了以公有制为主体、多种所有制经济共同发展、相得益彰的格局，形成了体制机制上的先发优势，经济实力迅速增强。

浙江精神强化了浙江人民的创业观念，创业观念又有力支撑了千百万群众的创业实践，推动了全省个体私营等非公有制经济的快速发展。正是在这种自强不息、坚韧不拔的创业观念支撑下，浙江广大干部群众自立自主，搏击市场，开创了“千家万户办企业、千辛万苦搞经营、千山万水闯市场、千方百计创新业”的波澜壮阔局面，使全省个体私营经济由小到大、从弱到强，成为推动全省经济发展的重要力量和浙江经济发展的鲜明特色。浙江精神强化了全省人民的创新观念，创新观念激励浙江人民在改革大潮中创造了许多“全国第一”，使区域创新能力得到显著提高。正是在这种敢闯敢创、敢为天下先的创新观念的推动下，制度创新、组织创新、管理创新、技术创新、产品创新、市场创新正在成为愈来愈多浙江人的自觉行动，推动着浙江经济不断实现自我超越，实现新的飞跃。在新时期，浙江不仅大力提高自主创新能力，切实转变经济增长方式，而且根据资源、市场两头在外的情况，确立了“浙江人经济”的新理念，“跳出浙江发展浙江”，在更大范围和更深程度上实现生产要素的优化配置，不断拓展新的发展空间。

第二，浙江精神极大地促进了浙江社会的全面进步，形成巨大的社会凝聚力。

浙江精神对社会发展发挥了凝聚和激励作用，成为一种社会主体意识。广大干部群众在浙江精神的旗帜下思想更加统一，步伐更加一致。全省上下心齐、气顺、劲足、实干，形成了经济社会协调发展、现代化建设全面推进的生动局面。

浙江精神高扬人的主体性，突出了人的主体地位，增强了全社会以人为本的意识。弘扬浙江精神，强化了全社会对民生的关注，更加重视提高人民群众的生活水平和生活质量。随着经济的快速发展，浙江城市化水平不断提高，各项社会事业迅速发展，社会保障体系初步建立，大大改善了人民的生活，实现了从温饱到小康的历史性跨越。

浙江精神高扬人的理性，突出了人的民主权利，增强了人民群众的民主意识和法制意识。弘扬浙江精神，推进了基层民主政治建设和法制建设，维护和保障了人民群众的民主权利，促进了社会主义政治文明建设。坚持依法治省，通过建立健全有关制度，扩大和发展基层民主，拓宽人民群众参与管理经济、文化和社会事务的渠道，努力从制度和程序上保障人民群众的民主权利。创新基层民主形式，架通党委、政府、干部与人民群众之间的桥梁，全面推行政务、村务、厂务公开，广泛听取人民群众意见，保障人民群众当家做主，党群、干群关系

进一步改善。创造了民情日记、民主恳谈、民主听证会、民情夜谈会、村民议事会等多种形式，为群众参政议政和民主管理搭起了全新平台。

浙江精神对人的主体性的肯定，对理性的张扬，对政府以民为本、增强服务意识、提供优质公共服务、转变政府职能、创新政府管理方式起到了重要推动作用。改革开放以来，浙江积极适应市场经济发展需要，加快建设服务型政府，积极转变政府职能，推进行政体制改革，切实把政府职能转到经济调节、市场监管、社会管理和公共服务上来。近年来，浙江积极推进审批制度改革、机关财务集中核算和建立行政服务中心，广泛开展机关效能建设，进一步提高了机关服务效率和质量。对重大社会突发事件的处置能力大大提高，特别是在抗击“非典”、抗台救灾等重大自然灾害和突发性社会事件中，浙江精神发挥了整合社会力量、激励人民群众的巨大作用，成为凝聚全省人民的灵魂。

第三，浙江精神极大地促进了文化大省建设，成为核心的文化向心力。

浙江精神对文化建设发挥了引领和提升作用，成为浙江人民的一种文化自觉，提升了浙江文化的品位，促进了浙江文化的发展，增强了浙江文化“软实力”。

浙江精神是中国特色社会主义在浙江生动实践的成果，是民族精神的组成部分。浙江把弘扬浙江精神与思想理论教育、民族精神宣传有机结合起来，贯穿于精神文明创建、道德建设等各项活动中，使弘扬浙江精神的过程成为用中国特色社会主义理论体系武装党员、教育群众的过程，成为大力弘扬民族精神、开展社会主义精神文明建设的过程，人民群众的科学文化、思想道德和健康素质不断提高。

浙江精神是时代精神的集中体现，符合先进文化的前进方向。弘扬浙江精神促进了文化大省建设，推动了全省文化事业和文化产业的长足发展，人民群众多方面的精神文化需求不断得到满足。近年来，浙江成功举办了全国第七届艺术节，加大对图书馆、文化馆、科技馆、影剧院等文化基础设施的投入力度，基本完成广播电视农村入户工程，省、市、县全部实现有线电视光缆联网，乡镇和行政村有线电视联网率分别达到93%和65%，改善了城乡文化生活。浙江抓住全国文化体制改革综合试点省的契机，不断深化文化体制改革，着力建设一批重点文化设施，发展一批重点文化产业，培育一批重点文化产业区块，壮大一批重点文化企业，推进了文化产业发展，增强了文化事业活力。

浙江精神也是浙江区域文化的灵魂，是地域文化建设的龙头。浙江总结提炼浙江精神活动，产生了广泛的社会影响，不仅推动了经济社会发展，而且带动了市、县对当地精神的提炼弘扬，促进了地域文化建设。如杭州市充分认识到人文精神是一个城市的“根”和“魂”，是城市文明的核心，通过大讨论，概括出了“精致和谐、大气开放”的杭州人文精神；宁波市确定了“诚信、务实、开放、创新”的宁波精神；温州市提出了“敢为人先、自强不息、明礼诚信、共生共荣”的人文精神；绍兴市把区域优秀文化传统与新的时代要求紧密结合起来，提炼出“卧薪尝胆、奋发图强、敢作敢为、创新创业”的新时期“胆剑精神”；嘉兴市提出了“敢为人先、和衷共济、负重拼搏、敬业奉献、振兴嘉兴”的嘉兴精神；金华市提出了“自信自强、负重拼搏、创新创业、奋力争先”的金华精神；丽水市提出了“勤劳质朴、坚忍不拔、负重拼搏、务实创新”的丽水精神，等等。在市地的带动下，县区也纷纷对本区域的优秀文化进行总结提炼，概括出各具特色的区域人文精神，如杭州市萧山区提出了“奔竞不息、勇立潮头”的萧山精神，等等。这些对浙江精神的提炼进一步提升了区域文化，让广大群众形成共同的精神认同和文化认同,为加快区域经济社会发展提供精神支撑和精神动力,增强了文化软实力[①]。

第四,浙江精神形成了浙江创业创新活动的显著特色。

浙江精神不仅对改革开放以来创业创新活动产生了精神动力作用,而且也形成了浙江创业创新活动的显著特色。

一是浙江精神影响了浙江创业创新活动的路径选择。事实表明,历史上工商业比较发达的区域,人们大多偏爱工商业,注重经济利益,具有比较强烈地创业意识和成就动机,区域经济发展与区域工商业文化传统往往呈正相关性。改革开放以来浙江经济之所以取得了高速发展的一个重要原因,就在于其具有深厚的工商文化传统底蕴。如费孝通所说:"温州地区的历史传统是'八仙过海',是石刻、竹编、弹花、箍桶、缝纫、理发、厨师等百工手艺人和挑担卖糖、卖小百货的生意郎周游各地,挣钱回乡,养家立业。"这种区域工商文化传统在改革开放以来得到了延续,"50 年前的记忆,50 年后眼前的市场,其间脉脉相通,也可以说是历史的必然联系"[②]。事实上,不仅在温州,在浙江的其他地区,如宁波、绍兴、台州以及永康、义乌、东阳等地,都可以发现当代工商活动与工商文化传统的联系。

改革开放以来,浙江各地尤其是温州和台州地区所采取的一些制度创新模式,如前店后厂、沿街成市的专业市场,以商业促工业并形成专业市场与块状经济的互动,以工业兴市场以及股份合作制,集资创办社会公益事业,民间金融,成立互助会,实行利率浮动等等,其实并非完全是新近的发明,在浙江工商发展史上曾或多或少地存在,在一定程度上可以看作是浙江历史上较发达的工商制度和传统在沉寂 30 年以后的后续效应,是浙江对历史上的工商制度和传统的因袭、变异、创新与发展。当代温州和台州发达的水产加工业、水果加工业,各类草编、服装、皮鞋、塑料以及小机电、小化工等行业,都与传统存在着某种程度的联系。

温州、台州是一个民间金融、股份所有制比较发达的地区,台州路桥区民间金融机构的存贷款余额所占比例甚至已高达 40%左右;温州市企业内部集资始于 1980 年。因此,依靠民间集资而不是靠政府投资来创办各种事业,乃是温州和台州经济社会发展模式的一个重要特点。而平会、抬会、摇会和排会等"呈会"民间传统,则是台州、温州民间金融制度、股份所有制的原始形式之一。

绍兴市有着深厚地纺织文化传统积淀,"丝绸之乡"华舍镇,历史上就有"日出华舍万丈绸"之盛誉。改革开放以来这种深厚地纺织文化传统在新的政策背景下得到了延续,并经过 20 世纪 90 年代的纺机革命,逐步形成了由化纤、纺织、印染、服装行业组成的完整的纺织产业群。经过 20 多年的发展,绍兴轻纺城已成为中国规模最大、设备齐全、经营品种最多的纺织品集散中心,也是亚洲最大的轻纺专业市场、布匹集散中心。

嘉兴市自唐宋以来,即为全国丝绸生产发达的地区之一,明代被称为"丝绸之府",有"衣披天下"之称号。改革开放以来,随着乡镇企业的异军突起,"丝绸之府"的文化基因被重新激活,嘉兴秀洲区几乎乡乡村村都办过化纤织造厂。

当代温州制鞋业的发展,也与悠久而深厚的历史和文化底蕴有一种内在的联系。据研究,制鞋技艺传统最早可追溯至南宋时期。到明朝成化年间,温州鞋就已列为贡鞋。此后,经过温州人的世代相传和发扬光大,温州制鞋工艺日趋完善。至民国时期,温州出现了制革

① 习近平:《与时俱进的浙江精神》,《浙江日报》,2006 年 2 月 5 日头版。

② 费孝通:《小商品大市场》,何福清主编:《纵论浙江》,浙江人民出版社 2003 年版,第 350 页。

街、皮革街，各种牌号的作坊鳞次栉比。

台州是一个专业市场发达的地区。路桥中国日用商品城、路桥小商品批发市场、浙江松门水产品批发市场等专业市场，商品辐射全国20多个省、市和部分国家。台州有20万人之众的专业运输队伍，上百个"一村一品"、"一地一品"的专业生产基地，与这些市场相衔接。台州农村工业所需的原材料和机电设备半数以上通过这些市场销售。台州专业市场的迅速崛起，原因无疑是多方面的，其中一个重要的原因，则是台州民间工商文化传统的作用。

从某种程度上可以说，浙江专业市场的兴起，正是浙江历史上的工商传统思想和实践尤其是专业市场传统的一种必然结果。如果说人们总是难以跳出传统掌心的话，那么浙江其他的经济发展举措，也或多或少地与历史和文化传统存在着延续的关系。改革开放以来，国家和浙江省的每一个市场化政策，都会在浙江得到最先响应，并很快产生明显的成效。而在这之前，浙江民间可能早已在实践中探索出大量成功经验了。

二是浙江精神影响了浙江企业组织模式。改革开放以来，建立在亲戚关系或亲戚式的纯粹个人关系上的、凭借血缘共同体的家族优势和宗族纽带而形成和维系的社会关系网络和特殊信任模式，无疑给浙江企业组织模式打上了深刻烙印。大量事例表明，改革开放以来的浙江企业组织模式，不是外在于社会关系的，而是嵌入于特殊社会关系网络之中的。

改革开放初期，人们完全没有预料到的就是浙江省尤其是浙北涌现出了大批乡镇集体企业。乡镇集体企业的集体经济成长背景和性质决定了其不是严格意义上的家族企业。原先的社队企业由集体所有，集体统一经营。几乎是在家庭联产承包责任制全面实施后，社队企业也开始实行承包制，即由公社、大队包给一些"能人"。这些"能人"基本上都是农民，其中多数是农民中的基层干部或原来就是社队企业中的经营者。他们成了乡镇集体企业制度创新的主体。浙江民营企业组织的成长轨迹，清晰地显示出了建立在亲缘式关系基础上的特殊文化印记。1985年对温州31家雇工大户的一项调查显示，民营企业主主要来自购销员、社队企业的技术人员、管理人员，或者原生产队、生产大队的队长、会计，以及上山下乡的知识青年、支边回乡青年。他们不仅是当地农村社会中的精英人物，还在多年来与本社区及外界的相对频繁的社会互动过程中，建立起了广泛的社会网络基础[①]。改革开放以来，浙江大多数民营企业正是通过诸如此类的社会网络而获得了支配如权利、地位、资金、财富、学识、机会和信息等社会稀缺资源的能力。

在浙江民营企业中，以亲缘或准亲缘网络为基础的企业比例非常高。从某种程度上可以说，浙江的多数民营企业，是在以亲缘为纽带的家庭工业、家庭商业基础上发展起来的。比如在私营企业比较发达的温州，20世纪80年代初期，伴随改革开放的浪潮，温州家庭手工业作为历史传统的翻版应运而生，其形式是前店后厂式的家庭手工业作坊。据统计，早在1985年，温州家庭工业就已发展到13.3万户，产值11.3亿元，占农村工业总产值的61%[②]。此后家庭工业不断发展壮大，有的成长为比较大的民营企业。这充分显示了亲缘网络在温州乃至整个浙江民营企业创建中的作用。在浙江民营企业的成长过程中，由家庭往外推的亲缘和准亲缘关系或费孝通所谓的中国传统家族文化的"差序格局"确实起了十分重要的作用。在以自我为中心，由"己"到"家"、由"家"到"国家"、由"国家"到"天下"的特殊主义人际

---

① 朱华晟：《浙江产业群——产业网络、成长轨迹与发展动力》，浙江大学出版社2003年版，第77—78页。

② 参见王晓毅、朱成堡：《中国乡村的民营企业与家族经济》，山西经济出版社1996年版，第12—13页。

关系网中，对民营企业成功具有重要作用的是与业主本人来往最密切的父母、兄弟姐妹、亲戚、朋友、同乡等等。特殊的人际关系网络，往往是改革开放以来浙江私营企业筹集资金的最有效渠道。在这方面，最为典型的是流行于全省各地的“呈会”[①]这种民间企业筹集资金的形式。实践证明，浙江人利用和继承“呈会”习俗，实际上就是将特殊的社会关系网络作为资金筹集的方式。改革开放以来，以社会关系为中介，“呈会”从过去少量的互助借贷，逐步发展为生产中缓解融资困难，提供社会企业经营的资本，成为浙江经济社会发展的润滑剂和一种新的资金积累和经营方式。在经济体制转换和社会转型时期，如果把双轨制以及社会对私营企业的“歧视”还未完全消除等因素考虑进去，那么其中对于民营企业成功相对更具重要性的关系对象，则是作为国家干部的朋友、亲戚、同乡、同学等。因此，企业及其经营者非经济的社会交往和联系，往往是企业与外界沟通信息的桥梁和与其他企业建立信任的通道，是企业赖以生存和发展的社会资本，是获取稀缺资源和争取经营项目的非正式机制。就像浙江一些私营企业主所说，企业经营者不但要头脑灵、点子多，而且要路子广、朋友多。除此以外，亲缘和亲缘式社会网络对于私营企业的创新活动也有重要的社会功能。企业之间的联系往往伴随着信息和知识的传递，而信息和知识的传递通常是以人际关系为渠道而得以实现的。民营企业彼此之间的特殊主义的联系，可以使企业比较及时和准确地了解相关产业的潜在需求和其他信息，从而产生创新的灵感。利用亲缘和亲缘式社会网络，浙江的诸多民营企业不仅得到了信息和创新的灵感，而且也得到了一些重要技术。可见，通过亲缘和亲缘式社会网络，浙江民营企业主学习市场知识、管理经验和企业生产技术的时间大大缩短，市场进入成本也大大降低。

总之，浙江精神在浙江改革开放和现代化建设中发挥的巨大作用充分表明，历史形成的文化传统以及由此伴生的颇具特色的人文优势，始终是浙江人民弥足珍贵的精神财富，它在新的时代条件下的继续发扬光大，必将在未来发挥更重要的作用。

第六节　浙江推进中国特色社会主义文化建设的启示

改革开放以来，浙江在文化发展特别是建设文化大省的实践中，着眼于增强建设社会主义先进文化的本领，遵循文化建设的基本规律，探索了一些有效地做法，积累了一些成功的经验，这些经验给我们以有益地启示。

1. 必须牢牢把握社会主义文化建设的指导思想，坚持马克思主义在意识形态领域的指导地位，坚持党管意识形态不动摇，坚持用科学发展观统领文化大省建设的各项工作。

在文化建设指导思想上，必须始终一贯地坚持马克思主义的指导地位。“坚持马克思列宁主义、毛泽东思想的指导地位，是我们立党立国的根本，也是社会主义文化建设的根本，决定着我国文化事业的性质和方向”。“只有这样，我们的文化建设才能沿着正确的道路健康发展，抵制和消除一切落后的、腐朽的思想文化影响，不断创造出先进的、健康的社会主义崭

---

① 所谓“呈会”，在杭州、温州、金华等地称作“摇会”，在绍兴、舟山称为“纠会”，有的地方称为“兜会”、“助会”、“合会”、“拼会”等等。它们虽名异但实同，都是浙江传统民间经济互助民俗。而“呈会”这种民间资金筹集形式的运作，往往是人们基于传统伦理观念（包括道德、亲缘、地缘关系等）和人情关系的一种互助借贷行为。

新文化，培养出适应社会主义现代化需要的有理想、有道德、有文化、有纪律的新人”①。无论推进文化建设，还是深化文化体制改革；无论发展文化事业，还是发展文化产业，都要贯彻落实科学发展观，制定和实施符合发展先进文化要求的方针政策。要坚持用科学发展观审视文化领域各项工作，符合的就毫不动摇地坚持，不完全符合的就积极调整补充，不符合的就实事求是地加以纠正。无论在什么情况下，新闻媒体党和人民“喉舌”的性质不能变，党管媒体不能变，党管干部不能变，坚持正确的舆论导向不能变，始终掌握对宣传文化工作方针政策和重大问题的决策权，对宣传业务的终审权，对宣传文化系统主要领导二部的任免权，对新闻媒体等国有文化资产配置的控制权。

2. 必须牢牢把握社会主义文化建设的本质特征，大力发展面向现代化、面向世界、面向未来的、民族的科学的大众的文化，努力建设具有中国特色、中国气派、中国风格和地方特点的先进文化。必须贯彻“坚持、继承、借鉴、吸收”的原则。坚持，就是要坚持以马克思主义为指导，没有马克思主义指导，文化大省建设就会因为没有正确的理论基础和思想灵魂而迷失方向。继承，就是要“推陈出新”，在中华民族优秀文化传统中汲取智慧和力量，只有深深植根于民族土壤，才能保持中国特色。借鉴，就是要“洋为中用”，以博大的胸怀和恢宏的气魄，海纳百川，着眼于世界科学文化发展的前沿，勇于借鉴全人类特别是发达国家的优秀文明成果。吸收，就是要兼容并蓄，充分吸收经济、科技等其他领域中一切有利于文化发展的观念和手段，吸收相关学科中能为发展文化所用的有益成果。

3. 必须牢牢把握社会主义文化建设的根本方向，坚持为人民服务、为社会主义服务，努力实现好、维护好、发展好人民群众的文化利益。在文化发展方向上，必须始终一贯地坚持“为人民服务、为社会主义服务”。“我们的文化必须坚持为人民服务、为社会主义服务，充分体现人民的利益和愿望，满足人民不同层次、多方面、丰富、健康精神需要，激发人民建设社会主义的积极性”。文化工作者必须坚持深入群众，深入生活，虚心向人民群众学习，向生活学习，充分认识建设中国特色社会主义的时代意义，充分认识最广大人民的根本利益，充分认识人民对文化发展的基本要求，竭尽心智地为人民做精活、出精品。“不允许毒害人民、污染社会和反社会主义的东西泛滥”②。要从人民群众的根本利益出发，大力建设既体现社会大多数成员集体创造和表现的文化，又能为社会大多数成员可以接受、可以理解、可以享受的文化，让人民群众获得切实的文化利益。要科学把握文化与经济的辩证关系，既要注重提高经济建设中的文化含量，丰富经济发展的文化内涵，提高经济发展的水平和层次，发挥文化在现代化建设中的巨大作用；又要注重运用经济手段，大力繁荣文化事业，加快发展文化产业，把发展文化力作为增强综合实力和国际竞争力的重要内容，促进文化与经济、政治、社会建设的相互交融和综合竞争力的不断增强。

4. 必须始终一贯地坚持“百花齐放，百家争鸣”方针。“我们要在坚持四项基本原则的前提下，努力创造勇于探索和创新的活跃气氛，提倡不同学术观点、艺术流派的争鸣和切磋，提倡同志式的批评和反批评”。要以切实有力措施，“鼓励深入研究我国建设和改革的现实问题，鼓励创作更多健康文明、积极向上、为人民大众喜闻乐见的作品”③，“弘扬主旋律”（整

① 《江泽民论有中国特色社会主义（专题摘编）》，中央文献出版社 2002 年版，第 384—385 页。

② 《江泽民论有中国特色社会主义（专题摘编）》，中央文献出版社 2002 年版，第 385、384 页。

③ 《江泽民论有中国特色社会主义（专题摘编）》，中央文献出版社 2002 年版，第 385 页。

个文化作品中,“反映社会主义时代精神应该成为主旋律”[①],“提倡多样化”[②]。中国要有光明的未来,就必须以这样的方针,充分发挥全体人民追求真理的积极性,让自然科学家、社会科学家、哲学家、文学家、艺术家在更为自由、民主的学术氛围中,探索自然的奥秘、社会的法则和人生的真谛;而究竟谁发现了真理,既不能靠个人主观的夸张,更不能由行政力量来予以裁夺,而只能依靠实践的反复检验。只有千百万人民的革命实践,才是判别和检验认识是否真理的可靠尺度。要唱响主旋律、提倡多样化,大力发展先进文化,支持健康有益文化,努力改造落后文化,坚决抵制腐朽文化。必须坚持正面引导。文化要适应市场,但不能迎合市场,而要引导市场,发挥文化教育人、引导人的职能。必须开展积极斗争,坚决抵制西方错误思潮的渗透和影响,坚决反对各种反马克思主义的错误观点,坚决抵制拜金主义、享乐主义、极端个人主义等腐朽思想的泛滥。必须加强制度管理,进一步建立健全宣传文化管理制度,使各项工作有章可循,牢牢掌握党对思想文化阵地的领导权和主动权。一切宣传文化阵地,都应成为宣传科学理论、传播先进文化、塑造美好心灵、弘扬社会正气、倡导科学精神的阵地,决不给有政治性错误的思想言论和落后的文化产品提供传播渠道。

5. 必须牢牢把握社会主义文化建设的重要任务,弘扬和培育以爱国主义为核心的民族精神和以改革创新为核心的时代精神,丰富和发展以创业创新为核心的与时俱进的浙江精神。民族精神是一个民族赖以生存和发展的精神动力和精神支撑,是民族文化的最本质、最深刻体现。历史和现实都告诉我们,一个民族没有振奋的精神和高尚的品格,不可能自立于世界民族之林。面对世界范围各种思想文化的相互激荡,必须把弘扬和培育民族精神作为文化建设的一项极为重要的任务,纳入国民教育的全过程,纳入精神文明建设的全过程,体现在改革开放和现代化建设的全部实践中,保持和发展全省人民心齐、气顺、劲足、实干的精神状态。

6. 必须牢牢把握社会主义文化建设的基本要求,坚持贴近生活、贴近实际、贴近群众,坚持社会效益与经济效益相统一,坚持一手抓繁荣、一手抓管理,切实增强新形势下文化工作的针对性、实效性和主动性。一切文化产品和文化服务,必须面向基层、面向群众,必须“适销对路”,努力满足人民群众的理想愿望和审美要求,充分发挥对人民群众的陶冶、教育和愉悦作用。必须统筹公共文化服务体系和文化产业体系的发展,一手抓公益性文化事业,保障公民的基本文化权益;一手抓经营性文化产业,增强文化发展的活力、实力和竞争力,努力实现社会效益最大化,经济效益最佳化。必须加强文化市场法制建设,加大执法力度,不断完善管理和市场运行机制,维护合法经营,保护知识产权,铲除文化垃圾,努力形成一批具有浙江地域特色、管理规范、繁荣有序的文化市场。

7. 必须牢牢把握社会主义文化建设的内在动力,进一步解放和发展文化生产力,不断增强文化的竞争力、吸引力和感召力。发展文化产业必须紧紧抓住“文化体制改革”这个关键环节。文化体制改革是文化产业发展的引擎,文化产业发展的每一个新阶段,都会对文化体制改革提出新的要求和新的任务,而文化体制改革的每一步新的进展,都会为文化产业发展注入新的活力因素。在市场经济条件下,文化体制改革具有内在的必然性和逻辑,只有顺

---

① 《江泽民论有中国特色社会主义(专题摘编)》,中央文献出版社2002年版,第385页。

② 江泽民:《全面建设小康社会,开创中国特色社会主义事业新局面——在中国共产党第十六次全国代表大会上的报告》,《十六大以来重要文献选编》(上),中央文献出版社2005年版,第29页。

应这种必然性和逻辑，才能打破僵化体制的束缚，重构文化发展新方式，促进文化产业发展。积极推进文化内容形式、体制机制和传播手段创新，坚决冲破一切妨碍发展的思想观念，坚决改变一切束缚发展的做法和规定，坚决革除一切影响发展的体制弊端，充分调动文化工作者的积极性，推动文化创新，不断解放和发展文化生产力。加快文化事业发展，多出精品，多出人才，多出效益，满足人民群众日益增长的精神文化需求。加快文化产业发展，增强文化产业的整体实力和竞争力，促进文化产业成为新的经济增长点和支柱产业。

8. 必须牢牢把握社会主义文化建设的最终目标，坚持以人为本、促进人的全面发展和社会全面进步，努力培育有理想、有道德、有文化、有纪律的新型公民。发展社会主义先进文化一个重大的现实任务，是在关注人的物质需求的同时，关注人的价值诉求、精神追求、文化需求，提升人的现代文明素质，引导人的价值追求，弘扬先进的人文精神，既坚持教育人、引导人、鼓舞人、鞭策人，又做到尊重人、理解人、关心人、服务人，不断提高全省人民的思想道德素质、科学文化素质和健康素质，促进人的全面发展和社会的全面进步。

9. 必须高度重视发展文化产业这个推动文化大发展大繁荣的重要途径。浙江的实践表明，把市场机制、产业方式引入文化领域，不仅有助于文化领域以新的产业的和市场的模式积累资金，改善文化自身生存和发展的物质条件，而且有助于转换文化发展机制、方向和方法，对文化企业形成经常性的激励和压力，迫使文化企业不断地降低生产成本，优化文化产品生产要素的配置，提高文化产品的质量，最大限度地去发展文化生产，形成具有竞争力的新的文化产品。在发展文化产业过程中，必须发挥政府在制定产业规划、产业政策、构建公共平台和创造良好发展环境中的作用；运用市场机制，充分发挥市场在文化产业方面的基础性作用，实现人才、资金、技术和其他文化要素的优化配置；充分调动社会力量的积极性，通过放宽市场准入、提供政策支持和市场动力、营造良好的发展氛围和环境等途径，吸引社会资本发展文化产业，从而推动文化的大发展和大繁荣。必须牢牢把握社会主义文化建设的内在动力，进一步解放和发展文化生产力，不断增强浙江文化的竞争力、吸引力和感召力。

第八章

浙江经验对中国特色社会主义事业依靠力量理论的贡献

马克思主义唯物史观认为，人民群众是历史活动的主体，不仅是物质财富和精神财富的创造者，也是完成社会变革、推动人类社会发展的根本动力。马克思主义的群众观点内涵丰富，主要有：人民群众是历史的创造者——人民是决定国家前途和命运的根本力量，人民群众具有无限地创造力，党必须始终坚持相信群众、依靠群众、尊重群众的首创精神，一刻也不脱离群众，保持党同人民群众的血肉联系；群众是真正的英雄——人民群众是认识、改造自然界和社会的主体，群众的经验、智慧、知识最实际、最丰富，党要领导群众前进，必须首先老老实实地向群众学习，善于从群众的实践中汲取经验，从群众的意见中汲取智慧，从群众的创造中汲取知识，坚持一切从群众中来、到群众中去；全心全意为人民服务——人民群众是国家和社会的主人，共产党员是人民的公仆，我们党全部奋斗的最高目的、全部工作的出发点和落脚点是不断实现好、维护好、发展好最广大人民的根本利益，必须坚持立党为公、执政为民；党要依靠群众又要教育和引导群众前进——人民群众是一个广泛的社会群体，具体的不同个体中有先进、中间和落后的区别，我们党必须根据群众的觉悟程度，按照人民群众根本利益和社会发展规律的要求，组织、教育和引导群众，使之认识自己的根本利益并为之奋斗；对党负责与对人民负责相一致——党的理论、路线、纲领、方针、政策和工作必须以符合最广大人民的根本利益为最高衡量标准，必须把对党负责和对人民负责有机统一起来，最终达到对人民负责。马克思主义的群众观点集中起来，就是必须一切相信群众，一切依靠群众，一切为了群众，始终代表最广大人民群众的根本利益。改革开放以来浙江“先行性”和“特色性”经验突出地体现了马克思主义这一根本政治立场，尊重人民群众的首创精神，充分发挥人民群众中国特色社会主义的主体力量，唤醒人民群众的主体自觉，尊重人民群众发展生产力的自主权，尊重各种生产要素拥有者的优化配置选择，坚决贯彻人民群众主体力量的一系列方针政策。浙江经验坚持并丰富和发展了马克思主义群众观，体现了马克思主义群众观的时代特点、中国特色和浙江特征，是对中国特色社会主义事业依靠力量理论的重要贡献。

第一节　充分尊重人民群众的首创精神

解放思想始终是党克服困难、解决难题的思想法宝，是把马克思主义与中国革命和建设实践相结合的重要理论武器。改革开放是由思想解放开始的，而解放思想，需要始终坚持群众路线，关注人民群众的思想，把人民群众当作思想解放的主体。邓小平同志在 1978 年 12 月的中央工作会议闭幕式的讲话中指出：“解放思想，开动脑筋，实事求是，团结一致向前看，首先是解放思想。只有思想解放了，我们才能正确地以马列主义、毛泽东思想为指导，解决

过去遗留的问题，解决新出现的一系列问题，正确地改革同生产力迅速发展不相适应的生产关系和上层建筑，根据我国的实际情况，确定实现四个现代化的具体道路、方针、方法和措施”[①]。邓小平同志的这一讲话，吹响了中国改革开放的前进号角。

改革开放前，由于计划经济体制本身的一些特点，加上又有国际形势与内外环境造成的中国建国以来几十年的相对封闭，为官僚主义和小生产习惯势力的继续存在提供了表现形态与生存土壤。正如邓小平所指出的那样“官僚主义常常以‘党的领导’、‘党的指示’、‘党的利益’、‘党的纪律’的面貌出现，其突出特征是权力过分集中，缺乏党内民主，也不尊重社会和百姓的民主，许多重大问题往往是一两个人说了算，别人只能奉命行事，包办一切，干预一切，这样，大家就什么问题都用不着思考了”[②]。此外，“小生产的习惯势力的一个显著特点，是因循守旧，安于现状，不求发展，不求进步，不愿接受新事物”[③]。正是这些痼疾，造成了思想封闭僵化。官僚主义存在于党和政府的层面，而小生产习惯势力，则不仅存在于党和政府的层面，而且也广泛地存在于社会与大众之中。

因此，解放思想，首先就是解决官僚主义问题和小生产的习惯势力问题。如何让党的干部、政府官员从官僚主义走出来，从长官意志和包办一切中走出来，以及如何让广大民众从小生产习惯势力和小农意识中解放出来，构成改革开放初期面临的两大重要思想解放目标。改革开放作为中国人有史以来进行的最富有创造性的伟大事业，一开始就意味着政治、经济、社会、文化各领域全面的变革，不仅触及到底层的生产方式，而且涉及文明价值和素质的根本性内容，其变革的力度及范围前所未有，也世所未见。因此，这样一场变革，仅仅只是党和政府领导层面的思想解放是远远不够的。实践证明，解放思想不能只限于党内，只限于政府层面，解放思想既包括了解放干部的思想，也包括了解放人民群众的思想，这个“群众”不仅是指党内群众，也包括非党群众，包括了社会各界人士及所有公民在内。没有人民群众的思想与智慧创造以及没有人民群众热情和积极参与，这样一场伟大变革，是不能成功的。回顾改革开放的进程，人民群众的思想解放和创造一直是改革开放的巨大推动力。

尊重群众的首创精神，很重要的一条，就是要始终坚持一切从实际出发，善于把中央精神和本地实际紧密结合起来，根据本地资源状况、经济基础和产业传统，因地制宜、因势利导地推动区域经济社会发展，努力开辟具有时代特征、区域特色的发展之路。浙江始终坚持人民群众是社会发展的主体，是创造历史的动力这一历史唯物主义的根本观点，突出人在社会发展中的核心地位，尊重群众首创，鼓励全民创业，努力做到发展为了人民、发展依靠人民、发展成果惠及全省人民，不断满足人民群众日益增长的物质文化需要，切实保障人民群众的经济、政治、文化权益，大力提高人的素质。浙江解放思想的一个鲜明特点，就是坚持以人为本，相信群众，尊重人民群众的国家主人翁地位，依靠群众，理解和支持人民群众追求美好生活的努力，维护人民利益，尊重群众的自愿选择和首创精神。事实上，浙江早期改革的一些成功的经验和成果，最早也是从人民群众的思想解放和自发创造开始的。改革开放以来，浙江在全国各地区激烈竞争中脱颖而出，主要靠充分发挥其独特的人力资源优势，靠人民群众的思想解放。浙江企业经营者强烈的创新精神、致富欲望、投资意识、盈利动机和捕捉市场

---

① 《邓小平文选》第2卷，人民出版社1994年版，第141页。

② 《邓小平文选》第2卷，人民出版社1994年版，第141页。

③ 《邓小平文选》第2卷，人民出版社1994年版，第141页。

机会的能力，浙江一般员工严格的劳动纪律、刻苦耐劳的工作态度和掌握设备工艺的技能，浙江人民群众对改革的期盼、创新制度的能力、适应和承受市场风险的能力，“浙商”在全国迅速崛起和其“天生企业家”的美誉，所有这些在全国都是十分突出的。一部浙江改革开放史，就是千百万浙江人艰苦创业、奋勇拼搏的历程。改革开放为“长袖善舞”的浙江人提供了施展才能的舞台。当国内其他地方许多人还在留恋于“吃大锅饭”的时候，不少浙江人已经从零开始，白手起家，或者以较小的资产起步，走上了创业道路。自尊、自立、自强，摆脱对政府的“等、靠、要”心理，甘于从别人不愿做的微利行业做起，形成了千家万户的创业行动，使浙江成为一个创业者的社会。到 2007 年，浙江有法人单位和产业活动单位约 68 万个，个体户约 300 万个，此外，还有在省外经商和创办企业人员约 400 万人，全省平均每 8.2 个人中就有 1 人兴办企业或个体经营，这一比例是全国最高的。根据全国第一次经济普查资料，户籍人口与第二、三产业法人单位、产业活动单位和全部个体户数量之比，全国平均为 28.2∶1，广东为 25.6∶1，江苏为 24.7∶1，山东为 26.1∶1，上海为 23.5∶1，浙江则高达 14.6∶1。创业富民的“浙江模式”被人们称之为“老百姓经济”，它的特点是“民办、民营、民有、民享。它是自发的，又是稳定的可持续发展的经济秩序”[①]。这从一系列统计数据中也可以得到证明。1979—2007 年，浙江 GDP 增长中约有 73%的贡献份额来自于非公有制经济；全省第二、三产业新增就业人员中，约有 9/10 是在非公有制经济就业的。2007 年，非公有制经济创造的税收占全部税收收入的 57.9%，非公有制经济出口额占到出口总额的 76.0%，农村居民人均纯收入中，来自劳务收入、家庭经营非农产业收入和财产性收入的比重达到 88.5%。所有这些比率，在全国各省市区横向比较中，都显得高出一筹。

改革开放过程就是浙江人民大胆探索、不断创新的过程。浙江除了体制创新和观念更新、法律完善、习俗变化外，另一个很重要的方面是技术创新。在改革开放初期，浙江的技术创新更多地表现为技术引进、消化、吸收和模仿，以及通过“干中学”获得技术经验。正是这些与商业应用密不可分的产品生产中大量技术推广和小的改进，形成了浙江技术进步的主流。随着市场竞争的日益加剧和企业规模的不断扩大，越来越多的企业加大对技术创新的投入，自主创新能力逐步增强。据 2007 年全国第一次工业企业创新调查资料，浙江工业企业有近六成开展了创新活动，大大高于全国 28.8%的平均水平。衡量企业自主创新投入的研究与发展(R&D)经费支出占全部创新投入的比例，浙江为 39.5%，也高于全国 32.3%的平均水平。浙江拥有自主品牌的企业占全部企业的比例为 56.4%，高出全国平均水平 21.6 个百分点。目前，浙江区域创新能力居全国第 5 位，知识获取能力和企业技术创新居全国第 3 和第 4 位，专利申请量和授权量连续多年居全国第 2 位。在创业创新的过程中，浙江各级党委和政府尊重广大群众的意愿和首创精神。总的来说，与许多省份相比，浙江的行政干预不仅较为克制，而且更有选择性，更注重发挥民间的积极性、主动性和创造性，更注重发挥市场对资源配置的基础性作用。凡是民间力量能做的事，政府放手和发动老百姓去做；凡是依靠市场机制能解决的事，政府尽可能做到不越俎代庖。在许多场合，当先行改革的具体做法与原有体制发生冲突的时候，浙江各级党委和政府表现出允许试验探索和灵活变通的精神。对于改革中出现的新事物，暂时看不准或有争议的，不急于下结论；看准了的，则积极加以肯定，予以大胆推广。

---

① 杜润生：《解读温州经济模式》，《浙江经济》2000 年第 9 期，第 13—15 页。

浙江是国内较早兴办村社企业的地区，也是国内最早开办专业市场的地区。以绍兴柯桥纺织市场为例，当时绍兴的一些村社纺织企业，由于产品和来料采购与销售是在国家计划之外，大部分无法正常进入国家计划的生产和销售渠道。因此，一些企业将产品批给员工，或者批给个体商贩，摆在国道边销售，逐渐形成了规模，形成早期市场的雏形。地方政府顺势而为，并且大力扶持，才有今天浙江众多的各类专业市场。如今浙江的市场除了规模化，早已信息化、全球化，并且已经向着全球化市场的高端—互联网销售大步迈进，阿里巴巴成长为国际巨大互联网销售企业之一，正是浙江民间广大群众与社会思想解放和创造性在市场创业方面可持续发展的充分体现，其中当然也有政府支持的功劳。此外，浙江的许多改革都是先从民间、从群众中开始的，如企业的股份制改革，等等。浙江改革开放最突出的成就，就是民营企业的建立、成长和壮大，在政府的不断鼓励和坚持不懈的扶持下，浙江的民营企业从无到有，由少到多，早年的星星之火，早已成燎原之势。如今民营企业已经成为浙江经济发展的主力军，对浙江经济的可持续发展不断做出重大贡献。

从计划经济体制向市场经济体制转轨是一场深刻的革命，而且没有成功经验可以借鉴。改革初期，浙江各级干部对群众的创造性探索往往采取默认的态度，“老百姓愿意干的不阻挡，老百姓不愿干的不强迫”。从表面上看，这似乎是“无为而治”，放弃引导，但实践证明，当时理论和政策跟不上实践发展，许多问题一时还说不清楚，旧体制旧观念造成的阻力很大。在这样的情况下，不作为就是作为，不制止就是允许、保护、支持。这样做可以使生产力的决定作用和经济发展的自身规律充分显现出来，并减少盲目的引导，这恰恰是实践标准和生产力标准深入人心的结果。凡是这样做的地方经济都发展迅速，地方财力都得到增强，干部群众都得到实惠，因而产生了强烈地示范效应和扩散效应。浙江各级党委、政府普遍坚持一切从实际出发，允许试、允许看、鼓励闯。对于干部群众中的不同认识，普遍采取不争论、不压制、不扼杀的态度，冷静观察，不轻易作结论，用事实来教育人，用实践结果来统一思想；当经过审时度势，观察分析，认为基本可以肯定时，就给予鼓励，加以引导；当经过一段时间的实践，证明这种做法可行，又得到上下认可时，就予以大力提倡和推广。浙江各地普遍坚持先放开后引导，先搞活后规范，先发展后提高，不求全责备，不因噎废食，让新生事物在实践中逐步完善，通过发展解决发展中出现的问题，通过改革解决改革中出现的问题。例如对于市场经济发展初期比较突出的“假冒伪劣”产品问题，浙江各级党委、政府坚决打假，但决不搞不分良莠的一律取缔，而且用更多地精力去引导企业加强质量检查，制定技术标准，建立行业协会，加强行业自律。近年来，浙江又开始有计划地建设包括政府信用、企业信用、个人信用的社会信用体系，打造“信用浙江”。温州的制鞋业、乐清的低压电器业等，都是在政府的引导下，走出“假冒伪劣”产品造成的困境，逐步走上健康发展的道路，成为“中国鞋都”和全国最大的低压电器生产基地，并且打入了国际市场。

因此，浙江改革开放的一个重要经验，就是始终牢记党的群众路线，尊重群众的首创精神，始终把群众的思想解放放在十分重要地位。坚持改革开放“三个有利于”的标准，引导人民群众解放思想，鼓励群众开拓思路和大胆创造。人民群众是改革开放实践的主体，是科学发展、社会进步的根本力量。改革开放 30 多年，没有人民群众的思想解放，要想取得今日的成就是不可能的。浙江经验证明：第一，只有尊重和发挥人民的首创精神，遵循马克思主义关于人民群众是历史主体的思想，解放思想才有不竭的源泉。解放思想就是坚持以马克思主义为指导，在不断总结实践经验的基础上，冲破陈旧思想观念的束缚，达到主观和客观的有机统一。唯物史观告诉我们，人民群众是社会物质财富和精神财富的创造者，是社会变革的决定性力量，人民群众的实践是我们获得正确认识的最基本源泉，是解放思想最重要的基础。离开了人民群众，解放思想就会成为无源之水，实践创新和理论创新就会成为无本之木。第二，只有尊重和发挥人民群众的首创精神，全面贯彻与时俱进这个马克思主义的本质要求，解放思想才有前进的方向。解放思想要随着实践的发展而不断深化。人民群众的意志、愿望、要求和实践，反映着社会发展趋向，体现着社会发展规律。离开了人民群众，解放思想就会脱离实际，实践创新和理论创新就不可能跟上时代步伐。第三，只有尊重和发挥人民群众的首创精神，坚持一切为了最广大人民根本利益的政治立场，解放思想才有追求的价值。坚持马克思主义的群众观点，植根于人民，注重从人民群众的实践中汲取养分，不断实现最广大人民的根本利益，是无产阶级政党的历史使命。始终把为绝大多数人谋利益作为奋斗目标，始终把全心全意为人民服务作为根本宗旨，这是我们党大力推动思想解放的根本动因，也是我们党实践创新和理论创新最重要的政治基础。离开了人民群众，解放思想就会成为无的之矢，实践和理论创新也就失去了意义。第四，尊重人民群众的首创精神，很重要的一条，就是要始终坚持一切从实际出发，善于把中央精神和本地实际紧密结合起来，根据本地资源状况、经济基础和产业传统，因地制宜、因势利导地推动区域经济社会发展，努力开辟具有时代特征、区域特色的发展之路。不管是抓改革还是促发展，只有从实际出发才能成功。违背了这一规律，就谈不上尊重群众的首创精神，也就一事无成。对于浙江的发展来说，各地有各地的特点，各地有各地的优势。这些特点和优势，就是浙江"实际"。改革开放以来，浙江这趟经济列车能够沿着正确轨道高速运行，在这块富有理想和激情的热土上，多种经济所有制经济水乳交融，各类市场主体相得益彰，各种产业模式共生共荣，经济社会发展始终保持着良好态势，就是因为我们做到了实事求是，尊重了群众的首创精神，从而把党的方针政策和中央的重大部署转变为浙江人民的自觉实践，充分调动全省人民的积极性、创造性，走出了一条具有时代特征、中国特色、浙江特点的区域发展之路。第五，尊重人民群众的首创精神，就必须积极探索和遵循经济社会发展的客观规律，牢固树立正确的政绩观，正确处理继承和创新的关系，对在实践中形成的符合区域经济发展规律的战略部署，要坚持不懈、一以贯之，一年接着一年、一届接着一届地抓下去，努力形成有自身特色的发展优势。要创造性地开展工作，一方面要始终保持奋发有为、昂扬向上的精神状态，切实引导好、保护好、发挥好各方面的积极性、主动性和创造性。另一方面，也要认识规律、把握规律、遵循规律、运用规律，这是尊重群众首创精神、求真务实的根本要求。深入实施"八八战略"、全面建设"平安浙江"、加快建设文化大省、积极建设"法治浙江"、加强党的执政能力建设等一系列重大决策部署，都是对浙江又快又好发展规律的深刻认识，是运用规律所取得的成果。第六，尊重人民群众的首创精神，就必须充分发挥群众创造性实践在政策制定实施中的作用。浙江始终注重从人民群众的实践创造中积累经验、吸取营养，制定并不断丰富和完善各项政策。许多对浙江改革发展产生深远影响的重大政策举措，都是在总结人民群众创造性实践的基础上形成的。在推行家庭联产承包责任制过程中，浙江明确提出"尊重多数群众意愿、把选择责任制的权力交给群众"①的指导原则，确立了"尊重和保护群众首创精神"的基本政策导向，使家庭联产承包迅速全面推行。在发展个体私营经济过程中，尊重广大群众经商办

① 本书编辑委员会：《浙江省中国共产党志》，浙江人民出版社2007年版，第665页。

企业的创业热情和创造实践，颁发了全国第一张个体工商户营业执照和第一张股份合作企业营业执照，出台了一系列引导和扶持政策。在培育专业市场过程中，总结温州、义乌等地兴办市场的做法和经验，积极扶持各类商品市场和要素市场，形成了“小商品、大市场”的发展格局。在转变政府职能过程中，推广金华市的政务公开制度、上虞市的办事大厅制度和省工商局的“并联式”审批制度，加快建设阳光政府、服务政府。政策来源于人民群众的实践，又用于指导人民群众的实践。必须坚持群众观点和群众路线，坚持问政于民、问需于民、问计于民，不断加强和改进调查研究，对人民群众创造的新生事物和新鲜经验，只要被实践证明是行之有效并符合事业发展需要的，就要及时加以总结、概括和提炼，上升为政策。这样，各项政策才能更好的指导实践，才能获得最广泛、最可靠的群众基础。

浙江经验的重要意义在于，第一，坚持尊重群众的创造作用这一唯物史观一以贯之的本质要求。唯物史观认为，人民群众是社会物质财富和精神财富的创造者，是推动社会发展的决定性力量和唯一主体，“人民群众是历史的创造者”是唯物史观的根本原理。一般来看，尊重人民群众的主体地位和创造作用，包括尊重人民群众在社会历史活动中所表达的意愿和要求、所显示的聪明才智、所进行的主动创造，其中既内在地包含着遵循社会历史发展规律的要求，也内在地包含着尊重人民的首创精神和利益需求。人民群众进行历史创造活动的过程，就是充分发挥首创精神的过程。马克思指出，“历史上的活动和思想都是‘群众’的思想和活动”，“历史活动是群众的事业，随着历史活动的深入，必将是群众队伍的扩大”[①]，明确地表达了人民群众是历史主体的思想。列宁也曾对人民群众在历史发展中的作用予以肯定，他提出，“随着人们历史创造活动的扩大和深入，作为自觉的历史活动家的人民群众在数量上也必定增多起来”[②]，他们正是“历史创造者”，而对于人民群众在社会主义事业中的地位问题，他更进一步强调“生机勃勃的创造性的社会主义是由人民群众自己创立的”。毛泽东则高度概括出“人民，只有人民，才是创造世界历史的动力”[③]这一结论。可见，人民群众作为历史的主体，是社会变革的决定力量和历史的主要创造者，这是贯穿于马克思主义唯物史观的基本立场和观点。第二，坚持尊重群众首创精神是党的全心全意为人民服务宗旨的根本体现。党的宗旨是通过党的路线、方针和政策来实现的，要实现和维护最广大人民群众的利益，就必须使党的方针、政策和措施充分代表和体现人民群众的利益，体现人民群众的要求、得到人民群众的拥护，是最根本的衡量标准。中国共产党 90 年历程的基本经验之一就是始终坚持全心全意为人民服务的根本宗旨，一切为了群众，一切依靠群众，从人民群众中汲取前进的动力。邓小平曾对此进行过总结，“中国共产党员的含义或任务，如果用概括的语言来说，只有两句话：全心全意为人民服务，一切以人民利益作为每一个党员的最高准绳”[④]。第三，尊重群众首创精神是党进行理论创新的深厚根基。从根本上看，改革开放的历程就是在党的领导下，人民群众的首创精神不断被激发和涌现的过程。在中国这样人口众多、生产力较落后的国度如何建设社会主义，是一个全新的课题，马克思主义经典著作没有提供现成的答案，世界各国也没有成功的经验可循，唯一可行的路径就是在党的领导下鼓

---

① 《马克思恩格斯全集》第 2 卷，人民出版社 1957 年版，第 104 页。

② 《列宁选集》第 1 卷，人民出版社 1995 年版，第 127 页。

③ 《毛泽东选集》第 3 卷，人民出版社 1991 年版，第 1031 页。

④ 《邓小平文选》第 1 卷，人民出版社 1993 年版，第 257 页

励人民群众进行开创性的探索，并将其中的成功经验加以总结，进行理论加工和升华，这一过程实质上也是马克思主义中国化不断推进的过程，是中国特色社会主义理论体系形成和不断完善的过程，群众的首创精神正是理论创新中突破旧观念、实现思想解放的重要力量源泉。在人民群众的实践中，尽管有些思路和方法可能还不够成熟，带有地域色彩，是分散的而非系统化的，但却是党制定改革路线、方针、政策的重要素材，通过加强提炼和梳理，通过不断实践的调整、修正，就可以成为集中的系统的意见。邓小平曾对改革开放中群众的创造作用进行总结，“我们改革开放的成功，不是靠本本，而是靠实践，靠实事求是。农村搞家庭联产承包，这个发明权是农民的。农村改革中的好多东西，都是基层创造出来，我们把它拿来加工提高作为全国的指导”[①]。这些论述深刻揭示了中国的农村改革来自农村、来自广大农民群众这一基本事实，正是在人民群众的创造性实践中，党的领导集体得以不断汲取丰富素材，拓宽理论创造的视野，并把人民群众的智慧和经验作为决策的依据，善于概括群众的经验和创造，把分散的意见化作集中系统的意见，最终形成完善、成熟的理论体系，并以此来指导全国规模的社会主义事业。正是由于我们党充分尊重人民群众在改革中的首创精神，农村改革的各项措施一出台就显示了强大生命力，极大地解放了农村生产力，使整个农村面貌发生了历史性变化。因此，在领导中国特色社会主义事业的历史进程中，必须做到尊重群众的首创精神，注意并善于总结人民群众的成功经验，在此基础上的理论创新才能具有强大的生命力。第四，尊重和发挥群众首创精神是培养和造就社会主义现代化事业合格主体的有效途径。社会主义现代化不仅仅是经济的现代化，而是一个由包括经济、政治、文化在内的社会整体结构的现代化和社会主体——人的素质现代化有机交织而成的变迁过程，其中，人的现代化是关键与核心，没有人的现代化就没有真正意义上的社会主义现代化。人的现代化是指人的自身生产、综合素质、实践活动能够适应并推动社会进步的要求，是“传统人”向“现代人”全面转化的过程。30 多年改革开放的历程也是群众的创造性实践，是群众潜在才能、知识、经验、情感意志等转化为现实生产能力的过程。在这一过程中，群众的主体意识进一步得到了彰显，他们对社会主义事业的关注和积极参与体现出日益强烈的主人翁意识，而其自身的思想政治素质、科学文化素质、道德素质等也在不断提高，同时，在积极投身社会实践的过程中，人民群众对社会主义事业的政治认同也在加强，通过自身活动影响社会制度变迁和发展的实践能力得到了提高。从根本上说，群众的创造性实践就是塑造社会主义现代化所需要的主体的过程，是不断实现人的现代化的过程。人的现代化与整个社会进步又是一个双向建构的过程，在提高作为社会主义现代化主体的人的素质的同时，也就实现了社会进步。第五，群众首创精神为党加强执政能力建设提供了长足动力和重要途径。伴随着党所处的历史方位、时代环境和执政条件的新变化，加强党的执政能力建设已成为党自身建设的重中之重。就其实质与核心来看，主要是在执政条件下正确处理党和人民群众的关系问题，解决好“为谁执政”和“靠谁执政”的问题。在党的执政实践中，始终把尊重群众的创造、发挥群众首创精神的原则贯穿其中，不断从群众的实践中汲取群众智慧和经验，并将其进行必要的总结和升华，从而形成具有更广泛指导意义的理论体系。正是鉴于群众首创精神在党的建设中所具有的特殊地位，党的十七大报告在全面系统地概括我国改革开放的成功经验时，明确提出要“把尊重人民首创精神同加强和改善党的领导结合起来”。因此，在新

① 《邓小平文选》第 3 卷，人民出版社 1993 年版，第 382 页

形势下推进改革开放的进程中，要善于将群众首创精神与加强党的执政能力建设两者结合起来，要始终坚持为人民执掌政权、靠人民执掌政权，进一步完善经济和社会发展重大决策的规则、程序，提升人民群众参与社会管理和公共事务的程度，充分尊重民意、集中民智，发挥人民群众在国家和社会事务管理中的主人翁作用。在动态中实现群众首创精神和党的执政能力建设这两者之间的良性互动，促使人民群众在党的领导下为党的执政能力建设提供源源不断的智慧和力量，进而为扩大党的群众基础、提高党的社会影响力和巩固党的执政地位提供重要基础。

第二节　不断唤醒人民群众的主体自觉

人民群众是市场的主体，因此必然应该成为思想解放的主体。在改革开放形势下，政府虽然有各种各样的机会介入市场，把握市场的主导地位。但是，一个合格的政府始终应该忍住介入市场的冲动，将获得的市场机会转给群众代表的企业和个人投资者。因此，思想解放意味着唤起群众的主体自觉，从而培育市场主体乃至社会主体。

由于官僚主义和小生产的习惯势力作祟，中国百姓的主体意识是相对薄弱的，在生存选择和竞争与生活态度和生活样式等方面，主体自觉不够。改革开放以及中国当代的发展，就是要在解放思想过程中不断深入培育群众的主体意识和主体自觉。进一步培育市场主体和社会主体，这是现代国家的重要标志，也是中国特色社会主义的重要内容。30 多年的改革开放，中国在经济、政治、社会和文化的各个领域，都取得了举世瞩目的成就，积累了十分成功的经验，这是主要方面；但也有一些失败、甚至非常失败的教训，这些虽不是主要方面，但是影响不小，是值得认真对待和重视的。一个重要地问题在于，思想解放不够，而这个问题的关键则在于不能把人民群众放在解放思想的主体地位上。一些领导常常把自身放在解放思想的主体位置上，总是说要带领群众解放思想，却对群众的思想解放忧心忡忡，畏首畏尾，甚至嗤之以鼻，不屑一顾。表现在经济发展方面，一些官员甚至地方政府部门总是习惯以自己为中心和主导，热衷于按照主观想象来发展部门或地方经济，不愿意花大力气去深入群众、启发群众、服务群众，不屑去发掘和激励群众的创造。

人民群众是市场的主体，发展的主体，也是构建及享有全面小康及和谐社会的主体。浙江改革开放重要的经验就是唤起百姓主体自觉，培育主体性。现在人们常说浙江人特别能自主创业，将自主创业看作是浙江的一条重要经验来学习。但其实能够自主创业只是表象，其背后的本质是主体自觉和主体性。改革开放要做的第一件事，就是要解放思想，唤起群众的主体自觉，培育主体意识和主体性。人民群众作为发展的主体，没有他们主体的自主性、能动性和积极性，是发展不起来的。浙江百姓能自主创业，这一条已经成为重要的经验，受到人们的重视。但是自主创业是结果，是现象，不是本质。本质是浙江人民群众的主体自觉和主体性。浙江过去在唤起百姓主体自觉、培育主体性上做到了两条：其一是坚持改革不动摇。浙江人当时很苦，国家投资很少、资源稀缺、人均可耕地太少，不改革开放，没有活路。政府抓住体制创新这一条，坚持“三个有利于”标准，放开手脚，调动一切积极性。换另一种说法，就是让老百姓自己去寻找活路（致富之路），政府无为而治，给政策，其他基本不管。当然不是真的不管，而是用政策扶持，并做好服务。对各级党委和政府而言，这也正是干部思想解放的关键，丢掉了官僚主义，同时也甩脱了小生产习惯依赖政府的包袱。对于百姓来说，激发了积极性和创造性，千军万马闯市场，千家万户争创业，在市场搏击的大潮中及生存权利和致富渴望的追求中，找回人固有的自尊、自信和自觉。吃饭不找政府，富裕回报社会。当时浙江温州国营企业下岗工人和待业青年有两句话，叫“不找政府找市场”，“不叫下岗叫转岗”。当然不只是温州，浙江全省各地都是如此。早期的浙江政府似乎并没有有意识地构建现代政府，却也是歪打正着，浙江的政府行为恰好体现了现代市场经济条件下政府对于市场少干预、多服务的特点，并由此建立起现代服务型政府的雏形。这也算是摸着石头过河吧。其二是坚持开放不动摇。开放实际上有两层含义，一是放开，要激活百姓的主体性，就要顺势而为，放开搞活，这也是改革的要求；二是打开国门。众所周知，浙江外商投资少，这与政府行为有关，但并不说明浙江不开放。浙江的开放主要是“走出去”，走向全国，走向全世界；还有“引进来”。“引进来”不是“请进来”，而是鲁迅的“拿来主义”，如轻纺、小商品、小五金、休闲用品等产业。不是外国人进来雇中国人做，而是把产业拿来中国人自己做，并与外国人竞争，从低级产业逐渐向高级产业发展。这就是主体性。现在还是外来的投资少。相反，浙商去外面的投资愈来愈多，浙江目前正在建设四个浙江：一个实体浙江，一个虚拟浙江（互联网），一个全国浙江，一个全球浙江。这是浙江的特点和优势，主动进入一切可能的市场，把握市场的各种机遇，充分展现了浙江民间及群众市场主体性的成熟。

浙江改革开放过程中主体自觉和主体性的培育，还体现为培育地方的发展主体性。浙江过去在培育地方主体性工作方面成效是十分显著的，浙江有山有海，有平原和盆地，宁绍平原、杭嘉湖平原、温台地区、金衢盆地、浙北山区、东海岛屿等等，各地的文化差异性也很大，杭嘉湖以及宁绍一些地区，百姓的生活一贯以和谐向上、从容闲适为主基调，这与温台地区的拼搏向上、热烈紧张相映成趣，相得益彰，兼顾了浙江省内各地方的地方精神的个性和差异性。

当然，培育主体性需要正视人的素质不断提升。不能因为浙江发展得不错，百姓主体性强，就不去加以重视。浙江的发展某种程度上得益于重功利、讲实效的传统。但是一些问题的背后有功利主义在作怪。西方功利主义几百年，其中的教训很多，如今也不再是早期资本主义那种功利主义了，而是有所变化，我们不能走西方的老路。如今提倡科学发展，提倡公平正义、和谐有序，提倡一种文明的生产方式、生活样式和生活态度，以及建设法治社会，这些都是现代浙江精神以及现代的主体性所需要的，对于纠正过去急躁地功利主义很有帮助。值得重视的是过去浙江政府的“无为而治”的平和态度与积极的引导，对于民间和百姓克服急躁的情绪产生积极影响。如今浙江百姓法律意识日增，民间企业大多能通过自律、自我调整和自我规范，向现代化转变，同浙江政府的作用分不开的。当然，今日浙江不仅民间要进一步克服急躁的功利主义，政府自身也要警惕急躁的功利主义。政府不进市场，只做服务，这样的“无为而治”经验不要丢掉。浙江要想进一步推进改革开放，要想继续保持走在前列的先发优势，就必须不断改革。而改革的最重要的目的，仍然是要进一步培育主体性。

第三节　尊重人民群众发展生产力的自主权

浙江经验证明，依靠人民群众建设具有浙江特点的中国特色社会主义，必须充分尊重人民群众发展生产力的自主权，支持和鼓励广大劳动群众成为投资者和经营者，成为自主财富的创造者和积累者，掌握发展生产力的主动权。

社会主义的根本任务是发展社会生产力，而人是生产力中具有决定性的力量。但在传统的计划经济体制下，劳动者仅仅被作为生产者和消费者而被动地纳入社会再生产过程，劳动者只是财富的创造者而非财富的拥有者，劳动者个人的自主就业权、择业权被剥夺，劳动者个人的积累权、投资权和经营权都被看成背离社会主义方向的行为而被严格限定，积累权、投资权和经营权为国家或集体组织所独享。这就使劳动者这个生产力的决定性要素受到很大束缚，这是束缚生产力的最大的体制性障碍。浙江经济社会充满活力的最主要原因，是冲破了僵化的计划经济体制的束缚，形成了与社会主义初级阶段基本经济制度相适应的思想观念和机制，营造了鼓励人们干事业、支持人们干成事业的社会氛围，放手让一切劳动、知识、技术、管理和资本的活力竞相迸发，让一切创造社会财富的源泉充分涌流，使千百万人民群众的主动性、积极性、创造性得到充分发挥，走自主创业、自我积累之路，通过人的主观努力使各种生产要素得到优化配置和充分利用，促进了生产力大发展。

改革开放以后，浙江由于实行家庭联产承包责任制而解放出来的大量农村剩余劳动力的就业问题很快凸显。在大力发展乡镇企业政策的鼓励和引导下，在能工巧匠和经商能手的带领下，一大批浙江农民迅速掀起了自主创业的热潮，作坊式小厂和集贸市场如雨后春笋纷纷崛起，几十万供销大军走南闯北。浙北地区依托中心城市重点发展乡镇集体企业。浙南地区主要凭借手工业发达和善于经商的历史传统，发展家庭作坊、个体商贸服务业和长途贩运。浙江地方党委和政府提出“不论成分重发展，不限比例看效益”；“国家、集体、个人一起上，四个轮子（乡办、村办、联办、户办）一起转”；“多轮驱动，多轨运行，多业并举”，积极支持广大群众的创业实践。由于依靠和调动了千百万群众的创业积极性，形成了“千家万户办企业、千辛万苦搞经营、千山万水闯市场、千方百计创新业”的波澜壮阔局面，在市场竞争中造就了千百万充满创业冲动和竞争活力的市场主体。他们靠自己的体力劳动和脑力劳动包括经营管理劳动不断创造财富，积累财富，为浙江经济社会的快速发展奠定了坚实基础。党的十五大确立以公有制经济为主体、多种所有者经济共同发展的社会主义初级阶段基本经济制度以后，浙江放手发展个体私营经济，做到不限发展比例，不限发展速度，不限经营方式，不限经营规模；加大政策扶持力度，加大依法保护力度，加大环境整治力度；使个体、私企经营者经济上有实惠，社会上有地位，政治上有荣誉。同时，鼓励个体、私营企业上规模上档次，加强技术改造，建立现代企业制度。在这些政策激励下，过上小康生活的浙江人民群众，义无反顾地把改革开放以来积累的经验和财富投入现代化建设，许多私营企业已经采用了当今世界上最先进的生产线和最新的工艺技术，开发出一批科技含量高的新产品，在浙江大地掀起了又一轮新的创业高潮。

浙江改革发展之所以能取得如此巨大的成就，一个非常重要原因是民营经济的先发和壮大。目前，浙江民营企业贡献了全省60%以上的税收、70%以上的生产总值、80%以上的外贸出口和90%以上的新增就业岗位。2011中国500强民营企业，浙江占了144席，连续13年居全国首位。全省人均GDP增长速度最快的20个县（市）中，有2/3以上个体、私营经济比重超过50%。浙江还鼓励民间资本进入基础设施建设、文化教育事业和社会公用事业领域创业，依靠广大群众的力量推动社会全面进步。“四自公路”、“五自水库”等工程项目纷纷出现，从幼儿园到高等院校，从医院到养老院，从健身房到体育馆，从娱乐场所到旅游设施，各类民办社会事业迅速发展。仅台州市企业、个人参与或独资的群众文化经营单位就有6000多家，形成了演出、影视、图书销售、体育活动和艺术培训等十大门类的文化产业体系。

可以说，没有民营经济的快速发展，就不可能有浙江改革开放和经济社会发展的辉煌成就，就不可能有今天浙江经济的蓬勃生机和强劲活力。

同时，民营经济还从市场观念、创新意识、经营机制、用工和分配制度等方面，为国有企业和传统集体企业的改革提供了有益借鉴，从资产流动重组、富余人员下岗再就业等方面为其创造了有利条件。目前，国有及国有控股工业在全省电力、通讯、自来水和煤气生产供应业中的比重超过 80%，在化学、冶金等资本密集的基础原材料产业中超过 50%，在电子等技术含量高的新兴产业中超过 40%。一大批国有企业或企业集团成了行业的排头兵，国有经济的控制力、影响力和竞争力不断增强。集体经济也通过深化改革盘活了资产存量，促进了产权流动重组和生产要素的优化配置，形成了明晰的产权关系、多元的产权主体和有效的产权结构，极大地调动了经营者和劳动者的积极性，掀起了增加投入、扩大规模、提高技术含量的高潮，激发了企业的生机和活力。同时通过资源开发、资本经营、资产管理和社会化服务，使集体资产不断优化存量，提高质量，扩大总量，完善管理。浙江的实践充分证明，各种所有制经济完全可以在市场竞争中发挥各自优势，相互促进，共同发展。

进入小康社会以后，广大劳动者积累的个人财富愈来愈多，创业的能力愈来愈强，创业的经验愈来愈丰富，创业的机会和途径也愈来愈多，投资行为日益普遍化。劳动者自主创业和不断扩大再生产，必将更有力地推动社会主义现代化建设。

第四节　充分尊重各种生产要素拥有者的配置选择

马克思和恩格斯设想，代替资本主义的公有制社会将是一个自由人的联合体，实行联合起来的社会个人的所有制，消除劳动的客观条件与劳动本身的分离，实现劳动者与其他生产要素的直接结合，保障劳动者的个人权利得到充分实现。在建立新社会的过程中，必须大规模地采用合作生产。列宁认为，在一个小农经济占主体的国家里，只有通过合作社来建设社会主义。合作社的发展就等于社会主义的发展，“在生产资料公有制的条件下，在无产阶级对资产阶级取得了阶级胜利的条件下，文明的合作社工作者的制度就是社会主义的制度”[①]。实践证明，社会主义不能建立在分散的小生产的基础上，也不能像资本主义社会那样在剥夺大多数劳动者的前提下建立社会化的大生产，只能是通过劳动者的自愿平等联合建立起社会主义生产关系。但这种联合的具体形式只能由人民群众在实践中创造，而不是由理论家或政府设计出来强加给人民群众。靠行政手段和群众运动强制劳动者联合起来，是难以调动劳动者的积极性的；否认按生产要素分配，也难以使生产要素得到有效、充分、合理的利用。在劳动者已经拥有其他生产要素和具有投资能力的情况下，以市场关系为纽带，实行以劳动者为主体的各种生产要素所有者的自愿平等联合，并且使联合体成员得到的利益与他们用劳动和其他生产要素作出的贡献相匹配，是社会主义条件下发展社会化大生产的成功之路。浙江经济快速发展并且具有较强竞争力的重要原因，就是充分尊重各种生产要素拥有者的优化配置选择，在自主创业和自我积累的基础上，依靠市场机制，形成了自愿联合的社会主义生产关系，促进了各种生产要素的优化组合，形成了生产要素多样化配置形式。

---

① 《列宁全集》第 4 卷，人民出版社 1984 年版，第 684 页。

在单个企业的组织形式上，自愿联合的典型形式是股份合作制。浙江是股份合作制的发源地之一。许多劳动者兼投资者在创业之初由于势单力薄，产生了联合起来的愿望。家庭工业在激烈的市场竞争中为了迅速增强自身实力，也需要联合起来，由此产生了联户经营、挂户经营、合股经营、股份合作等具有集体经济性质或与集体经济相联系的经营形式。在这个基础上，股份合作制作为劳动者兼投资者自愿平等联合的形式，首先在温州、台州地区迅速发展起来，并且受到当地政府的支持，短短几年就成为当地的主要经济组织形式。1994 年，温州的股份合作制企业发展到 3.8 万家，占当年全市工业总产值的 70%；台州市 1996 年股份合作制企业创造的增加值在全市地区生产总值中所占比重达 75%，上缴税金占财政收入的 65%。由于自愿入股、劳资联合、利益共享、风险共担，并且具有灵活的形式和广泛的适应性，股份合作制在浙江省乡镇企业和海洋捕捞业、养殖业以及开发性农业、林业中得到广泛发展。90 年代，许多原有的乡镇企业和国有中小企业也改制为股份合作制。同时，股份合作制又尊重群众的意愿，根据生产力发展的要求自我完善。不少股份合作制企业发展为经营者和技术骨干、经营骨干持大股，以利益机制增强他们的责任感和事业心，或者发展为规范的股份制企业。

在相关企业的组织形式上，自愿联合表现为小企业、专业化、大协作，组成巨大的区域性合作经济组织。浙江的小企业从提高经济效益出发，不搞小而全，很少自成体系。单个企业一般只生产某一产品零部件或承担某一道工序。它们以最终产品为龙头，以专业化分工为基础，以专业市场为纽带，自发形成分工细密的社会化协作体系。“中国鞋都”温州通过制鞋业内部细密的分工协作，在确保质量的同时，将成本降到最低。千百家小企业通过市场交换形成紧密联系，一个企业集群往往相当于一个全国甚至世界最大的工厂。这种专业化的小企业自愿合作的组织结构，不仅降低了创业门槛和生产管理成本，大大促进了专业生产水平的提高，而且以群体规模优势弥补了单个企业规模太小的不足，既有很大的灵活性，又有很高的市场占有率，因此具有相当强的竞争力。专业化协作的巨大优势也使企业对合作产生了巨大的依赖性，离开了集群就无法生存和发展。因此，这样的区域性合作经济组织具有强大的生命力。

在流通领域，这种社会化协作体系的主要形式是星罗棋布的专业市场和覆盖全国、辐射全球的商品营销网络。专业市场以交易某一类商品为主，具有现货批发、集中交易、摊位众多、辐射面广、各类服务配套齐全等特点。因此市场竞争比较充分，搜集信息的成本较低，加上场内经营者都有固定摊位，欺诈和作弊的可能性较小。买卖双方共享巨大的人流、物流和信息流，在一个市场内可以完成全部交易活动。实践表明，专业市场能够有效地为成千上万中小企业提供销售服务，降低交易费用，对买卖双方都有巨大的吸引力，是中小企业自愿合作的有效形式，因此得到迅速发展，使浙江成为首屈一指的“市场大省”。像绍兴中国轻纺城、余姚中国塑料城、湖州南浔建材市场等，都是全国同类市场中规模最大、辐射最广、影响最大的生产资料市场。义乌中国小商品城成交额连续多年位居全国工业品批发市场榜首。浙江还有 400 多万经商人员活跃在全国和世界各地，国内任何大中城市的黄金地段和大型商场，甚至每个县城都有浙商。这种以专业市场为中枢，一头连着生产企业群体，一头连着销售网络的企业群体结构，充分发挥了联合的优势，具有强大的竞争力。根据国家统计局对全国规模以上企业生产的 532 种主要工业产品 2000 年产量的统计，浙江有 336 种产品的产量居全国前 10 位；其中 56 种产品产量居全国第 1 位，53 种产品产量居全国第 2 位；有 13 种产品的产量超过全国总产量的一半。由于浙江很多企业算不上规模以上企业，实际比重还要大。如嵊州年产领带2.5亿条，占全球领带总产量的1/3；海宁年产皮衣1600万件，占全国产量的1/4；萧山羽绒制品产量占全国的1/3，温岭的泵类产品占全国55%等等。依靠庞大的区域性合作经济组织，以小商品、小企业为主的浙江成了制造业大省。在浙江许多地方，这种自愿联合逐步发展成颇具规模的块状特色经济。它们往往从"一村(或乡、镇)一品"起步，区块内的企业分工协作，相互模仿学习，生产逐渐扩散，规模不断扩大，形成特色产业群。据不完全统计，全省88个县(市、区)中，2000年年产值超亿元的各类特色产业区块共有519处，涉及175个大小行业和24万余家企业，产值近6000亿元，占当年全省工业总产值的49%左右。这种特色产业区块有利于市场信息的传播和技术的扩散，有利于企业之间通过长期紧密接触建立相互信任，逐渐形成稳定地协作关系，有利于节约土地资源和基础设施共建共享，有利于集中治理污染，有利于建立健全技术、信息等服务体系和行业协会、商会等组织加强行业管理，比较充分地发挥了合作的优势，为中小企业发展提供了良好地成长环境。在区域特色产业的基础上，一批跨市县的大产业区正在崛起。浙江的实践充分证明，各种生产要素所有者通过市场关系建立起的平等联合，是一种适应社会化大生产，具有强大生命力的新型社会主义生产关系。

第五节　正确处理尊重人民群众历史主人地位与发挥执政党和政府作用的关系

对于人民群众在党领导的事业中发挥的作用，邓小平指出："我们党提出的各项重大任务，没有一项不是依靠广大人民群众的艰苦努力来完成的"[①]。在改革开放这一全新的事业中，人民群众是主体和依靠力量，"改革是中国的第二次革命"[②]，"因为改革涉及人民的切身利害问题，每一步都会影响成亿的人"[③]。因此，人民群众对改革的态度至关重要，以邓小平为核心的第二代领导集体强调一定要把人民拥护不拥护、赞成不赞成、高兴不高兴、答应不答应作为制定各项方针政策的出发点和归宿，以此为标准来检验党的领导和作风。在总结改革开放重要经验的南方谈话中，邓小平又进一步提出要高度重视人民群众对改革开放和社会主义事业的态度，"现在就是要选人民公认是坚持改革开放路线并有政绩的人，大胆地放进新的领导机构里，使人民感到我们真心实意搞改革开放。人民，是看实践。人民一看，还是社会主义好，还是改革开放好，我们的事业就会万古长青"[④]！改革开放这一深刻复杂的社会变革，没有人民群众的理解、支持和参与是不可能取得成功的。

浙江经验证明，依靠人民群众建设中国特色社会主义，必须尊重人民群众的历史主人地位，正确发挥执政党和政府的作用，变包揽一切为自觉引导，帮助人民群众认清自己的利益所在，认清社会的发展规律，引导人民群众从实际出发争取自己的利益，依靠自己的力量创造幸福生活，实现社会主义的本质要求。

---

① 《邓小平文选》第3卷，人民出版社1993年版，第4页。
② 《邓小平文选》第3卷，人民出版社1993年版，第113—114页。
③ 《邓小平文选》第3卷，人民出版社1993年版，第113页。
④ 《邓小平文选》第3卷，人民出版社1993年版，第382—383页。

首先，正确处理尊重人民群众历史主人地位与发挥执政党和政府作用的关系，就要坚持党的解放思想、实事求是的思想路线，不断用中国特色社会主义理论教育广大干部群众，使党的基本路线、基本纲领、基本方针、基本政策深入人心，突破对社会主义的教条式理解，引导和支持干部群众冲破各种僵化观念和体制的禁锢。在1980年代，浙江主要是以实践标准和生产力标准破除经济工作中的“唯成分论”，肯定非公有制经济的积极作用，支持群众发展多种所有制经济，探索公有制的多种实现形式；同时大力树立社会主义商品经济观念，积极疏通流通渠道，鼓励千军万马闯市场，社会各方办市场，发挥市场机制作用。在1990年代，主要是突破把公有制企业明晰产权看成私有化和公有资产流失的错误观念束缚，坚定不移地推进所有制结构调整和产权制度改革；突破把“铁饭碗”与工人阶级主人翁地位混为一谈的认识误区，实行国有企业劳动制度改革；突破把私营经济看成社会主义的异己力量的僵化观念，理直气壮地放手发展私营经济；突破技术、信息、资本、管理等生产要素不创造财富的观念，让各种生产要素参与分配，使各种要素市场迅速发展，市场对资源配置的基础性作用大大增强；突破基础设施建设、文化教育事业和社会公用事业只能由国家包办的传统观念，积极吸引民间投资进入这些领域，依靠广大群众的力量推动社会全面进步。党的十五大后，又在干部群众中确立起提前基本实现现代化、转变经济增长方式和积极参与国际竞争的思想观念，促进经济社会发展从量的扩张向质的提高转变。

其次，正确处理尊重人民群众历史主人地位与发挥执政党和政府作用的关系，就要支持各地群众从本地实际出发，因地制宜求发展、搞改革，不搞一刀切，使浙江各地形成了不同的发展路子。一是尊重浙江历史特点和现状，选择主要依靠兴办乡镇企业等非农产业的发展模式。浙江是自然资源比较贫乏的省份，又是人多地少的省份，也是历年来国家投资最少的省份。改革开放之前很长一个时期，由于对浙江实际认识不够，往往是上面号召什么就干什么。诸如农业只重平原，忽视山区和海岛，只重粮食，忽视多种经营，结果是劳动力大量过剩，山海资源得不到开发和利用；工业上抓缺门，攻短线，追求小而全，大而全，片面强调建立独立工业体系，结果是不但短线没有攻下来，而且原有的优势也没有得到发挥，导致人力、物力、财力的浪费。浙江又是个资源小省，许多原材料、能源要靠外省调入，而过去一个较长时间内浙江所走的则是省内循环的路子，经济的发展受到很大制约。浙江针对上述自然、社会和人口省情，从实际出发制定出正确方针、政策和具体措施。1979年以后浙江利用国有经济比重较低、指令性计划范围窄、经济主体商品经济意识强的特点，坚定不移地放手发展社会主义市场经济，在发展多种所有制经济、改革微观企业产权制度、培育市场体系、强化竞争机制等方面，起步早、行动快，许多方面走在全国前列。大力发展浙江乡镇企业，形成比较符合浙江生产力发展水平，以“轻、小、集、加、贸”为主要特征的经济结构。浙江乡镇企业的兴起和壮大，是浙江经济和社会发展的必然选择，也是浙江农民的正确选择，它体现了一种规律。浙江人多地少，如果农民只是在仅有的耕地上务农，不发展多种经营，不发展工业和第三产业，广大农民不可能富裕，广大农村不可能摆脱贫穷，不可能有农业和农村的现代化。发展乡镇企业，走的是一条把广大农村的剩余劳动力吸引在农村就地办工业，办第三产业，实现农村工业化的道路。浙江的农村工业化起步，在不同地区是通过不同方式实现的。杭嘉湖、宁绍地区凭借毗邻上海等大城市的区域优势，依托大城市的工业体系，并依靠集体的积累作为发展农村工业的主要原始投入资金，逐渐建立起比较发达的乡村集体工业体系；温州、台州地区发挥能工巧匠众多和农民善于务工经商的优势，充分利用民间闲散资金，大力发展家庭工业、个体私营企业和股份合作经济。全省经济结构的主要特征是“轻、小、集、加、贸”:以市场为导向的轻型加工工业比较发达;中小企业量大面广占绝对多数;工业经济总量占大头的是城乡集体企业;原材料和产品“两头在外”,资源以市场配置为主,产品以省外和境外销售为主。特别是完全依靠市场调节的乡镇企业的迅猛发展,加快了工业化的进程。二是珍视浙江各地的特色产业和经商传统,积极培育和发展专业市场,建设多层次、多功能、开放式的专业市场网络。改革开放以来,浙江各地从实际出发,适应乡镇企业的发展,紧紧依托各地特色产业,因势利导,面向全国大市场,逐步培养了大批专业市场和综合市场。如浙江乡镇企业发展中出现的“温州模式”,它不是以集体经济为主,而是以家庭工业为主。据1986年统计,温州当时有家庭工业14万家,家庭工业的产值约占全市农村工业总产值的70%,税收约占全市税收总额1/3。家庭工业,前店后厂,边产边销。各家庭工厂之间分工细密。家庭工业的产品小,市场却很大。这些一家一户的生产主要是靠购销员、靠专业市场和社会需求发生联系,紧密结合起来的。据温州市政府估计,当时温州的农民购销员有14万以上。这些农民购销员和各类专业市场结合起来,在这些专业市场下面还有四五百个小市场。义乌中国小商品城和绍兴中国轻纺城成交额连续几年居全国大市场前列。浙江的大多数市场都是依托当地的乡镇工业和小城镇发展起来的。市场的商品多数是当地乡镇企业加工生产的,因而都具有各地的专业特色。一些原来乡镇企业落后的地方,兴办市场后也迅速带动了当地工业的发展。与商品市场发展相适应,劳动力、技术、信息、资金等要素市场也得到了较快发展。特别是浙江较早发展起来的劳动力市场,对加快农村劳动力转移、促进国有企业改革、促进劳动就业有序发展起到了积极作用。各类商品市场的发展,还造就了一支庞大的经营队伍。浙江有悠久的经商传统,历史上以善于经商著称的“宁波帮”、“温州帮”蜚声海内外。改革开放以来,浙江的一大批经商人才走出家门,到全国各地办市场、办企业,促进了这些地区思想观念的转变和商品经济的发展,为社会主义市场经济的形成和发展作出了积极贡献。三是尊重浙江各地发展不平衡的特点,充分考虑和利用地方特色,努力形成几个龙头。浙江各地情况千差万别,经济、人文、地理条件各不相同,发展也不平衡,因此不宜也不能全省实行一个模式。从大的区域差异看,主要有钱江流域和瓯江流域之间的文化历史背景差异,浙东北地区与浙西南地区之间的经济发展条件差异。钱江、瓯江两大流域的文化背景不同造成民风、民俗、传统观念上存在差异,这些差异是构成不同经济发展路子的内在因素之一。浙东北与浙西南两大地区之间的差异,在经济发展水平与发展路子上,则表现为:浙东北地区由于与全国最大工业城市上海有着密切的地缘、人缘关系,利用这一地区原有农村集体经济基础较强的条件,以乡镇集体企业为主要载体,大规模地接纳以上海为中心的城市工业技术和产品的辐射,形成浙江的“苏南模式”;而浙西南广大地区处于上海等经济中心城市辐射的边缘,农村集体经济基础十分薄弱,区域内的中小城市对周围的辐射作用极其微弱,然而,由于这一地区人口众多而耕地特少,农村大量劳动力为寻找生路,历史上就有外出谋生的习惯,手工业和小商贩比较发达,在改革开放形势下,必然引发出家庭工商业的迅猛发展,其产业产品结构明显不具有城市工业直接扩散、转移的结构特征,而是以拾遗补缺、为城市工业配套为主,形成以温州为典型代表的浙西南发展路子。浙江改革开放以来之所以发展很快,很重要的一点,就是浙江重视发挥各地县(市)级政府对经济的指导作用,从而形成了目前全省若干各具地方特色的经济区块和多种模式并存的格局。浙东北地区凭借毗邻上海的区位优势,首先发展乡镇集体企业;温台地区继承务工经商的传统,创造了民营

经济和市场机制有机结合的模式；浙中的义乌从"鸡毛换糖"起步，走出了一条以商带工、兴商建市的路子；浙西的衢州依靠"来料加工"，有效地启动了后发地区的农村工业化进程；群山连绵的丽水着力建设"浙江绿谷"，把开发程度低的劣势转化为生态环境好的优势；舟山凭借海岛资源优势，大做"渔、港、景"文章。这些不同的发展路子不是相互排斥、相互否定，而是相互学习、相互借鉴、取长补短。在这个基础上，各级领导机关通过调查研究找出带有共性的问题，推广典型经验，制定政策法规，按照客观经济规律建立社会主义市场经济新秩序。对于中央的重大决策和重要部署，浙江各级党委、政府都坚决贯彻执行，并结合本地实际创造性地开展工作，保证中央的政令在浙江畅通无阻。

再次，正确处理尊重人民群众历史主人地位与发挥执政党和政府作用的关系，就要坚持和贯彻尊重社会发展规律与尊重人民历史主体地位一致性原则上。尊重社会发展规律与尊重人民历史主体地位一致性原则，是马克思主义唯物史观的一项基本原理，是党的群众观点和群众路线的理论基础，也是我们党实现广大人民根本利益的哲学依据。中国特色社会主义的产生和发展，是近现代中国社会矛盾运动规律演进的历史表现和结果，这一客观规律性并非游离于人民群众的社会实践之外，而恰恰是通过人民群众的实践活动实现的。浙江经验表明，正是在党的领导下，经过浙江人民群众的不懈奋斗，中国特色社会主义发展的客观规律，才克服了各种阻挠而为其在浙江的实现开辟了道路，最终使它获得了"发生作用的广阔场所"[①]。没有浙江人民群众艰苦卓绝的自觉奋斗，就没有也不可能有中国特色社会主义在浙江的生动实践。不仅如此，中国特色社会主义事业在浙江的发展更依赖于人民群众的主体地位。人民群众是创造历史的动力，改革和建设是群众创造历史的过程[②]。党的"目标在哪里？动力在哪里？智慧的源泉，是非的标准，克服困难、坚持原则的勇气在哪里？统统在这里，在为人民、靠人民之中"[③]。不但"必须把群众的自觉与自动、呼声与要求、智慧与力量作为我们决策的基本依据，把符合最广大群众的利益作为制定各项政策措施的第一准则，把有利于调动广大群众的积极性作为一切改革的出发点、归宿及其检验标准"[④]，而且还"必须充分尊重群众的主人翁地位和群众的民主权利"，决"不能单纯用物质利益和经济手段淡化群众的主人翁地位，更不能因为强调行政领导负责制而否定群众的民主权利"[⑤]。只有这样真正确立人民群众的主体地位，坚持和贯彻把尊重社会发展规律与尊重人民的历史主体地位内在统一起来，中国特色社会主义事业发展才有不竭的力量源泉。

再次，正确处理尊重人民群众历史主人地位与发挥执政党和政府作用的关系，还要坚持和贯彻为崇高理想奋斗与为最广大人民谋利益的一致性原则。共产党人的最高理想是实现共产主义，但在不同历史阶段又有代表那个阶段最广大人民利益的奋斗纲领。也正因为浙江把为崇高理想与为人民利益在当前实践中统一起来，才能够团结和动员最广大的人民群

① 斯大林：《苏联社会主义经济问题》，《斯大林文选》(1934—1952)，人民出版社 1962 年版，第 575 页。

② 李瑞环：《充分发挥政治优势，坚持为人民办实事》，李瑞环《学哲学用哲学》，中国人民大学出版社 2005 年版，第 497 页。

③ 李瑞环：《1990 年 1 月 6 日在河北省六大班子成员座谈会上的讲话》，李瑞环《学哲学用哲学》，中国人民大学出版社 2005 年版，第 498 页。

④ 李瑞环：《充分发挥政治优势，坚持为人民办实事》，李瑞环《学哲学用哲学》，中国人民大学出版社 2005 年版，第 497 页。

⑤ 李瑞环：《充分发挥政治优势，坚持为人民办实事》，李瑞环《学哲学用哲学》，中国人民大学出版社，2005 年版，第 497—498 页。

众。中国特色社会主义作为实现共产主义最高理想必经的漫长历史阶段，其本身就蕴涵着共产主义最高理想。共产主义最高理想不仅是对全体人民将来最大利益的最高概括，而且其实现也不能离开广大人民谋取当前利益的实践活动。从根本上说，未来共产主义就是当前社会主义社会中人民利益的一种最高的升华和发展。中国特色社会主义的共同理想也好，未来共产主义的最高理想也好，都植根于最广大人民的利益之中。“社会主义是共产主义的第一阶段，这是一个很长的历史阶段，必须实行按劳分配，必须把国家、集体和个人利益结合起来，才能调动积极性，才能发展社会主义的生产。共产主义的高级阶段，生产力高度发达，实行各尽所能，按需分配，将更多地承认个人利益、满足个人需要”[①]。这就是说，共产党人的理想本身就是领导人民不断追求将来的共同利益，而这种“追求”又只能通过现实利益的不断实现来推进。要为崇高理想奋斗，肯定会有眼前利益暂时与局部的牺牲，有时甚至是大规模的、较长时期的牺牲。但不管怎样，牺牲毕竟只是特定历史条件下为将来的“发展”而迫不得已的选择。“假如我们奋斗一年，到老百姓家里一看，肉也没有，米面也没有，穿得破破烂烂”，那就说明我们没干好，没有实现为崇高理想奋斗与为最广大人民谋利益的一致性，就需要认真加以改进。“只讲宏图大略，而老百姓的生活却很苦，这不是我们的主张”[②]。浙江经验表明，共产党人的崇高理想，只能实现于为最广大人民谋利益的现实历史过程之中。全心全意为最广大人民谋利益，既是我们崇高理想的实质所在，也是它能够凝聚人心、得以推进的动力所在。“马克思主义，另一个词叫共产主义”[③]。“马克思主义是好东西，但如果马克思主义不能带来人民生活的改善，谁还相信马克思主义？”[④]只有在不断提升的水平上，持续地给最广大人民带来现实利益，切实把为崇高理想奋斗与为最广大人民谋利益内在统一起来，中国特色社会主义事业的发展才有不竭动力。

最后，正确处理尊重人民群众历史主人地位与发挥执政党和政府作用的关系，还要坚持完成党的各项工作与实现人民利益的一致性原则上。党所领导的中国特色社会主义的各项工作，包括在其中占据“中心”地位的经济建设是为了什么？就是为了让国家富强起来，人民群众富裕起来。我们做工作、搞建设，又靠什么？靠的是广大人民群众的积极性。如果不坚持全心全意为人民服务，不使社会主义建设成为不断实现人民利益的现实过程，人民群众就没有精神动力，社会主义建设也就肯定搞不好、搞不成。浙江经验表明，党的各项工作与人民的现实利益这二者之间，不可避免地会有矛盾。处理这种矛盾，一个根本原则，就是在党的各项工作中，必须照顾人民群众的利益，而不能伤害人民群众的利益。在改革开放过程中，浙江省委、省政府做了大量切实有效的工作，较好地贯彻了党的改革开放的各项政策，积极引导群众，及时纠正群众实践的负面影响，既使人民群众的利益得到很好保护，又使中央的政策精神得到创造性的落实，在实践中取得很大成功。浙江的义乌中国小商品城是义乌人民群众的伟大创举。然而，对于群众的实践和利益，却有如何尊重、如何引导的问题。做“鸡毛换糖”式的小本生意是义乌农民的历史传统，党的十一届三中全会以后，农民开始光明

---

① 《邓小平文选》第2卷，人民出版社1994年版，第351—352页。

② 李瑞环：《1990年1月6日在河北省六大班子成员座谈会上的讲话》，李瑞环《学哲学用哲学》，中国人民大学出版社2005年版，第500页。

③ 《邓小平文选》第3卷，人民出版社1993年版，第173页。

④ 邓小平：《1980年11月6日上午会见罗马尼亚社会主义民主和团结阵线代表团时的谈话》，《邓小平年谱（1975—1997）》，中央文献出版社2004年版，第688页。

正大地做原来认为"资本主义尾巴"的小本生意，并在义乌城区和部分乡镇自发形成了零星的小商品市场。如何对待农民的这种实践？当时有的政策规定，农民不能弃农经商，集贸市场只能销售农副产品，不能经销工业品，个体户不允许批发销售等等；有关部门对群众超过规定的经营活动曾采取"劝、阻、赶、堵"的办法进行匡正。但结果是经商队伍仍不断扩大。对此，义乌县委首先学习和研讨上级政策精神，认识到在中国发展商品生产具有社会历史必然性，人为阻挡既不明智也不可行。认识提高后，县委提出了"一个放宽""两个发动""四个允许""五项政策"，对从事工商业的群众给予政治上鼓励、资金上扶持、技术上指导、政策上优惠、法律上保护。随即又提出了"兴商建县"的战略口号，从而极大地激发了义乌人民的内蕴力，建成了闻名全国的义乌中国小商品城，推动了义乌经济、社会的发展。浙江经验表明，"社会主义制度的优越性，就在于这个制度的一切都是为了人民群众"[①]，共产党的先进性，就在于它搞的是科学社会主义；党的一切工作，都"以最广大人民的根本利益为最高标准"[②]。只有站在这个高度，正确认识和处理完成党的各项工作与实现人民利益的关系，切实在实践中把这二者内在地统一起来，中国特色社会主义的发展才有坚实的利益基础。

第六节　坚决贯彻党的群众路线的一系列方针政策

坚持全心全意依靠工人阶级的方针。"包括知识分子在内的我国工人阶级、广大农民以及其他各阶层劳动群众，始终是推动我国先进生产力发展和社会全面进步的根本力量，始终是不断发展最广大人民根本利益的坚定力量，始终是维护社会安定团结的可靠力量"[③]；有了工人阶级的领导，革命、建设和改革才能够成功；没有工人阶级的领导，则革命、建设和改革都必定失败。"全心全意依靠工人阶级，这是由我们党和国家的性质、工人阶级的历史地位和作用所决定的"[④]，"工人阶级是我们党的阶级基础，是我们国家的领导阶级"[⑤]"是先进生产力和生产关系的代表，是建设和改革以及维护社会稳定的最基本的力量"[⑥]。"我们党所领导的改革和社会主义现代化建设的全部活动与整个进程，都必须全心全意地依靠工人阶级，这在任何时候、任何情况下都不能动摇"[⑦]。具体到国有企业，"全心全意地依靠工人阶级，就是要在政治上保证职工群众的主人翁地位，调动广大职工的积极性和创造性，增强企业的凝聚力和向心力；就是要加强民主管理，听取群众意见，在制度上保证职工了解和参与企业的经营管理，实现职工群众对企业领导的有效监督；就是要加强职工队伍建设，提高职工整体素质，用建设有中国特色社会主义理论和社会主义市场经济的基本知识武装广大职工，加强对广大职工的爱国主义、集体主义、社会主义教育；就是要依法保护职工的合法权

---

① 李瑞环：《1988年1月18日在听取中共天津市第五次党代会报告起草组汇报时的谈话》，李瑞环《学哲学用哲学》，中国人民大学出版社2005年版，第503页。

② 江泽民：《在庆祝中国共产党成立八十周年大会上的讲话》，《江泽民论"三个代表"》，中央文献出版社2001年版，第162页。

③ 胡锦涛：《在2005年全国劳动模范和先进工作者表彰大会上的讲话》，《时政文献辑览（2004·3—2006·3）》，人民出版社2006年版，第974页。

④ 《江泽民论有中国特色社会主义（专题摘编）》，中央文献出版社2002年版，第158页。

⑤ 《江泽民论有中国特色社会主义（专题摘编）》，中央文献出版社2002年版，第158页。

⑥ 《江泽民论有中国特色社会主义（专题摘编）》，中央文献出版社2002年版，第158页。

⑦ 《江泽民论有中国特色社会主义（专题摘编）》，中央文献出版社2002年版，第158页。

益，不断改善生产环境和条件，关心广大职工的生活和福利"，对"一些困难行业、企业的职工生活"，尤其"要更加关心"[①]。"保障工人阶级和广大劳动群众的经济、政治和文化权益，是党和国家一切工作的根本基点，也是发挥工人阶级和广大劳动群众积极性、创造性的根本途径。各级领导机关和领导干部，都要从坚持党的全心全意为人民服务宗旨、巩固党的执政地位、维护国家长治久安的高度，坚持贯彻全心全意依靠工人阶级的方针，切实加强同广大职工群众的联系，关心他们的疾苦，倾听他们的呼声，实实在在地为他们说话办事，尤其要千方百计地为遇到困难的职工排忧解难，努力把工人阶级和广大劳动群众的物质文化利益实现好、维护好、发展好，把他们的积极性和创造性引导好、保护好、发挥好"[②]。"必须认真研究在新的历史条件下坚持这一方针遇到的新情况新问题，有效地保障这一方针的贯彻落实"[③]。

首先考虑最大多数人利益的方针。"人民群众的整体利益总是由各方面的具体利益构成的。我们所有的政策措施和工作，都应该正确反映并有利于妥善处理各种利益关系，都应当认真考虑和兼顾不同阶层、不同方面群众的利益。但是，最重要的是必须首先考虑并满足最大多数人的利益要求，这始终关系党的执政的全局，关系国家经济政治文化发展的全局，关系全国各族人民的团结和社会安定的全局。最大多数人的利益是最紧要和最具有决定性的因素。这是马克思主义的基本观点，各级领导机关和领导干部必须充分认识和认真实践"[④]

突出重视发挥知识分子作用的方针。"在社会主义历史时期中，只要还存在阶级矛盾和阶级斗争，知识分子就需要注意解决是否坚持工人阶级立场的问题。但总的说来，他们的绝大多数已经是工人阶级和劳动人民自己的知识分子，因此也可以说，已经是工人阶级自己的一部分"。"随着现代科学技术的发展，随着四个现代化的进展，大量繁重的体力劳动将逐步被机器所代替，直接从事生产的劳动者，体力劳动会不断减少，脑力劳动会不断增加.并且越来越要求有更多的人从事科学研究工作，造就更宏大的科学技术队伍"[⑤]。"知识分子是工人阶级中掌握科学文化知识较多的一部分，是先进生产力的开拓者，在改革开放和现代化建设中有着特殊重要的作用。能不能充分发挥广大知识分子的才能，在很大程度上决定着我们民族的盛衰和现代化建设的进程。要努力创造更加有利于知识分子施展聪明才智的良好环境，在全社会进一步形成尊重知识、尊重人才的良好风尚。下决心采取重大政策和措施，积极改善知识分子的工作、学习和生活条件，对有突出贡献的知识分子给予重奖，并形成规范化的奖励制度"[⑥]。中国特色社会主义建设所需的各种资源中，"人才是最宝贵最重要的资源"。"各级党委和政府一定要不断促进和积极扶持各类优秀科技人才的脱颖而出，并十分珍惜和用好人才"[⑦]。

---

① 《江泽民论有中国特色社会主义(专题摘编)》，中央文献出版社 2002 年版，第 158—159 页。

② 《江泽民论有中国特色社会主义(专题摘编)》，中央文献出版社 2002 年版，第 161 页。

③ 《江泽民论有中国特色社会主义(专题摘编)》，中央文献出版社 2002 年版，第 158 页。

④ 江泽民:《在庆祝中国共产党成立八十周年大会上的讲话》，《江泽民论"三个代表"》，中央文献出版社 2001 年版，第 161—162 页。

⑤ 《邓小平文选》第 2 卷，人民出版社 1994 年版，第 89 页。

⑥ 《江泽民论有中国特色社会主义(专题摘编)》，中央文献出版社 2002 年版，第 253—254 页。

⑦ 《江泽民论有中国特色社会主义(专题摘编)》，中央文献出版社 2002 年版，第 255 页。

正确对待新的社会阶层的方针。“改革开放以来，我国的社会阶层构成发生了新的变化，出现了民营科技企业的创业人员和技术人员、受聘于外资企业的管理技术人员、个体户、私营企业主、中介组织的从业人员、自由职业人员等社会阶层”。“在党的路线方针政策指引下，这些新的社会阶层中的广大人员，通过诚实劳动和工作，通过合法经营，为发展社会主义社会的生产力和其他事业作出了贡献。他们与工人、农民、知识分子、干部和解放军指战员团结在一起，他们也是有中国特色社会主义事业的建设者”[①]。推进中国特色社会主义事业，必须正确对待这些新的社会阶层、新的“建设者”。“他们为建设有中国特色社会主义事业贡献了力量，应该受到社会的尊重”。“对个体、私营等非公有制经济要继续鼓励、引导，使之健康发展，充分发挥积极作用。当然，我们也要看到，非公有制经济人士中也存在缺点、弱点和某些不法行为。我们应本着‘团结、帮助、引导、教育’的方针，着眼于非公有制经济健康发展和非公有制经济人士健康成长，帮助他们树立在党的领导下走建设有中国特色社会主义道路的信念，做到爱国、敬业、守法，在加快自身企业发展的同时，也要开展‘致富思源、富而思进’的活动，帮助更多的人走上富裕之路”[②]。切实使新的社会阶层在中国特色社会主义事业中充分发挥其积极作用。

必须注重全面贯彻实行四个尊重。就是尊重劳动、尊重知识、尊重人才、尊重创造。“劳动是人类文明进步发展的源泉”，自然更是中国特色社会主义的全部“发展”的“源泉”。开掘这个源泉，首先要使“热爱劳动、勤奋劳动、尊重劳动、保护劳动蔚然成风”，同时要充分认识知识、人才、创造在劳动过程中的主导作用，“努力形成劳动光荣、知识崇高、人才宝贵、创造伟大的时代新风”[③]。全面贯彻实行四个尊重方针，保证社会各方面力量的创造才能得到充分发挥，全社会的创造和发展活力充分迸发和涌流。

① 江泽民：《在庆祝中国共产党成立八十周年大会上的讲话》，《江泽民论“三个代表”》，中央文献出版社 2001 年版，第 169 页。

② 《江泽民论有中国特色社会主义（专题摘编）》，中央文献出版社 2002 年版，第 344 页。

③ 胡锦涛：《在 2005 年全国劳动模范和先进工作者表彰大会上的讲话》，《时政文献辑（2004 · 3—2006 · 3）》，人民出版社 2006 年版，第 974 页。

第九章

浙江经验对中国特色社会主义事业领导核心理论的贡献

中国共产党是中国特色社会主义事业的领导核心。改革开放以来，浙江在中国共产党自身建设实践中创造了许多在全国有影响的好做法、好经验，使基层党建、党的制度建设、非公有制企业党建、反腐倡廉建设等全面推进，提供了党的建设工作"先行性"与"特色性"经验和启示，为中国特色社会主义事业领导核心理论做出了贡献。

第一节　浙江基层党建"先行性"与"特色性"经验和启示

党的基层组织是党在社会基层组织中的战斗堡垒，是党全部工作和战斗力的基础[①]。要保持和发展党的先进性，不断推进中国特色社会主义事业，就必须切实搞好党的基层组织建设。第一，切实抓好党员队伍建设。要增强党员的先进性意识，激发其自我教育、自我提高的内在动力；要通过不断解决党员队伍中存在的突出问题，持续增强党员队伍整体的先进性；要不断"完善制度和机制，把党的先进性要求转化为党员自觉遵守的行为准则"[②]；要本着从严治党的方针，切实以"入口"和"出口"两端的严密措施，保证党员队伍质量。第二，要围绕党的基本路线和中心任务，全面加强党的基层组织建设，把基层党组织建设成为认真贯彻党的路线、方针、政策，联系群众、纪律严明、富有战斗力的坚强堡垒。"要紧紧围绕推进国有企业改革和发展加强企业党组织建设"；要紧紧围绕社会主义新农村建设的实践，加强农村基层组织建设；要"抓紧在非公有制经济组织中开展党的工作，加强党的建设"；"要切实加强街道社区党的建设"。第三，要不断增强党的阶级基础和扩大党的群众基础。要根据经济发展和社会进步的实际，不断增强党的阶级基础；要根据变化了的社会阶层构成，切实增强党的群众基础。总之，只有不断加强和改进党的基层组织建设，才能"健全和发展党的每个细胞，紧密联系广大人民群众，把党的方针政策落到实处，使党提出的各项任务的实现具备更加巩固的基础"[③]。改革开放以来，浙江始终把基层党建作为党的建设新的伟大工程的基础工程来抓，坚持中国特色社会主义理论和中国共产党建设的基本观点，以改革创新精神大力推进农村、社区、企业、机关、高校和社团的基层党建工作，创新不断，亮点频现，探索出党建工作"先行性"与"特色性"经验，对全国基层党建工作富有重要地启示意义。

---

① 江泽民：《高举邓小平理论伟大旗帜，把建设有中国特色社会主义事业全面推向二十一世纪》(1997 年 9 月 12 日)，《十五大以来重要文献选编》上册，人民出版社 2000 年版，第 48 页。

② 胡锦涛：《在庆祝中国共产党成立八十五周年暨总结保持共产党员先进性教育活动大会上的讲话》，人民日报出版社 2006 年版，第 15—16 页。

③ 《江泽民论有中国特色社会主义(专题摘编)》，中央文献出版社 2002 年版，第 603 页。

一、浙江基层党建工作的主要经验

浙江基层党建工作随着改革开放的不断深化，适应形势的变化、时代的需要和中央的要求，不断拓展工作思路，创新工作方法，构建工作载体，落实工作举措，着力在优化党组织设置、强化党员教育管理、规范党组织活动、夯实党建工作基础等方面下功夫，形成区域化统筹的基层党建工作格局，从而不断实现基层党组织的全覆盖，增强基层党组织的影响力和渗透力。

1. 不断构建整体推进的基层党建新格局

在加强农村基层党建方面，"先锋工程"①已成为浙江党建工作的一个亮点。一是突出抓好农村基层党组织领导班子建设。浙江按照抓乡促村的思路，坚持以加强乡镇、村领导班子建设为重点强化农村基层党组织功能。在"两推一选"②的基础上，积极推行"公推直选"③；全面推行乡镇中层干部竞争上岗、乡镇干部联村"双向选择"制度；通过公开招考等形式，使一大批素质好、能力强、文化高、熟悉农村工作的年轻同志走上农村基层领导岗位。在全省推行以"先定事、后选人、再践诺"为主要内容的村干部创业承诺制。创造了组织升格式④、村村联建式⑤、村企联建式⑥、村居联建式⑦、协会带建式⑧等农村基层党组织设置方式。全面建立农村工作指导员制度，基本实现一村有一名农村工作指导员。二是不断提高农村基层党员干部队伍素质和能力。浙江坚持政治理论培训、岗位培训、学历教育和实用技术培训"四轮驱动"，把农村作为推进"党员人才工程"的重点领域，对农村党员和基层干部进行实用技术培训，进一步完善有利于科学发展的乡镇和村领导班子及干部考核激励机制。三是不断健全农村基层组织工作的运行机制。浙江以发展农村基层民主为重点，以制度创新为保障，进一步规范乡镇和村级组织的管理，健全乡镇党委政府工作机制，构建村"两委"协调机制，完善以村级民主决策"五步法"为主要内容的重大事项民主决策机制，深化以民主恳谈会或民主听证会为主要内容农村民主管理机制。四是积极探索适应市场经济、具有本地特色的农村经济社会发展路子，不断增强农村的硬实力和软实力。浙江各地注重发挥强镇强村示范带动作用，如宁波市努力培育50个以上"滕头式"现代化示范村，切实加强经济薄弱村的整顿转化工作，采取领导联系、机关部门联系、富厂富村结对、资金项目扶持、干部下派

---

① 浙江省总结基层经验，首先在农村开展的，以"抓五强、创五好"(强核心、争创领导班子好，强素质、争创党员队伍好，强管理、争创工作机制好，强实力、争创小康建设业绩好，强服务、争创农民群众反映好)为主要内容的一项基层组织建设工作载体。第一轮创建活动从2003年开始，至2008年结束。2009年6月全省农村基层组织建设工作会议提出，要进一步深化"先锋工程"建设，通过5年左右时间，使80%以上的乡镇党委达到"五个好"标准，60%以上的村党组织达到"五个好"标准。

② 指基层党组织班子成员，分别由党员和群众民主推荐，经上级党组织考察后进行党内选举的一项选举制度。

③ 基层党组织领导班子在换届时，采取由党员和群众公开推荐与上级党组织推荐相结合的办法提名委员候选人，召开党员大会(党员代表大会)直接选举产生基层党组织领导班子的一项选举制度。

④ 即对规模较大、经济比较发达、党员人数超过50人或接近50人，且专业分工比较明显的村党支部，升格为党总支或党委。

⑤ 即地域相近的两个或几个村，联合组建党支部或党总支。

⑥ 即村与辖区内企业联合建立党支部，统一领导村和企业党的工作。

⑦ 即村和社区联合建立党总支或党支部。

⑧ 即依托农村专业经济协会、合作社，组建跨行政村的农村专业协会党组织，变农村基层党组织垂直式设置为网络式设置。

等措施，帮助提高经济薄弱村的自我发展能力。大力抓好村级组织活动场所建设，浙江于2005年在全国率先解决经济薄弱村村级组织无活动场所的问题。积极探索集体经济发展新路子，形成土地经营型、资源利用型、服务实体型、合作经营型、投资增值型等不同的集体经济发展模式。积极鼓励农村基层干部在带头致富的基础上创办示范基地，为群众提供政策咨询、技术辅导和市场信息。坚持以市场为导向，引导和帮助农民群众突破传统产业的旧框框，带领农民群众在发展特色优势产业中增加收入。鼓励和支持建立农民专业合作经济组织，提高农民组织化程度。五是健全为民服务的功能体系。浙江各地从建立健全联系群众、服务群众的长效机制着手，引导农村基层干部进一步增强群众观念、提高服务水平。在服务方式上，实现从分散服务向系统服务转变、从被动服务向主动服务转变、从传统服务向现代服务转变。

在城市社区基层党建方面，浙江把大力推进城市社区党建工作，作为推进城市现代化建设的重要措施来抓，作为全省基层党组织建设的重点来突破，提出社区党建“五个有”的工作目标，即有一个坚决贯彻执行党的路线、方针、政策，战斗力强、群众信赖的领导班子；有一个以党组织为核心的社区组织体系和社区单位共建机制；有一支以党团员为骨干，积极参与社区服务和管理活动的志愿服务者队伍；有一个能使社区群众得到及时有效服务的社区服务网络；有一套有效实施党的领导和加强党组织自身建设的工作制度。2001年和2007年，胡锦涛同志两次在杭州考察社区党建，充分肯定了浙江的社区党建工作，对进一步加强社区党的建设提出了殷切期望。一是建立健全社区组织体系。浙江省是全国开展社区党建较早的省份之一。浙江构建了区、街道、社区、楼群“四位一体”的社区党建工作网络。社区党组织建立后，按照“健全网络促参与、抓好党建带全面”的思路，以辖区共建为抓手，积极构建“四位一体”的社区党建工作网络。县(市、区)委建立社区党建工作指导委员会，街道社区则建立党建工作联席分会，形成以街道党(工)委为核心、社区党组织为基础、社区全体党员为主体、社区内各单位党组织共同参与的社区党建工作新格局。二是深入开展“三级联创”活动。浙江在全面建成城市社区党的组织体系后，开展创建党建工作示范社区、示范街道和示范区(县、市)“三级联创”活动①。三是加强社区工作者队伍建设。浙江采取内部选举、机关选派、公开选拔、培训提高、考核激励等多种措施切实提高社区工作者队伍整体素质，培养造就了一大批素质高、能力强、社区工作经验丰富的社区工作者。四是围绕服务开展社区党建。浙江坚持把保障居民群众安居乐业作为社区党建的根本出发点和落脚点，积极探寻社区党建与社区服务的有效结合点，从居民群众“共同需求、共同利益、共同目标”出发，充分发挥社区党组织和党员在服务居民群众中的积极作用，以党建促进服务，用服务检验党建，不断提高社区服务水平和党建工作实效。

在新社会组织党的建设方面，党的十七大报告提出“要落实党建工作责任制，全面推进农村、企业、城市社区和机关、学校、新社会组织等的基层党组织建设”。党的十七届四中全会进一步提出“党的基层组织是党全部工作和战斗力的基础，是落实党的路线方针政策和各项工作任务的战斗堡垒。必须坚持围绕中心、服务大局、拓宽领域、强化功能，进一步巩固和加强党的基层组织，着力扩大覆盖面、增强生机活力，使党的基层组织充分发挥推动发展、服

① 活动以开展“创五好支部、建和谐社区”为抓手，通过创建实现社区领导班子好、党员干部队伍好、工作机制好、工作业绩好、群众反映好等“五个好”的目标要求。

务群众、凝聚人心、促进和谐的作用，使广大党员牢记宗旨、心系群众。要推进基层党组织工作创新，增强党员队伍生机活力，建设高素质基层党组织带头人队伍，构建城乡统筹的基层党建新格局”。改革开放以来，浙江社会团体、民办非企业单位和社会中介组织等新社会组织迅速发展，会员和从业人员数量急剧增加，对社会各阶层的影响日益扩大，是新形势下党的工作和群众工作的重要阵地。浙江采取了单独组建、联合组建、派驻组建、挂靠组建等多种灵活形式组建新社会组织党组织。到 2007 年年底，全省在新社会组织中建立党组织 2196 个，其中社会团体党组织 1037 个，民办非企业单位党组织 776 个，社会中介机构党组织 383 个，极大地扩大党在新社会组织中的影响力、渗透力。浙江在开展新社会组织党建工作时，注重工作方式方法，积极探索新社会组织党组织职责定位和作用发挥途径，努力寻找党建工作和业务工作的结合点，采取“灵活、小型、多样、务实”的方法，有针对性地开展党的活动，发挥新社会组织中党员的先锋模范和党组织的政治核心作用。

在开展区域化党建工作方面，浙江顺应经济区域化、人才集聚化的趋势，树立区域统筹的理念，依托社区、行政村、工业园区、产业集聚区、大型商贸区、商务楼宇、专业市场、行业协会、外来务工人员集中居住区等“两新”组织和外来流动人口相对集中的区域和行业，充分整合组织、工作、人员和阵地等资源，实行“组织联建、党员联管、设施共享、活动共搞”，构建动态开放的区域化党建工作体系，有效地实现党的组织和党的工作对经济社会发展的广泛覆盖。浙江开展区域化党建工作，主要包括外来人员集聚地的区域化党建、农村城镇化中的区域化党建、城市社区的区域化党建、工业园区的区域化党建、商贸区集贸市场中的区域化党建、行业产业中的区域化党建等。浙江按照“共享共建、集约利用”的理念，集中有限的财力人力，全力推进党员服务中心建设。目前，全省共建立各级党员服务中心（站、点）9106 个，基本实现各县（市、区）、街道建立党员服务中心，有条件的社区和规模较大的商务区、工业园区、集贸市场建立党员服务站（点），为推进区域化党建工作提供阵地保证。浙江注重建立健全区域化党建协调共商机制、区域化党建经费投入机制、区域群团组织共建机制等长效管用的运作机制，促进区域化党建可持续发展。

2. 积极探索基层党内民主的多种实现形式

从基层党组织的地位和作用来看，党的基层组织是党的组织体系中的基础层级，是党的全部工作和战斗力的基础。推进党内民主建设，必须夯实基层党内民主这个基础。浙江在坚持民主集中制、试行党代会常任制、创新党内选举制度的基础上，不断创新扩大党内基层民主的多种实现形式，在制度、程序和方法上进行了探索，特别是在党务公开、党内民主恳谈、党内民主决策、党内民主监督、闭会期间发挥党代表的作用等方面有了较大地突破，进一步丰富了党内基层民主的内容，发展了党内基层民主。

在党务公开方面，浙江在实践中表现在四个方面：一是在公开范围上，包括各级机关、乡镇以及农村、社区、企业、学校、社会组织等党组织；在公开时限上设置长期公开、定期公开、即时公开等形式。二是规范公开程序，着重把握提出环节充分体现普通党员、群众的要求，审核环节由党组织领导班子集体审核并报上级党组织备案，特别重大的，报上级党组织审核把关，公开环节实行分类有序公开，反馈环节明确专人负责收集、整理群众反映的意见和要求，反馈处理结果。三是丰富公开形式，坚持“规范、实用、明了、方便”和便于党员、群众监督的原则，主要采取公开栏、服务窗口、会议、书面、媒体、网络等六种形式进行公开，坚持将党务公开和政务公开、厂务公开、村务公开、居务公开等结合起来，形成“大公开”的工作格局。

四是健全公开制度，建立健全党务公开监督员制度、督查落实制度和责任考核奖惩制度。浙江党务公开具有重大的理论意义和现实意义，推行党务公开，拓宽了党内民主渠道，促进了党组织严格按照程序办事的自觉性，提高了党内事务的开放度和透明度，扩大了党员参与面，确保实现有效监督。

在开展党内民主恳谈方面，浙江是民主恳谈制度的发祥地。党内民主恳谈是指在党内事务中拓展参与、实施协商的一种对话式民主。其内容是党组织围绕涉及党员、群众切身利益的重大事务和党的建设的重大问题，在决策过程中征求党员的意见建议；形式是采用恳谈方式，实现党组织领导班子、党员共同探讨措施、方法；目的是扩大党员参与，提高党组织决策的民主化、公开化。浙江各地在党内民主恳谈实践中，对民主恳谈的议题、范围、基本程序等都作了积极地探索，逐步形成了一些规范性做法。一是界定议题和范围。对提交党代会和全委会审议的工作报告，党代会代表提出的全局性或涉及面较广的提案，拟出台的重要规范性文件，涉及社会公共利益的重大事项、重大基础设施建设项目，党员、群众反映强烈的热点、难点问题和党的建设的重大问题等，必须在决策前开展党内民主恳谈。党内民主恳谈参加对象以党代会代表、党员为主体，其中党代表一般不少于参会人数的1/3，必要时可邀请部分人大代表、政协委员和其他相关人员参加。二是规定基本程序。党内民主恳谈会定期或不定期召开，一般由党委主持。基本程序是：通报议题、恳谈发言、现场答复、梳理总结。三是保证运行实效。注重党内民主恳谈的经验积累和制度建设，着重加强党内民主恳谈结果的处理、反馈和监督机制建设，实行承诺交办、限时反馈，并定期组织党代表对承办单位落实讨论事项进行督查，以进一步抓好落实，增强党内民主恳谈活动的实效性。党内民主恳谈是发展党内民主的方法创新，是党内民主的重要实现形式。党内民主恳谈具有直接性、针对性、民主性、情感性、论理性的特征，是对党内民主制度的创新，有助于推进社会主义民主法制建设。党内民主恳谈，让不同的意见平等讨论，在党内形成畅所欲言、各抒己见、切磋探讨、形成共识的民主氛围，让各级党组织广泛集中民智，做出科学地决策和决议，做到科学执政、民主执政。党内民主恳谈讲究平等，充分尊重党员的主体地位，让党员直接参与民主政治生活，对经济社会发展的重大事务、党的建设开展讨论，既为党员提供民主议政、民主参政、民主监督的场所和机会，又培养党员正确行使民主权利的意识和积极性。党组织及领导班子可以及时听取党员的意见和建议，使决策民主化、科学化，也可以向党员解释党和国家的大政方针，把决策及措施向党员交底，使之化为党员的自觉行动。同时，党员可以顺畅地反映自己的要求和呼声，还可以加强对领导班子的监督。

在健全完善党内情况通报、重大决策征求意见制度方面，浙江各级党组织认真贯彻落实党员权利保障条例，逐步健全完善党内情况通报制度、情况反映制度、重大决策征求意见制度和党员批评、检举、申诉、控告权利保障制度，增强党组织工作的透明度。一是建立社情民意反映制度。定期组织领导干部开展蹲点调研、民主恳谈、结对送服务等活动，深入了解党员、干部、群众所思所想所盼。同时，疏通社情民意上传渠道，使党员、干部、群众的呼声和意见能够及时反映到党内决策层，使决策真正建立在科学、民主的基础之上。二是建立和完善党内情况通报制度、情况反映制度、重大决策征求意见制度。三是建立健全常委会向全委会负责、报告工作和接受监督的制度。切实加强了对常委会权力的约束和监督，保证全委会及其成员更好地行使权力、履行职能。四是建立党员代表、党代表旁听有关会议制度，积极推行党内询问和质询制度。五是创设发挥作用的平台和载体。积极实施党员人才工程、流动党员“安家工程”，完善结对帮扶制度，评选表彰优秀党员，设立党员互助基金，全面开展人文关怀，保障党员教育管理各项责任落实到实处。实践证明，浙江为发展党内民主所作的探索是卓有成效的，各项扩大党内民主的制度、程序和方法得到了很好的贯彻落实，充分尊重了党员的主体地位，巩固了党的团结统一。

二、浙江基层党建工作经验的启示

1. 基层党建工作要与经济社会发展进程相适应

在经济社会发展不同的历史时期，基层党组织面临着不同的历史使命，党组织建设只有抓住主要矛盾，有针对性地开展基层党建工作，才能使基层党建更好地为经济社会建设服务。浙江基层党建工作从改革开放之初就注意在不同的时期，根据本地区经济社会发展不同阶段的特点和党建工作面临的主要矛盾，在贯彻落实上级精神时注重创造性，注重结合本地实际，有突出和有侧重，选准上级精神和本地实际的结合点，以促进浙江发展为中心，紧紧围绕浙江发展不动摇，实现贯彻上级精神和切实解决自己问题的统一。如在建设小康社会的过程中，以提升基层组织的战斗力和凝聚力为重点，发挥基层党组织在社会主义建设中的先锋模范带头作用。在民营经济跨区域发展和流动党员不断增多的情况下，党的组织架构进行及时变革，实行区域化党建。改革开放 30 多年来，浙江在党的建设工作中进行了很多创新，有不少经验做法属全国首创，并得到推广。

2. 充分尊重基层的首创精神，依靠基层党组织和党员群众的力量推进基层组织建设

党的基层组织是党的全部工作和战斗力的基础，广大党员群众是经济社会发展和基层组织建设的主体，也是最富有创造性的力量。我们党一直坚持尊重基层首创精神，注重从基层和党员群众实践经验中发现和汲取养料。邓小平同志曾经说过，改革开放中许许多多的东西，都是群众在实践中提出来的，绝不是一个人的头脑就可以钻出什么新东西来，是群众的智慧，集体的智慧，他的功劳是把这些新事物概括起来，加以提倡。从基层组织建设 30 多年实践看，浙江实施的制度，推出的举措，开展的活动，有很多都是从基层和党员群众中总结提炼出来的。例如，杭州、宁波等地开展的党员服务中心建设，绍兴、金华、衢州等地开展的“民情日记”、“民情恳谈会”、“民情沟通日”活动，嘉兴市实施的党员“一员双岗”制度，台州市实行的村级组织重大事务“民主决策五步法”制度等，都是对基层组织建设的创新，对推进基层组织建设起到了重要作用。实践表明，基层对经济社会发展和党建工作中遇到的问题感受最直接，体验最真切，也最有发言权。新时期加强基层组织建设，要继续尊重基层的首创精神，积极发挥党员群众的主动性、积极性和创造性，特别是要坚持从群众中来、到群众中去的根本工作路线，虚心向基层、向党员群众学习，以“三个有利于”为标准，及时总结经验，加强指导，对的就坚持，不对的就纠正，努力把基层组织建设不断推向前进。

3. 基层党建工作要始终保持思想建设、组织建设、作风建设的同步推进

改革开放以来浙江的发展历程，与浙江始终以思想建设为先、同步推进党的组织建设和作风建设的做法有很大联系。在党的十二大后开展的为期三年半的党内整顿活动中，浙江大力清除“左”的思想，努力解决党风党纪方面存在的问题。党的十三大以后，浙江组织广大党员认真学习社会主义初级阶段理论，进行党的基本路线教育，在 1992 年、1994、2002 年等年份，浙江先后开展了“解放思想大讨论”活动，极大地推动了浙江市场经济的发展、推动了乡镇企业的改革和国有企业的转制。进入 21 世纪以来，按照中央的统一部署，浙江相继在党政领导干部中用整风的精神进行了“三讲”教育活动，深入开展了“三个代表”重要思想学习教育活动，全面开展先进性教育活动。党的十七大召开之后，浙江认真组织开展了十七大精神主题教育活动，当前正在进行创先争优活动。

4. 基层党建工作要把密切党群干群关系作为可持续发展的基础

适应浙江快速发展中深刻变化的社会环境，努力践行党的根本宗旨、加强党的作风建设和反腐倡廉建设是基层党建工作的重点。浙江始终坚持党的群众路线，经常研究部署加强作风建设，采取一系列行之有效的措施，切实解决在思想作风、工作作风、领导作风、学风和生活作风等方面存在的突出问题。一是坚持党建工作重心下移，深入到基层组织。浙江开展了固本强基工作，抽调机关干部进村入户，帮助基层化矛盾、办实事、理思路，受到基层群众的普遍欢迎和好评。二是加强党的基层组织作风建设和效能建设。浙江组织实施了机关效能建设，促进了机关工作效率和服务水平的进一步提高。三是实施关爱民生工程。积极开展基层党组织对群众的“爱心帮扶、解难创优”活动，重点实施“温暖工程”、“解难工程”和“阳光工程”，普遍建立困难群众结对帮扶制度，全面推行政务公开，着力解决事关民生的重点难点问题。四是加大基层党组织的反腐倡廉力度。坚持中央确立的反腐败领导体制和工作机制，坚持教育、制度、监督三者并重并进，文化反腐和制度反腐双管齐下，认真贯彻落实党风廉政建设责任制，加快推进廉政文化进机关、进家庭、进社区、进学校、进企业、进农村的“六进”工作，实施基层廉洁工程，努力构建起了具有浙江特色的惩防腐败体系。

5. 基层党建工作要关爱和服务党员，充分发挥基层党员的先锋模范作用

针对经济社会转型加速下社会阶层分化、弱势群体扩大、困难党员增多的新情况，浙江发动党内力量全面开展以生活帮扶、身心抚慰、情感关怀和归属呵护为主要内容的关爱工程，以区为单位建立党员困难互助金，专门用于补助生活出现重大困难的党员家庭，扶持基层党员走向创业创新之路；开展党员政治生日纪念活动，以支部为单位组织党员集体过“政治生日”，重温入党宣誓，畅谈入党感悟和意见建议；与相关心理咨询中心联合设立区党员干部心理健康服务基地，以心理热线、接待约谈、心理讲座等方式为基层党员提供心理疏导、身心放松等心理关怀服务，有效地凝聚了基层党员人心，强化了党员组织归属感和宗旨意识；围绕党员发挥作用开展志愿服务活动，主要是依托各级党员服务中心，建立了便民利民服务、社会保障和社会化服务等三大服务体系，开设了再就业服务、医疗卫生服务等八大窗口，积极构建社会服务网络体系，利用党员志愿者载体为党员服务群众服务社会搭建平台提供途径，依托党员服务中心成立区党员志愿者工作总站，街道（镇）成立党员志愿者分站，村（社区）成立党员志愿者工作室，建立健全了一个区域性党员志愿者工作网，并按党员志愿者专长特点分类组建了机关党员“心桥”艺术团、党员法律援助团、党员讲师团、党员义诊队、老科协党员志愿者队、党员义务导游队等，定期下基层服务，受到了广大群众的欢迎和好评，树立了良好的社会形象。

6. 注重用制度建设来巩固和深化基层组织建设的成果

制度建设带有根本性、全局性、稳定性和长期性。完善的制度是党的先进性的重要体现，也是加强基层组织建设的可靠保证。抓住了制度建设这个中心环节，用制度将党内生活和组织工作的方式、规则和程序确定下来，并使这些制度具有统一性、完整性和规范性，不因人而异，不随人而变，也就抓住了基层组织建设的根本。改革开放以来，浙江致力于推进基层组织制度建设和制度创新，把制度建设贯穿于基层组织建设的各个方面、各个环节，用制

度来促进党的思想、组织、作风建设的深入开展,用制度来巩固深化基层组织建设的成果。浙江先后制定出台了《浙江省村级组织工作规则》、《关于认真落实“三真”要求,切实加强基层干部队伍建设的意见》、《关于建立党内关爱机制,激励党员发挥先锋模范作用的意见》、《关于加强党员经常性教育的实施意见》、《关于加强和改进流动党员管理工作的实施意见》等一系列制度和政策措施,初步形成了相互配套、有机衔接、较为完备的基层组织建设工作制度体系,进一步健全了用制度管权、按制度办事、靠制度管人的机制,有力推进了基层组织建设。党的十七大强调,要以健全民主集中制为重点加强制度建设,并提出了一系列重要的制度创新的要求。浙江经验启示我们,在新形势下,必须把制度创新摆在更加突出的位置上,进一步加大制度创新的力度。要从党的建设的实际出发,制定基层组织工作制度建设的整体规划,积极地、有步骤地加以推进。要加强对全局性、前瞻性问题的研究,注意总结实践中创造的新经验、好做法,研究出台新的制度,并对现有制度中不适应新形势新任务要求的规定及时作出修订和调整。要通过制度创新,努力形成科学、健全、有效的制度体系,推动基层组织建设走上制度化、规范化、科学化之路。

总之,解放思想永无止境,改革创新不能停步。在新的历史条件下,基层党的建设与经济社会发展的联系越来越紧密。因而,必须紧紧围绕中国特色社会主义的伟大实践,以更加开阔的视野、更加创新的思路、更加有效的方法,认真研究事关党的建设全局的关键性重大问题,开创基层党的建设工作新局面。

第二节 浙江推进党的制度建设“先行性”与“特色性”经验和启示

党的制度建设是具有根本性、全局性、稳定性和长期性的重大问题。改革开放以来,浙江各级党组织结合实际,积极建设并创新推广了一系列制度,不断提升党的建设科学化水平。浙江推进党的制度建设为我们提供了“先行性”与“特色性”宝贵经验和启示。

一、必须坚持和完善党的领导制度,推动党委总揽全局、协调各方的领导方式制度化

改革开放以来,浙江按照《中国共产党章程》和中央部署,因地制宜制定相应的实施细则,保证中央的大政方针和各项部署落到实处,不断推进浙江党的建设新的伟大工程。

1982年,党的十二大报告提出:“党的领导主要是思想政治和方针政策领导,不应当等同于政府和企业的行政工作和生产指挥。”浙江认真贯彻落实中央精神,开始由全面领导向思想、政治和组织领导转变。1987年,党的十三大作出了“党政分开”的重大政治体制改革决定。浙江严格按照中央部署推进党的领导体制改革。1992年,党的十四大正式提出了社会主义市场经济的改革目标,在领导社会主义市场经济建设中,浙江各级党的领导体制进一步得以完善。1997年,党的十五大提出了依法治国的方略。1999年12月,浙江省委作出了《关于进一步推进依法治省工作的决定》;2006年4月,浙江省委十一届十次全会审议通过了《关于建设“法治浙江”的决定》。2002年,党的十六大提出“实现党的领导、依法治国与人民当家做主的有机统一”;2004年,十六届四中全会提出了“科学执政、民主执政和依法执政”的要求,浙江省委据此不断改革与完善领导体制。在贯彻落实中央决定和制度的实践中,浙江各级党委的领导核心作用得到加强,“一个核心”、“三个党组”的领导体制和工作机制初步形成。2005年9月,制定了《浙江省实施〈中华人民共和国全国人民代表大会和地方

各级人民代表大会代表法〉办法》和《中共浙江省人大常委会党组关于进一步发挥省人大代表作用加强省人大常委会制度建设的若干意见》等；2005年出台了《中共浙江省委关于进一步加强中国共产党领导的多党合作和政治协商制度建设的实施意见》。同时，对加强党对工会、共青团、妇联等人民团体及各类群众团体领导也作出了相应的制度化规定。

二、必须建立和完善民主集中制的具体制度

坚持民主集中制，最根本最重要的是加强制度建设。建立和完善民主集中制的具体制度，使民主集中制制度化、规范化，使之不因领导人的改变而改变，不因领导人的看法和注意力的改变而改变，才能把坚持和健全民主集中制的要求落到实处。浙江各级党组织不断健全民主集中制的具体制度，包括领导制度、组织制度、决策制度、监督制度等，有效保证了民主集中制的贯彻执行。

一是坚持集体领导和个人分工负责相结合的制度。集体领导和个人分工负责相结合，是我党的领导制度和行之有效的领导方法，是民主集中制的重要内容，也是加强领导班子建设的重中之重。历史和现实都告诉我们，实行集体领导，可以从组织制度上防止个人独断专行，保证领导班子内部充分发扬民主，集思广益，实现决策的民主化。实行分工负责，则可以明确责任，激励每个班子成员增强自己的角色意识，找到自己在集体中的位置，充分发挥自己的特长和优势，做到各司其职、各负其责、各显其能、各展其才，从而把个人的能动性转化成“一班人”的积极性和创造性，保证集体的各项决策顺利贯彻执行。很明显，重大问题集体决定和具体工作个人负责，这是相辅相成的两个方面，只有把这两者很好地结合起来，才能避免工作上互相推诿、扯皮，决策上才能做到民主、科学。

在实践中，浙江各级党组织对涉及贯彻党的路线、方针、政策的事情、重大工作的部署、经济社会工作的重要举措、干部的任免和奖惩，以及其他事关群众利益和全局的重大问题，都列入议题，坚持集体研究讨论决定。在讨论前，各地还让每个班子成员有思想准备。对涉及全局的重大问题，班子成员都分头调查研究，详细占有第一手材料，真正吃透情况，形成成熟的看法和意见，以避免在讨论时拿不出自己的意见而不负责任地附议，造成决策失误。在讨论中，班子成员畅所欲言，各抒己见。对于争执不下的问题实行缓议，待调研、沟通、谈心、协商之后再行决定。

浙江各级党组织不断规范会议程序，切实提高决策质量。一是程序规范、纪律严明，平等讨论、尊重不同意见。二是汇报具体，原则明确。不少党组织在讨论决定重大问题时，坚持先学习、后讨论，先定原则、后议事。三是引导得当，讨论充分。主要领导注重启发引导，让大家消除不必要的顾虑，积极发言，言必尽意。四是归纳全面，决策科学。主要领导不主观，但有主见。善于综合多数人的意见，采纳少数人正确的意见，吸取反对意见中的合理成分。通过充分讨论后，按照少数服从多数的原则，进行表决。集体决策做出后，班子成员无条件地服从和执行，按照各自的分工，独立负责地抓好落实，并积极宣传和维护集体所做出的决定。个人如果有不同意见可以保留，但决不允许寻找任何借口自行其是，另搞一套。班子成员都十分清楚，重大决策是自己参与制定的，决策的贯彻落实是领导集体赋予自己的责任，班子成员只有完成好义务，绝没有随心所欲、我行我素的权力。这是我们党的一项严肃的政治纪律，也是坚持集体领导、分工负责制的关键一环。在实践中，浙江各级领导班子成员以大局为重，不把分工负责的事情搞成别人不能干预和过问的“个人领地”。对于职权范

围内的事情，不回避矛盾，不把本该由自己处理的事情推给主要领导处理，不对有利益、有实惠的事情争着干，而对困难大、矛盾多、得罪人的工作绕道走。班子成员以敢于负责的精神，对自己分管的工作切实履行责任，同时又关心全局工作，做到分工不分家。

二是完善民主集中制执行的监督机制。浙江各级党委采取积极措施，把自上而下与自下而上、党内与党外的监督结合起来，逐步健全完善了民主集中制的监督机制。

在完善班子内部监督方面，浙江各级党委通过制定工作规则，明确了监督的责任主体和执行主体，也明确了领导班子、一把手、班子成员在监督中各自的权利和义务。在操作层面上，督促"一把手"不断提高自身修养，增强免疫力和贯彻执行民主集中制的自觉性。同时，把制约"一把手"权力作为加强监督的着力点，切实按照集体领导、民主集中、个别酝酿、会议决定的原则，完善党委内部的议事和决策机制，对决策目标的确立、决策方案的制定、决策过程的掌握和决策的实施进行全过程的监督。

在强化上级党委的监督方面，浙江各地都明确规定，重大问题会议纪要除发给领导集体成员和有关部门外，还须报上级主管领导。为使监督有力，各地还对执行决策规则和决策程序的情况进行检查。一旦发现重大问题不按规定进行集体议事和会议表决就做出决定的，要立即纠正，重新议事。发现未经集体议事或会议表决就形成决定，又未自行纠正的，对主要责任人予以通报批评，真正把领导集体的决策权力运行纳入程序化、规范化的轨道。

在健全党内监督与党外监督相结合的制度方面，浙江各地坚持把领导集体议事的范围、形式、程序以及决策结果在单位内部公开，自觉接受群众监督。许多地方积极扩大监督网络，广泛接受群众监督、新闻媒体监督、民主党派和党外人士监督；班子成员经常深入基层，定期召开座谈会、民主恳谈会，在相互沟通中自觉接受监督；通过电视、报纸和互联网公布重大决策的过程和方式，听取广大党员干部和群众的意见建议。各地大力推行公开办事制度，积极探索实行民主监督、民主管理的运行机制，增强工作的透明度。这些措施不断拓宽了民主监督的渠道，逐步形成了强有力的监督体系，较好地促进了民主集中制的贯彻执行。

三、必须加强党内民主制度建设，不断推进执政科学化民主化

在党代会常任制探索方面，浙江是全国最早试行党代会常任制的地区之一。党代表大会常任制是实现党的集体领导和党内民主的一项根本制度，是积极推进党内民主建设的重要战略举措，也是以改革创新精神加强党的建设的具体体现。从 1988 年起，经中央组织部同意，浙江在椒江市（现为台州市椒江区）开展了党代表大会常任制的试点工作。浙江坚持从健全制度和完善机制入手，注重重点突破，积极稳步推进，形成了以党代表大会代表任期制、党代表大会年会制、党委会负责制为主要内容的党代表大会常任制基本制度体系和工作运行机制，为新的历史时期坚持和完善党代表大会制度积累了丰富的实践经验。浙江的试点实践表明，试行党代表大会常任制，有利于更好地发挥党代表大会的作用，进一步加强党对地方工作的领导；有利于扩大党内民主，提高党委决策的民主化、科学化水平；有利于建立并实行有效的监督制约机制，推进党委领导班子的自身建设；有利于增强党组织与广大党员的密切联系，增强党组织的凝聚力和战斗力。党代表大会常任制的理论及实践，是对马克思主义建党学说的丰富与发展，是党代表大会制度的自我完善，对于发展党内民主、加强党内监督、巩固执政基础、提高执政能力具有重要的现实意义和深远的历史意义。多年来的一系列探索，为《中国共产党全国代表大会和地方各级代表大会代表任期制暂行条例》的出台，提

供了鲜活的地方实践经验。

在改革和完善党内选举制度方面，浙江以有关党内选举制度为基础，以尊重保障党员民主权利和选举人意愿为根本，以公开、平等、自主、竞争为原则，坚持加强党的领导、充分发扬民主和严格依法办事的有机统一，着眼于增强党内选举在竞争择优、程序规范、示范带动等方面的功能，立足党情国情省情，勇于探索创新，积极借鉴人类政治文明成果，不断推进党内选举工作的科学化、民主化、法制化，形成了一套科学、规范、简便、高效的党内选举制度体系。在具体工作中正确处理好以下关系：一是正确处理民主与集中的关系。民主，是党员和党组织意愿、主张的充分表达和积极性创造性的充分发挥；集中，是全党意志、智慧的凝聚和行动的一致。扩大选举中民主是基本方向，充分尊重和体现选举人意志是基本要求。党内选举必须认真落实选举人的知情、参与、选择、监督等民主权利，凡是符合民主原则，有利于充分体现选举人意志的，就要进一步坚持，并使之进一步完善；凡是不符合民主原则，不利于体现选举人意志的，就要大胆探索，有序加以改变。二是正确处理继承与创新的关系。改革和完善党内选举制度，改革是途径和方法，完善是目的和结果。改革不是全盘否定，不是推倒重来，而是要在继承中创新，在创新中完善。没有继承就会偏离轨道，走到邪路上去。但随着形势的发展，实践的深入，也对改革和完善选举制度，包括修改完善党章和相关条例提出了要求，这就需要弘扬创新的精神。三是正确处理实体与程序的关系。实体是制度的内涵和要求，程序是制度实现的方式和顺序。对一个政党来说，没有实体规范的党内民主是无本之木，没有程序规范的党内民主是空中楼阁。改革和完善党内选举制度，必须贯彻实体与程序并重的原则，既要重视实体的设计构造，又要重视程序的具体安排，并严格遵守程序法，强化程序法制的权威，用程序公正来保证实体公正。四是正确处理世情与国情的关系。以选举制度为核心的党内民主，对竞争性政党和法定执政党具有不同的意义和要求。改革和完善党内选举制度，必须借鉴人类政治文明包括西方多党制民主的有益成果，但必须从中国的党情和国情出发，立足于现有的制度基础和经济文化社会条件，紧紧围绕加强党的执政能力、巩固党的执政地位、完成党的执政使命，把选举制度的改革与党内民主的发展进程有机结合，与经济体制和政治体制的改革深化相互协调，与党的建设伟大工程的总体部署统筹谋划，循序渐进，积极稳妥地推进选举制度的改革和完善。五是正确处理党内民主与人民民主的关系。党内民主与人民民主，是相互联系、密不可分的，联结点突出表现在选举过程中，其基本要求和特征，都是以平等为前提，以公开为条件，以权利为内核，以代议制和选举制为基本途径。但是，两者又属于不同的政治范畴，党内民主属于政党政治的范畴，是非国家形态的民主；人民民主属于国家政治的范畴，是国家形态的民主。一方面，人民民主的发展可以推进党内民主的发展，党内民主的发展对人民民主可以起到示范和带动作用。另一方面，也不能简单地把党内民主与人民民主等同起来，不能简单地以人民民主的标准来衡量党内民主。改革和完善党内选举制度，必须坚持政党政治的特点和属性，积极借鉴而不能机械地照搬照抄人民民主的做法。六是正确处理选举制度与配套制度的关系。改革和完善党内选举制度不能孤立地就选举论选举，必须把选举制度的改革与党的领导体制改革，与健全完善党员权利保障制度、改革完善党的代表大会制度、委员会制度、党务公开制度，以及党的干部选拔任用工作制度等有机结合起来。要正确处理好选举制与委任制、任期制、辞职制、罢免制、党的代表大会常任制等的关系，形成系统配套的制度体系，努力提高选举工作的科学化、规范化、制度化水平。

在改革和完善决策机制方面，1993年12月，浙江省委九届一次全会通过了《中共浙江省委关于加强自身建设的决定》，进一步完善了省委及常委会工作机制。2003年7月，通过了《中共浙江省委议事规则》，完善了省委议事和决策机制。2005年6月，浙江省委制定和完善了《集体领导和分工负责制度实施办法》，完善党委常委分工负责制。同时，浙江还在建立健全社情民意反映制度和涉及群众切身利益重大事项公示、听证制度，完善专家咨询制度，决策失误责任追究制度等方面进行了一系列探索。

在深化干部人事制度改革方面，一是做好规划。2001年5月和2009年12月，浙江省委分别制定下发了《关于贯彻落实〈深化干部人事制度改革纲要〉的实施意见》和《关于贯彻〈2010—2020年深化干部人事制度改革规划纲要〉的实施意见》。二是做好选拔和管理。1983年，省委制订出台了《关于改革干部管理体制的意见》等文件，使干部队伍建设步入正常化、经常化和规范化轨道。1985年，浙江省在全国率先实行了公开选拔党政领导干部的“双推双考”制度。2002年3月，浙江省委十届八次全会审议通过了《省委全委会任用、推荐重要干部表决办法（试行）》，采用票决制；2004年，浙江省出台了《党委常委会任免干部无记名投票表决暂行办法》、《关于试行市、县（市、区）党委全委会成员民主推荐提名制度的意见》、《浙江省乡镇党政领导干部选拔任用工作暂行办法》等文件；2009年，浙江省委出台了《关于从基层和生产一线选拔党政领导机关干部的办法（试行）》。在党管人才工作方面，浙江率先在全国制定实施了党管人才工作运行机制的有关工作制度、省特级专家制度等制度。三是疏通出口渠道。在实行党政领导干部职务任期制、干部辞职制，建立健全干部能上能下的正常机制方面，浙江作了积极探索。2001年，浙江省委下发《关于做好调整不称职领导干部工作的若干意见（试行）》。2003年，浙江出台了《贯彻实施〈关于党政领导干部辞职从事经营活动有关问题的意见〉的若干规定（试行）》。2009年，浙江制定出台《关于进一步做好县（市、区）退出领导岗位干部工作的意见（试行）》。

在健全干部监督制度方面，1999年，浙江省委出台了《关于加强对党政“一把手”管理监督的意见》。2006年7月，浙江省委出台《浙江省市、县（市、区）党政领导班子和领导干部综合考核评价实施办法（试行）》。2007年9月，制定《浙江省党政工作部门领导班子和领导干部综合考核评价实施办法（试行）》。

在完善党员权利保障机制方面，2002年，浙江省第十一次党代会提出建立党务公开制度。浙江省委十一届四次、七次全体（扩大）会议对发展党内民主、推进党务公开作了专门的论述和要求。2010年，浙江省积极推进党委新闻发言人制度建设。当前，按照“尊重党员主体地位”的要求，浙江进一步推进党务公开；建立健全党内情况通报制度、情况反映制度和重大决策征求意见制度。

四、必须探索基层党建新路径，建立健全制度落实的保障和监督机制，及时把改革成果和实践经验上升为制度规范

面对新形势新任务新要求，浙江始终坚持探索基层党建新路径，把经过实践检验的成功做法上升为规章制度，坚持以法规制度的形式巩固实践探索成果，做到用制度来促进基层党组织的思想、组织、作风建设的深入开展，以制度建设巩固基层党的建设成果。

在扎实推进基层党组织建设方面，1983年，根据《中共中央关于整党的决定》，浙江对党的组织、作风进行了全面整顿，清除了“左”的影响。1989年，浙江省委下发了《关于加强村

级党组织建设工作的意见》，加强了农村党组织建设。20 世纪 90 年代，浙江总结推广了嵊州“民情日记”、台州市“民主恳谈”等制度；新世纪初，浙江又总结推广了玉环县为民办事全程代理制。2009 年 8 月，浙江省委把“网格化管理、组团式服务”作为加强基层组织建设的有力抓手和载体在全省推行。

在强化非公有制党建工作方面，2003 年，浙江省委下发了《浙江省非公有制企业党组织工作暂行规定》的通知。在非公有制企业党建领域，推行“区域化设置、网格化管理、实体化运作”模式，建立区域党建工作联席会议制度，深入推进“党员人才工程”。建立健全企业党组织与上级党委经常性沟通等制度、各级党员领导干部联系重点企业制度，推出非公企业党建“登记申报、年检年报”制度，建立完善非公企业党建工作责任制度。

在加强新社会组织党建方面，浙江积极探索在新社会组织中建立党组织的有效途径，不断扩大党的组织覆盖面，构建党建工作运行机制，通过建立党组织与理（董）事会联席会、党员议事会和民主恳谈等制度，充分发挥新社会组织党组织在参与决策、思想引领等方面的作用；培育党员发展机制，确立党组织活动保障机制，充分发挥党组织的作用。

五、必须加强对权力运行的制约和监督，不断完善反腐倡廉各项制度，构建反腐败制度体系

在加强对权力运行的制约和监督方面，浙江认真贯彻执行党内监督条例和省委关于党内监督十项制度实施办法，不断完善述职述廉、民主评议、谈话诫勉等制度，进一步探索询问、质询与罢免制度；贯彻落实《中国共产党巡视工作条例》，不断完善巡视制度；认真落实《中国共产党党员领导干部廉洁从政若干准则》和《〈中国共产党党员领导干部廉洁从政若干准则〉实施办法》，严格执行领导干部个人事项报告、经济责任审计等各项制度。支持人大及其常委会依照宪法法律开展法律监督和工作监督，支持人民政协按照章程开展民主监督，加强政府层级监督，积极发挥司法机关和行政监察、审计等部门的监督职能。加强和改进舆论监督，畅通群众监督渠道，充分发挥社会监督作用。

在构建反腐败制度体系方面，1988 年 1 月，浙江省纪委讨论修改了《关于党纪处分量纪标准的暂行规定》。1988 年 2 月，浙江省委出台了《关于在改革开放中加强党风建设的意见》。2002 年，浙江省第十一次党代会提出了构建反腐倡廉防范体系的重大任务。在 2003 年省纪委二次全会上，浙江又针对反腐败治本抓源工作应加强制度建设提出了明确要求。2004 年 1 月，浙江出台了《反腐倡廉防范体系实施意见（试行）》。2005 年，浙江制定出台了《浙江省惩治和预防腐败体系实施意见》以及《〈浙江省惩治和预防腐败体系实施意见〉2005—2007 年工作要点》。2008 年 6 月，根据中央精神，制订出台了《浙江省建立健全惩治和预防腐败体系 2008—2012 年实施办法》，构建了中国特色、浙江特点的惩治和预防腐败制度体系。

六、必须严格执行制度，树立制度权威，并逐步使之内化为全体党员的自觉行动

1998 年 11 月，根据中央的统一部署，浙江在县级以上党政领导班子、领导干部中深入开展“讲学习、讲政治、讲正气”为主要内容的党性党风教育活动。2005 年，浙江省开展了保持共产党员先进性教育活动。2008 年，浙江省又开展了学习贯彻科学发展观活动。2006 年 11 月，浙江省委办公厅印发《〈关于贯彻落实中央保持共产党员先进性四个长效机制文件的

实施意见〉的通知》。2010年，浙江省委组织部、宣传部发出《开展"之江先锋"创先争优活动的意见》，在全省各级组织中开展创先争优活动，不断健全各项制度。

浙江各级党组织在实践中，每一项制度的出台均考虑其是否符合客观实际和党的组织机构、党的活动和党的肌体的运转规律，不断排除各种违背科学的因素，维护制度的权威。在制度设计和制定中，浙江各级党组织大都预设了违背制度的责任，严肃追究违背制度者的责任。浙江以党政机关、国有企事业单位、农村基层组织为重点，深入推进具有浙江特色的惩治和预防腐败体系建设。进一步抓好党员领导干部的教育、监督和廉洁自律制度的落实，促使公共权力规范行使。加大对大案要案的查处力度，严肃追究违背制度者的责任，坚决惩处腐败分子。切实纠正损害群众利益的不正之风，认真解决群众反映强烈的突出问题。创新反腐倡廉工作体制机制，着力铲除滋生腐败的土壤和条件。

第三节 浙江非公有制企业党建工作"先行性"与"特色性"经验和启示

改革开放30多年来，浙江非公有制经济异军突起、迅猛发展，是浙江所有制结构优势、市场经济先发优势、区域产业特色优势的集中体现，也是浙江经济社会发展走在全国前列的一个最主要因素。截至2009年12月底，浙江非公有制企业数量达到37.3万户，员工1130.8万人，非公有制经济占全省经济总量的75%以上。浙江非公有制经济，不仅成为浙江经济发展的重要支柱、财政收入的重要来源、吸纳就业的重要渠道和统筹发展的重要基础，而且也成为加强基层党组织建设的重要阵地。浙江各级党组织以与时俱进、开拓创新的精神，积极探索富有时代特征、浙江特点、领域特色的非公有制企业党建工作新路子。浙江非公有制企业党建工作为我们提供了"先行性"与"特色性"宝贵经验和启示。

一、浙江非公有制企业党建工作的基本经验

第一，大力推进党建覆盖网建设，探索扩大党在非公有制企业覆盖面的有效方法。

浙江省委坚持把扩大党的组织覆盖和工作覆盖作为加强非公有制企业党的建设的首要问题抓紧抓好，非公有制企业党组织数量迅速增加，截至2009年12月，全省共建立29792个企业党组织，覆盖企业52014家，覆盖面占非公有制企业总数的13.9%。其主要做法：一是突出规模以上企业这个重点，坚持以乡镇、街道以及村、社区、工业园区、专业市场、商会、协会等单位党组织为基本覆盖单位，实施党在非公有制经济的组织覆盖和工作覆盖，切实做到党组织成熟一个组建一个，巩固一个提高一个，努力做到每位党员都编入党组织、党的工作覆盖到每家企业。为加快推进组建工作，各地还广泛开展"组织找党员、党员找组织、党员找党员"活动，鼓励企业招聘党员员工，积极向企业输送党员，加大流动党员组织关系接转力度，扎实开展"百日推进"、"百日攻坚"等活动，有力地推进了非公有制企业组建党组织工作。目前，全省24450家规模以上企业已全部建立党组织。二是创新组织设置，使党组织设置更加符合非公有制经济领域特点。在企业单独或联合组建党组织的同时，浙江各地积极探索

创新党组织设置方式，如村企合建[①]、行业联建[②]、编组共建[③]等。宁波、温州、台州等地适应非公有制经济集聚发展的趋势，在党组织的设置上引入区域化理念，在工业园区、商贸区、商务楼宇等地统一建立区域性党组织，有效扩大了党的组织覆盖和工作覆盖。三是理顺隶属关系，使非公有制企业党组织管理责任落实到位。在国有、集体企业产权进行大规模改革过程中，浙江省委及时要求将党组织的设置、隶属关系调整与企业改革同步进行。各地采取撤销、合并、保留相结合，属地管理和行业管理并举的办法，及时组建或改建了党组织，明确了组织隶属关系，较好地保证了党的组织不散，党的工作不停。温州、台州等市、县还成立"党的社会工作委员会"，统一负责非公有制企业党建工作。目前，有23个民营经济比较发达的县(市、区)成立了非公有制企业党工委。杭州江干区、乐清市等地还提出了突破层级界限，实行县(市、区)委、社工委直管部分规模企业党委。

第二，不断壮大非公有制企业党员队伍，探索了提高企业党员素质的有效途径。

浙江始终把加强党员队伍建设作为非公有制企业党建工作的重要内容来抓。2003年在全省非公有制企业中开展"党员人才工程"建设，取得了比较明显的成效。其主要做法：一是切实选好配强党组织书记。通过内部推优、公开招聘、组织下派等途径，切实把那些党性观念强、懂经营会管理、善于做群众工作的党员特别是管理层党员选拔到党组织书记岗位。各县(市、区)委每年对非公有制企业党组织书记进行不少于一次的集中培训，有的地方组织企业党组织书记和党员企业主到党校和高校培训。浙江重点举办企业党组织书记和党员企业主的示范班。目前，全省非公有制企业党组织书记中，高中以上学历的占71.4%，进入决策管理层的占48.4%。浙江省委规定，各级推荐党代表、人大代表、劳动模范，必须保证在非公有制企业人员有一定比例；企业解聘党组织负责人时，应事先征求上级党组织的意见并说明理由。有的地方还建立了党务工作者人才库，通过双向选择的形式，向企业推荐输送优秀党务工作者。二是加大企业党建工作指导员选派力度。浙江省从1992年起就通过"双向选择"的方式，在全省开展向非公有制企业派驻党建工作指导员或联络员工作。指导员一般从县乡机关、企事业单位的党员和复退军人以及退居二线的党员干部中挑选。主要任务是帮助企业做好发展党员、健全党的工作制度、开展党的活动等工作。1992年以来，全省已先后向非公有制企业派出了4.3万名党建工作指导员，其中温州市目前就有3300余名指导员活跃在近5000家企业中，他们为加强非公有制企业党建工作、促进企业健康快速发展发挥了积极作用。三是不断壮大企业党的力量。坚持把壮大企业党员队伍作为非公有制企业党建工作的重要条件。以生产经营骨干、技术骨干和一线优秀职工为重点，大力做好发展党员工作。浙江省委规定非公有制企业发展党员必须经乡镇、街道以上党委审批，并积极推行发展党员"三推一定制"、"双公示制"和"责任追究制"等。四是大力推进"三培养两推荐"工作。各地通过加强理论教育、业务培训、师傅传带、实践磨练等途径，努力把企业生产经营技术骨干培养成党员，把党员培养成生产经营技术骨干，把党员生产经营技术骨干培养成企业经营管理人员；通过党组织和群团组织推优，把党员生产经营技术骨干推荐为企业班组长，把党员中层管理骨干推荐到企业决策层，最大限度地把企业优秀人才集聚到党内。

---

① 在二、三产业比较发达的农村，以互帮互助为宗旨，联合建立党组织。

② 根据块状经济发展比较成熟的实际，依托商会、行业协会、产业链建立党组织。

③ 根据一个地区企业分布状况，以示范企业为中心划分党建网格，共同建立党组织。

第三，大胆创新党组织和党员活动载体，探索了党组织和党员发挥作用的途径和形式。

浙江各级党委始终围绕企业改革发展，坚持按照“为企业所需要、为企业主所理解、为职工所拥护、为党员所欢迎”的要求，灵活多样地开展党组织和党员活动，不断增强党组织的凝聚力和影响力。其主要做法：一是始终把促进企业发展作为党组织开展活动的目标任务。各企业党组织按照“围绕经济抓党建、抓好党建促发展”的要求，把促进企业发展作为企业党建工作的出发点和落脚点，把党的活动同促进企业发展、完成企业日常生产和急难险重任务融为一体，做到目标同向、工作同力、发展同步。在具体工作中，党组织始终围绕企业发展目标，认真贯彻党的方针政策，积极参与企业重大问题决策，促进了企业的快速健康发展；始终围绕企业生产经营、急难险重任务来制订计划、开展活动，团结带领职工群众特别是党员干部立足岗位，为企业发展多作贡献。对事关企业发展方向和国家、企业、职工利益的问题以及企业生产经营的重大问题，发挥党的组织优势，认真听取并集中广大党员和职工群众的意见建议，并通过党组织书记或决策层中的党员，积极向企业建言献策；在自然灾害、安全生产等急难险重任务或突发事件面前，纷纷组建党员先锋队、突击队进行破难攻坚，特别是近几年，在抗震救灾的活动中，在抗击云娜、麦莎台风中，广大党员充分发挥先锋模范作用，基本做到了“平时工作看得出，关键时刻站得出，危急关头豁得出”。二是积极探索党组织在促进企业发展中发挥作用的途径。近年来，浙江各地积极探索党组织与党员发挥作用的最佳切入点，形成了一批有较大影响的活动品牌。温州市从 2005 年起全面开展“活力和谐”企业建设，并作为全市评选先进企业的最高荣誉，制定了详细的评价体系和激励政策，为党组织发挥作用提供了广阔平台。宁波市突出党组织的服务理念，开展以“服务企业推动发展、服务员工凝聚人心、服务社会促进和谐”为主要内容的“三服务”主题实践活动，努力提高非公有制企业党组织的服务意识、服务能力。绍兴市全面开展“凝聚力工程”建设，凝聚企业内外各种力量和资源，合力推进非公有制企业党建工作。三是充分发挥党组织在促进企业发展中的功能优势。发挥党的思想政治工作优势，促进企业文化建设。积极宣传党的政策，引导企业所有者、经营者提高社会责任感，树立良好的社会形象。同时，帮助企业提炼、宣传、强化企业精神，努力营造健康向上的企业文化氛围。发挥党的组织优势，引领企业人才开发建设。将党员队伍建设与企业人才开发建设结合起来，增强了党组织在企业人才队伍建设、提高核心竞争力中的影响。发挥党组织做群众工作的优势，协调各方利益。广泛开展民主听证、民主恳谈等活动，就员工福利、劳资关系等广泛听取意见，积极进行沟通，及时化解矛盾，促进企业和谐发展。

第四，积极推进党组织规范化建设，形成了非公有制企业党建工作的运行机制。

浙江各地坚持把加强企业党组织工作规范化制度化建设作为重要内容来抓，做到边探索边总结边提高，不断健全落实党的工作制度，初步形成了浙江非公有制企业党组织工作有效的运行机制。一是积极推进非公有制企业党建示范点建设。浙江省从 20 世纪末就高度重视非公有制企业党建工作示范点建设，充分发挥示范点的辐射带动作用，以点带面推动工作。在总结首批 20 家省级非公有制企业党建工作示范点经验的基础上，2004 年浙江又重新命名了 42 家省级“领导班子好、党员队伍好、工作机制好、发展业绩好、群众反映好”党建工作示范点。同时，市、县、乡镇也分别确定了 179 家、476 家、1240 家企业作为各级党委的党建工作示范点，在全省形成了一批数量合理、类型多样、特点鲜明、作用突出的示范群。二是大力推进党员服务中心建设。在总结各地成功经验的基础上，浙江全省大力推进党员服务中心建设，截至2009年底，全省共建立了12150个党员服务中心(站、点)。各地积极发挥党员服务中心作用，不断拓展服务功能，立足党内、面向群众，为广大党员提供组织关系接转、劳动就业指导、业务技能培训、权益保障、子女入学、住房安居等多方位服务，努力把党员服务中心建设成为党员之家。三是不断推进党组织工作规范化建设。制定出台《浙江省非公有制企业党组织工作暂行规定》，对党组织的基本任务、组织设置、活动方式、制度建设、保障措施等作出明确规定，不断规范了党组织工作的运行。各地在认真探索、不断实践的基础上，进一步建立健全了非公有制企业党组织工作的各项制度。大力推行非公有制企业民主恳谈会、民情沟通日、党务公开、党员设岗定责、民主评议党员、党员创业服务承诺等制度。慈溪、永康等地还开展了非公有制企业“党建工作规范年”活动，统一开展企业党组织换届选举，扩大“公推直选”范围，从而使非公有制企业党组织工作逐步走上制度化规范化轨道。

第五，大力开展党建带工团建设，形成了党建带群团、群团促党建的良好态势。

浙江省委先后下发了《关于加强非公有制企业工会建设的意见》和《关于加强非公有制企业团建工作的意见》，对加强非公有制企业群团建设提出了明确要求。2000年以来，全国总工会、共青团中央分别在宁波、温州召开了全国新建企业工会组建工作会议和非公有制企业团建工作现场推进会，浙江“以党建工作促进工团工作”的做法得到充分肯定。一是充分发挥党建对工团建的示范引领作用。在坚持思想上示范引领方面，浙江省委明确规定，非公有制企业党组织在组织学习、开展活动时，一般都要吸收工会、共青团负责人和优秀工人、先进青年参加。同时，通过工会、共青团组织，大力宣传党的路线方针政策，及时向广大职工群众传递党和国家的声音。在坚持组织上示范引领方面，浙江各地把企业党组织建设与工会、共青团组织建设通盘考虑，班子实行交叉兼职，工会主席可由党支部书记兼任，符合条件的团组织书记可进入党组织领导班子。工会主席和团支部书记不是党员的，列为重点培养对象，具备条件的及时发展其入党。据统计，到2008年年底，全省非公有制企业中，已有78.3%的企业建立了工会组织、46.3%的企业建立了团组织。在坚持工作上示范引领方面，浙江把工会、共青团推优情况，作为党组织发展党员的重要来源和参考；党组织制定目标、部署工作和检查考核时，同步考虑工会、共青团建设；企业党组织在开展相关工作时，积极吸收工会和共青团共同参与，充分发挥他们在维护职工权益、建设企业文化等方面的积极作用。二是充分发挥工团建对党建的强基造势作用。由于非公有制企业建立工会在法律上有明确规定，且非公有制企业中年轻人较多，各地对一些暂不具备建党条件的企业，先把工会、共青团组织建立起来，依托工会和共青团组织推荐培养入党积极分子，及时把职工中优秀分子吸收到党内来，为建立党组织创造条件。

二、浙江非公有制企业党建经验的启示

第一，必须坚持解放思想，与时俱进，高度重视非公有制企业党的建设工作。

浙江改革开放30多年非公有制企业党建工作的发展，从认为不建党组织企业照样发展，到建立党组织有利于企业健康发展和和谐稳定；从私营企业主不能入党，到应该把承认党的纲领和章程，自觉为党的路线和纲领而奋斗，经过长期考验、符合党员条件的新的社会阶层中的优秀分子吸收到党内来；从笼统提发挥企业党组织作用，到十六大党章明确规定非公有制企业党组织六个方面的具体职责任务。每一次实践的深入，都为认识的深化、理论的升华提供了丰富的养料，而理论上的每一次突破，都为实践的拓展提供了新的空间。浙江经

验启示我们，非公有制企业党建的发展本身就是全省各级党委和广大群众对非公有制企业党建从疑虑到接受，从陌生到熟悉，认识不断深化的结果。新形势下加强和改进非公有制企业党建工作，必须要坚持解放思想，与时俱进，在总结经验中提高认识，在升华认识中形成创新理论，以创新理论来推动更高层次的实践，促进非公有制企业党建不断迈上新的台阶。

改革开放以来，浙江作为市场经济的先发地区，在全国率先打破"惟成分论"，大胆放手发展个体私营等非公有制经济，非公有制经济异军突起、蓬勃发展，党在这一领域的工作不断加强，非公有制企业党组织也经历了从萌芽起步到不断拓展深化的历程。非公有制企业党组织把服务企业生产经营、促进企业发展作为党组织工作的重心，把企业生产经营的难点作为党组织工作的重点，把党的政治优势转化为企业的发展优势，促进了非公有制经济快速健康发展。同时，党吸纳了大量的优秀分子进入党内，凝聚了一大批先进分子，扩大了党的感召力和影响力。浙江经验启示我们，作为执政党，在面广量大、蓬勃发展的非公有制经济组织中加强党的建设非常必要、十分紧迫，非公有制企业党的建设只能加强、不能削弱。只有把非公有制企业党的建设工作与非公有制经济又好又快发展有机结合，在毫不动摇地鼓励、支持、引导非公有制经济发展的同时，同样要毫不动摇地推进、加强、创新非公有制企业党建，不断推动党在非公有制经济领域的组织覆盖和工作覆盖，不断发挥企业党组织的作用，才能推动非公有制经济科学发展、和谐发展、快速发展，才能不断增强党的阶级基础，扩大党的群众基础，巩固党的执政基础。

改革开放以来，浙江在大胆引导、大力扶持非公有制企业发展的同时，把非公有制企业党建工作列入重要日程，作为党的建设新的伟大工程的重要工作来抓，注重牵头抓总、搞好组织协调，形成了非公有制企业党建工作上下联动、各方互动的良好局面。浙江各级领导干部认真履行抓基层党建工作责任制，带头深入联系非公有制企业，面对面指导，实打实推动，着力把联系点办成示范点，构建了一级抓一级、一级带一级的工作格局。同时，坚持整合力量抓党建，特别重视加强对广大企业主的教育引导，以与时俱进的浙江精神统一广大企业主的思想认识，以积极主动的沟通服务赢得广大企业家的热忱支持，营造了社会各界关心支持非公有制企业党建的良好氛围。一大批靠党的改革开放政策成长起来的企业家，正是怀着对党的感恩情怀，目睹企业党组织有位有为，从而认同支持党组织，为在企业建立党组织和开展活动创造了良好的环境。浙江经验启示我们，新形势下加强和改进非公有制企业党建工作，既要各级党组织建立健全领导责任制，常抓不懈，也要广泛动员全社会的力量积极支持，共同推动。同时，要高度重视做好非公有制企业主等新的社会阶层的教育引导工作，不断提高他们的觉悟，增强他们对党的感情，使他们能以积极的态度支持企业开展党的工作。只有这样，非公有制企业党建工作才能具有更坚实的群众基础和社会基础。

第二，必须着眼于促进企业的科学发展，把服务企业生产作为加强非公有制企业党建工作的核心内容。党的建设历来是为党的中心任务服务的。发展是党执政兴国的第一要务，是科学发展观的第一要义，也是企业生存的根本所在。企业党组织只有围绕企业发展，才能抓住根本；只有服务企业发展，才能更具生命力。近年来，浙江各地紧紧抓住党组织发挥作用这个重点，把促进企业发展作为非公有制企业党建工作的根本出发点和落脚点，努力把党的组织资源转化为发展资源，把组织优势转化为发展优势，把组织活力转化为发展活力，大力引导企业党组织认真贯彻党的路线方针政策，参与企业的重大决策，服务企业生产管理，把党的工作渗透到企业生产管理的各个环节，促进企业又好又快发展，赢得企业各方的支持，初步走出一条有利于党组织和党员作用发挥的有效途径。如温州市“活力和谐企业”建设，把党的工作有机地融入企业人才队伍建设、企业先进文化建设、化解企业内部矛盾、维护各方合法权益等之中，实现党建工作和企业发展互促互进，良性互动；台州市以“动力源工程”为总抓手，积极引导企业党组织在推动企业克难奋进、共渡难关、科学发展中发挥积极作用，不断增强非公有制企业党组织政治上的引导力、组织上的凝聚力与发展上的推动力。

第三，必须着眼于夯实党的执政基础，把扩大党的组织覆盖和工作覆盖作为增强非公有制经济党组织影响力的有效途径。浙江各地始终抓住以较大规模企业作为非公有制企业党建工作的这个重点，同时，采取单独组建、联合组建、挂靠组建、村企联建等方式，灵活设置党的组织，不断扩大党的组织覆盖。注重解决好流动党员和“隐形”党员管理问题，通过向党建工作基础薄弱的企业选派党的工作指导员和联络员，以较大规模企业党建工作的加强，带动其他小企业党的建设，整体推进了非公有制企业党建工作。事实证明，这些经验既坚持了好的传统，又进行了新的创造，探索了在新形势下不断加强非公有制经济党建工作的新途径，有效扩大了党的组织覆盖和工作覆盖，不断增强党的阶级基础，扩大党的群众基础。

第四，必须着眼于激发党建工作的生机活力，把开拓创新作为加强非公有制企业党建工作的强大动力。创新的领域必须由实践的创新来推动，非公有制企业党的工作，作为党的建设的一个新领域，是一项探索性很强的工作。只有坚持以改革创新的精神推动非公有制企业党建工作，才能始终跟上企业改革发展步伐，才能不断增强党组织创造力凝聚力战斗力，才能使浙江非公有制企业党建工作始终走在前列。这几年，浙江不断适应新形势新任务的要求，着力加强党的执政能力建设和党的先进性建设，坚持解放思想、实事求是、与时俱进、开拓创新，积极探索加强非公有制企业党建工作新路径、新举措、新载体，保持了非公有制企业党建工作的生机与活力。比如，在抓党的组织覆盖上，大力实施党建工作“覆盖网”建设，因地制宜创新党组织设置方式，有效地扩大了党的组织和工作覆盖面；在党的组织活动方式上，紧紧围绕企业生产管理，大力推行民主恳谈会、民主听证等活动，增强党组织活动的有效性和实效性；在党员队伍建设上，全面实施“党员人才工程”，建立了“三培养两推荐”制度，进一步提高企业党员队伍整体素质，使非公有制企业党建工作充满生机和活力。

第五，必须着眼于建立党建工作的长效机制，把制度建设作为加强非公有制企业党建工作的重要保障。制度建设带有根本性、全局性、稳定性和长期性。完善的制度是党的先进性重要体现，也是加强基层组织建设的可靠保证。抓住了制度建设这个中心环节，用制度把党在组织、活动、管理等方面的做法和经验确定下来，长期坚持下去，并使这些制度具有统一性、完整性和规范性，也就抓住了非公有制企业党建工作的根本。这些年来，浙江在探索实践非公有制企业党建工作的同时，致力于制度创新，把制度建设贯穿于非公有制企业党建工作的各个方面、各个环节，用制度推动非公有制企业党建工作的有效开展，用制度巩固深化非公有制企业党建工作的成果。先后制定出台《浙江省非公有制企业党组织工作暂行规定》、《中共浙江省委组织部关于加强非公有制企业党建工作覆盖网建设的意见》、《浙江省发展党员公示制试行办法》等一系列文件和政策措施，初步形成了综合配套、有机衔接、务实管用的制度体系，建立健全非公有制企业党建工作长效机制，有力提升了全省非公有制企业党建工作水平。

第六，必须着眼于形成党建工作的强大合力，把强化领导作为加强非公有制企业党建工作的根本保证。近年来，浙江各级党委把加强非公有制企业党建工作摆上重要议事日程，作

为基层党建工作一项长期任务和经常性工作常抓不懈，充分发挥组织部门牵头抓，企业工会、共青团组织协调有关部门共同参与抓，有力推动了非公有制企业党建工作的深入发展。此外，各地在开展非公有制企业党建工作中，坚持紧紧依靠企业广大党员职工和群众，教育、启发、争取企业主的理解和支持，使企业主切实感受到党建工作对企业发展的促进作用，为党建工作营造良好的外部环境。事实证明，推进非公有制企业党的建设工作，切实加强对非公有制企业党建工作的领导和指导是关键。要团结调动各方力量，达成共识，形成各司其职、有机协作、齐抓共管的非公有制企业党建工作格局，形成推动企业党组织开展工作的强劲推力。

第四节　浙江反腐倡廉建设“先行性”与“特色性”经验和启示

坚决反对和有效防止腐败，是关系中国共产党能否保持自身性质，关系社会主义制度能否保持、实现自身本质的极其重大地政治任务。不坚决惩治并切实预防腐败，“党同人民群众的血肉联系就会受到严重损害，党的执政地位就有丧失的危险，党就有可能走向自我毁灭”[①]。反腐倡廉建设必须全面系统地抓好以下三点。第一，思想上必须高度重视，毫不松懈。要深刻认识到我国现阶段仍然存在腐败现象的复杂原因，“由于我国还处在社会主义初级阶段，又处于由计划经济体制向市场经济体制转变的时期，生产力发展水平、科技文化水平还不高，法制和各方面的具体制度还不完善”[②]；“我国是一个封建社会历史很长的国家，封建主义和其他剥削阶级影响将长期存在，总要通过各种形式表现出来”，致使“拜金主义、享乐主义和极端个人主义在一部分党员和干部中滋长”[③]；“我们实行对外开放，借鉴和利用世界各国包括发达资本主义国家的一切现代文明成果，资本主义腐朽的东西也会趁机钻进来”[④]；西方的“和平演变”战略，又确实在某种范围内和某些干部中发生了其所预期的某种效果。以上三方面因素的存在，不仅“使腐败现象还有滋生蔓延的土壤和条件，而且加大了我们反腐败斗争的难度。这些土壤和条件不是短时期就可以铲除的，因此，消除腐败现象必然要经历一个很长的历史过程”[⑤]。第二，必须整体推进，坚持标本兼治，综合治理，惩防并举，注重预防[⑥]。“治标”，就是“严惩各种腐败行为，把腐败分子的猖獗活动抑制下去”，从而“为反腐败治本创造前提条件”。“治本”，就是“从源头上预防和治理腐败现象”，从而“巩固和发展反腐败已经取得的成果，从根本上解决腐败问题”[⑦]。必须把“治标”与“治本”内在统一起来。要“加强党的思想政治建设，是从源头上预防和治理腐败现象的一项极端重要的工

---

① 江泽民：《全面建设小康社会，开创中国特色社会主义事业新局面》，《江泽民论加强和改进执政党的建设（专题摘编）》，中央文献出版社、研究出版社 2004 年版，第 529 页。

② 《江泽民论有中国特色社会主义（专题摘编）》，中央文献出版社 2002 年版，第 433 页。

③ 《江泽民论有中国特色社会主义（专题摘编）》，中央文献出版社 2002 年版，第 430—431 页。

④ 《江泽民论有中国特色社会主义（专题摘编）》，中央文献出版社 2002 年版，第 430 页。

⑤ 《江泽民论有中国特色社会主义（专题摘编）》，中央文献出版社 2002 年版，第 433 页。

⑥ 胡锦涛：《高举中国特色社会主义伟大旗帜为夺取全面建设小康社会新胜利而奋斗——在中国共产党第十七次全国代表大会上的报告》，《中国共产党第十七次全国代表大会文件汇编》，人民出版社 2007 年版，第 53 页。

⑦ 江泽民：《推动党风廉政建设和反腐败斗争的深入开展》，《江泽民论加强和改进执政党建设（专题摘编）》，中央文献出版社、研究出版社 2004 年版，第 542 页。

作，必须贯穿改革开放和现代化建设的全过程”[①]；要切实抓好“法制”这个保证，将预防腐败现象寓于各项重要政策和措施之中，要依靠发展民主、健全法制来预防和治理腐败现象，要通过体制创新逐步铲除腐败现象产生的土壤和条件；要建立起切实有效的全方位权力运行监控机制，整个反腐倡廉建设才能从关键点上不断深化。第三，体制上要依靠合力，坚持统一领导，密切协同，各负其责，齐抓共管。要建立“党委统一领导，党政齐抓共管，纪委组织协调，部门各负其责，依靠群众的支持和参与，坚决遏制腐败现象”[②]的反腐倡廉工作体制。

浙江认真贯彻落实中央的部署和要求，在中国特色社会主义理论指引下，坚持走创新之路，努力在思想方法、思想观念、工作方式、工作方法、人员素质、工作作风等方面与时俱进，扎实推进反腐倡廉工作，取得阶段性成效。反腐败斗争正逐步从侧重遏制，走上标本兼治、加大治本力度、向纵深推进的轨道。浙江反腐倡廉建设为我们提供了“先行性”与“特色性”宝贵经验和启示。

一、不断探索具有浙江特色的惩治与预防腐败体系

浙江作为沿海发达省份，担负着提前基本实现现代化的重要使命，客观上要求在党风廉政建设上先行先试，不断探索具有浙江特色的惩治与预防腐败体系。早在2001年，浙江就提出了建立教育倡廉机制、责任机制、预警机制、监督制约机制、惩治机制、利益机制，形成“不想、不便、不能、不敢、不必”腐败的环环相扣的有效预防体系的初步设想。2002年6月，浙江做出构建适应社会主义市场经济要求、具有浙江特色的反腐倡廉防范体系的战略部署，率先在全国提出构建惩治与预防腐败体系的目标，遵循“教育是基础，法制是保证，监督是关键，通过深化改革，不断铲除腐败现象滋生蔓延的土壤”的工作思路，着力建设思想教育机制、权力制约机制、监督管理机制、法纪约束机制、测评预警机制、廉政激励机制等六大机制，构筑党委统一领导，各方面协调行动，多种手段综合运用，全方位、多层次的适应社会主义市场经济要求的防范体系。2003年7月出台的《浙江省反腐倡廉防范体系实施意见（试行）》是全国省（区、市）中第一个关于反腐倡廉防范体系的规范性文件，文件明确了反腐倡廉防范体系的指导思想、基本原则、工作目标、领导体制和组织保证，正式提出要重点建立健全思想教育、权力制约、监督管理、法纪约束、廉政激励和测评预警等六大机制。这标志着浙江反腐倡廉工作走上了立足于防范、着力于改革的新轨道，步入了打整体战、主动战的新阶段。浙江全省上下以此为指导，结合实际认真抓好落实。一是坚持理论与实践相结合。在全省组织开展多层次的研讨活动，总结经验，探索规律，取得了一批理论成果。二是坚持教育、制度、监督三者并重并进。加强教育，重在修德律己，筑牢“不想腐败”的思想防线；健全制度，重在规范约束，建设“不能腐败”的制度体系；强化监督，重在制约惩治，形成“不敢腐败”的权力运行机制，推动了构建工作的顺利开展。三是坚持边实践、边总结、边提高。大力探索构建工作新路子，初步形成了整体构建、行业构建、专项构建和联合构建等四种构建方式，体系构建工作取得了初步成效。

---

① 江泽民：《推动党风廉政建设和反腐败斗争的深入开展》，《江泽民论加强和改进执政党建设（专题摘编）》，中央文献出版社、研究出版社2004年版，第546页。

② 江泽民：《高举邓小平理论伟大旗帜，把建设有中国特色社会主义事业全面推向二十一世纪》，《江泽民论加强和改进执政党建设（专题摘编）》，中央文献出版社、研究出版社2004年版，第528页。

中央纪委十分关注浙江省反腐倡廉体系构建工作，把浙江列为全国6个试点省份之一，要求先行一步。2005年初，中央下发《实施纲要》后，浙江逐步形成了以《浙江省惩治和预防腐败体系实施意见》为主干、《2005—2007年工作要点》为配套、内外《工作责任分解》为保证的惩防体系制度框架并正式施行，明确提出到2007年建立起具有浙江特色的惩治和预防腐败体系基本框架，再经过5至10年的努力，建立起思想道德教育的长效机制、反腐倡廉的制度体系和权力运行的监控机制，建成较为完善的惩治和预防腐败体系。这些整体的构思、框架的谋划、体系的设计和制度安排，都体现了浙江特色，注重切实管用可操作。反映了浙江对反腐倡廉工作规律认识的进一步深化，成为当前和今后一个时期浙江深入开展反腐倡廉工作的指导性文件，标志着浙江反腐倡廉工作走上了系统化、制度化的轨道。浙江各地各部门按照"坚持方针、构建体系、提高能力、增强素质"的总体思路，把构建惩防体系作为解决腐败问题的根本出路，整体推进反腐倡廉工作。

1. 拓宽领域，形成全方位、多层次的反腐倡廉格局

浙江把体系构建作为一项系统工程，融入中国特色社会主义建设"四位一体"的总体布局，以政治、经济领域为重点，以文化、社会领域为基础，统筹兼顾，整体推进，力求在关键领域取得新突破。在政治领域，以加强对权力运行的监督和制约为核心，出台落实党内监督十项制度的具体办法；以"提高服务质量、提高工作效率、降低行政成本"为主要内容，深入推进机关效能建设；以建设行政服务中心和发展电子政务为平台，深化政务公开；以党纪政纪案件公开审理为载体，探索党务公开新途径。在经济领域，充分发挥市场配置资源的基础性作用，在全省范围把工程招投标、土地出让、产权交易、政府采购等纳入统一地公共资源交易中心，做到统一进场、集中交易、管办分离、监管有力；及时把治理商业贿赂专项工作纳入体系构建，坚决纠正不正当交易行为，切实维护经济秩序。在文化领域，着力实施廉政文化"六进"工程，以"为民、务实、清廉"为主题，推进廉政文化进机关；以"敬廉崇洁"为主题，推进廉政文化进学校；以"诚信廉洁、依法经营"为主题，推进廉政文化进企业；以"树廉洁家风"为主题，推进廉政文化进家庭；以"创清风家园"为主题，推进廉政文化进社区；以"创清廉村风"为主题，推进廉政文化进农村，形成了一批主题突出、特色鲜明的典型。在社会领域，认真解决城乡一体化进程中凸现的社会矛盾，切实维护拆迁居民、失地农民、农民工等群体权益；加强对行业协会和中介机构的监管，有效规范其职能、市场准入和收费行为；建立不良行为记录、处理制度，建成拥有55万家企业和100多万个体工商户的信用信息发布查询系统，努力形成奖廉惩腐的社会评价氛围。

2. 突出重点，形成以点带面、整体推进的工作局面

构建惩防体系工作量大面广，浙江通过突出重点、抓住难点、针对热点，以点促面，推动整体突破。围绕"十一五"规划重点，把体系构建与省委、省政府确定的新农村建设系列工程、文化建设"八项工程"、卫生强省"六大工程"等重点工作融为一体，紧紧抓住工程决策、预算、用地、招投标、监理、资金调拨和结算等关键环节，实施全程防范。抓住行政审批、财政、投资、干部人事等改革难点，加大改革力度，清理非行政许可项目，建立省、市、县三级联动办事机制；探索开展财政支出绩效评价工作，省市两级实行国库集中支付制度；全面推行政府投资项目代建制；深入落实"四项制度"，2006年仅经营性土地"招拍挂"就高达500多亿元，占全国近1/3。针对收入分配、工作效能等热点问题，实行"削峰填谷"，规范部门福利分配，在全省范围内推广建立会计核算中心；出台影响机关工作效能行为责任追究办法及"四条禁令”，普遍建立效能监察投诉中心，严肃查纠影响机关效能行为，建立健全勤政廉政优政长效机制。

3. 拓展延伸，形成向农村、企业拓展的发展态势

浙江紧密结合形势发展，进一步拓宽惩防体系覆盖面，使体系构建由省、市、县向农村基层延伸，由党政机关向国有企业拓展，努力实现体系构建的全覆盖。一方面，以“四民主、两公开、一廉洁”为主要内容，探索开展农村基层体系构建，服务于建设社会主义新农村。完善和推行民情恳谈会、村民监督委员会、村民代表议事会等，加强基层民主监督机制建设；制订出台村级财务管理规范化建设意见，全面规范村级财务公开、会计委托代理、财产清理等工作；推行365便民窗口和全程代理服务，完善乡镇办事大厅；在513个乡镇建立小额工程招投标中心，积极探索农村集体经济承包经营、资产租赁、物资采购等的招投标。另一方面，以防止国有资产流失为重点，构建国有企业惩防体系。完善法人治理结构，建立决策、执行和监督制衡机制；严格执行企业负责人离任审计和企业会计年报年审制度，重点强化企业重组改制中资产评估、产权流转、资产处置等关键环节的监督；加强企业效能监察，深化厂务公开，完善职工代表大会制度，充分发挥职工群众的民主监督作用。

4. 创新载体，形成纵横交错、条块结合的构建网络

浙江充分发挥各地、各部门的主动性和创造性，积极探索以整体构建、行业构建、专项构建、联合构建和科技促建为主要途径的“4＋1”构建方式，全省上下初步形成横向到边、纵向到底、条块结合、纵横交织的构建网络。省、市、县三级以整体构建为方式，着眼于本区域体系建设的整体推进，既涵盖惩防工作的各个领域，又强化教育、制度、监督、改革和惩治的内在联系，有效推动一个区域反腐倡廉工作的整体谋划。省财政、国土、工商等部门以行业构建方式，从各自行业特点出发，针对容易滋生腐败的关键岗位和环节，完善管理、健全制度，拓宽了惩防工作的领域和范围。宁波、温州等地以专项构建方式，紧紧围绕重点工作特别是重大投资建设项目，建立诸如政府投资保廉体系等，对体系构建产生了有力地辐射作用。综合性工作如“五大百亿工程”、“乡村康庄工程”等以联合构建为方式，整合纪检监察、发展改革、建设、审计等机关的职能优势，建立联席会议和联络员制度，做到制度上互相衔接，措施上互相配套。充分发挥现代科技手段特别是信息技术的独特作用，突出开发业务管理软件，大力推进网上审批，探索实行电子实时监控，建立健全门户网站，把科学的计算机程序设置和制度设计有机地结合起来，形成了以政务服务系统、控制管理系统、电子监察系统和在线互动系统为代表的科技促建新途径，不断提高体系构建的科技含量。

二、浙江反腐倡廉建设的主要特点

中央《建立健全惩治和预防腐败体系2008—2012年工作规划》下发后，浙江据此制订了《浙江省建立健全惩治和预防腐败体系2008—2012年实施办法》（以下简称《实施办法》）。

《实施办法》贯彻了党的十七大以来中央和浙江省委对反腐倡廉建设的新要求，全面总结了近年来浙江反腐倡廉工作实践经验，涵盖教育、制度、监督、作风、改革和惩治的主要内容，进一步明确了体系建设目标、任务和要求，既充分体现了中央《工作规划》的基本精神，又具有鲜明地浙江特色，反映了浙江反腐倡廉的工作成效。主要有以下几个特点：

一是全面贯彻落实党的十七大和浙江省第十二次党代会精神。《实施办法》充分体现了深入贯彻落实科学发展观的要求，充分体现了中央和浙江省委有关反腐倡廉建设的决策和部署，充分体现了中央《工作规划》的精神，进一步明确了当前和今后一个时期党风廉政建设和反腐败斗争坚持什么、抓什么、怎么抓的问题。《实施办法》既是贯彻落实党的十七大和省第十二次党代会精神的重要体现，也是全面实施省委“创业富民、创新强省”总战略的重要保证。

二是坚持改革创新，体现浙江特色。《实施办法》着力深化、完善浙江省委《实施意见》，坚持与时俱进，及时补充新内容，反映时代特征和要求。如惩防体系“4＋1”构建模式，发挥纪委委员作用，强化党内监督十项制度，深化廉政文化建设，推进统一招投标平台建设，加强基层民主监督，扎实开展巡视工作，完善派驻（出）机构的统一管理，严肃查处大案要案，规范基层纪检组织建设等等。把这些特色工作体现到《实施办法》中，使体系建设既符合中央精神，又具有浙江特色。同时，《实施办法》坚持把反腐倡廉建设融入经济建设、政治建设、文化建设、社会建设和党的建设各个方面，提出了一系列改革创新和制度建设的任务，使体系建设更加富有改革创新精神。

三是全面贯彻反腐倡廉战略方针。把全面坚持反腐倡廉的方针和更加注重治本，更加注重预防，更加注重制度建设及改革创新、惩防并举、统筹推进、重在建设的基本要求作为贯穿《实施办法》的主线。当前，一些领域违纪违法案件呈易发多发态势，必须严肃查处。因此，《实施办法》充分体现了从严治党的要求，强调要保持查办案件工作力度，依法严惩腐败分子，绝不姑息，绝不手软。同时，《实施办法》十分重视改革和制度建设，对今后 5 年反腐倡廉制度建设进行了全面设计，明确提出了要建立健全 47 项制度，紧紧抓住腐败现象易发多发的重要领域和关键环节，以领导干部为重点，以规范和制约权力为核心，深化改革，健全制度，力求在重点领域、重点部门、重点行业的体系建设工作取得突破，着力从源头上有效预防腐败。

四是进一步完善体系建设的工作布局。《实施办法》把增强惩治和预防腐败体系建设的科学性、系统性、前瞻性作为一项基本要求，提出整体推进教育、制度、监督、改革、作风、惩治等各个方面的工作。浙江省委、省政府在全省开展了“作风建设年”活动，全面加强领导干部作风建设，努力以优良的党风促政风带民风，取得了明显的效果。《实施办法》把作风建设的内容单列一块，与教育、制度、监督、改革和惩治共同构成了体系的实体内容，使惩治和预防腐败体系的构成进一步扩展、内涵进一步丰富。

五是注重操作性，细化体系建设的各项任务。《实施办法》从今后五年反腐倡廉建设的现实要求出发，准确把握当前反腐倡廉建设面临的形势和任务。比如，在推进反腐倡廉教育方面提出了 4 大项 25 小项任务，在强化监督制约方面提出了 2 大项 39 小项任务等，从而使体系建设的各项任务进一步具体化。同时，紧紧抓住党风廉政建设中存在的突出矛盾和问题，比如，针对商业贿赂、国有资产流失、领导干部利用职务之便谋取私利等方面的问题，针对社会保障、就业、环境保护等方面出现的一些新问题，提出了许多具体地解决措施和办法，从而使各项措施更加具有针对性和可操作性。

六是基本构建了党委牵头、纪检检察机关协调、各方协同的落实机制。贯彻落实《实施办法》是当前和今后一个时期一项艰巨的政治任务，也是一项复杂的系统工程。《实施办法》明确，各级党委（党组）是反腐倡廉建设的责任主体，担负着全面领导惩防体系建设的政治责任。党委（党组）书记负总责，领导班子成员根据分工抓好职责范围内的工作，实行齐抓共管。要求进一步完善以各级党委主要负责人为组长的惩防体系建设领导小组，坚持党委定期听取惩防体系建设工作汇报制度，研究解决重大问题。各级纪委切实加强组织协调，积极协助党委抓好责任分解和督促检查，确保工作落实。

三、浙江反腐倡廉建设经验的启示

1. 必须坚持为推动科学发展、促进社会和谐服务

科学发展，社会和谐，是发展中国特色社会主义的本质要求，是实现经济社会又好又快发展的内在需要。全面深化惩防体系建设，必须始终放在党和国家工作大局中谋划和部署。在工作理念上，牢固确立"不促进发展，是失职；促进发展，不保证发展成果惠及人民群众，也是失职"的原则，既重视发展的速度、效率和质量，也注重发展成果的公平共享。在工作重点上，准确把握体系建设融入经济社会发展的切入点，把解决群众反映比较强烈的突出问题和深化改革中的难点问题，作为体系建设的重点，更好地为全局服务。在工作职责上，加强监督检查，优化发展环境，防止虚假繁荣的"政绩工程"、劳民伤财的"形象工程"，从严肃执行纪律和解决寻租机会方面入手，防范因经济可能过热而引发的经济风险。在工作目标上，遵循以人为本，更加关注民生，切实解决因腐败行为导致利益分配失衡的倾向，切实解决因政令不畅导致群众利益受损的倾向，促进社会公平正义。在工作方法上，坚持原则性和灵活性的统一，正确把握策略、节奏和时机，做到既要严厉惩治腐败分子，又要促进发展改革稳定。只有这样，惩防体系建设才能在党和国家工作大局中找准方位，才能保证正确的发展方向，才能拥有强大的发展动力。

2. 必须在坚决惩治腐败的同时，更加注重治本，更加注重预防，更加注重制度建设

惩治和预防在体系建设中相辅相成、相互促进。从严惩治，才能有效遏制腐败行为，为预防创造前提条件；注重预防，才能巩固惩治成果，从源头上防止腐败。现阶段我国反腐败斗争具有长期性、艰巨性、复杂性的特点，过去计划经济体制下不曾发生的腐败现象，将来市场经济完善后不易产生的腐败现象，都可能易发多发在这个历史阶段。这是社会发展的必然规律，不以任何人的意志和利益为转移。在体系建设的全过程中，惩治腐败必须毫不放松、紧而又紧，惩治越有力，预防越有效。同时，必须进一步加大预防腐败力度，防腐于初起之时、未发之前。一方面，随着我国经济体制不断完善，民主法制不断健全，精神文明建设不断加强，加大预防腐败力度的条件基本具备，时机比较成熟。另一方面，现实中存在着不同程度的教育不扎实、制度不完善、监督不到位的现象，腐败现象滋生蔓延的土壤和条件还没有完全消除；如果只注重惩治而忽视预防、只注重治标而忽视治本，一些腐败问题就可能查而再来、纠而复生，甚至出现查不胜查的情况。因此，在这个问题上头脑要清醒，把握要辩证，工作要到位。实际上，只要腐败现象存在，就始终有一个正确处理惩治和预防两者关系的问题，必须在认识和实践两个层面上更加自觉、更加正确地予以把握，在坚决惩治腐败的同时，更加注重治本，更加注重预防，更加注重制度建设，使惩防体系建设取得标本兼治、惩防并举的整体效能，实现科学性、针对性和系统性的辩证统一。

3. 必须坚持拓展领域，着力解决关键部位、重点环节的腐败问题

深化惩防体系建设，形成立体防范格局，就要把反腐倡廉的触角，横向拓展到各个领域，纵向延伸到始发源头。紧紧围绕容易滋生消极腐败现象的领域和部门，群众反映强烈的突出问题，管人、管钱、管事等关键环节、关键部位，强化监督，把事先防范、事中监管、事后惩处有机地结合起来，防止出现权力失控、决策失误、行为失范。党政机关是政治、经济和社会管

理活动的枢纽，国有企事业单位掌握着大量的国有资产，农村基层组织直接面对广大人民群众。在这三个重要领域，深入建设惩防体系，意义重大。要深化党政机关惩防体系建设。目前，党政机关掌握着大量的公共权力、公共资源和公共资金。各级党政机关特别是涉及行政审批、工程建设、土地出让、资金管理的部门，都要找出容易发生腐败案件的薄弱环节，制订出有针对性的防范和监管措施。紧紧抓住投资决策、资本运营、产权交易、销售采购、改制重组等企业经营管理的关键环节，大力推进国有企业惩防体系建设。国有事业单位特别是高等学校、公用事业单位要加快推进体系建设步伐，抓紧建立健全公益目标明确、监管制度健全、治理结构合理、权力运行规范的管理体制和运行机制。紧紧围绕建设社会主义新农村的战略部署，以乡镇机关、基层站所和村级组织为重点，扎实推进农村基层组织惩防体系建设。通过突出重点，攻破难点，抓出亮点，推动惩防体系建设实现新突破。

4. 必须坚持与时俱进，研究解决惩防体系建设的新情况、新问题

惩防体系是一个开放的体系，惩防体系建设是一个动态的过程。要以创新的思维、发展的眼光来推进惩防体系建设，深刻认识工业化、城镇化、市场化、国际化程度加深带来的机遇与挑战，深刻认识经济社会发展的阶段性特征，研究解决体系建设中出现的新情况、新问题，及时提出有针对性、前瞻性的对策措施，创造性地开展工作。建设惩防体系，关键是切实管用，利于操作，解决问题。始终把求真务实作为体系建设的基本要求，做到既贯彻中央精神，又结合地方实际，体现共性，彰显个性。既要从宏观着眼，对一个时期消极腐败现象的特点和规律进行分析研究，提出改进体制机制的意见，又要从微观入手，贴近党政机关和党员干部的公务活动，一个问题一个问题地解决，一项制度一项制度地完善。要完善构建方式，以乡镇机关、基层站所和村级组织为重点，推进农村基层党风廉政建设；以投资决策、资本运营、产权交易、销售采购、改制重组等关键环节为重点，强化企业风险管理；以加强对财务、基建、采购、科研经费、校办企业的管理和监督为重点，推进事业单位特别是高等院校惩防体系建设；以政府投资、建设项目的预算、用地、施工、监理、资金调拨、决算等环节监管为重点，构建工程项目保廉体系。实践表明，浙江探索形成的整体构建、行业构建、专项构建、联合构建和科技促建“4＋1”构建方式，是深入推进体系建设的有效途径。当前，要在全面完善的基础上，突出抓好行业构建、专项构建、科技促建，进一步提升体系构建水平，并以此促进和带动整体工作，使体系建设在新的实践中不断丰富、发展和完善。

5. 必须树立群众观点，紧紧依靠人民群众的力量来坚决打击腐败现象

反腐败不搞群众运动，但要紧紧依靠人民群众，让人民群众充分行使知情权、质询权和监督权。党在全国执政后如何“跳出历史的周期律”的问题，毛泽东于60多年前在与黄炎培先生的谈话中，就对此作出了初步的回答，那就是走“民主”的“新路”。只有让人民来监督政府，政府才不敢松懈。只有人人起来负责，才不会人亡政息。但是，人民怎样帮助党和政府拒腐防变？共产党怎样依靠群众的力量反腐倡廉？建国以后到改革开放前，在反腐败问题上，党的群众路线、群众观点在大多数情况下体现为群众运动。改革开放以来，尽管“大民主”这种旧的思维定势还不时表现出来，个别人还留恋于发动群众搞“运动反腐”，但全党在思想路线和政治路线上已经摒弃了“以阶级斗争为纲”，反腐败斗争逐步走上了制度化法制化的轨道。在这种形势下，我们既要强调开展反腐败斗争不能靠群众运动，又要强调反腐败斗争必须紧紧依靠人民群众。党风廉政建设和反腐败工作中的群众路线、群众观点，应该具体体现为：使民知情，热点问题群众了解；让民参与，努力实现群众自治；由民作主，重大事务群众管理;请民监督,工作好坏群众评说。让人民群众充分行使知情权、质询权和监督权。还这些权力于群众,群众就会气顺心齐,难办的事情就可能变得好办起来。浙江实行的机关效能投诉、政务公开、厂务公开、村务公开等"阳光工程",民情恳谈会、村民监督委员会、村民代表议事会、重大村务公决制及"村官防腐工程"等,丰富了民主形式,拓展了民主途径,大大发展了基层民主建设,同时,也用民主的力量推进了基层党风廉政建设,有力防范和减少了发生在基层的消极腐败现象。

党风廉政建设和反腐败工作中的群众路线、群众观点,要求把反腐败与解决损害群众利益的突出问题结合起来,坚决纠正损害群众利益的不正之风。强调把解决群众反映的突出问题作为党风廉政建设和反腐败工作的重点,既是为了更好地维护人民群众的利益,也是为了进一步依靠人民群众的力量来坚决打击腐败现象。人民群众是我们一切工作的最高评判者。反腐败斗争的成效如何,也要由人民群众来评说。对损害群众利益的不正之风不加以纠正,反腐败工作就得不到群众的支持,党就会成为人民的对立面。因此,对那些与民争利、侵害群众利益的行为,必须严肃查处。浙江经验表明,反腐败工作必须从实现好、维护好、发展好人民群众利益的政治立场出发,坚持以人为本的理念,坚定"群众利益无小事"的政治态度,着力解决那些发生在群众身边的、老百姓反映强烈的问题,例如,土地征用、房屋拆迁、企业重组改制和破产过程中侵害职工群众利益的问题,教育、医疗领域的乱收费等不正之风,新农村建设中侵害农民利益问题等等,加大治理的力度。

6. 必须以发展的思路和改革的办法遏制腐败的滋生蔓延

浙江经验表明,完善社会主义市场经济体制所要解决的体制机制问题,很多方面正是反腐倡廉所要解决的问题;而现阶段反腐倡廉所亟待解决的许多深层次问题,也正是完善社会主义市场经济体制过程中必须研究解决的问题。浙江始终坚持加大市场化改革力度,用发展的思路解决发展进程中的腐败问题。在发挥市场配置资源的基础性作用方面,把市场竞争机制引入公共资金使用、公共资产交易、公共资源配置、公共产品生产等领域,更多地依靠市场机制而不是政府的行政审批来决定资源的配置。在要素市场体系建设方面,深化土地、投资、金融、证券等体制机制改革,形成以价格为基础的竞争机制、供求机制、价格机制和利益机制,促进生产要素的合理流动和公平竞争。在完善招投标机制方面,加强全过程监督,坚决制止招投标活动中的违法违规行为。在政府职能转变方面,减少权力对微观经济活动的干预,推动服务型政府建设。加强对市场秩序的监督管理,大力治理商业贿赂,努力营造良好的经济发展环境。实践证明,市场化改革是解决影响反腐倡廉的体制性、结构性、素质性等深层次矛盾和问题的关键,只有坚持以改革为动力,才能在市场化改革进程中实现反腐倡廉工作与经济社会发展的良性互动,从根本上遏制腐败现象的滋生蔓延。

7. 必须汇集各方力量,形成惩治和预防腐败的整体合力

浙江经验表明,必须始终坚持整合各方资源,融合各方智慧,汇合各方力量,形成惩治和预防腐败的整体合力。反腐败是一场复杂、艰巨、长期的斗争,要最大限度地遏制腐败,必须坚持党委统一领导、党政齐抓共管、纪委组织协调、部门各负其责、依靠群众支持和参与的反腐败领导体制和工作机制。浙江省委坚持反腐败领导体制和工作机制,每年两次听取反腐倡廉工作汇报,每年对全省党风廉政建设责任制落实情况进行检查。浙江省政府坚持每年召开廉政工作会议,把反腐倡廉寓于经济社会发展各项工作之中。浙江各级党委、政府自觉坚持两手抓,两手都要硬,把反腐倡廉工作列入重要议事日程,切实加强对反腐倡廉工作的领导。浙江各级纪委加强组织协调，创新落实机制，以“三书两报告”为抓手，充分发挥部门的职能作用，保证反腐倡廉各项任务落到实处。与此同时，充分发挥广大党员和人民群众的主体作用，通过开展民主评议，拓宽信访渠道，邀请人大、政协以及民主党派人士参加检查等多种形式，把专门机关监督和群众监督结合起来，形成了全党全社会共同反腐败的局面。

8. 必须注重工作方式方法创新，不断提升反腐倡廉效果

要坚持用系统的思维、统筹的观念、科学的方法来推进反腐倡廉建设，在坚持和完善以往行之有效方式方法的同时，积极探索新办法、掌握新手段、开辟新途径。一是要运用科学方法。要学习掌握辩证唯物主义和历史唯物主义的基本立场、观点和方法，学习掌握系统论、控制论、信息论和现代管理学、心理学、组织学等理论和知识，积极运用心理分析、数据统计等方法推进反腐倡廉各项工作。二是要采用科技手段。要大力推进电子政务建设，把行政审批、政府采购、公共资源交易、服务群众窗口等重点领域和关键环节纳入电子监察范围，建立完善信访举报、投诉处理、政风行风评议、案件监督管理、预防腐败信息共享等系统，积极推进廉政风险防控机制建设，不断提高反腐倡廉工作的科技含量。三是要加强协调配合。要加强纪检监察机关与检察、审判机关以及公安、审计、组织人事等部门的协调配合，推进纪检监察机关内部管理体制改革，加强对派驻纪检监察机构的统一管理，充分发挥非派驻单位纪检监察机构的职能作用，不断增强反腐倡廉的整体合力。四是要强化舆论宣传。要加大对反腐倡廉方针政策、成效经验、先进典型等的正面宣传力度，及时披露重大案件信息和群众关注的反腐倡廉热点信息，加强反腐倡廉舆情的收集、分析和研判，牢牢掌握工作主动权和主导权，努力为反腐倡廉建设营造良好舆论氛围。五是积极运用文化的感召力。浙江出台关于加强廉政文化建设的意见，深入开展廉政文化“六进”工作，公布命名省级廉政文化“六进”示范点360家；加强廉政文化教育基地建设，评审命名22家省级廉政文化教育基地，宁波清风园、嘉兴南湖革命纪念馆被评为全国廉政教育示范基地；大力实施廉政文化精品工程，举办廉政漫画大赛、廉政小小说大赛等赛事，努力营造崇廉尚廉的良好社会风尚。积极运用新兴媒体的影响力，加强“廉政在线”等各级反腐倡廉网站建设，普遍建立网络举报平台，出台纪检监察网络舆情应对处置意见，不断规范和引导舆论监督。浙江积极突破传统工作模式，形成了一系列各具特色的做法。如，杭州市应用现代信息技术，初步形成以政务实时监督系统为主，网络化工作平台、现代化办案手段、数字化宣传阵地、电子化办公系统为辅的“数字化”反腐倡廉工作新格局。省发改委全面推进全省统一的网上“投资项目管理信息系统”建设，促进投资项目管理程序化、标准化和信息化。

主要参考文献

一、主要参考书目

中共浙江省委宣传部.高举旗帜创业创新——浙江省纪念改革开放30周年理论研讨会论文集.杭州:浙江人民出版社,2008.

中共浙江省委党史研究室.干在实处走在前列:中共浙江省第十一次代表大会以来.杭州:浙江人民出版社,2007.

姚作汀.透视浙江改革开放30年.杭州:浙江人民出版社,2009.

张仁寿,盛世豪,蓝蔚青等著.透析"浙江现象".杭州:浙江人民出版社,2006.

浙江省当代史学会.浙江改革开放史.北京:中共党史出版社,2006.

《浙江改革开放史》课题组.浙江改革开放史1978年12月—2003年12月.北京:中共党史出版社,2008.

中国共产党第十七次全国代表大会文件汇编.北京:人民出版社,2007.

中共浙江省委宣传部.浙江省改革开放三十年典型事例.杭州:浙江大学出版社,2008.

本书编辑委员会.浙江省中国共产党志.杭州:浙江人民出版社,2007.

江泽民论有中国特色社会主义(专题摘编).北京:中央文献出版社,2002.

十五大以来重要文献选编上册.北京:人民出版社,2000.

高宝柱.中国特色社会主义理论体系探要.贵阳:贵州人民出版社,2008.

万斌.浙江改革开放20年的理性思考.杭州:浙江人民出版社,2001.

卓勇良著.解放思想:浙江改革发展的根本经验.杭州:浙江大学出版社,2008.15.

沈建明,陈柳裕.民主法治看浙江.杭州:浙江人民出版社,2008.

郑志耿.法制浙江—发展社会主义民主政治.杭州:浙江人民出版社,2006.

中共台州市委宣传部.基层民主政治建设—浙江省台州市民主恳谈创新研究.北京:中国社会科学出版社,2003.

孙笑侠等.浙江地方法治进程研究.杭州:浙江人民出版社,2001.

余潇枫,陈劲."浙江模式"与地方政府创新.杭州:浙江大学出版社,2007.

房宁,贠杰.浙江经验与中国发展·政府管理卷.科学发展观与和谐社会建设在浙江.北京:社会科学文献出版社,2007.

施利民.经济社会转型中的政府定位—浙江政府职能转变研究.杭州:浙江人民出版社,2006.

陆剑锋,陈柳裕.学者视野中的法治浙江.杭州:浙江大学出版社,2006.

何包钢,朗友兴.寻找民主与权威的平衡—浙江省村民选举经验研究.武汉:华中师范大学出版社,2002.

陈国平，陈广胜，王京军．政府转型看浙江．杭州：浙江人民出版社，2008．

柴松岳．政府改革—地方政府职能和运行机制转变研究．杭州：浙江人民出版社，2002．

姜彦君．历史性突破：浙江法治建设的价值探索．浙江大学出版社，2008．

汪水波，马力宏．浙江农村城镇化道路探索．杭州：浙江人民出版社，2001．

朱华晟．浙江产业群——产业网络、成长轨迹与发展动力．浙江大学出版社，2003．

陆立军等．市场义乌—从鸡毛换糖到国际商贸．杭州：浙江人民出版社，2003．

汪俊昌，陈立旭等著．人文浙江—加快建设文化大省．杭州：浙江人民出版社，2006．

祁茗田，陈立旭．文化与浙江区域经济发展．杭州：浙江人民出版社，2001．

杨建华．民生为重看浙江．杭州：浙江人民出版社，2008．

中共浙江省委宣传部．与时俱进的浙江精神．杭州：浙江人民出版社，2005．

张晓明、胡惠林、章建刚．2007 年：中国文化产业发展报告．社会科学文献出版社，2007．

陈立旭：《崇文育人看浙江》．杭州：浙江人民出版社，2008．

胡坚．浙江党建研究报告 2006．杭州：浙江人民出版社，2006．

庄跃成．党建创新看浙江．杭州：浙江人民出版社，2008．

王骏，厉佛灯．执政之魂—浙江党建新探索．杭州：浙江人民出版社，2006．

陈安金，林孟清．非公有制企业党建工作的理论与实践．北京：中央文献出版社，2004．

二、主要参考论文

冯海波．中国特色社会主义理论体系的历史逻辑与理论逻辑．攀登，2010 年第 3 期。

王杰．浙江模式的有益启示．浙江经济，2008 年第 24 期。

中共浙江省委宣传部．改革开放是推动浙江发展的强大动力—从浙江的实践看“六个为什么”之六．浙江日报，2009 年 8 月 14 日，第 1 版。

孙祥生．浙江政府法治建设 30 年的基本经验及其理论价值．浙江万里学院学报，2009 年第 1 期。

中共浙江省委宣传部．中国特色社会主义是伟大的复兴之路—从浙江的实践看“六个为什么”之二．浙江日报，2009 年 8 月 6 日，第 1 版。

中共浙江省委宣传部．改革开放是推动浙江发展的强大动力—从浙江的实践看“六个为什么”之六．浙江日报，2009 年 8 月 14 日，第 1 版。

滕复．解放思想与民众主体意识的觉醒—来自浙江经验的一点思考．浙江学刊，2008 年第 6 期。

中国社会科学院浙江经验研究政府管理分课题．政府管理科学有为—浙江政府管理改革的历程、经验与启示．政治学研究，2007 年第 1 期。

陈晨，段广军．从浙江经验浅析省管县制度．法制与社会，2008 年第 1 期。

傅白水．强县扩权的浙江经验．南方窗，2005 年第 10 期。

庞明．“省管县”：我国地方行政体制改革的趋势．中国行政管理，2007 年第 6 期。

陈柳裕．“法治浙江”战略：建设社会主义法治国家的浙江经验．中华读书报，2008 年 10 月 29 日，第 004 版．

卢剑峰．“法治地方”是实现法治国家的积极途径——以浙江为例．浙江万里学院学报，2008 年第 6 期。

姜彦君,洪莉.改革开放30年浙江立法变迁及价值探索.浙江万里学院学报,2009年第1期。

吴兴智.乡村协商式治理模式:民主意涵、生发机制及路径选择—以浙江为个案.理论导刊,2009年第2期。

何显明.浙江地方政府创新实践的生成机制与演进逻辑.中共宁波市委党校学报,2008年第5期。

包雅钧.浙江经济发展与政府效能互动中的政治经济关系.中共宁波市委党校学报,2008年第3期。

姚建华.扩大基层民主建设政治文明—浙江的实践与启示.中共浙江省委党校学报,2003年第6期。

胡序杭.论村务民主监督的制度创新—以浙江武义县"后陈经验"为例.探索,2006年第5期。

黄天柱.行政民主—浙江的实践与启示.中共浙江省委党校学报,2008年第2期。

姚建华.在经济发展中推进民主政治建设—浙江实践的分析与思考.资料通讯,2002年第12期。

何显明.市场化进程中的地方治理模式变迁及其内在逻辑—基于浙江的个案研究.中共浙江省委党校学报,2005年第6期。

余华.怎样评价浙江三十年来的政治发展.观察与思考,2011年第10期。

郁建兴.从发展型政府到公共服务型政府——以浙江省为个案.马克思主义与现实,2004年第5期.

张群梅.政府与市场关系的新解读—公共选择理论的政府观分析.河南大学学报,2007年第2期.

沈立江.从温州模式到浙江现象的理性思考.中共浙江省委党校学报,2002年第6期.

杨建华."浙江现象"之探究.中共杭州市委党校学报,2002年第2期.

吴兴智.从选举民主到协商民主:近年来乡村民主建设的新发展—以浙江为个案的思考.社会科学战线,2008年第4期.

中共浙江省委宣传部.基本经济制度在浙江创造奇迹—从浙江的实践看"六个为什么"之五.浙江日报,2009年8月13日,第1版。

浙江省统计局.经济体制改革铸就活力浙江.浙江统计信息网 http://www.zj.stats.gov.cn,2008年12月23日。

浙江省统计局.浙江改革开放30年的历程、成就和经验.浙江统计信息网 http://www.zj.stats.gov.cn,2008年12月18日。

卓勇良.区域市场化途径比较及浙江模式的典型意义.商业经济与管理,2004年第4期。

马力宏.政府与市场关系的浙江模式——浙江30年变化的一个分析视角.中国行政管理,2008年第12期。

陈广胜.市场化取向:浙江地方政府改革的实践与思考.浙江学刊,2008年第1期。

顾益康、袁海平、许勇军.正确处理好十大关系—新中国60周年浙江"三农"发展经验总结.浙江经济,2009年第17期。

顾益康.浙江30年农村改革发展实践的理论分析.农业经济问题,2008年第10期。

杨建华.浙江:中国现代化实践和创造的热土——浙江现代化水平评估与分析.参见浙江社会学网站 http://shx.zjss.com.cn/infDetail.asp? id=43&tn=inf

浙江省统计局课题组.非公有制经济:浙江发展的重要推动力量.浙江统计,2002年第2期。

杜润生.解读温州经济模式.浙江经济,2000年第9期.

罗卫东,许彬.区域经济发展的浙江模式:一个总结.中共浙江省委党校学报,2006年第1期.

张素芳."浙江模式"的政治经济学解析.中共浙江省委党校学报,2008年第6期.

蓝蔚青."浙江现象"与中国特色社会主义.中国特色社会主义研究,2007年第5期.

陈一新."枫桥经验"的新发展与新启示——关于浙江诸暨市加强和创新社会管理的调查与思考.理论动态,2011年第18期。

浙江省统计局.浙江社会建设历程、成就及经验.参见 http://www.zj.stats.gov.cn,2009年2月20日.

习近平.坚持以人为本的科学理念推进社会主义和谐社会在浙江的实践.今日浙江,2006年第21期.

陈立旭.建设文化大省的突破口:浙江文化产业发展报告.载张晓明等主编《2007年:中国文化产业发展报告》,社会科学文献出版社2007年版,第336—340页。

浙江省发展和改革委员会课题组.浙江文化产业发展步入快车道.浙江经济,2007年第7期。

陈立旭.解放和发展文化生产力:浙江的文化体制改革.资料通讯,2007年第1期。

汪俊昌.浙江文化产业发展特色与前景.上海经济研究,2008年第3期。

中共浙江省委宣传部课题组.浙江经济社会发展活力探源.浙江社会科学,2001年第4期。

特约评论员.弘扬浙江精神开拓浙江未来.浙江日报,2000年7月28日.

习近平.与时俱进的浙江精神.浙江日报,2006年2月5日头版.

蓝蔚青.社会主义是由人民群众自己创立的—"浙江现象"透视.毛泽东邓小平理论研究,2002年第6期。

王宜秋.反腐倡廉的理论思考—浙江经验的个案分析.马克思主义研究.2006年第11期。

全国党的建设研究会非公有制经济组织党建研究专业委员会课题组.改革开放30年与浙江非公有制企业党建,参见浙江在线新闻网站浙江两新党建网 http://zjnews.zjol.com.cn/05zjnews/system/2011/11/14/017994083.shtml,2011年11月14日。

后　记

本书为2008年度“马克思主义理论和思想政治教育研究”立项的浙江省社科规划重点课题“浙江经验对马克思主义中国化最新成果的贡献”（项目编号08MLZB001Z）的最终研究成果，是对改革开放30多年来浙江经验对马克思主义中国化最新成果—中国特色社会主义理论体系贡献所进行初步理论探索的成果。

本书写作得到浙江省委宣传部理论处、浙江省哲学社会科学规划办、浙江省中国特色社会主义理论体系研究会、浙江省教育厅宣教处、浙江省马克思主义学会、浙江省科学社会主义学会、浙江省高校思想政治理论教育研究会、浙江省高校中国特色社会主义理论体系教学研究会、浙江科技学院领导和专家的热忱帮助和大力支持，他们对本书的写作提出了许多宝贵建议，在此表示衷心的感谢！

在本书即将付梓之际，对作者所在单位浙江科技学院所给予的支持和资助以及浙江大学出版社所给予的大力支持，在此表示真诚的谢意！在本书写作过程中，参考和汲取了省内外众多学者的研究成果，并遵循相关学术规范进行了标注，在此由衷地表示敬意和感谢！

由于作者学识和水平所限，本书其中不免有疏漏、悖谬、错讹之处，敬请同仁和专家批评、指正和谅解。

作者

2012年4月于杭州

图书在版编目（CIP）数据

先行与特色：浙江经验对中国特色社会主义理论体系的贡献／刘宗让著．—杭州：浙江大学出版社，2012.5

ISBN 978-7-308-09956-1

Ⅰ．①先…　Ⅱ．①刘…　Ⅲ．①改革开放—经验—浙江省　Ⅳ．①D619.55

中国版本图书馆 CIP 数据核字（2012）第 088336 号

先行与特色：浙江经验对中国特色社会主义理论体系的贡献

刘宗让　著

责任编辑　冯社宁(sefeng@sina.com)

封面设计　续设计

出版发行　浙江大学出版社

（杭州市天目山路 148 号　邮政编码 310007）

（网址：http://www.zjupress.com）

排　　版　杭州中大图文设计有限公司

印　　刷　杭州日报报业集团盛元印务有限公司

开　　本　787mm×1092mm　1/16

印　　张　15.25

字　　数　390 千

版 印 次　2012 年 5 月第 1 版　2012 年 5 月第 1 次印刷

书　　号　ISBN 978-7-308-09956-1

定　　价　48.00 元

浙江大学出版社发行部邮购电话　(0571)88925591